前　言

《财务分析》第二版自 2020 年 5 月出版以来，经历了四年多的时间，在此期间财务分析的工具和企业背景发生了重大变化，较为突出的特征是数字经济的应用和智能财务的迅猛发展，为此我们重新修订了本书。

修订的内容主要如下。

（1）调整全书篇幅结构，强调系统性与连贯性，不再按照篇设定章节内容，而是突出财务分析的主题，全书由第二版的十二章删减为十章。

（2）修订第一章"财务分析基础"，纳入哈佛财务分析框架内容，突出财务的重点。删除了第二章"财务分析框架与战略导航"。

（3）针对第二版中的第三章"资产负债表分析"、第四章"利润表分析"、第五章"现金流量表分析"、第六章"所有者权益变动表分析"等内容，删除重复与冗余内容，将每章的相关比率与指标分析，调整到本版第七章"财务能力和综合分析"中，形成系统的财务能力和综合分析内容。删除了第二版第八章"财务报表粉饰分析"。

（4）将第二版中的第九章"财务能力分析"与第十章"财务综合分析"主要内容进行合并，形成本版第七章"财务能力和综合分析"。提炼第二版中的第十一章"财务危机预警分析"与第十二章"前景预测与价值评估"的主要内容，形成第八章"财务前景分析"。

（5）切合数字经济发展的时代背景，补充财务大数据分析内容，介绍智能财务决策和 Python 在财务大数据中的应用，对应内容形成第九章"财务大数据分析综述"和第十章"Python 在财务大数据中的应用"。

（6）为拓宽读者的阅读面和加深读者对相关概念、理论与分析方法的理解，本书在每章均适当增加了延伸阅读资料，读者通过扫描书中的二维码即可阅读。本书特别突出了"立德树人"元素，部分章节后面，以二维码的形式设置了相应的小案例。

（7）针对第二版写作及出版过程中出现的文字表述及计算等方面的错误及不准确的内容，进行了全面复核与修订。

本次修订充分听取了各位任课老师的意见，书中内容经过集体讨论确定。本书由蒋琰、张莉芳和万如荣担任主编，编写工作具体分工如下：第一章、第二章由蒋琰和周芬负责编写；第三章、第六章由张莉芳负责编写；第四章、第五章由许超文和周芬负责编写；第七章由蒋琰和张莉芳负责编写；第八章由袁卫秋负责编写；第九章、第十章由李行云负责编写。最后由蒋琰、张莉芳、万如荣、周芬定稿。

我们深知书中可能存在疏漏之处，恳请各位读者批评指正，以便我们在未来修订中进一步完善。

编者

2024 年 7 月

微课视频列表说明

    下表为《财务分析：报表解读 案例讲解 智能决策（微课版 第三版）》（978-7-115-63191-6）的配套微课视频，详细说明如下。

项目	视频名称
新版介绍	 财务分析新版介绍
第一章	 财务分析基础
第二章	 资产负债表分析
第三章	 利润表分析
第四章	 现金流量表分析
第五章	 所有者权益变动表分析
第六章	 合并财务报表分析-副本
第七章	 财务能力和综合分析
第八章	 财务前景分析
第九章	 财务大数据分析综述
第十章	 Python 在财务大数据中的应用

目　录

财务分析基础 第一章

📖 **【教学目标】**

通过本章的学习，学生可以了解财务分析的起源与发展、财务分析信息的种类、财务报告的构成；熟悉财务报表的结构与审计报告类型、上市公司财务报告的基本内容；理解财务分析与相关学科关系、财务分析作用、财务分析视角；把握财务分析的内涵与外延、掌握财务分析体系构建的理论基础、逻辑思路与内容以及财务分析的基本方法。

📚 **【引例】**

"帘外雨潺潺，春意阑珊"。东海港湾清晨的船笛声，将会计师成开春从沉思中唤醒。他摘下眼镜，关上台灯，起身走到窗前。他推窗极目，望着眼前的苍茫大海，伫立良久。

成开春从业二十五载。每每企业季度、半年度、年度财务分析报告日之际，他总是彻夜不寐、孜孜以求，力求提交高质量的财务分析报告。财务部部长在日前召开的公司财务部会议上的讲话，仍言犹在耳。

"再过15天就要召开公司董事会年度报告披露例会，财务部务必在10天内拿出一份公司最高管理层视角的年度财务分析报告。另外，公司的王总会计师还特别要求财务分析组在5天内提交本年度第一季度财务分析快报和上年度新上的×××新技术项目运行分析报告。"

"第一季度财务分析快报由小刘来写，×××新技术项目运行分析报告由小李负责，上年度财务分析报告请成会计师主笔，三份报告都由成会计师总体把关。小李，你刚毕业入职公司，做分析报告可要多向成会计师请教啊。也劳烦成会计师多费心！"财务部部长接着说。

此情此景下，成开春想起这些年自己所做的财务分析报告，不仅被公司管理层、投资者所认可，还能给予利益相关者以有效的决策支持。曾有人问他财务分析的奥秘何在，他的回答是："财报犹如故事书，光怪陆离众鳖殊，究竟奥秘何所在，多维分析觅珍珠！"

大厦之巍峨源于基础，基础不固，何谈雄伟。财务分析大厦莫不如此。支撑财务分析大厦的基础有四个，即财务分析的理论基础、信息基础、规制基础和方法基础。财务分析的理论基础为财务分析提供了理论指导，是构造财务分析大厦的前提。没有理论指导的实践是盲目的实践。因此，没有理论基础，财务分析大厦就无法设计和构筑。财务分析的信息基础是财务分析最主要、最基本的依据。如果没有信息基础，财务分析则无从谈起。俗话说"没有规矩，不成方圆"，做财务分析必须遵循一定的规制。一方面，财务分析依据的基本信息——财务报表，是按照会计准则编制的，且经理人组织企业财务活动必须在现行的国家法规和企业规章制度的框架内进行；另一方面，由财务报表表达的财务结果无不与规制，如公司治理、内部控制制度等相关，规制会在一定程度上影响财务报表数据和财务结果。所以，规制是确保财务报表数据正确，进而保证财务分析有条不紊地进行，以及财务分析结论可靠的基础之一。除此以外，财务分析人员还需要在科学的方法论指引下优选和善用财务分析手段和方法，只有这样才能做好财务分析。因此，构造财务分析大厦不可轻视方法基础。以上四个基础（见图 1-1）共同支撑财务分析大厦，成为财务分析不可或缺的基础。

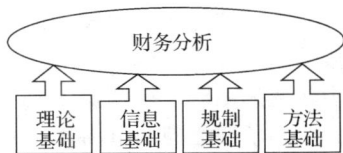

图 1-1　财务分析基础

财务分析大厦基础的具体内容是什么，财务分析的最终产品是什么，该产品以何载体表达，这些正是本章要论述的内容。

第一节　财务分析的理论基础

财务分析起源于哪里，它又是如何发展的；何为财务分析，它具有怎样的内涵与外延，其作用是什么；什么是财务分析视角，本书从哪种视角进行财务分析；企业财务分析体系应如何构建等。本节将介绍上述内容，试图让读者对财务分析的理论基础有一个清晰而全面的认识。

一、财务分析的起源与发展

财务分析始于西方银行家对贷款者的信用分析，而后，被广泛应用于投资领域与公司的内部管理。其分析内容与分析方法，随着应用领域的拓展而不断丰富和创新。

（一）财务分析的起源

早期的财务分析主要是针对企业的偿债能力和信用程度而进行的调查分析，并为银行的贷款决策提供依据。财务报表大规模应用于信贷目的始于 1895 年，当时美国纽约州银行协会的经理委员会要求其银行机构贷款人提交书面的、有贷款人签字的资产负债表。此后，财务报表被主要银行推荐使用，且银行发放贷款开始逐渐地预测贷款人的偿债能力，重视比较财务报表的运用，并将财务报表分析作为调查接受贷款企业经营稳定性（信用程度）的一种技术手段。至 20 世纪初，比率分析法已经出现并被贷款人所接受。

（二）财务分析的发展

伴随着金融风险的出现，无论是银行还是其他投资者，出于对自身投入资本安全性的考虑，都需要对企业的经营活动成本以及经营与财务风险进行深入分析，以便据此判断被投资主体的偿债能力、盈利能力，从而决定是否投资。于是，财务分析的触角从为贷款银行服务的信用分析，逐渐延伸至为投资人服务的收益分析和为经营者服务的企业内部管理分析。

1. 为投资人服务的收益分析

1870 年，德国从普法战争中获得了大量的产业资源和战争赔款，主要用于发展重工业。为了追求投资效益，德国利用银行对不同行业和企业的财务报表进行分析，进而做出投资决策。这是财务报表分析由信用分析向投资分析延伸的最早且最典型的事例。到了 20 世纪 20 年代，随着资本市场的形成以及社会筹资范围的扩大，股权投资人不断增加，社会公众进入资本市场日益频繁，投资人对财务分析的信息需求更加强烈并增多。此时，财务分析涵盖了偿债能力、盈利能力等分析内容，并向以收益分析为中心的稳定性分析方向发展，财务分析呈现信用分析与收益分析并存的比较完善的外部财务分析体系，并且逐步形成了目前企业财务分析的基本框架。

2. 为经营者服务的企业内部管理分析

起初的财务分析只是企业外部利益相关者根据各自的要求所进行的外部分析，逐渐地，企业在接受以银行为主体的信用分析与咨询的过程中认识到财务分析的重要性，并开始由被动接受分析逐步转变为主动进行自我分析。尤其是第二次世界大战以后，企业规模不断扩大，经营活动日趋复杂，企业为了在激烈的市场竞争中求生图存，不得不借助于财务分析所提供的有关资料进行目标管理、利润规划及前景预测。这表明，企业财务分析开始由外部分析向内部分析拓展，并呈现出以企业内部分析为重点的财务分析特质。

3. 财务分析的多元化发展

从历史发展过程来看，在 20 世纪 20 年代之前，财务分析的方法不系统，也没有相应的理论支持。20 世纪 20 年代，伴随着美国资本市场的繁荣兴盛，财务分析迅速发展并成为一门学科，财务分析师职业也开始形成。20 世纪 50 年代至 60 年代，美国财务学研究取得了长足的进步，出现了很多基于资本市场的理论，这些理论直接或间接地影响着财务分析的方法或理论，并促进了财务分析师职业的发展。20 世纪 70 年代，伴随着世界经济一体化，国际投资迅速增加，国际融资规模不断扩大，财务分析揭示财务信息的广度和深度在很大程度上影响着投资者对投资期望报酬的评估和风险程度的预测，同时也影响着投资者的投资决策。

20 世纪 90 年代以后，随着信息技术的飞速发展，财务分析所需数据的采集、分类、传递、储存更为便捷，各种分析工具、分析软件层出不穷。企业财务分析呈现出许多新的特点。这些特点主要表现为财务分析日益深入企业业务层面和经营层面，进而关注制度层面及其对企业行为的影响。例如，审计领域从规避审计风险角度出发，对企业风险与舞弊的关注，丰富了财务分析的视角；财务领域关于公司治理的研究，同样也使得财务分析的角度更加多元化。财务分析与业务分析、经营活动分析开始不断融合，财务分析的决策支持功能进一步强化。

二、财务分析的概念

（一）财务分析的内涵

财务分析是人们对特定组织生产经营过程中关于资金收支方面的事务所进行的分析。要深入认识财务分析的概念，必须首先界定财务和分析这两个基本概念。财务是经济组织（企业或其他经济组织）和个人（家庭、单个人）从事生产经营活动所进行的财务活动，以及在这些活动中所形成的各种经济关系。财务作为一个客观存在的商品经济范畴，包括财务活动与财务关系两个方面。分析是对某一对象组成部分的分解与各部分相互关系的描述。因此，我们认为，财务分析是指财务分析人员根据信息使用者的需要，以企业财务报告为主要依据，结合企业内部、外部及其他相关信息资料，运用一系列分析技术和方法，对企业组织财务活动与处理财务关系的过程与结果，进行分析研究和评价评估，并向信息使用者提供财务分析报告的一项管理活动和一种管理方法。

📖【小看板】

"财务报告"是国际上较为通用的术语，但是我国现行有关法律法规中使用的是"财务会计报告"术语。为了保持法规体系的一致性，《企业会计准则——基本准则》仍然沿用"财务会计报告"术语，但同时又引入了"财务报告"术语，并指出"财务会计报告"又称"财务报告"，从而较好地解决了立足国情与国际趋同的问题。

理解财务分析的内涵，要从财务分析主体与使用主体、财务分析的依据、财务分析的方法、财务分析的客体、财务分析的目的和财务分析的属性等基本要素入手。

1. 财务分析主体与使用主体

财务分析工作是由财务分析主体来实施的，财务分析的目的是为使用主体提供与决策相关的财务分析报告。因此，要理解财务分析的内涵，首先要领会财务分析主体与使用主体的真正含义。

（1）财务分析主体。财务分析主体即财务分析人员（以下简称分析主体），是指掌握财务分析技能，并根据信息使用者的需要实施财务分析的人员。财务分析主体主要包括企事业单位的财会人员、资本市场中的中介机构的专职财务分析师，以及其他掌握财务分析技能的人员。实施财务分析，财务分析人员不仅需要通晓会计知识，还需要具备扎实的经济与管理的理论功底、广博的知识面与阅历。

（2）财务分析使用主体。财务分析使用主体，是指财务分析报告的使用者（以下简称使用主体），包括以财务分析报告为依据组织财务活动、处理财务关系、进行相关决策的单位或个人。

（3）注意分析主体和使用主体的角色定位。第一，分析主体和使用主体，可以是同一个单位或个人，也可以是不同的单位或个人。企业财务部门一般是企业财务分析的分析主体，但使用主体不一定局限于财务部门自身。财务部门提供的财务分析报告除了本部门使用外，也可视情况提供给企业决策层、经营管理层、职能部门、员工，甚至企业外部的利益相关者使用。第二，社会中介机构既可以是分析主体，也可以是使用主体，或两者兼而有之。如果某社会中介机构受托为某单位或个人提供财务分析咨询服务，则社会中介机构本身就是财务分析报告的提供者（即分析主体），而不一定是财务分析报告的使用主体。

（4）对分析主体与使用主体都有一定的技能要求。首先，分析主体是财务分析的实施者。分析主体只有恪尽职业操守并熟练掌握与运用分析技能，方能得出客观公正的财务分析结论，进而为使用主体提供切实可靠的决策建议。其次，财务分析报告的使用主体，应具备基本商业知识、财务报告的阅读技能、财务分析报告的使用技能，只有这样，才能正确使用财务分析报告提供的信息并进行经营、财务、成本、投融资等决策活动。

（5）分析主体与使用主体之间存在事实上的信息供需平衡关系。分析主体应考虑使用主体的需求，力求实现信息的有效供给。因此，分析主体应在充分了解和研究使用主体的特质、偏好、当前的关注点和当前的客观情况变化的基础上，结合自身的职业判断和经验，追求财务分析信息的有效供给，规避提供使用主体不需要的财务分析信息，力求供需平衡。

随着产权多元化与资本市场的发展，财务分析的领域不断扩展，财务分析的主体也不再局限于投资人、债权人、企业管理者，还包括供应商、政府、雇员和工会、中介机构工作人员（如注册会计师、财务咨询人员、证券分析师）等。多样化的财务分析主体构成，丰富了财务分析的目的。

2. 财务分析的依据

财务分析的依据主要是企业财务报告，同时还有企业内外部的环境信息和相关资讯资料，其中包括会计信息和非会计信息。财务分析的依据不仅包括企业内部的信息，也包括外部的信息，还包括规制方面的信息。规制是法规与制度的简称。法规主要有国家层面的法律，如会计法、证券法、公司法等，以及政府部门的规章制度。对企业来说主要有企业组织架构内的制度，以及企业治理制度等。财务分析必须在相关的信息基础和规制基础上进行。

3. 财务分析的方法

财务分析只有借助必要的分析方法，才能达到分析目的。当今企业经营环境复杂多变，企业活动变化无常，不借助专门的、科学的、系列的财务分析方法，是无法把握深藏在经营活动之中、经营活动与财务活动之间、财务关系背后的企业创值规律的关键驱动因素及其深层次原因的。如今财务分析方法可谓体系庞大：有内生的，也有舶来的；有传统的，也有现代的；有定性的，也有定量的；有规范的，也有实证的。财务分析主体只有善用科学的财务分析方法，才能揭示企业理财活动与财务关系运作过程与结果中的真谛。

4. 财务分析的客体

财务分析的客体，即财务分析的对象，是指企业财务活动或理财主体组织财务活动与处理财务关系的过程与结果，具体来说，是指会计主体的筹资活动、投资活动、经营活动及收益分配活动的状况与成果，包括企业的财务能力分析、财务业绩综合评价分析、社会责任和可持续发展能力分析等内容。财务分析的客体不仅体现在企业的财务报告及相关信息资料之中，更蕴藏于企业已经从事和正在从事的日常经营管理活动过程之中。

5. 财务分析的目的

财务分析的目的受财务分析主体和使用主体的制约。但是，无论财务分析主体是谁，财务分析的目的都是向信息使用者提供财务分析报告。财务分析报告的内容，是根据信息使用者的需要来确定的。信息使用者需要什么样的信息，分析主体就应当提供什么样的财务分析报告。亦即"总的目的是通过对影响财务活动与财务关系变化的因素及各因素影响程度的计算与判断，为企业利益相关者进行财务决策、监控与考评提供依据"。[①]

6. 财务分析的属性

财务分析的属性是一项管理活动和一种管理方法。财务分析普遍被运用于企业组织财务活动与处理财务关系的各个方面，并贯穿于财务管理的事前、事中与事后的各个管理环节中，是财务管理中运用最广泛的管理方法之一。作为一项决策咨询与支持性管理活动，财务分析在企业管理中对企业管理主体起着服务的作用。因此，财务分析无论是属于一项管理活动还是属于一种管理方法，其属性都属于企业管理范畴。

（二）财务分析的外延

财务分析的外延是由它的内涵所决定的，财务分析有广义、狭义与通义之分。

1. 广义的财务分析

广义的财务分析是指直接对财务活动及其所形成的经济关系列益攸关方所进行的分析，其范围主要包括国资委对国有资产经营公司的财务分析、一般生产经营企业的财务分析、财税部门的财务分析、银行等债权人的财务分析、企业内部财务部门的财务分析和企业内部核算单位的财务分析等。从时间上看，广义的财务分析包括财务管理事前财务分析（预测、决策、计划）、事中财务分析（控制、监督）和事后财务分析（考评、奖罚）。因此，广义的财务分析即是大口径财务分析。

2. 狭义的财务分析

财务分析具有内部分析与外部分析的双重特性。狭义的财务分析，是指以企业财务报表为主要依据，有重点、有针对性地对有关项目及其质量加以分析和考查，对企业的财务状况、经营结果进行评价和剖析，以反映企业在运营过程中的利弊得失、财务状况及发展趋势，为报表使用者的经济决策提供重要信息支持的一种分析活动。这种分析的主要目标（但不是最终目标）是揭示企业的现实价值。狭义的财务分析通常是指生产经营企业的事后财务分析，特别是对财务报表的分析，因此，狭义的财务分析，即是小口径的财务分析，也称为企业财务报表分析。

3. 通义的财务分析

通义的财务分析即一般人通常意义上讲的财务分析，是指与生产经营企业（主要是工商企业与各种服务类企业）直接相关的微观财务分析。从时间上看，它也包括财务管理事前财务分析、事中财务分析和事后财务分析。因此，通义的财务分析即是中口径的财务分析。

通义的财务分析在狭义财务分析的基础上，还包括企业内部环境和外部环境分析、企业概况分析、企业竞争力分析、行业分析、战略分析、企业发展前景分析、证券市场分析等。通义的财务分析是以企业财务活动及财务关系为对象所进行的分析，分析目标不局限于对企业现实价值的评价，更重视对企业财务运行状况和发展趋势的判断，以及对企业未来价值、前景的评估，从而为企业的利益相关者做出正确决策提供依据。企业财务信息的使用者不仅关心企业的过去和现在，还关心企业的未来。因此，本书采用通义的财务分析概念。

（三）财务分析与相关学科的关系

财务分析作为一门综合性边缘学科，吸收了众多学科的思想与方法，因此，它与众多学科建立了广泛的联系。由于篇幅有限，我们主要阐述财务分析与财务管理、财务会计、经济活动分析的关系。

1. 财务分析与财务管理的关系

就财务分析与财务管理的共同点来看，它们都是研究财务问题的，都与企业的资金运动有关，

[①] 郭复初. 财务分析的性质与目的新探——财务分析系列文章之一[J]. 财会月刊，2009（2）：45-46.

因此，两者研究的最终对象是一致的，存在着内容上的密切联系。然而，"分析"与"管理"毕竟属于两个不同的概念。财务分析与财务管理的主要区别如表1-1所示。

表1-1 财务分析与财务管理的主要区别

比 较 项 目	财 务 分 析	财 务 管 理
研究问题的侧重点	侧重于对企业财务活动状态、结果进行剖析，探讨其形成原因、内在联系及其影响	侧重于对企业财务活动或资金运动的全过程中的问题进行分析研究
采用的方式方法	定量分析中较多地采用了指标分析与统计分析的方法，如比较分析法、比率分析法、因素分析法和综合分析法等，着眼于分析问题，属于各有关方面决策支持系统	较多地采用了数学与统计模型、运筹学等方法，着眼于方案或项目的设定、评判与选择，属于管理决策系统
形成的研究结果	结果具有确定性，主要以财务报表等资料为基础进行分析	有一些结果通常是不确定的，因为它的结果往往是根据预测值、假设、概率估算出来的
运用主体（或服务对象）	包括企业的所有者、经营管理者、员工等，外部的债权人、竞争对手及其他相关信息的使用者	以企业内部经营管理者和投资者为主

2. 财务分析与财务会计的关系

从财务分析与财务会计的关系来看，它们的交叉点位于财务报表、财务活动。财务报表是财务会计对会计要素进行确认、计量、记录和报告的一项重要内容，是财务会计工作的最终成果，也是狭义财务分析的客体和依据。财务活动的过程和结果的信息是通过财务报表概括、总结和呈现的。财务分析与财务会计两者相辅相成，互为补充。①财务分析以财务会计核算的报表资料为主要依据。财务分析结果的正确程度，很大程度上取决于财务会计所提供信息的正确程度。②财务分析中的财务报表分析或会计分析以会计原则、会计政策选择为依据。从某种程度上说，财务报表分析或会计分析也是财务会计的一部分。③财务分析还包括对管理会计资料、其他业务核算资料和市场信息资料的分析。财务会计中的财务报表分析或会计分析，以及依据财务会计资料进行的分析并不是财务分析的全部。

3. 财务分析与经济活动分析的关系

经济活动分析是指利用会计、统计、业务核算、计划等有关资料，对企业一定期间的经济活动过程及结果进行的比较、分析和研究。经济活动分析与财务分析的相同点在于"分析"，如有相同的或相似的分析程序、分析方法、分析形式等。两者的区别如表1-2所示。

表1-2 财务分析与经济活动分析的区别

对 比 项 目	财 务 分 析	经 济 活 动 分 析
依据	主要是企业财务报告及相关资料	主要包括企业内部的会计资料、统计资料、技术或业务资料
对象与内容	财务分析对象与内容主要是企业的财务活动，包括资金的筹集、投放、运用、消耗、收回与分配等	经济活动分析对象与内容是企业的经济活动，除财务活动外，还有生产活动、技术活动等
主体	分析主体是多元的，既可以是企业的投资者、债权人，也可以是企业的经营者、职工、其他利益相关者等	分析主体主要是企业经营管理者或职工

三、财务分析的作用

由于财务分析主要以企业财务报告及企业内部、外部相关信息为依据，为财务分析报告的使用者进行财务决策、监控与考评提供依据，所以财务分析至少具有以下四个基本作用。

（一）正确评价企业过去

财务分析主体通过对企业过往的会计报告等资料进行分析，可以了解企业过去的财务状况和业绩状况，通过探析其引致结果的主客观影响因素，准确把握企业过往的财务能力（偿债能力、营运能力、盈利能力、发展能力等），便于利益相关者正确评价企业的过去，也可为财务分析主体透视企业现在和揭示企业未来提供基础和可能。

（二）客观而全面地透视企业现状

财务分析主体可以通过专业化财务分析技能及个性化服务手段，从财务分析的专业视角帮助利益相关者透视企业现状，揭示企业的成绩、问题、成因及数据背后的信息，从而客观而全面地反映、评价企业的现状，为解析企业的未来提供个性化指引。

（三）恰当地解析企业前景

为利益相关者决策所提供的财务分析信息，必须是具有未来前景的价值评估信息。财务分析对企业未来的解析和前景的分析是基于对企业过去的正确评价、现状的全面透视以及影响企业未来诸因素的周全考量。财务分析主体只有遵从应有的职业操守，运用相关分析技能和方法，通过分析企业财务的前世今生，才能恰当地解析企业前景。

（四）为利益相关者决策提供参考建议

财务分析的最终目的是为利益相关者决策提供高质量的财务分析报告，而高质量的财务分析报告不应以决策者采纳与否为评价标准，而是应当具有客观正确的分析结论并为报告使用者提供切实可靠的建议。因此，通过财务分析报告为利益相关者提供参考建议，是财务分析最重要的作用。

四、财务分析视角

（一）对财务分析视角的认识

1. 词汇学对"视角"的理解

"视角"是由"视"和"角"两个汉字构成的词。直观上理解，"视"有看、看待、考察、审察等意[1]；"角"，一般理解为角度、立场。李宇明主编的《全球华语大辞典》[2]对"视角"的解释是：①由物体两端向眼的光心引的两条直线所夹的角。物体越大，距离越近，视角越大；②摄影镜头所能摄取的场面距离最大的两点与镜头连线的夹角；③观察问题的角度。《现代汉语词典》对视角的解释类似[3]。可见，视角可以理解为人们观察事物或研究问题的角度和立场。人们观察事物或研究问题时，越靠近事物或接近问题的本体，视角越大，观察事物越全面、越仔细、越清晰，也就越能透过事物的现象把握事物的本质。现在人们一般将"视角"引申为观察问题的角度。

2. 对财务分析视角的认识

企业财务分析主体和使用主体众多。无论是财务分析主体还是使用主体，由于其利益倾向存在差异和诉求不同，其对企业财务分析的内容、财务分析信息的需求，以及财务分析的本质的把握不尽相同。然而，财务分析应以有效需求为导向，因此，对于财务分析使用主体关心什么、需要什么，财务分析主体在进行财务分析之前，必须了然于心，否则，财务分析主体仅仅按照自己的理解和意愿进行财务分析，则其提供的信息就可能难以达到相关性要求，分析的结论与所提供的决策建议也很难让使用主体信服和满意。

一套指标体系、一套分析思路或分析方案不可能同时满足两个以上使用主体的需求。因此，我们有必要站在特定使用主体的立场上，确定分析目标、分析焦点，建立与其决策相关的分析方法及指标体系。只有这样，财务分析才更具有针对性，也更具有实用性，并符合成本效益原则。从这个意义上理解财务分析，就要求财务分析主体应从使用主体的角度去把握分析的目的与内容。

---

① 商务印书馆编辑部. 辞源（修订本重排版）[Z]. 北京：商务印书馆，2010.
② 李宇明. 全球华语大辞典[Z]. 北京：商务印书馆，2016.
③ 中国社会科学院语言研究所词典编辑室. 现代汉语词典（修订本）[Z]. 北京：商务印书馆，1996.

财务分析主体必须具有特定的分析视角，从使用主体角度把握其需求、了解其使用信息的内容与意图，进而把握财务分析目的和财务分析内容。唯有如此，才能确保所提供的财务分析信息的相关性和准确性，才能使财务分析工作有的放矢。

总之，进行财务分析必须从特定分析视角出发，而不应想当然地从分析主体自己理解的角度或泛泛分析的角度出发，否则会因需求不清、分析方向不明、分析定位不准或不清、分析深度和精度达不到使用主体要求，而使分析信息无法满足个性化需求，分析结论与成果不能为使用主体采纳和接受，分析目的最终无法实现。

（二）财务分析视角的概念与种类

什么是财务分析视角呢？我们认为，所谓财务分析视角，是指财务分析人员根据财务分析信息使用主体的需求及其特征，进行财务分析时应具有的分析角度和立足点。

财务分析视角是由分析主体来把握和取舍的，财务分析主体选取某一分析视角，必须对财务分析信息使用主体的特征、差别性需求把握清楚，只有把握清楚使用主体的需求及偏好，才能把握该视角要分析什么、如何分析，这样才能满足该财务分析信息使用主体的需求与诉求，否则，就会犯视角不清或视角模糊的毛病。只有了解了财务分析信息使用主体的特性、偏好，财务分析视角才能正确，才能有利于把握事物的本质与规律。

财务分析视角的类型很多，可以有不同的分类。按照财务分析信息使用主体来划分，财务分析视角可分为管理层（管理者）分析视角（或称经营者分析视角）、出资者分析视角（或称所有者分析视角）、信贷者分析视角（或称债权人分析视角）、供应商分析视角、政府监管者分析视角等；按照财务分析内容来划分，财务分析视角可以分为财务效率分析视角、财务报表分析视角、社会责任分析视角、综合分析与评价视角、企业前景分析视角、风险分析视角等；按照不同的管理方式来划分，财务分析视角可以分为战略分析视角、治理分析视角、组织结构分析视角、企业行为分析视角、商业模式分析视角等；按照财务管理对象划分，财务分析视角可以分为价值分析视角、收入分析视角、利润分析视角、成本费用分析视角；按照财务分析质量来划分，财务分析视角可以分为利润质量分析视角、资产质量分析视角、现金流量质量分析视角等。

但是，我们认为最重要的财务分析视角还是按照财务分析信息使用主体不同所进行的分类。以下我们重点阐述管理层（管理者）分析视角，此分析视角也是本书采用的分析视角。

（三）管理层（管理者）分析视角

1. 管理层（管理者）视角的财务分析是利益相关者财务分析的焦点

（1）企业财务分析的实质是利益相关者财务分析。

企业具有经济与社会两种属性。就经济属性而言，企业就是要维护利益相关者利益，防止合约性组织解散；而具有社会属性的企业，其就得承担必要的社会责任，唯有如此，才能获得社会资源并得到社会认可。

利益平衡观念是利益相关者理论的起点，而利益相关者的利益与企业社会责任兼容并不抵触。企业社会责任应当包括经济责任（利益相关者利益）、法律责任、生态责任、伦理责任和文化责任，而且企业的法律责任、生态责任、伦理责任和文化责任的重点建立在合理的经济责任（利益相关者利益）基础上，经济责任在企业社会责任中的地位最为突出。为加强对企业利益相关者和企业社会责任的财务分析，企业的经济责任应界定为利益相关者利益；企业的法律责任、生态责任和伦理责任等应界定为企业的社会责任。这种界定说明利益相关者利益的财务分析是核心，而社会责任财务分析是补充。要分析好利益相关者利益，就必须分析企业的社会责任；而企业社会责任财务分析应服务于利益相关者利益财务分析。因此，企业财务分析的实质是利益相关者利益财务分析。

（2）利益相关者利益财务分析的焦点是管理层（管理者）视角的财务分析。

在委托代理关系中，管理层（管理者）既要满足股东的权益，又要满足客户、雇员和社会的需要，并充当相互冲突的各利益相关者之间的利益协调人，因此，有权平衡各利益相关者的利益。虽然管理者（经营者）行为未必与所有者目标完全协调一致，但是，管理者（经营者）作为企业的受托人，通过适当的契约、激励手段能确保行为目标趋于一致。为了所有者利益的最大化，企业的管理者必须关注其他利益相关者的利益关切，从而驱动管理者协调、平衡和尽可能满足其他利益相关者的利益要求。企业管理层（管理者）处于企业利益相关者的利益关系网络的核心地位，这决定了其是财务分析的焦点。

企业财务分为出资者财务、经营者（管理者或管理层）财务和财务经理人财务。其中，经营者（管理者或管理层）财务是处理企业财务分层管理主线的关键点，起着纽带作用。不管企业财务理论如何分层和发展，管理层（管理者）将永远处于理财的重要位置。为了保证企业持续经营和财务目标的实现，企业管理层（管理者）需要依靠相关的财务分析报告，通过正确的管理决策，减少管理失误，维系和处理好各利益相关者的利益关系，获取管理最大效用。因此，不管财务分析有多少视角，财务分析主体和使用主体是谁，对财务分析信息综合性要求、实用性要求最高、最多的莫过于来自管理层（管理者）视角的财务分析。因为管理层（管理者）视角的财务分析既要考虑投资者的利益关切，又要考虑债权人的利益关切，还要考虑企业其他利益相关者的利益关切，否则，管理层（管理者）受托责任难以全面而有效地履行。

2. 管理层（管理者）视角财务分析的目标

管理层（管理者）视角财务分析的目标是满足利益相关者对决策相关的信息需求，从而为企业持续创造价值和利益相关者利益最大化服务。

企业是利益相关者的集散地，企业管理层（管理者）如何实现企业价值最大化，并通过为客户创造价值从而为企业的利益相关者创造价值呢？从财务分析的角度看，将企业管理层（管理者）视角的财务分析目标统一于管理层（管理者）财务目标，就是满足利益相关者需求，持续创造价值，使企业管理层（管理者）视角的财务分析在关注企业为客户创造价值的过程中，不断关注企业价值创造过程，不断关注企业自身价值的实现程度，不断关注企业活动是否有利于为客户创造价值、为利益相关者谋福利与企业自身价值创值目标的协同和统一。

企业管理以财务管理为中心，而财务管理有赖于财务分析对财务活动状况和结果的研究，并服务于财务管理活动的全过程。因此，企业管理层（管理者）角度的财务分析既要满足利益相关者需求，又要满足企业责任履行需求，其焦点就是企业能否持续创造价值。唯有如此，才能满足各方利益。所以，企业管理层（管理者）视角财务分析的目的，表面上是为利益相关者决策提供有效的财务分析报告，实质上是围绕企业是否能持续创造价值展开分析。因为，持续创造价值关乎企业的可持续发展，与企业履行社会责任情况、财务能力紧密相关。由此所做的财务分析才能满足利益相关者需求。

3. 管理层（管理者）视角财务分析的内容

只有了解企业管理层（管理者）关注的重点，才能准确把握企业管理层（管理者）视角财务分析的重点、思路和方向。我们知道，企业是利益相关者的结合体，也是一系列价值创造活动的集合（价值链理论），企业管理层（管理者）为了满足股东利润最大化诉求，还需要考虑企业利益相关者的最大化利益诉求，否则，企业的成长性就会出现问题，股东利益目标因此也难以达成。所以，企业管理层（管理者）既关注企业价值创造结果，又关注企业价值创造过程，更关注为客户创造价值的内外部所有关键环节（即企业的价值链及价值链涉及的关键资源和流程）。因此，企业管理层（管理者）应以提高企业的客户价值和企业自身价值为目标，以价值源泉及价值驱动因素为核心内容，以关键绩效指标为重点，并力图运用一系列的业绩衡量指标（KPI）从企业的财务、客户、内部业务流程、学习与成长等维度去考评企业是否达到或接近预设的企业目标。否则，企业创造价值的目标达不成，一切将会成空。因此，企业管理层（管理者）视角财务分析就是要对企业价值及其价值创造活动进行分析，提供相关信息支持管理层决策，进而促进企业价值提高，满足利益相关者的最大化利益诉求。

在战略选择中，基于企业管理层（管理者）视角的财务分析，为企业构建商业模式、盈利模式以及投融资战略的选择提供有价值的建议；在战略执行中，从企业管理层（管理者）视角深入分析企业内部价值链、作业流程、资源耗费，对企业创造价值过程进行分析，为战略执行的效率、战略的及时有效调整提供有价值的建议。虽然企业管理层（管理者）视角财务分析的内容全面而广泛，但应主要包括财务报表信息质量分析、财务能力分析（特别注重盈利能力和发展能力分析）、社会责任财务履行能力分析、企业业绩综合分析、企业前景预测与企业估价等。

4. 管理层（管理者）视角财务分析的重点

一般的财务分析普遍以报表数据为基础，通过简单的数据或比率分析来判断企业经营成果，而没有将财务分析上升到企业经营的高度。因此，这种分析并不能找出企业活动与其财务状况和经营成果之间的内在联系，容易割裂财务数据与企业经营活动之间的关系，导致财务分析与企业经营与管理脱节。

从企业管理层（管理者）视角进行财务分析，重要的不只是发现企业管理中存在的问题，还要探析问题形成的深层次原因，寻求最终解决问题的策略和措施。因为企业管理层（管理者）需要的不仅是对企业运营效率、盈利能力、偿债能力、发展能力等方面的总体评价，还需要对企业生产经营过程中存在问题的原因做深入剖析，找到解决问题的有效方案和手段，为管理决策提供有力支持。因此，企业管理层（管理者）视角财务分析的重点是发现问题、分析问题，以及解决问题。

总之，需要注意的是，财务分析不仅是企业外部信息使用者分析企业财务状况的有效工具，而且能够为企业管理层提供非常重要的管理决策依据。无论是企业进行收购兼并、风险管理还是业绩评价，财务分析所提供的信息在管理决策中均能起到不可忽视的作用。企业管理层（管理者）视角财务分析，是利益相关者分析的重要视角，采用此视角进行分析还要视具体的管理行为和管理目的而定，难以统一概括。

五、财务分析体系

财务分析体系应基于相应的理论基础和逻辑思路而构建，即应以财务分析信息使用主体的需求为导向，从财务分析主体的分析目的出发，运用科学而完备的分析工具和方法，全面而客观地分析尽可能充分的资料，以此获得有理有据并满足使用主体基本需求的分析结论。

（一）财务分析体系构建的理论基础

财务分析体系构建有很多的理论基础，这里我们只对利益相关者理论、财务分层管理理论和企业社会责任理论做简述。

1. 利益相关者理论与财务分析

利益相关者理论更多的是从企业的角度来看待企业与其利益相关者之间的关系问题。该理论认为，企业利益相关者有外部利益相关者和内部利益相关者，外部利益相关者主要有投资者、债权人、客户和政府等，内部利益相关者主要有经营者和职工等。不同利益相关者的主要利益来源是不同的。

（1）投资者的利益源于资本收益和股利收益。这种利益与企业的盈利能力、风险水平、经营效率和发展潜力等密切相关。

（2）债权人的利益则源于持有债权的安全完整性和利息收益。债权的安全完整性主要取决于债务人的经营状况和信誉程度，而利息收益则直接与企业的盈利能力相关。

（3）客户的利益源于企业良好的信用和持续发展。供应商可从及时收回货款和持续的销售合同中获益，购货方可通过购进质优价廉的产品受益。而这又与企业的盈利能力、偿还能力和营运能力相关。

（4）政府的利益主要源于企业缴纳的各种税金。这些税金包括与收入相关的流转税、与盈利相关的所得税、与财产金额相关的财产税等。可见国家的利益直接与企业的资产规模、收入水平和盈利能力相关。

（5）经营者的利益来源与完成受托责任的质量相关。而受托责任往往表现为具体的财务指标，如资本增值额、投资报酬率、销售利润率等。

（6）职工利益来源于企业支付的工资、奖金和福利。虽然这些利益不完全与企业的经济效益有关，但仍部分受企业经济效益的影响。

归纳起来，企业的利益相关者从其自身利益的角度，对与其利益相关的盈利能力、偿债能力、营运能力和发展能力比较关注。也正是这种关注促进了财务分析学科的产生与发展。而包括对企业投资收益、盈利能力、偿债能力、企业价值等进行分析与评价的财务分析满足了企业利益相关者的利益分析需要。可以说，现代企业财务分析实质上是利益相关者财务分析。

2. 财务分层管理理论与财务分析

现代企业理论认为，企业是所有者、经营者、债权人、政府和消费者契约关系的集合，因此，企业的财务管理主体是多元的。现代企业制度下最主要的参与企业财务管理的主体是所有者（出资者）、经营者（或管理者，如高级经理人）、财务经理（财务机构负责人）三者。由于所有权和经营权两权分离，以及经营者的内部分权管理，所有者、经营者、财务经理三者站在不同的利益立场，并以不同的行为方式参与企业的理财活动，这必然会形成不同的理财层次和财务目标。因此，企业财务就分成了所有者财务、经营者财务和财务经理财务三个层次。通常不同层次的财务目标是不同的，因此财务管理的内容也不尽相同并各有侧重。所有者财务目标是企业资本保值增值，经营者财务目标是保证企业利润持续增长，而财务经理财务目标则是保证实现企业现金流的良性循环。因此，财务分析主体与分析目标也不尽相同。所有者财务分析关注资本保值与增值问题，经营者财务分析在关注所有者利益的同时还要注重相关者的利益协调，其焦点在于企业持续创造价值。财务经理的财务分析关注企业现金的流动性与质量。

3. 企业社会责任理论与财务分析

企业社会责任使企业从整个社会出发考虑企业行为对社会的影响，关心的是企业与社会之间的关系。对于社会责任与企业绩效之间的关系，大多数实证结果，特别是那些以会计指标衡量企业绩效的实证文献证实，企业社会责任与企业绩效之间在一定程度上存在正相关关系。企业绩效的好坏和能否持续发展在很大程度上与企业是否承担社会责任存在着正相关关系。

但是，现代财务分析往往只重视对企业的利益相关者进行分析，而忽视了企业的社会责任分析。这种忽视不但使依赖于财务分析结果的利益相关者决策不科学，而且会带来企业可能因没有履行必要的社会责任而被终止经营的巨大风险。因此，引入企业社会责任财务分析是十分必要的。这种分析极有可能使现有财务分析体系更完善，使依赖财务分析结果的利益相关者决策更科学。

（二）财务分析体系构建的逻辑思路

构建企业财务分析体系应遵循的逻辑思路，是从"企业目标（财务目标）"出发到"财务结果"再回到"企业目标（财务目标）"的循环逻辑思路，也就是从"企业目标与财务目标—财务目标与财务活动—财务活动与财务报表—财务报表与财务效率（能力）—财务效率（能力）与财务结果—财务结果与企业目标"的循环逻辑思路。

1. 企业目标与财务目标

任何一个学科体系与内容的建立都不能离开其应用领域的目标或目的。财务分析作为对企业财务活动及其效率、结果与财务关系的分析，其目标必然与企业的财务目标相一致。关于企业财务目标的提法或观点较多，如股东（所有者）价值最大化目标、企业价值最大化目标（即持续创造价值）、利润最大化目标和经济效益最大化目标等。

要研究企业财务目标，首先应明确企业目标。其实，企业的目标从根本上必然与企业的所有者目标相一致。在商品经济条件下，企业所有者是资本所有者，企业目标应与企业资本所有者目标，即资本的保值与增值相一致。而企业的资本保值增值目标与企业财务目标是一致的。无论是股东（所有者）价值最大化目标、企业价值最大化目标、利润最大化目标，还是经济效益最大化目标，概莫能外。追求股东（所有者）价值增加是企业根本的财务目标，它与追求企业价值或利益相关者的利益并不矛盾。从长远看，股东（所有者）价值增加，必然使得企业利益相关者同时受益。如果以损害其他利益相关者利益为基础，那么在这种不和谐的环境中要想增加股东（所有者）价值是难以想象的。股东是企业在增进自己权益的同时也增进利益相关者权益的唯一利益方。同时，股东（所有者）价值目标与利润目标、经济效益目标也不矛盾，利润是直接目标，经济效益是核心目标。因此，企业目标、所有者目标与财务目标必然是一致的。

2. 财务目标与财务活动

企业追求财务目标的过程正是企业进行财务活动的过程，这个过程包括筹资活动、投资活动、经营活动和利润分配活动。图 1-2 反映了企业财务活动过程与财务目标的关系。

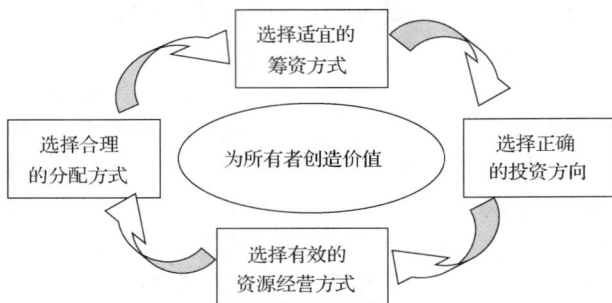

图 1-2　企业财务活动过程与财务目标的关系

企业筹资活动过程是资本的来源过程或资本取得的过程，包括所有者投入资本和债权人投入资本。企业在筹资活动中或在取得资本时，要考虑为什么筹资、从哪里筹资、以何种方式筹资、筹多少资、资本代价（即资本成本）有多高、筹资风险有多大、支付能力如何、资本结构是否优化等因素。筹资活动的目的在于以较低的资本成本和较小的风险取得企业所需要的资本。

企业投资活动过程是资源的取得和配置过程，资源包括流动资产与非流动资产或经营资产与投资资产等。企业在投资活动过程中首先要考虑投资方向，即投资到哪里，是国内还是国外，是制造业还是服务业，是一般技术还是高科技等；其次要考虑投资回报，即投资回报是高还是低，是快还是慢；再次要考虑投资风险，如有无投资风险、风险究竟有多大、投资风险企业能否承受等；最后还要考虑投资结构、资产利用程度、投资时间和投资区位的天时地利等因素。投资活动的目的在于充分使用资产，以一定的资产、较小的风险取得尽可能大的产出。

企业经营活动过程是资本的耗费和收回过程。企业在经营活动中，要考虑生产要素和商品或劳务的数量、结构、质量、消耗、价格、功能、品牌等因素。经营活动的目的在于以较低的成本费用取得较多的、有较高质量的收入，实现更多的高质量的利润。

企业利润分配活动过程是资本退出经营的过程或利润分配的过程，包括提取资本公积和盈余公积、向股东支付股利和留用利润等。企业在分配利润过程中，要考虑资本需要量、大小股东的利益关系、企业眼前与长远利益关系的处理、国家政策、企业形象等因素。利润分配活动的目的在于兼顾各方利益，构建和谐的企业经营环境，使企业步入良性循环的轨道。

3. 财务活动与财务报表

企业的基本财务报表由资产负债表、利润表、现金流量表和所有者权益变动表组成。企业的各项财务活动都直接或间接地通过财务报表来体现，如图 1-3 所示。

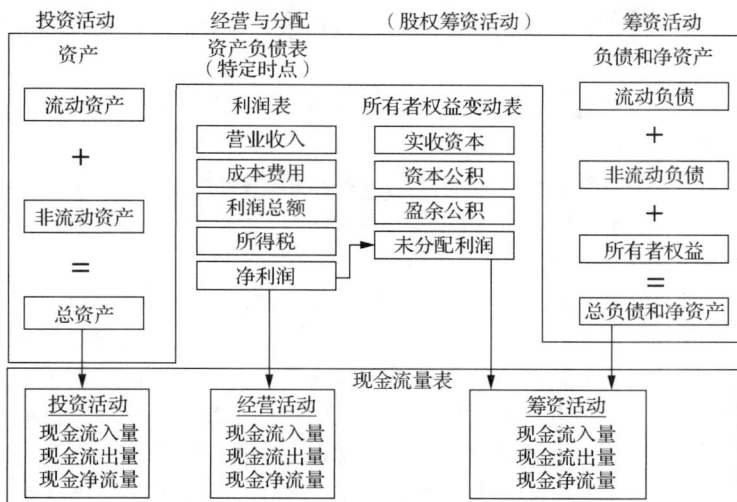

图 1-3　财务报表体现企业各项财务活动

　　资产负债表反映企业在某一时点的资源配置与规模以及资源权益归属的情况，是企业筹资活动和投资活动的具体体现，体现企业的实力。利润表反映企业在某一时期的收入、成本、利润及利润分配情况，是企业经营活动和投资活动的具体体现，体现企业的能力。现金流量表反映企业在某一时期经营活动、投资活动和筹资活动的现金流量情况，它以现金流量为基础，是企业财务活动总体状况的具体体现，体现企业的效益质量和企业的活力。

　　由此可见，财务报表从静态到动态，从权责发生制到收付实现制，对企业财务活动中的筹资活动、投资活动、经营活动和利润分配活动进行了全面、系统、综合的反映。

　　4. 财务报表与财务效率（能力）

　　财务报表，包括动态财务报表和静态财务报表，不仅能直接反映筹资活动、投资活动、经营活动和利润分配活动的状态或状况，而且可通过财务分析揭示财务活动的效率或能力。

　　财务效率（能力）是财务资源投入与产出的比率关系以及由此派生的其他比率关系，通常可通过盈利能力、营运能力、偿债能力、发展能力、获现能力和社会责任财务履行能力等来反映。

　　盈利能力根据不同的资源投入可分为：资本经营盈利能力，如净资产收益率，即净利润与平均净资产之比；资产经营盈利能力，如总资产报酬率，即息税前利润与平均总资产之比；商品经营盈利能力，如核心利润率，即核心利润与营业收入之比。

　　营运能力根据不同的资产范围可分为：总资产营运能力，如总资产周转率等；流动资产营运能力，如流动资产周转率和存货周转率等；非流动资产营运能力，如固定资产周转率等。

　　偿债能力根据偿债期限长短可分为：短期偿债能力，如流动比率、速动比率等；长期偿债能力，如资产负债率、利息保障倍数等。

　　发展能力是指企业保持持续发展或增长的能力。根据影响发展能力的因素，发展能力可分为：竞争力，如市场开拓能力等；经营发展能力，如经营性资产增长率、营业收入增长率、核心利润增长率等；财务发展能力，如净利润增长率、股利增长率；可持续增长能力，如可持续增长率等。

　　获现能力是指企业获取现金流量的能力。反映企业获现能力的因素与指标主要有销售获现比率、总资产现金回收率、盈利现金比率、每股经营现金净流量等。

　　社会责任财务履行能力是企业基于整个社会利益考虑，就企业行为对社会影响、企业与社会和谐共处等方面，从财务角度履行社会责任的能力。反映企业社会责任财务履行能力的指标主要有单位收入研发费、单位收入材料消耗量、环保投资率、社会贡献率、社会积累率等。

　　为了提高企业的财务效率（能力），企业需要考虑利益相关者的正当利益诉求，只有这样才能保证企业的和谐发展。因此，企业必须切实关注企业的社会责任财务履行效率，以及企业的可持续发展问题。

上述各种能力是企业财务效率的体现，而财务效率的计算与分析离不开财务报表。

5. 财务效率（能力）与财务结果

企业各项财务效率，最终都将体现在企业的财务结果，即企业的价值上。可以说，企业价值是企业财务效率（能力）的综合反映或体现。同时，企业价值正是评价企业财务目标实现程度的根本。

6. 财务结果与企业目标

作为财务结果的企业价值，既是企业当期各项财务效率高低的反映，也是新一轮企业财务目标实现的基础。企业价值越高，意味着企业从财务目标到财务结果循环过程的起点越高。一方面，为各项财务活动，主要是投资活动、经营活动提供了较为广阔的发展空间，但另一方面，也增大了财务活动的风险。因此从财务结果再到企业目标，不是简单的重复循环，而是需要审慎判断企业发展环境，拟定新的企业财务目标，并通过财务合理运营，采用最优财务决策，来体现企业利益相关者所有签约方的共同利益。图 1-4 直观反映了从财务目标到财务结果再到财务目标的整个循环过程。

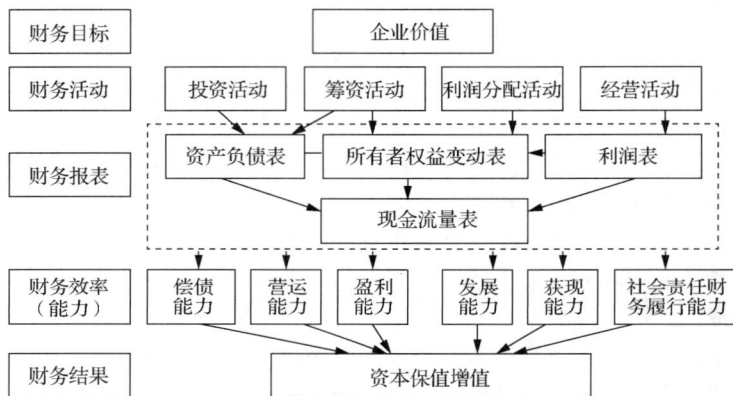

图 1-4 从企业财务目标到财务结果再到财务目标的循环过程

第二节 财务分析的信息基础

财务分析信息是财务分析的基础和不可分割的组成部分。俗话说"巧妇难为无米之炊"，对财务分析主体来说，"巧妇之米"便是进行财务分析必须掌握和具备的信息。

一、财务分析信息的种类

财务分析人员进行财务分析除了以财务信息为基础外，还要运用充分且必要的其他非财务信息。从不同角度来看，财务分析信息至少可分为以下几类。

（一）企业内部信息和企业外部信息

根据信息的来源不同，财务分析信息可以分为企业内部信息和企业外部信息。企业内部信息是指从企业内部获取的财务分析信息，主要包括企业财务报告、财务计划、招股说明书、上市公告书及其他相关资料。企业外部信息是指从企业外部获取的财务分析信息，主要包括注册会计师的审计报告、行业财务信息、中介机构的评估报告等。

（二）定期信息和不定期信息

根据信息取得时间的确定性程度不同，财务分析信息可以分为定期信息和不定期信息。

（1）定期信息。定期信息是企业经常需要、可定期取得的信息，为企业定期进行财务分析提供了可能。定期信息主要有：会计信息，尤其是以会计制度规定的时间，按月度或年度核算和编报的财务会计信息；企业的统计月报、季报和年报等统计信息；按月、季、年公布的综合经济部门信息或按日、旬公布的市场信息等综合经济部门的信息；中介机构信息等。

（2）不定期信息。不定期信息则是根据临时需要收集的信息，主要包括宏观经济政策信息、企业间不定期交换的信息、国外经济信息，以及主要报纸杂志信息等。不定期信息，有的是由于信息不能定期提供形成的，有的是基于企业不定期分析需要形成的。

（三）实际信息与标准信息

财务分析信息根据实际发生与否，可分为实际信息和标准信息。实际信息是指反映各项经济指标实际完成情况的信息。标准信息是指作为评价标准而收集与整理的信息，如预算信息、行业信息等。财务分析通常是以实际信息为基础进行的，而标准信息对评价企业财务状况也是不可或缺的。

（四）会计信息与其他信息

会计信息提供了财务决策分析的主要信息，而其他信息提供了与决策分析相关的有用信息。

（1）会计信息。会计信息包括财务报告信息和管理会计信息。财务分析依据的主要信息来自财务报表。财务报表所提供的信息，不但是财务报表使用者进行决策的主要依据，也是国家有关部门进行国民经济宏观管理的微观信息基础。企业财务报告是指企业对外提供的反映企业某一特定日期的财务状况和某一会计期间的经营成果、现金流量等会计信息的文件。财务报告包括基本财务报表和其他应当在财务报告中披露的相关信息和资料，如报表附注、审计报告等。它们用于揭示和解释说明企业各项经济活动所产生的经济后果。上市公司财务报告内容构成如图1-5所示。

企业除了按照规定编报满足外部利益相关者需求的财务报告外，还需要编制满足内部管理与控制需要的成本费用报表（属于内部管理会计报告的内容），为成本分析提供所需的信息。成本费用报表的构成如图1-6所示。

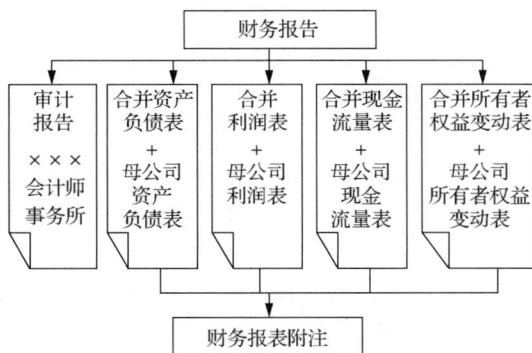

图1-5　上市公司财务报告内容构成

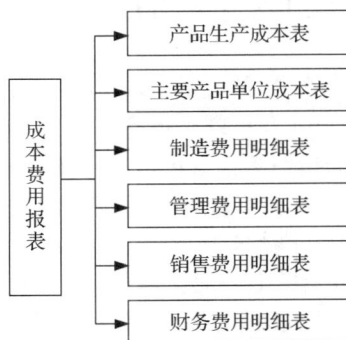

图1-6　成本费用报表构成

（2）其他信息。除企业财务报告和成本费用报表所提供的信息外，进行财务分析还需要其他信息，包括政策信息、市场信息、行业信息等。政策信息主要有产业政策、价格政策、信贷政策、分配政策、税收政策、会计政策、金融政策等，从企业的行业性质、组织形式等角度分析企业财务对政策法规的敏感程度，全面揭示经济政策变化及法律制度的调整对企业财务状况、经营成果和现金流量的影响。市场信息，主要包括资本市场、劳动力市场、技术市场、土地市场等要素市场以及商品市场的信息。其中的任何信息都可能与企业经营及财务息息相关。因此，企业在进行财务分析时，必须关注商品供求与价格变化对企业产品或服务销售量与收入的影响，劳动力供求与价格变化对企业人工费用的影响，技术市场供求及价格变化对企业无形资产规模、结构的影响，资本市场资金供求渠道及价格变化对企业投资、融资的影响，以便从市场环境的变化中分析企业财务变化的成因及其变化趋势。行业信息，主要指企业所处行业的相关企业、产品、技术、规模、效益等方面的情况。在进行财务分析时，应着重关注行业平均水平、先进水平以及行业发展前景等信息，以客观评价企业当前的经营现状，合理预测、把握企业财务状况、经营成果与现金流量的发展趋势，为决策提供可靠的信息依据。

二、上市公司定期报告

财务分析主体进行财务分析最重要的财务分析信息来自公司的定期报告，就主板（包括中小板）上市公司来说，定期报告分为年度报告和中期报告，而中期报告又包括季度报告和半年度报告。

（1）依据证监会《公开发行证券的公司信息披露内容与格式准则第 2 号——年度报告的内容与格式（2021 年修订）》（注：证监会经常会修订文件内容，大家需要随时关注其变化）规定，年度报告的主要内容有十大项：重要提示、目录和释义；公司简介与主要财务指标；管理层讨论与分析；公司治理；环境与社会责任；重要事项；股份变动及股东情况；优先股相关情况；债券相关情况；财务报告。而年度报告摘要则主要包括重要提示、公司基本情况、重要事项三项主要内容。

（2）根据《公开发行证券的公司信息披露内容与格式准则第 3 号——半年度报告的内容与格式（2021 年修订）》的规定，半年度报告的主要内容有十大项：重要提示、目录和释义；公司简介和主要财务指标；管理层讨论与分析；公司治理；环境和社会责任重要事项；股份变动及股东情况；优先股相关情况；债券相关情况；财务报告。

（3）从《公开发行证券的公司信息披露编报规则第 13 号——季度报告内容与格式（2016 年修订）》来看，季度报告的主要内容有四大项：重要提示、公司基本情况、重要事项、附录。年度报告必须经过具有证券从业资格的注册会计师审计签字方可发布，年度财务报告在上市公司定期报告中一般所占篇幅达三分之二左右，因此，财务报告信息是财务分析最基础也是最重要的信息来源。

三、上市公司财务报告

上市公司财务报告主要包括年度财务报告和中期财务报告两种。

（一）年度财务报告

年度财务报告包括审计报告、财务报表、财务报表附注和补充资料四大部分内容。下面从审计报告、财务报表和财务报表附注三个方面分别对财务报告的主要内容进行概要性阐释。

1. 审计报告

审计报告，是指注册会计师根据审计准则规定，在执行审计工作的基础上，对财务报表发表审计意见的书面文件。审计报告是审计工作的最终成果体现，是财务报表披露质量的鉴定书，具有法定证明效力。注册会计师在实施必要的审计程序后，以经过核实的审计证据为依据，形成审计意见并出具的审计报告，对各方面的关系人来说都具有十分重要的意义。

审计报告一般应包括标题、收件人、审计意见、形成审计意见的基础、管理层对财务报表的责任、注册会计师对财务报表审计的责任、按照相关法律法规的要求报告的事项（如适用）、注册会计师的签名和签章、会计师事务所的名称地址和盖章、报告日期等要素。注册会计师根据审计结果和被审计单位对有关问题的处理情况，形成不同的审计意见，出具代表不同审计意见的审计报告。审计报告包括标准审计报告和非标准审计报告。标准审计报告是指不含有说明段、强调事项段、其他事项段或其他任何修饰性用语的无保留意见的审计报告；非标准审计报告是指带强调事项段或其他事项段的无保留意见的审计报告和非无保留意见的审计报告。非无保留意见的审计报告包括保留意见的审计报告、否定意见的审计报告和无法表示意见的审计报告。审计报告的种类如图 1-7 所示。

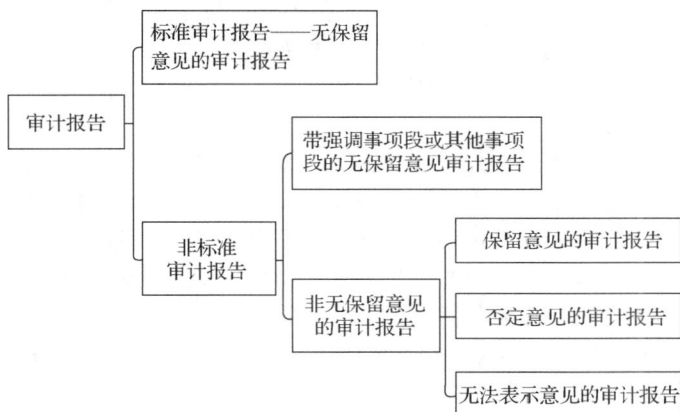

图 1-7　审计报告的种类

（1）无保留意见的审计报告。无保留意见的审计报告发表无保留审计意见，无保留审计意见是指当注册会计师认为财务报表在所有重大方面按照适用的财务报告编制基础的规定编制并实现公允反映时发表的审计意见。注册会计师，依照《中国注册会计师审计准则第 1501 号——审计报告》的要求，对被审计单位财务报表在三个方面审查满意才会发表无保留意见的审计意见。这三个方面分别是：①财务报表恰当提及或说明了适用的财务报告编制基础；②财务报表在所有重大方面按照适用的财务报告编制基础的规定编制[包括充分披露了所选择和运用的重要会计政策；所选择和运用的会计政策符合适用的财务报告编制基础，并适合被审计单位的具体情况；管理层做出的会计估计是合理的；财务报表列报的信息具有相关性、可靠性、可比性和可理解性；财务报表做出了充分披露，使预期使用者能够理解重大交易和事项对财务报表所传递信息的影响；财务报表使用的术语（包括每一财务报表的标题）是适当的]；③财务报表实现了公允反映（包括财务报表的整体列报、结构和内容合理）；财务报表（包括相关附注）公允地反映了相关交易和事项。

（2）带强调事项段或其他事项段的无保留意见审计报告。《中国注册会计师审计准则第 1503 号——在审计报告中增加强调事项段和其他事项段》规定：①审计报告的强调事项段是指审计报告中含有的一个段落，该段落提及已在财务报表中恰当列报或披露的事项，且根据注册会计师的职业判断，该事项对财务报表使用者理解财务报表至关重要；②审计报告的其他事项段是指审计报告中含有的一个段落，该段落提及未在财务报表中列报或披露的事项，且根据注册会计师的职业判断，该事项与财务报表使用者理解审计工作、注册会计师的责任或审计报告相关。

（3）非无保留意见的审计报告。非无保留意见的审计报告发表非无保留意见。非无保留意见是指对财务报表发表的保留意见、否定意见或无法表示意见。当存在下列情形之一时，注册会计师应当按照《中国注册会计师审计准则第 1502 号——在审计报告中发表非无保留意见》的规定，在审计报告中发表非无保留意见：第一，根据获取的审计证据，得出财务报表整体存在重大错报的结论；第二，无法获取充分、适当的审计证据，不能得出财务报表整体不存在重大错报的结论。

① 保留意见的审计报告。保留意见是指注册会计师对财务报表有所保留的审计意见。注册会计师经过审计后，如果发现存在下述情况之一，应出具保留意见的审计报告：第一，在获取充分、适当的审计证据后，注册会计师认为错报单独或汇总起来对财务报表影响重大，但不具有广泛性；第二，注册会计师无法获取充分、适当的审计证据以作为形成审计意见的基础，但认为未发现的错报（如存在）对财务报表可能产生的影响重大，但不具有广泛性。

② 否定意见的审计报告。注册会计师对被审计单位审计，在获取充分、适当的审计证据后，如果认为错报单独或汇总起来对财务报表的影响重大且具有广泛性，注册会计师应当发表否定的审

计意见，提供否定意见的审计报告。

③ 无法表示意见的审计报告。注册会计师对被审计单位审计，如果无法获取充分、适当的审计证据以作为形成审计意见的基础，但认为未发现的错报（如存在）对财务报表可能产生的影响重大且具有广泛性，注册会计师应当发表无法表示意见的审计意见，提供无法表示意见的审计报告。

2. 财务报表

财务报表包括个别财务报表和合并财务报表。一般而言，财务报表是对企业财务状况、经营成果和现金流量的结构性表述。从财务报表的演变过程来看，世界各国的报表体系逐渐趋于形式上的一致，尽管其概念内涵、指标口径等在各国间有不同程度的差异。目前，世界各国的基本财务报表一般包括资产负债表、利润表、现金流量表和所有者（股东）权益变动表。对于主板（包括中小企业板）上市公司而言，财务报表主要包括母公司财务报表和合并财务报表。以下根据《企业会计准则第 30 号——财务报表列报》和《关于修订印发 2019 年度一般企业财务报表格式的通知》（财会〔2019〕6 号）的相关规定对基本财务报表（个别财务报表或母公司财务报表）一一进行阐释。

（1）资产负债表。资产负债表是反映企业在某一特定日期所拥有或控制的经济资源、所承担的现时义务和所有者享有的剩余权益的静态报表。它依据"资产=负债+所有者权益"这一等式而编制。可见，资产负债表由资产、负债与所有者权益三个要素构成。资产负债表格式和有关资产负债表解读与分析的详细内容请参阅本书第二章。

（2）利润表。利润表是反映企业某一会计期间财务成果的报表。它可以提供企业在月度、季度或年度内净利润或亏损的形成情况。利润表可以反映企业一定会计期间收入的实现情况、企业一定会计期间的费用耗费情况以及企业生产经营活动的成果。可见，利润表由收入、费用和利润三个要素构成。利润表各项目间的关系可用等式"收入-费用=利润"来概括。利润表的列报必须充分反映企业经营业绩的主要来源和构成，这将有助于报表使用者判断净利润的质量及其风险，有助于报表使用者预测净利润的持续性，从而做出正确的决策。利润表格式和有关利润表解读与分析的详细内容请参阅本书第三章。

（3）现金流量表。现金流量表是以现金为基础编制的，反映企业在一定会计期间现金流入与现金流出情况的财务状况变动表，它表明企业在一定时期的获现能力。按照企业的业务性质，通常将企业一定期间内产生的现金流量归为经营活动产生的现金流量、投资活动产生的现金流量和筹资活动产生的现金流量等三类。现金流量表包括基本报表和补充资料（现金流量表附注），基本报表的内容有六项，即经营活动（主要包括销售商品、提供劳务、购买商品、支付工资、缴纳税款等）产生的现金流量、投资活动（主要包括收回投资和取得投资收益，购建和处置固定资产、无形资产和其他长期资产等）产生的现金流量、筹资活动（主要包括吸收投资、借入款项、偿还债务、分配利润等）产生的现金流量、汇率变动对现金及现金等价物的影响、现金及现金等价物净增加额、期末现金及现金等价物余额等。补充资料，即现金流量表附注的内容有三项：一是将净利润调节为经营活动现金流量；二是不涉及现金收支的重大投资和筹资活动；三是现金及现金等价物净变动情况。现金流量表（基本报表）格式和有关现金流量表解读与分析的详细内容请参阅本书第四章。

（4）所有者权益变动表。所有者权益变动表是中华人民共和国财政部 2006 年颁布的《企业会计准则》中新增加的报表。所有者（股东）权益变动表是反映构成所有者权益的各个组成部分当期增减变动情况的报表。所有者权益变动表应当全面反映一定时期所有者权益变动的情况，不仅包括所有者权益总量的增减变动，还包括所有者权益增减变动的重要结构性信息，特别是要反映直接计入所有者权益的利得和损失，让报表使用者准确理解所有者权益增减变动的根源。所有者权益变动表格式和有关所有者权益变动表信息的具体解读与分析的详细内容请参阅本书第五章。

3. 财务报表附注

财务报表附注是对在资产负债表、利润表、现金流量表和所有者（股东）权益变动表等报表中列示项目的文字描述或明细资料，以及对未能在这些报表中列示的项目的说明（包括使用会计政策的说明)等。根据《公开发行证券的公司信息披露编报规则第 15 号——财务报告的一般规定（2014 年修订)》的内容，财务报表附注应当披露的内容大致包括 15 项：①公司的基本情况；②财务报表编制基础；③重要会计政策和会计估计；④税项；⑤合并财务报表项目附注；⑥合并范围的变更；⑦在其他主体中的权益；⑧与金融工具相关的风险；⑨公允价值的披露；⑩关联方及关联交易；⑪股份支付；⑫或有事项；⑬资产负债表日后事项；⑭其他重要事项；⑮母公司财务报表的重要项目附注。

公司应当在每个会计年度结束之日起四个月内将编制完成的年度报告全文刊登在中华人民共和国证券监督管理委员会指定网站上；同时将年度报告摘要刊登在至少一种中华人民共和国证券监督管理委员会指定报纸上，刊登篇幅原则上不超过报纸的四分之一版面，也可以刊登在中华人民共和国证券监督管理委员会指定网站上。公司可以将年度报告刊登在其他媒体上，但刊登时间不得早于在中华人民共和国证券监督管理委员会指定媒体披露的时间。

（二）中期财务报告

中期财务报告，是指短于一个完整的会计年度（自公历 1 月 1 日起至 12 月 31 日止）的报告期间的财务报告。中期财务报告包括月度财务报告、季度财务报告、半年度财务报告，也包括年初至本中期期末的财务报告。上市公司要求对外披露的中期财务报告主要指季度财务报告和半年度财务报告，对外披露的中期财务报告可以未经注册会计师审计签字，但披露时应标注未经审计字样。

中期财务报告至少应当包括资产负债表、利润表、现金流量表及报表附注等内容。资产负债表、利润表、现金流量表和报表附注是中期财务报告至少应当编制的法定内容，对其他财务报表或者相关信息，如所有者（股东）权益变动表等，企业可以根据需要自行决定是否编制。中期资产负债表、利润表和现金流量表的格式和内容，应当与上年度财务报表的相一致。但如果当年新施行的会计准则对财务报表格式和内容做了修改，中期财务报表应当按照修改后的报表格式和内容编制，与此同时，在中期财务报告中提供的上年度比较财务报表的格式和内容也应当做相应的调整。中期财务报告中的附注相对于年度财务报告中的附注而言，是适当简化的。

中期财务报表附注的编制应当遵循重要性原则，但企业至少应当在中期财务报表附注中披露以下 14 项相关的信息。一是中期财务报表所采用的会计政策与上年度财务报表相一致的声明。企业在中期发生会计政策变更的，应当说明会计政策变更的性质、内容、原因及其影响数；无法进行追溯调整的，应当说明原因。二是会计估计变更的内容、原因及其影响数；影响数不能确定的，应当说明原因。三是前期差错的性质及其更正金额；无法进行追溯重述的，应当说明原因。四是企业经营的季节性或者周期性特征。五是存在控制关系的关联方发生变化的情况；关联方之间发生交易的，应当披露关联方关系的性质、交易类型和交易要素。六是合并财务报表的合并范围发生变化的情况。七是对性质特别或者金额异常的财务报表项目的说明。八是证券发行、回购和偿还情况。九是向所有者分配利润的情况，包括在中期内实施的利润分配和已提出或者已批准但尚未实施的利润分配情况。十是根据《企业会计准则第 35 号——分部报告》的规定披露分部报告信息的，应当披露主要的报告形式的分部收入与分部利润（亏损）。十一是中期资产负债表日至中期财务报告批准报出日之间发生的非调整事项。十二是上年度资产负债表日以后所发生的或有负债和或有资产的变化情况。十三是企业结构变化情况，如企业合并，对被投资单位具有重大影响、共同控制或者控制关系的长期股权投资的购买或者处置，终止经营等。十四是其他重大交易或者事项，包括重大的长期资产转让及其出售情况、重大的固定资产和无形资产取得情况、重大的研究和开发支出、重大的资产减值损失、或有负债等。企业在提供上述第五项和第十项有关关联方交易、分部收入与分部利润（亏损）信息时，应当同时提供本中期（或者本中期期末）和本年度初至本中期期末的数据，以及上年度可比中期（或者可比中期期末）和可比年初至可比中期期末的比较数据。

第三节 财务分析的方法基础

财务分析方法多种多样，但其常用的基本的分析方法主要有水平分析法、垂直分析法、趋势分析法、比率分析法、比较分析法、项目质量分析法、因素分析法等。下面我们对常用的基本方法做简单介绍。

一、水平分析法

水平分析法，是指将企业报告期财务状况的信息（特别指会计报表信息资料）与反映企业前期或历史某一时期财务状况的信息进行对比，研究企业各项经营业绩或财务状况的发展变动情况的一种财务分析方法。

水平分析法所进行的对比，一般而言，不是指单项指标或单个项目的对比，而是对反映某方面情况的报表的全面、综合对比，尤其在会计报表分析中应用较多。因此，人们通常将水平分析法称为会计报表分析方法。

（一）基本要点与对比的方式

水平分析法的基本要点是将报表中不同时期的同项数据进行对比。其对比的方式主要有以下三种。

（1）绝对值增减变动，其计算公式是：
$$绝对值变动数量=分析期某项指标实际数-基期同项指标实际数$$

（2）增减变动率，其计算公式是：
$$变动率（\%）=绝对值变动数量÷基期实际数量×100\%$$

（3）变动比率值，其计算公式是：
$$变动比率值 = 分析期实际数值÷基期实际数值$$

（二）水平分析法应用的注意点

第一，水平分析中应同时进行绝对值和变动率或变动比率值两种形式的对比，应将两种对比方式结合运用。仅用变动量，或仅用变动率都可能得出片面的甚至错误的结论。

第二，水平分析法是会计分析的基本方法。水平分析法通过将企业报告期的财务会计资料与前期对比，揭示各方面存在的问题，为全面深入分析企业财务状况奠定了基础。水平分析法可用于一些可比性较高的同类企业之间的对比分析，以找出企业间存在的差距。

第三，不同企业在水平分析法的应用中，一定要注意其可比性问题。即使在同一企业中应用，对于差异的评价也应考虑其对比基础（该方法的应用见第二章至第五章）。

二、垂直分析法

垂直分析法是通过计算报表中各项目占总体的比重或结构，反映报表中的项目与总体关系情况及其变动情况的基本财务分析方法。垂直分析法也称结构分析法、共同比分析法。

垂直分析法的基本点与水平分析法的基本点是不同的。水平分析法的基本点是将企业报告期的分析数据直接与基期进行对比求出增减变动量和增减变动率，而垂直分析法的基本点是通过计算报表中各项目占总体的比重或结构，反映报表中的项目与总体关系情况及其变动情况。

会计报表经过垂直分析法处理后，通常称为同度量报表，或总体结构报表、共同比报表等。同度量资产负债表、同度量利润表等，都是应用垂直分析法得到的。

垂直分析法的应用步骤一般有三个。

首先，要确定报表中各项目占总体的比重或百分比。其计算公式是：

$$某项目的比重=（该项目金额÷各项目总金额）×100\%$$

然后，通过各项目的比重，分析各项目在企业经营中的重要性。一般项目比重越大，说明其重要程度越高，对总体的影响越大。

最后，将分析期各项目的比重与前期同项目比重进行对比，研究各项目的比重变动情况。也可将本企业报告期项目比重与同类企业的可比项目比重进行对比，研究本企业与同类企业的不同，以揭示企业取得的成绩和存在的问题，判断有关财务活动的变化趋势（该方法应用见第二章至第五章）。

三、趋势分析法

趋势分析法是根据企业连续几年或几个时期的分析资料，运用指数或完成率的计算，确定分析期各有关项目的变动情况和趋势的一种财务分析方法。

趋势分析法既可用于对会计报表的整体分析，即研究一定时期报表各项目的变动趋势，也可用于对某些主要指标的发展趋势进行分析。

趋势分析法的应用步骤一般如下。第一，计算趋势比率或指数。通常，指数有两种，一是定基指数，二是环比指数。定基指数就是指各个时期的指数都是以某一固定时期为基期来计算的。环比指数则是指各个时期的指数都是以前一期为基期来计算的。趋势分析法通常采用定基指数。第二，根据指数计算结果，评价与判断企业各项指标的变动趋势及其合理性。第三，预测未来的发展趋势。根据企业以前各期的变动情况，研究其变动趋势或规律，从而预测企业未来的变动情况。

四、比率分析法

比率分析法是最基本、最重要的财务分析方法。比率分析法是指将某些彼此存在关联的项目加以对比，通过计算比率，据以确定经济活动变动程度的分析方法。比率分析的形式主要有百分率、百分比、分数三种。

（一）按财务报表划分的比率

按财务报表划分的比率主要指按照资产负债表、利润表、现金流量表各自表内相关项目数据计算的比率，以及以资产负债表与利润表、资产负债表与现金流量表、利润表与现金流量表相结合的两个报表相关项目数据计算的比率。具体分为单一财务报表比率和报表间比率两类。

第一类，单一财务报表比率。单一财务报表比率是指通过财务报表内部相互关联的项目数据计算得出的比率，单一财务报表比率的计算不涉及其他报表项目的数据。例如，流动比率、速动比率、资产负债率等是资产负债表单一报表的比率；销售利润率、营业成本利润率、利息保障倍数等是利润表单一报表的比率；营业现金流入量与现金流入总量比率、营业现金流出量与现金流出总量比率等是现金流量表单一报表的比率。

第二类，报表间比率。报表间比率是指计算该种比率涉及两个报表或两个以上报表相关联的项目及数据。例如，应收账款周转率、存货周转率、总资产周转率、总资产报酬率、净资产收益率等就是将资产负债表项目与利润表项目结合计算的报表间比率。

（二）比率分析法的作用

比率分析法的作用主要有两个。一是通过计算相对数比率，将看似复杂、无关的财务信息变为简单、明了、相关且易接受和理解的分析内涵。由于比率是相对数，采用这种方法，能够把某些条件下的不可比指标变为可以比较的指标，将复杂的财务信息加以简化，有利于进行分析。二是揭示报告内各有关项目（有时还包括表外项目，如附注中的项目）之间的相关性，催生许多新的、更为有用的信息。

（三）比率分析法的局限性

虽然比率分析法被认为是非常基本或非常重要的财务分析方法，但应用比率分析法时必须了解它的局限性。如比率的变动可能仅仅被解释为两个相关因素之间的变动；很难综合反映比率与计算它的会计报表的联系；比率给人们不保险的最终印象；比率不能提供会计报表关系的综合观点。该方法的具体应用，请参见第二章至第七章的相关内容。

五、比较分析法

比较分析法是财务分析中常用的一种基本方法，是指通过比较不同的数据，发现规律性的东西并找出预备比较对象差别的一种分析法。用于比较的可以是绝对数，也可以是相对数，其主要作用在于揭示指标间客观存在的差距，并为进一步分析指明方向。

（一）比较分析法的比较形式

在财务分析中经常使用的比较分析法的比较形式主要有五种。第一种是本期实际与预定目标、计划或定额比较。这种比较可以揭示问题的原因，究竟是目标、计划或定额本身缺乏科学性，还是实际中存在问题。如果是前者，有助于今后提高制定目标、计划或者定额的科学性；如果是后者，则有利于改进企业的经营管理工作。第二种是本期实际与上年同期实际或历史最高水平比较，以及与若干期的历史资料比较。这种比较既可以揭示差异，进行差异分析，查明产生差异的原因，为改进企业经营管理提供依据；也可以通过本期实际与若干期的历史资料比较，进行趋势分析，了解和掌握经济活动的变化趋势及其规律，为预测提供依据。第三种是本企业实际与国内外先进企业比较。这种比较有利于找出本企业同国内先进企业、国外先进企业之间的差距，明确今后的努力方向。第四种是本企业实际与评价标准值比较。评价标准值一般是指企业所在行业的标准值，它是权威机构对大量数据资料进行测算而得出的，客观、公正、科学，是一个比较理想的评价标尺。将本企业实际与评价标准值比较，更能得出准确、客观的评价结论。第五种是本企业实际与竞争对手比较。即选择与自己的竞争对手进行比较，分析自己的强项和不足之处。一个企业因涉足的行业太多而无法做出准确判断时，应寻找一个与其规模和其他特征相似的竞争对手进行比较。

（二）运用比较分析法应当注意的事项

在运用比较分析法时，我们应注意相关指标的可比性。具体来说，应注意以下四点。

第一，要注意指标内容、范围和计算方法的一致性。如在运用比较分析法时，必须大量运用资产负债表、利润表、现金流量表等财务报表中的数据，必须注意这些项目的内容、范围以及使用这些项目数据计算出来的经济指标的内容、范围和计算方法的一致性，因为只有一致才具有可比性。

第二，要注意会计计量标准、会计政策和会计处理方法的一致性。财务报表中的数据来自账簿记录，而在会计核算中，会计计量标准、会计政策和会计处理方法都有变动的可能，若有变动，则必然会影响数据的可比性。因此，在运用比较分析法时，对由于会计计量标准、会计政策和会计处理方法的变动而不具有可比性的会计数据，必须进行调整，使之具有可比性，只有这样，才可以进行比较。

第三，要注意时间单位和长度的一致性。在采用比较分析法时，不管是实际与实际的对比、实际与预定目标（或计划目标）的对比还是本企业与先进企业的对比，都必须注意使用数据的时间及其长度的一致性。不论是月、季、年度的对比，还是不同年度的同期对比，特别是本企业的连续数期对比或本企业与先进企业的对比，选择的时间长度和选择的年份都必须具有可比性，这样可以保证通过比较分析所做出的判断和评价可靠、准确。

第四，要注意企业类型、经营规模、财务规模以及目标大体一致。这主要是在本企业与其他企业对比时应当注意的，只有大体一致，企业之间的数据才具有可比性，比较的结果才具有实用性。

该方法的具体应用请参见第二章至第七章的相关内容。

六、项目质量分析法

项目质量分析法主要是通过对财务报表的各组成项目金额、性质进行分析，还原企业对应的实际经营活动和理财活动，并根据各项目自身特征和管理要求，在结合企业具体经营环境和经营战略的基础上对各项目的具体质量进行评价，进而对企业整体财务状况质量做出判断的方法。

在这种方法下，财务报表分析包括资产质量分析、资本结构质量分析、利润质量分析以及现金流量质量分析，最终上升到财务状况整体质量分析。该分析方法的具体应用请参见第二章至第五章的相关内容。

七、因素分析法

因素分析法是依据分析指标与其影响因素之间的关系，按照一定的程序和方法，确定各因素对分析指标影响程度的一种技术方法。因素分析法是一种常用的定量分析方法，通常是以指标分解等方法为基础的。采用这种方法需要依次用标准值替代实际值（或厍实际值替代标准值），以测定各因素对财务指标的影响。因素分析法根据其分析特点可分为连环替代法（或连锁替代法）和差额计算法（或差额分析法）。

（一）连环替代法

所谓连环替代法，就是通过顺次逐个替代影响因素，计算各因素变动对指标变动影响程度的一种因素分析方法。

1. 应用连环替代法的一般步骤

应用连环替代法的步骤一般为以下五个。

第一步，确定分析指标与其影响因素之间的关系。确定分析指标与其影响因素之间关系的方法，是指将分析指标在计算公式的基础上进行分解或扩展，从而得出影响因素与分析指标之间的关系式。如影响净资产收益率指标的因素可分解为销售净利率、总资产周转率和权益乘数三个因素，这三个因素对净资产收益率的影响程度按由强到弱的顺序排列。首先是销售净利率，其次是总资产周转率，最后是权益乘数。净资产收益率指标与其影响因素的关系式是：

净资产收益率＝销售净利率×总资产周转率×权益乘数

第二步，构建指标体系，确定分析指标。根据分析指标的报告期数值与基期数值列出两个关系式或指标体系，确定分析指标。例如，对净资产收益率而言，两个指标体系是：

基期净资产收益率＝基期销售净利率×基期总资产周转率×基期权益乘数

报告期净资产收益率＝报告期销售净利率×报告期总资产周转率×报告期权益乘数

分析指标＝报告期净资产收益率-基期净资产收益率

第三步，连环顺序替代，计算替代结果。所谓连环顺序替代，就是以基期指标体系为计算基础，用实际指标体系中的每一因素的报告期数顺序替代其相应的基期数，每次替代一个因素，替代后的因素被保留下来。计算替代结果，就是在每次替代后，按关系式计算其结果。有几个因素就替代几次，并相应确定计算结果。

第四步，比较替代结果，确定各因素对分析指标的影响程度。比较替代结果是连环进行的，即将每次替代所计算的结果与这一因素被替代前的结果进行对比，二者的差额就是替代因素对分析指标的影响程度。

第五步，检验分析结果，即将各因素对分析指标的影响额相加，其代数和应等于分析指标。如果二者相等，说明分析结果可能是正确的；如果二者不相等，则说明分析结果是错误的。应用连环替代法的程序或步骤是紧密相连、缺一不可的，尤其是前四个步骤，其中任何一个步骤出现错误，都会导致出现错误结果。

2. 连环替代法应用实例

【例1-1】南山公司20×7年和20×8年有关销售净利率、总资产周转率、权益乘数和净资产收益率的数据资料如表1-3所示。

表1-3   南山公司净资产收益率相关指标数据

指　　　标	20×7年	20×8年
净资产收益率（%）	20	16.2
销售净利率（%）	16	18
总资产周转率（次）	0.5	0.45
权益乘数	2.5	2

要求：用连环替代法分析各因素变动对净资产收益率的影响程度。

根据连环替代法的程序和净资产收益率的因素分解式，可得出如下分析计算过程。

实际指标体系：18%×0.45×2=16.2%。

基期指标体系：16%×0.5×2.5=20%。

分析指标：16.2%-20%=-3.8%。

在此基础上，按照第三步的做法进行连环顺序替代，并计算每个因素替代后的结果。

基期指标体系：16%×0.5×2.5=20%。

替代销售净利率：18%×0.5×2.5=22.5%。

替代总资产周转率：18%×0.45×2.5=20.25%。

替代权益乘数（或实际指标体系）：18%×0.45×2=16.2%。

根据第四步，确定每个因素对净资产收益率的影响程度。

销售净利率的影响：22.5%-20%=2.5%。

总资产周转率的影响：20.25%-22.5%=-2.25%。

权益乘数的影响：16.2%-20.25%=-4.05%。

最后检验分析结果：2.5%-2.25%-4.05%=-3.8%。

3. 应用连环替代法应注意的问题

连环替代法是利用其原理针对具体对象进行有效分析的一种综合性分析方法，因此，在实践中应用比较广泛。但是，在应用连环替代法的过程中必须注意以下四个问题。

一要注意因素分解的相关性问题。某一综合指标的影响因素，必须与其客观上存在因果关系，即分析指标与其影响因素之间必须真正相关，具有实际经济意义。各影响因素的变动确实能说明分析指标差异产生的原因。

需要指出的是，经济意义上的因素分解与数学上的因素分解不同，并不是在数学算式上相等就行，而关键要看这个指标的因素分解式有无经济意义。例如，将影响材料费用的因素分解为"材料费用=产品产量×单位产品材料费用"与"材料费用=工人数量×每人消耗材料费用"两个等式，从数学意义上说都是成立的，但是从经济意义上看，只有前一个因素分解式是正确的，而后一个因素分解式在经济上没有任何意义。因为这个分解式无法说清楚工人数量和每人消耗材料费用到底是增加有利还是减少有利。当然，一个分析指标可以从不同的角度进行分解，并可以分解成具有不同经济意义的因素分解式。这说明有经济意义的指标因素分解式并不是唯一的。因此，我们在进行指标因素分解时，需要根据分析目的和要求，确定合适的因素分解式，找出分析指标变动的真正原因。

二要注意分析前提的假设性。分析前提的假设性是指分析某一因素对分析指标差异的影响时，必须假定其他因素不变，否则就不能分清各单一因素对分析指标的影响程度。但是实际上，有些因素对分析指标的影响是共同作用的结果，共同影响的因素越多，那么假定的准确性就越低，分析结果的准确性也就越低。因此，在因素分解时，并非分解的因素越多越好，而应根据实际情况，具体问题具体分析，尽量减少对相互影响较大的因素再分解，使之与分析前提的假设基本相符。

三要注意因素替代的顺序性。因素替代的顺序性是指连环替代置换各因素时，要按一定的顺序逐个替代，不能随意改变各因素替代的先后顺序。一般替代的顺序是：先替代数量因素，后替代质量因素；先替代用实物量、劳动量表示的因素，后替代用价值量表示的因素；先替代主要因素、原始因素，后替代次要因素、派生因素；在除式关系中，先替代分子，后替代分母。如果对同一指标的分析采用不同的替代顺序，则各个因素变动影响的总和仍会等于指标变动的总差异，但是各因素变动影响程度会随着不同的替代顺序而不同。

四要注意顺序替代的连环性。顺序替代的连环性是指在确定各因素变动对分析指标的影响时，都是将某些因素替代后的结果与该因素替代前的结果对比，一环套一环。这样才既能保证各因素对分析指标影响结果的可分性，又便于检验分析结果的准确性。因为只有连环替代并确定各因素影响额，才能保证各因素对分析指标的影响之和与分析指标相等。

（二）差额计算法

差额计算法是因素分析法的另一种形式，也是连环替代法的一种简化形式。其因素分析的原理与连环替代法的原理是相同的，区别只在于分析程序比连环替代法简单。它可以直接利用各影响因素的实际数与基期数的差额，在其他因素不变的假定条件下，计算各因素对分析指标的影响程度。

1. 差额计算法的基本特点

确定各因素实际数与基期数之间的差额，并在此基础上乘以排列在该因素前面各因素的实际数和排列在该因素后面各因素的基期数，所得出的结果就是该因素变动对分析指标的影响数。

2. 差额计算法应用实例

【例1-2】依据【例1-1】的数据资料，用差额计算法分析各因素变动对净资产收益率的影响程度。

分析指标：16.2%-20%=-3.8%。

确定各因素对净资产收益率的影响程度。

销售净利率的影响：（18%-16%）×0.5×2.5=2.5%。

总资产周转率的影响：18%×（0.45-0.5）×2.5=-2.25%。

权益乘数的影响：18%×0.45×（2-2.5）=-4.05%。

最后检验分析结果：2.5%-2.25%-4.05%=-3.8%。

3. 应用差额计算法的注意事项

应用差额计算法的注意事项有三点：应用连环替代法应注意的问题，在应用差额计算法时同样需要注意；并非所有连环替代法都可按上述差额计算法的方法进行简化；特别是在各影响因素之间不是连乘的情况下，运用差额计算法必须慎重。

针对差额计算法注意事项的举例说明如下。

【例1-3】红山公司有关产量及成本的资料如表1-4所示。

表1-4   红山公司产量及成本资料

项　　目	20×7 年	20×8 年
产品产量（件）	1 400	1 800
单位变动成本（元/件）	10	9
固定总成本（千元）	8 000	9 000
产品总成本（千元）	22 000	25 200

要求：确定各因素变动对产品总成本的影响程度。

产品总成本与其影响因素之间的关系式是：产品总成本=产品产量×单位变动成本+固定总成本

（1）先运用连环替代法进行分析，分析计算过程如下。

分析指标：25 200-22 000=3 200（千元）。

20×7年指标体系：1 400×10+8 000=22 000（千元）。

替代第1个因素（产品产量）：1 800×10+8 000=26 000（千元）。

替代第2个因素（单位变动成本）：1 800×9+8 000=24 200（千元）。

20×8年指标体系：1 800×9+9 000=25 200（千元）。

产品产量影响：26 000-22 000=4 000（千元）。

单位变动成本影响：24 200-26 000=-1 800（千元）。

固定总成本影响：9 000-8 000=1 000（千元）。

各影响因素之和为4 000-1 800+1 000=3 200（千元），与分析指标相等。

（2）如果直接运用差额计算法，则分析计算过程如下。

产品产量影响：（1 800-1 400）×10+8 000=12 000（千元）。

单位变动成本影响：1 800×（9-10）+8 000=6 200（千元）。

固定总成本影响：1 800×9+（9 000-8 000）=17 200（千元）。

各影响因素之和：12 000+6 200+17 200=35 400（千元）。

可见运用差额计算法得出的各因素影响之和不等于3 200千元的分析指标，显然是错误的。

错误的原因在于产品总成本的因素分解式中各因素之间不是纯粹相乘的关系，而是还存在相加的关系。

（3）运用差额计算法对连环替代法进行简化计算分析，分析过程如下。

产品产量影响：（1 800-1 400）×10=4 000（千元）。

单位变动成本影响：1 800×（9-10）=-1 800（千元）。

固定总成本影响：9 000-8 000=1 000（千元）。

各影响因素之和：4 000-1 800+1 000=3 200（千元）。

在因素分解式中存在加法、减法、除法的情况下，一定要注意这个问题，否则将得出错误的结果。

第四节 | 哈佛财务分析框架

任何理论大厦都是在因果关系的基础上以一定的逻辑推理框架搭建起来的。那么，什么是财务分析框架，为什么需要搭建财务分析框架，常见的财务分析框架又有哪些？

一、财务分析框架及其重要性

了解财务分析框架的概念，首先必须从认识框架及财务分析框架的重要性开始。

（一）对框架的认识

"框架"的概念源自人类学家格雷戈里·贝特森（Gregory Bateson），社会学家欧文·戈夫曼（Erving Goffman）将这个概念首次引入文化社会学并将"框架"定义为人们用来感知和解释社会生活经验的一种认知结构，其来源是过去的经验与社会文化意识的影响。后来又被引入大众传播研究中，成了定性研究中的一个重要观点。

戈夫曼是戏剧主义理论中的符号相互作用理论家，他用戏剧性的比喻来分析人的行为。他认为对一个人来说，真实的东西就是他对情景的定义。这种定义可分为条和框架。条是指活动的顺序，框架是指用来界定条的组织类型。关于框架如何而来，戈夫曼认为一方面是源自过去的经验，另一方面是受到社会文化意识的影响。戈夫曼指出，所谓"框架"，是指人们用来阐释外在客观世界的心理模式，所有我们对现实生活经验的归纳与阐释等都依赖于一定的框架，框架能使我们确定、理解、归纳、指称事件和信息。

因此，这个"框架"是人们将社会真实转换为主观思想的重要凭据，也就是人们对事件的主观解释与思考结构。它是帮助人们解释并了解周围世界的大体方案，即将个人生活经验转变为进行认知时所依据的一套规则。它是在运动以前定义自身的行动计划，即从感知的现实中挑选其中一些方面，并在传播文本中使其具有显著性，使一个客体突出而赢得注意力的特定属性。人们借助"框架"建立了观察事物的基础架构，以处理和分析外在世界层出不穷的社会事件。

（二）企业财务分析框架

企业是追求利润并创造价值的经济组织，企业财务分析作为一种管理活动和工具，不仅要指引各种财务分析信息使用主体去发现企业价值，还要为包括理财主体在内的利益相关者创造价值提供专业服务和决策参考。因此，我们认为，所谓企业财务分析框架，是以发现企业价值及创造价值为目标，以战略分析为起点，并将它贯穿于企业价值信息真实性分析、价值驱动因素与价值源泉分析、企业前景分析等，以帮助财务分析信息使用主体透视企业财务活动过程及结果，指引其认知企业价值及创造价值所依据的基本分析架构、分析路径，或整套分析规则与大体分析方案。当然，不同的分析主体，因其分析视角、分析范围、分析侧重点和分析标准的差异，其使用的分析框架有所不同。

（三）企业财务分析框架的重要性

理论总是与实践相对而言的，理论最初是与行动状态相区别的沉思状态，是对实践的思考并用以指导行动的根据，而其思考和指导的范畴就是理论框架。由此可以看出，理论框架的重要性就非常突出，它是具体指导实践行为的指针。

我们进行企业财务分析这一实践活动，需要在一定的指南下进行，这一指南即是财务分析框架。鉴于其对企业财务分析活动的重要作用，在进行财务分析之前，我们需要就企业财务分析框架进行论述，并对这一框架之下具体财务分析的切入点进行介绍与阐述，从而为大家进行企业财务分析搭建起一座顺利前行的桥梁。因此，我们认为，财务理论和财务分析框架二者结合起来形成的财务理论（分析）框架，是指财务分析内在的知识结构和知识体系的整体架构，它通常由财务分析所涉及的一系列基本概念、基本问题和基本原理构成。财务分析框架的建构是财务分析学科存在的基础，也是指导和推动财务分析所对应的实践的发展依据。因此，企业财务分析框架的重要性在于它是财务分析的思考结构、分析过程的有效路径和达到分析目的的行动方案。

二、哈佛分析框架

进行有效的企业经营活动分析，必须首先了解企业所处的经营环境和经营战略，分析企业经营范围和竞争优势，识别关键成功因素和风险，然后才能进行企业财务分析。由于企业财务报表由企业管理层来完成，企业管理层拥有企业的完整信息，而处于信息劣势地位的外部人员就很难将正确信息与可能歪曲的信息或信息噪声区别开来。通过有效的财务分析，大家可以从公开或企业提供的财务报表数据中提取管理者的部分内部信息，但由于分析者不能直接或完全得到内部信息，转而只能依靠对企业所在行业及其竞争战略的了解来解释财务报表。一个称职或成功的财务分析者必须像企业管理者一样了解行业经济特征，而且应很好地把握企业的竞争战略。只有这样，他们才能透过报表数字还原经营活动，从而较为全面和客观地掌握企业的财务状况。

基于此，美国哈佛大学的克蕾沙·G帕利普（Krishna GPalepu）、维克多·L.伯纳德（Victor L.Bernard）和密歇根大学的保罗·M.希利（Paul M.Healy）三位教授在其著作《经营分析与评价——有效利用财务报表》一书中，提出了一个不同于传统财务（报表）分析的分析框架，本书称之为哈佛分析框架。哈佛分析框架的核心表现为阅读和分析企业财务（报表）的基本顺序是战略分析—会计分析—财务分析—前景分析。也就是说，先分析企业的战略及其定位；然后进行会计分析，评估企业财务报表的会计数据及其质量；再进行财务（报表）分析，评价企业的经营绩效；最后进行前景分析，诊断企业发展前景。

三位教授试图通过补充一些行业分析以及竞争策略（或战略）分析，将企业财务（报表）分析嵌入一个视野比较开阔的框架之中。这个框架将会计分析、财务分析和前景分析置于经营策略（或战略）分析的前提之下进行，显示其并不是一味地进行细节分析，而是在一个宏观视野的统领下进行细节分析。该分析框架将定量分析和定性分析有效结合起来，能够有效地把握财务（报表）分析的方向。哈佛分析框架如图 1-8 所示。

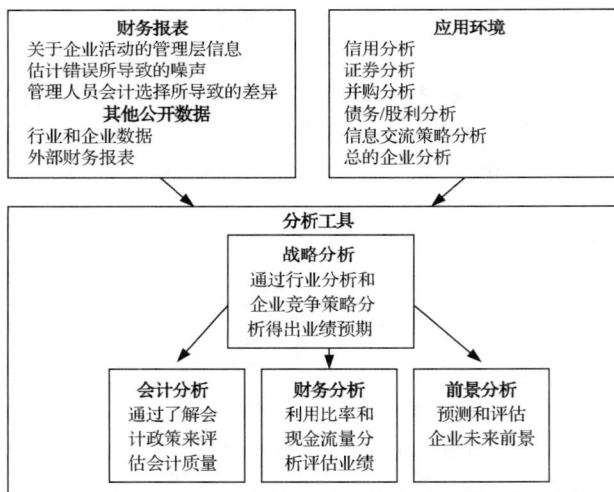

图 1-8 哈佛分析框架①

由此可见，哈佛分析框架完全超越了传统的"报表结构介绍—报表项目分析—财务比率分析"的体例安排，跳出会计数字的迷宫，以企业经营环境为背景，以战略为导向，立足于企业经营活动，讨论企业经营活动（过程）与企业财务报表（结果）之间的关系，从而构造企业财务（报表）分析的基本框架，展示了企业财务（报表）分析的新思维。这种财务（报表）分析的新思维引出了"环

---

① 帕利普，伯纳德，希利. 经营分析与评价——有效利用财务报表[M]. 李延钰，等译. 大连：东北财经大学出版社，2006.

境—战略—行为—过程—结果"一体化的企业财务报表分析理念，以全新的视角诠释企业经营理念与财务理念的关系，使首席执行官（CEO）具有财务理念，使首席财务官（CFO）具有经营理念，从而达到 CEO 与 CFO "讲同一种语言"的目的，构建起一种内外部视角相结合、企业战略与财务相融合、企业业务与企业财务连为一体的企业财务（报表）分析框架。下面，我们就哈佛分析框架的四个步骤及每个步骤的内容做简单阐释。

（一）战略分析

合理的财务分析必须以企业战略分析为逻辑出发点，而且战略分析贯穿于哈佛分析框架，并指引会计分析（即财务报表分析）、财务分析和前景分析的全过程，对财务全程分析起着导航作用。

企业战略分析应当围绕企业价值创造能力展开。企业的价值创造能力取决于资本成本与自身盈利能力之间的差异。资本成本主要由资本市场决定，与企业采取的融资方式和融资战略相关联。而企业盈利能力主要取决于自身的战略选择、经营战略定位、战略思维（多元化还是专业化），以及企业如何使各经营部门间实现协同。只有充分了解企业所在行业的竞争态势，竞争优势的持久性，多元化或专业化的适应性，我们才能对企业的经营状况、财务能力、发展前景做出恰当的判断与解释，而这正是企业战略分析的焦点所在。

企业战略分析的目的在于确定企业主要的利润动因和经营风险，以及定性评估企业的盈利能力。大家通过战略分析可以对企业的经营环境进行定性了解，为后续的会计分析和财务分析确立牢固基础。通过战略分析，还可以辨识影响企业盈利状况的主要因素和主要风险，从而评估企业当前业绩的可持续性并对未来业绩做出合理预测。

（二）会计分析

会计分析是运用哈佛分析框架的第二步。会计分析旨在通过会计政策与盈余管理分析，评估企业财务报表质量，消除会计信息噪声，还原真实可靠的财务信息，为有效的财务分析提供保证。

1. 会计分析的内涵

一般来说，会计分析是指根据会计核算提供的会计信息，应用一定的分析方法，对企业的经营过程及其经营成果进行定量和定性分析。会计分析的结果，是进行会计预测和会计考核的主要依据。然而，企业财务分析框架中的会计分析的目的是判断企业的会计信息质量，评价企业会计反映其实际业务的程度，即评价企业会计所反映的财务状况与经营成果的真实程度。按照郑朝晖先生的说法，财务分析框架中的"会计分析实际就是审计分析，评估会计政策及会计估计，发现可能存在的会计异常"[1]。因此，会计分析是财务分析结论可靠性的保障和前提。具体地说，企业财务分析框架中的会计分析的作用有两个：一是通过对会计政策、会计方法、会计披露的评价，揭示会计信息的质量；二是通过对会计灵活性、会计估计的调整，修正会计数据，为财务分析奠定基础，并保证财务分析结论的可靠性。在我国目前的情况下，只有高质量的会计分析，才能确保财务分析得出正确的结论。

2. 会计分析的步骤

哈佛分析框架中的会计分析有六个步骤，如图 1-9 所示。

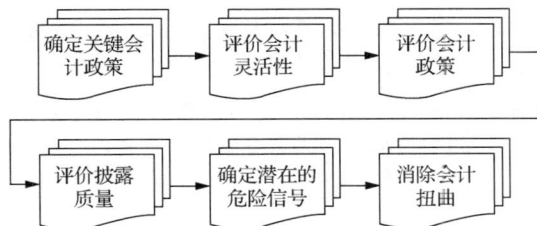

图 1-9　会计分析步骤

---

① 郑朝晖. 远离财务骗术[M]. 北京：机械工业出版社，2010.

（1）确定关键会计政策。

企业所处的行业特征和自身的竞争战略，决定了其关键成功因素和所面临的主要风险。如果企业把主要的会计政策或会计估计略做调整，其财务指标就可能与其实际情况完全不一样了。因此，财务分析人员在进行会计分析时，首先应当关注、确认并评价企业用于衡量关键成功因素及风险的会计政策及估计。

> 📖 【小看板】
>
> 对于实施成本领先战略的零售和批发企业，存货管理是关键，与存货相关的会计政策，如存货计价、存货跌价准备的计提特别重要；对于实施产品差异化战略并以产品质量和产品创新作为主要竞争优势的高新技术制造企业而言，与研究开发、售后服务相关的会计政策，如研究与开发的会计核算与处理、产品保修费和保修准备金的会计测定方法十分关键；对于石油类和矿藏资源类企业来说，资源储量是主要资产，这些资产的会计确认与计量就是关键的会计政策；对于银行等金融机构而言，利息及信贷风险管理是关键，因此，利息收入确认、贷款分类方法确定、贷款损失准备金的计提、抵债资产处置等会计政策就是重中之重；对于钢铁等资本密集型的企业，固定资产的折旧是非常重要的，因此在阅读冶金钢铁类上市公司年度报告时，要特别关注其固定资产折旧。

（2）评价会计灵活性。

会计政策的选择是所有企业都要面对的。不同企业有着不同的关键会计政策，不同的会计政策的弹性可能存在显著的差异。因此，并非所有的企业在选择各自的主要会计政策时都有同等的灵活性。

某些企业的关键会计政策可能会受到企业会计准则的严格限制，从而更具刚性；而另一些企业的关键会计政策可能受管理层会计选择权的影响较大，存在较大的弹性。所以，关键会计政策的灵活性分析对把握企业的真实业绩是非常必要的。例如，虽然市场营销和树立品牌是消费品生产商成功的关键因素，但是生产商必须将所有的市场营销开支计入当期费用。相反，信贷风险管理是银行成功的关键因素之一，银行管理人员却可以自由地估计贷款的违约行为。这就造成在了解企业的经营情况时，会计数据失去了直接意义。

财务分析人员应加倍小心对主要会计政策和估计存在较大灵活性的企业进行评价，因为其管理层有可能通过会计政策和估计的选择来对财务报表施加重大影响。但对主要会计政策和估计的选择具有较强刚性的企业，财务分析人员则应重点关注统一的会计处理方法是否符合企业的实际情况。

此外，会计灵活性还跟行业特征有关系。

> 📖 【小看板】
>
> 对于农业类企业，其生物资产的确认、价值计量，是一个非常棘手的问题。以前在我国资本市场上有名的蓝田股份出事后，有人在分析蓝田股份的存货后，开玩笑说："如果蓝田股份的存货——养在洪湖里的鱼和甲鱼是真的，那蓝田股份的养殖池里就全是鱼和甲鱼，一点水都没有了。"注册会计师去审计的时候，根本无法对蓝田股份的存货进行盘点。同样，锦州港也曾经被处罚过，原因是在虚增3亿元利润的同时，虚增了3亿元港口海水下面的固定资产。

（3）评价会计政策。

当管理层在重要会计政策和估计的选择方面具有较大弹性时，其可以选择利用这种会计弹性更好地传递企业的实际经营情况，也可以选择利用这种会计弹性进行盈余管理。这就涉及管理层的会计政策问题。一般而言，财务分析人员可以通过以下问题来判断管理层的会计政策是否合理：企业选择的关键会计政策与行业惯例是否一致，若不一致，是因为企业的经营战略与众不同，还是有其他原因；企业管理层是否存在利用会计弹性进行盈余管理的强烈动机；企业是否变更过会计政策和估计，理由是否充分，影响如何；企业过去所采用的会计政策和估计是否合乎实际情况；企业是否为了特定会计目的而进行交易设计或从事缺乏商业理由的交易。

（4）评价披露质量。

财务报告体系不仅包含四张主要财务报表，还包括其他信息披露。企业会计准则只是规定了最低的披露要求，管理层还可以通过多种途径来披露企业的实际经营情况。因此，披露质量是体现企业会计信息质量的一个重要方面。在评价企业的披露政策时，财务分析人员可关注以下几个问题：企业是否披露了充分的资料，以便使用者评估企业的经营战略及其经济结果；附注是否充分解释了企业的主要会计政策；如果企业会计政策与同行业惯例不同或发生重大变化，是否予以说明；企业是否对当前业绩变动情况予以了充分说明；若现行财务报告体系的固有限制阻碍了某些重要成功因素在报表内的披露，企业是否提供了充分的信息以帮助外部人员了解这些要素，如难以资本化的研发费用、难以货币计量的产品缺陷率、客户满意度、市场占有率等实物指标；对于多元化经营的企业，其业务分部报告和地区分部报告是否充分；企业对好坏消息是否均予以充分披露，还是只披露好消息。根据上述标准，如果财务分析人员对企业报表信息披露质量不太满意，就应当扩大分析范围，注意收集表外信息以作为必要的补充。

（5）确定潜在的危险信号。

会计信息系统的特性使得任何舞弊行为都会在财务报表中留下蛛丝马迹，因此识别这些危险信号可以引导财务分析人员针对特定的项目收集更充分的信息，从而进行更细致的分析。

危险信号是财务分析人员在分析财务报表时应当予以关注的，是进一步分析的起点而不是终点，在得出最终结论之前应进行深入分析。因为这些问题可能有多种解释，一些解释确实是基于经营原因，而另一些解释则可能是会计质量问题。

（6）消除会计扭曲。

如果通过上述会计分析发现财务报表存在扭曲企业真实情况的现象，财务分析人员应当利用财务报表附注、现金流量表以及其他相关信息源，尝试采用现金流量分析法、虚拟资产剔除法、审计报告分析法、关联交易分析法、异常利润剔除法等鉴别财务报告中的数据，以还原真实的财务报表数据。

> 📖【小看板】
> 　　东北财经大学会计学系列教材《财务分析》一书认为，会计分析一般按以下四个步骤进行。①阅读会计报告，这是会计分析的第一步。②比较会计报表，比较的方法有水平分析法、垂直分析法和趋势分析法。通过各种比较，揭示财务会计信息的差异及变化，找出需要进一步分析与说明的问题。③解释会计报表，在比较会计报表的基础上，考虑会计原则、会计政策、会计核算方法等，说明会计报表差异产生的原因，包括会计原则变化影响、会计政策变更影响、会计核算失误影响等，特别重要的是要发现企业经营管理中存在的潜在危险信号。④修正会计报表。会计分析是财务分析的基础，通过会计分析，对发现的会计原则、会计政策等原因引起的会计信息差异，通过一定的方式加以说明或调整，消除会计信息的失真问题[1]

（三）财务分析

应用哈佛分析框架的第三个步骤是财务分析。财务分析旨在评估企业的经营绩效，全面而有效的财务分析是前景分析的前提和基础之一。

① 张先治，陈友邦. 财务分析[M]. 6版. 大连：东北财经大学出版社，2013.

1. 财务分析的目的

哈佛分析框架中的财务分析是指基于会计分析后可靠的财务报表数据和其他相关信息资料，主要运用比率分析、因素分析、现金流量分析等多种分析方法对企业的既定目标和策略的实施情况进行评估，并了解企业的持续性。

财务分析的目的是通过对企业财务活动及财务关系的分析，揭示企业特定时点的财务状况、特定期间的经营成果和企业所具有的优势和劣势，并在认清企业的优势和劣势的基础上制定和实施企业发展战略和经营管理策略，提高企业价值。从企业的所有者和潜在投资者的角度来看，其主要是通过对企业盈利能力和发展能力方面的财务分析，为初始投资决策、追加投资决策和转让投资决策提供依据；从债权人的角度来看，其主要是通过对企业的偿债能力、信用和风险情况的分析，为债务规模、债务期限和利率决策提供依据；从管理者的角度来看，企业经营管理者所承担的经营管理责任决定了他们进行财务分析的目的与要求是综合的、全面的，既有责任保证企业的全部资产合理使用，并得到保值增值，又要保持企业良好的偿债能力、现金流动能力和资金营运能力，为债权人提供良好的偿债保证，同时还要关心企业的盈利能力，为投资者创造更多的财富。

2. 财务分析要素

迄今为止，学界对财务分析包括的要素或模块说法不一。在国际上，财务分析学派通常被归纳为比率分析学派、经营分析学派、财务危机预测学派和资本市场学派四大学派，各派所关注的分析重点各有不同。财务分析框架的内核或基本要素其实并无差别，有差别的只是衍生性或派生性分析的要素。现有企业财务分析框架的内核是四要素，即偿债能力、营运能力、盈利能力和发展能力。而企业财务分析的衍生性要素归纳起来主要有预算分析、信用分析、投资分析、成本费用分析、收益质量分析、盈利预测分析和财务危机预测分析等。然而，对于衍生性分析要素的安排，很多财务分析都是随意的，很少显示前后要素间及与基本要素间的逻辑关系。

3. 财务分析方法

进行财务分析离不开财务分析方法。财务分析方法是指经济业务活动完成后，对经济业务活动的经济性做出分析判断，使下一轮经济业务活动达到更加经济、合理的要求的一种技术方法。与财务分析四要素相对应的分析工具，是四类财务比率，即偿债能力比率、营运能力比率、盈利能力比率和发展或增长（或成长）比率。对四要素的分析内核所采用的基本分析方法，包括趋势分析法、垂直分析法和比率分析法三种。此外，财务分析常用的方法还有因素分析法、比较分析法和现金流量分析法等。比率分析、因素分析、趋势分析、比较分析、现金流量分析是最常用的财务分析工具。比率分析着重评估企业在产品市场中的业绩和财务政策。现金流量分析则着重分析企业的流动性和财务灵活性。现金流量分析使财务分析人员可以测定企业的流动性，以及企业如何对现金流量的运营、投资和融资等实行管理。关于财务分析基本方法的内容已在本章的第三节有所介绍，而财务分析的其他分析方法及分析方法的具体运用则需要读者去认真研读全书的内容。

财务分析在很多方面都能用得上。财务分析对信用评估、财务危机预测、安全分析、兼并和收购分析以及企业财务政策分析都很有用处。在所有这些方面，要对企业未来前景进行可靠的预测，财务分析是一个很关键的因素。

值得注意的是，财务分析讲究分析技巧，强调分析的系统性、效率性和财务分析人员运用财务分析方法来解决企业的具体业务问题。因此，财务分析不能简单理解为计算几个财务指标或比率。

（四）前景分析

前景分析是运用哈佛分析框架的最后一步，着重预测企业未来。财务预测和估价是前景分析中常用的两个技术工具。

在使用哈佛分析框架时应当注意以下三点。第一，四个步骤要结合使用，不能人为地割裂开来。四个步骤的顺序不是绝对的。战略分析是第一步，且必须贯穿于所有的分析步骤中。会计分析与财务分析也不能截然分开，进行会计分析时要用到财务分析技巧，而在进行财务分析时又必须优先进行会计分析，否则财务分析所依据的会计数据会因为有噪声而使财务分析结果失效。前景分析必须综合战略分析、会计分析与财务分析的结论，否则，前景分析结果无效或不可靠。第二，由于哈佛分析框架不是十全十美的，进行财务分析还必须有效吸收其他财务分析框架的精髓，以使财务分析的结论更可靠。第三，恰当使用哈佛分析框架，需要熟悉与具体环境相关的经济学理论、管理学理论，考虑与具体环境相关的经济因素、制度因素、文化因素等。

思考题

1．财务分析的起源与发展给我们什么启示？

2．如何理解企业财务分析的基本概念？

3．如何评价企业财务分析体系构建的逻辑思路？

4．财务分析基础包括哪些内容？它们对财务分析产生什么作用？

5．进行财务分析除了需要掌握必要的财务信息外，为什么还要掌握大量的非财务信息？

6．如果不遵循因素分析法的因素替代顺序会产生什么后果？在除式关系中，"先替代分子，后替代分母"，举例说明这一规则的运用方法。

7．应用因素分析法中的差额计算法应注意什么事项？为什么在各影响因素之间不是连乘的情况下，运用差额计算法必须慎重？

8．应用哈佛分析框架涉及哪些步骤？如何评价该框架？

延伸阅读资料

本章拓展小案例

第二章 | 资产负债表分析

【教学目标】

通过本章的学习，学生可以了解资产负债表的基本结构；熟悉资产负债表分析的基本内容与方法；理解资产质量的内涵、属性与特征；把握资产负债表整体分析、质量分析的主要内容；掌握资产负债表整体分析、质量分析的技巧。

【引例】

2011年5月，在伯克希尔股东大会期间，有记者采访巴菲特，问及投资个股应如何获取更多公司信息时，巴菲特回答说，投资者应该像他一样多阅读分析公司财务报表，如果仔细阅读公司公开的财务报表等文件后还不太确定是否了解了该公司业务，那么最好还是不要投资。后来记者又问他，最先阅读哪张报表和最关注报表什么内容时，巴菲特毫不犹豫地回答说，他比大多数人更关注公司的资产负债表和公司财务实力。2008年，美国国际集团（AIG）等保险巨头倒闭，但巴菲特的伯克希尔公司不但没有发生任何问题，而且还利用巨资大量收购企业和买入股票。其关键的原因之一是巴菲特非常重视公司资产负债表分析与管理，始终令公司保持强大的财务实力。①

资产负债表分析，包括资产负债表整体分析、相关比率分析和质量分析三部分内容。本章在简要阐述资产负债表结构与项目，资产负债表分析的目的、作用、基本内容与基本方法之后，从水平分析、垂直分析和趋势分析三个方面对资产负债表进行整体分析，进而从比率分析的角度解析资产负债表，最后重点从资产负债表项目的角度分析其质量。

第一节 | 资产负债表分析概述

在财务报表体系中，资产负债表是反映企业在某一特定日期的资源及其权益归属的时点报表。资产负债表通过企业资产、负债与所有者权益各项目的规模、对应关系和内在结构来展示企业规模、资源配置状况、财务风险以及盈利积累程度等方面的重要信息。对资产负债表进行分析，首先应当能够快速解读资产负债表。

一、资产负债表的基本结构

要想快速解读资产负债表，必须从了解资产负债表的基本结构开始。然后，观察资产负债表中相关项目的整体规模、资源分布与资源归属的对应关系，以全面了解企业的健康状况。观察企业是否"超重"——欠银行和供应商太多钱；观察企业是否"贫血"——账面上的现金和现金等价物是否过少；观察企业"新陈代谢"是否正常——存货和应收账款等资产周转是否过慢；观察企业资产结构与资本结构配合是否合适。

资产负债表由表首、基本部分和补充资料三部分组成。表首是资产负债表的基本标志，列有报

---

① 刘建位. 巴菲特比大多数人更关注资产负债表[N]. 北京：中国证券报，2011-08-04.

表名称、编制单位、编报日期和金额单位等项目。正表是资产负债表的基本部分，列示资产负债表构成的具体项目，主要反映资产、负债和所有者权益各项目的具体内容及相互关系。补充资料也是资产负债表的重要组成部分，列在资产负债表的下端，反映的是使用者需要了解但在基本部分无法反映或难以单独反映的一些资料，如商业承兑汇票贴现的金额、融资租入固定资产的原价、库存商品的期末余额等信息。

目前，国际流行的资产负债表主要有账户式和报告式两种基本结构。我国企业会计准则规定，资产负债表的格式一律采用账户式结构。但是，上市公司定期报告里的资产负债表通常是报告式结构。

（一）账户式资产负债表

账户式资产负债表又称水平式资产负债表，如表 2-1 所示。

表 2-1　　　　　　　　　　　　　　　　　资产负债表（账户式）

编制单位：　　　　　　　　　　×××× 年 ×× 月 ×× 日　　　　　　　　　　　　　　单位：元

资　　产	期末余额	上年年末余额	负债和所有者权益（或股东权益）	期末余额	上年年末余额
流动资产：			流动负债：		
……			……		
流动资产合计			流动负债合计		
非流动资产：			非流动负债：		
……			……		
			非流动负债合计		
			负债合计		
			所有者权益（或股东权益）：		
			……		
非流动资产合计			所有者权益（或股东权益）合计		
资产总计			负债和所有者权益（或股东权益）总计		

账户式资产负债表分左右两方。左方为资产项目，大体按资产的流动性大小排列，流动性大的资产（如"货币资金""交易性金融资产"等）排在前面，流动性小的资产（如"长期股权投资""固定资产"等）排在后面。右方为负债及所有者权益项目（上市公司为负债及股东权益项目），一般按要求清偿时间的先后顺序排列。"短期借款""应付票据""应付账款"等需要在一年以内（含一年）或者长于一年的一个正常营业周期内偿还的流动负债排在前面，"长期借款""应付债券"等在一年以上才需要偿还的非流动负债排在中间，在企业清算之前不需要偿还的所有者权益项目（上市公司为股东权益项目）排在后面。

账户式资产负债表中的资产各项目的合计数等于负债和所有者权益（或股东权益）各项目的合计数，即资产负债表左方和右方平衡。因此，账户式资产负债表可以反映资产、负债、所有者权益之间的内在关系，即"资产=负债+所有者权益"。

（二）报告式资产负债表

报告式资产负债表又称垂直式资产负债表，如表 2-2 所示。

表 2-2　　　　　　　　　　　　　　　　　资产负债表（报告式）

编制单位：　　　　　　　　　　×××× 年 ×× 月　　　　　　　　　　　　　　　　　单位：元

资　　产	期末余额	上年年末余额
流动资产：		
……		
流动资产合计		

续表

资　　产	期末余额	上年年末余额
非流动资产：		
……		
非流动资产合计		
资产总计		
负债和所有者权益（或股东权益）		
流动负债：		
……		
流动负债合计		
非流动负债：		
……		
非流动负债合计		
负债合计		
所有者权益（或股东权益）：		
……		
所有者权益（或股东权益）合计		
负债和所有者权益（或股东权益）总计		

所有资产、负债和所有者权益项目自上而下列示。报告式资产负债表仍然遵循"资产=负债+所有者权益"这一恒等式。

二、解读资产负债表

解读资产负债表可从资源分布与资源权益归属两个方面入手，其格式如表 2-3 所示。（依据财政部发布的财会〔2019〕6 号，企业已执行新金融准则、新收入准则和新租赁准则的资产负债表新格式）

表 2-3　　　　　　　　　　　　资产负债表

编制单位：　　　　　　　　　　　__年__月__日　　　　　　　　　　单位：元

资　　产	期末余额	上年年末余额	负债和所有者权益（或股东权益）	期末余额	上年年末余额
流动资产：			流动负债：		
货币资金			短期借款		
交易性金融资产			交易性金融负债		
衍生金融资产			衍生金融负债		
应收票据			应付票据		
应收账款			应付账款		
应收款项融资			预收款项		
预付款项			合同负债		
其他应收款			应付职工薪酬		
存货			应交税费		
合同资产			其他应付款		
持有待售资产			持有待售负债		
一年内到期的非流动资产			一年内到期的非流动负债		

续表

资　　产	期末余额	上年年末余额	负债和所有者权益（或股东权益）	期末余额	上年年末余额
其他流动资产			其他流动负债		
流动资产合计			流动负债合计		
非流动资产：			非流动负债：		
债权投资			长期借款		
其他债权投资			应付债券		
长期应收款			其中：优先股		
长期股权投资			永续债		
其他权益工具投资			租赁负债		
其他非流动金融资产			长期应付款		
投资性房地产			预计负债		
固定资产			递延收益		
在建工程			递延所得税负债		
生产性生物资产			其他非流动负债		
油气资产			非流动负债合计		
使用权资产			负债合计		
无形资产			所有者权益（或股东权益）：		
开发支出			实收资本（或股本）		
商誉			其他权益工具		
长期待摊费用			其中：优先股		
递延所得税资产			永续债		
其他非流动资产			资本公积		
非流动资产合计			减：库存股		
			其他综合收益		
			专项储备		
			盈余公积		
			未分配利润		
			所有者权益（或股东权益）合计		
资产总计			负债和所有者权益（或股东权益）总计		

通过表 2-3，可以看出资产负债表左边反映企业特定日期的资源项目的数额，右边反映企业特定日期的资源权益归属项目的数额。通过解读企业各种资源项目，可以发现企业资源的分布情况及资源的结构；通过解读企业各种资源权益归属项目，可以发现企业分布的资源的权益归属或分布资源的来源情况及资源来源的结构，即资本结构（即广义的资本结构）。

（一）资源分布的项目

资产是指企业过去的交易或者事项形成的、由企业拥有或者控制的、预期会给企业带来经济利益的资源。企业资产是可以用货币表现的资源。可以用货币表现的资源能够在资产负债表里列示出来，而不能用货币表现的资源在资产负债表中则未予列示。但是没有在资产负债表中列示的资源，如资本资源（即股权结构或者由股东带来的能够决定企业发展方向的资源）、市场资源、人力资源、表外其他资源，也非常重要。因此，解读和分析资产负债表还应当关注表外资源。解读资产负债表的表内资源分布（即资产项目分布）可以从两个方面展开：第一，按照资产流动性披露的方式解读资产负债表的资产项目及分布；第二，按照资产对利润的贡献方式解读资产负债表的资产项目及分布。

1. 按照资产流动性披露的方式解读资产负债表的资产项目及分布

资产负债表对资产的主流分布方式是按照资产的流动性来分类的，这种分类披露方式将资产分为流动资产与非流动资产两大部分（见图 2-1），变现能力强的流动资产排列在变现能力弱的非流动资产之前。

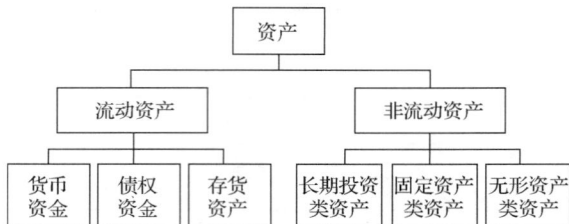

图 2-1 资产按流动性分类

（1）流动资产项目。

流动资产是指企业可以在一年内（含一年）或者超过一年的一个正常营业周期内变现或者运用的资产。流动资产在周转过程中，从货币形态开始，依次改变其形态，最后又回到货币形态（货币资金—储备资金、固定资金—生产资金—成品资金—结算资金或货币资金），各种形态的资金与生产流通紧密结合，周转速度快，变现能力强。

正常营业周期，通常是指企业从购买用于加工的资产起至收回现金或现金等价物的期间。正常营业周期通常短于一年，但是也存在正常营业周期长于一年的情况。例如，房地产开发企业开发用于出售的房地产开发产品，造船企业制造用于出售的大型船只等，从购买原材料进入生产，到制造出产品出售并收回现金或现金等价物的过程，往往超过一年。在这种情况下，与生产循环相关的产成品、应收账款、原材料尽管是超过一年才变现、出售或耗用的，但仍应作为流动资产列示。资产负债表中列示的流动资产项目通常包括货币资金、交易性金融资产、衍生金融资产、应收票据、应收账款、预付款项、其他应收款、存货、一年内到期的非流动资产和其他流动资产等 13 个项目（见表 2-3）。但用心解读资产负债表，我们可以从 13 个流动资产项目中发现大致有三个支柱类项目（见图 2-1），即货币资金、债权资金（从应收票据开始到其他应收款，凡称为应收和预付的款项，都把它归于债权资金）以及存货资产。因这三类支柱类项目主要和常见，是流动资产项目的关键，对正确、快速解读资产负债表流动资产项目十分重要。

表 2-3 中流动资产项目的内容和填列方法可通过扫描二维码阅读，以便正确辨识、理解和把握流动资产各项目的性质和内容。

（2）非流动资产项目。

非流动资产是指流动资产以外的资产，即不能在一年或者超过一年的一个正常营业周期内变现或者耗用的资产。由表 2-3 可知，资产负债表中列示的非流动资产项目通常包括债权投资、长期股权投资、固定资产、在建工程、无形资产、开发支出、长期待摊费用以及其他非流动资产等 18 个项目。用心解读非流动资产项目，我们会发现非流动资产项目大致也有三个支柱类项目（见图 2-1），即长期投资类资产、固定资产类资产和无形资产类资产。第一类是长期投资类资产（或称对外长期投资类资产），主要有债权投资、其他债权投资、长期股权投资、其他权益工具投资等；第二类是固定资产类资产（属于对内投资性经营资产），主要有投资性房地产、固定资产、在建工程、生产性生物资产、油气资产等；第三类是无形资产类资产（属于对内投资性经营资产），主要有无形资产、开发支出、商誉等。这三类支柱类项目主要和常见，是非流动资产项目的实质和关键，对正确理解和快速解读资产负债表非流动资产项目至关重要。

表 2-3 中的非流动资产项目的内容和填列方法可通过扫描二维码阅读，以便正确认识、理解和把握非流动资产项目的内涵与精髓。

延伸阅读资料

流动资产项目的
内容和填列方法

延伸阅读资料

非流动资产项目的
内容和填列方法

总之，从按照资产流动性披露的方式来看，资产分成流动资产与非流动资产。依据表 2-3，流动资产部分有 13 个项目，非流动资产部分有 18 个项目。如此纷繁复杂的资产项目，会计专业人员尚难清晰辨识和理解各项目的实质内容，更不要说非会计专业人员了。基于正确理解和快速且有效把握资产项目的实质内容，请读者在解读资产项目时分别从流动资产项目（货币资金、债权资金与存货资产）和非流动资产项目（长期投资类资产、固定资产类资产和无形资产类资产）的三个支柱类项目入手，突出重点，紧抓常见的、关键的资产项目。

2. 按照资产对利润的贡献方式解读资产负债表的资产项目及分布

资产负债表中的资产按照对利润的贡献方式，可分为经营（性）资产与投资（性）资产两大类。这种分类对财务报表分析意义重大。经营（性）资产是指与企业日常经营活动有关的资产，是企业在经营活动中直接使用或控制，并主要用来获取企业的核心利润或狭义营业利润的资产（参见第三章）。一般来说，这类资产与企业的经营活动相关，由企业直接使用或控制且使用或控制效果较难受外部的条件约束，但能直接影响企业核心利润或狭义营业利润的增减变动。投资（性）资产是指企业对外投资所形成的资产。此类资产用于对外投资活动，目的是求取企业投资收益或广义投资收益的资产（参见第三章）。一般来说，它与企业自身经营活动不直接相关，该类资产一旦对外投出以后主要由接受投资方或具体投资项目直接经管人控制或使用，且投资（性）资产的控制或使用效果较难受投资方企业的直接约束，但其投资效果能直接或间接影响投资企业的投资收益或广义投资收益的增减变动。

资产负债表中的交易性金融资产、衍生金融资产、债权投资、其他债权投资、长期股权投资、其他权益工具投资、其他非流动金融资产等主要属于投资（性）资产。投资（性）资产按照能否对被投资方形成控制，可以进一步分为控制性投资资产和非控制性投资资产。长期股权投资如果达到可控制被投资方的程度，则被称为控制性投资资产，其余的投资（性）资产则是非控制性投资资产。不属于投资性资产的项目可以粗略地划归经营（性）资产，因此，货币资金、商业债权（应收票据、应收账款、预付款项等）、合同资产、存货、其他应付款、投资性房地产、固定资产、在建工程、无形资产等可划归经营（性）资产。

请大家注意，在财务报表分析的过程中，不是流动资产和非流动资产的分类解决了财务分析问题，而是经营（性）资产、投资（性）资产的分类与流动资产和非流动资产的分类结合，解决了实际财务分析问题。

（二）资源权益归属的项目

资源都有权益归属。根据对企业资产要求权的不同，权益划分为债权人权益和所有者权益。资产形态的变化不影响负债和所有者权益（上市公司称为股东权益）价值量的变化。公司的负债是债权人权益，是债权人对到期的让渡资产及资产使用权的偿还权益。负债之所以称为债权人权益，是因为其是站在债权人角度而言的一种权益，而所有者权益则是所有者对企业资产带来利润的剩余索取权。债权人权益与所有者权益主要在性质、偿还责任、享受的权利、计量特性、风险和收益等方面存在差异。资产小于负债，就叫资不抵债，即资产严重毁损到所有者权益被侵蚀掉的一种程度。下面我们对表 2-3 中的负债项目和所有者权益（股东权益）项目的内容和填列方法逐一做概要性解读和说明，以便读者正确辨识、理解和把握各种权益类项目的内容和性质。

1. 从负债角度解读资产负债表的资源权益归属及项目

负债按不同依据，可分别分类为流动负债和非流动负债、经营（性）负债与金融（性）负债。

（1）流动负债和非流动负债。

负债按照流动性分为流动负债和非流动负债两大类别。因此，负债类项目包括流动负债项目和非流动负债项目两大部分。

① 流动负债项目。流动负债指企业在一年内（含一年）或者超过一年的一个正常营业周期内需

要偿还的债务。根据表 2-3，流动负债项目通常包括短期借款、应付票据、应付账款、预收款项、应付职工薪酬、应交税费、其他应付款、一年内到期的非流动负债等 13 个项目。解读流动负债项目，需要与流动资产项目对照。例如，短期借款与货币资金；交易性金融负债与交易性金融资产；衍生金融负债与衍生金融资产；应付票据与应收票据；应付账款与应收账款；预收款项与预付款项；其他应付款与其他应收款；合同负债与合同资产；持有待售负债与持有待售资产等。解读此类项目需要站在资源拥有或控制方与资源权益归属方角度，对照理解和把握其内容及其变化。流动负债项目的内容和填列方法可通过扫描二维码阅读。

延伸阅读资料

流动负债项目的
内容和填列方法

② 非流动负债项目。非流动负债是指偿还期在一年或者超过一年的一个正常营业周期以上的债务。非流动负债项目通常包括长期借款、应付债券、租赁负债、长期应付款、预计负债、递延收益、递延所得税负债和其他非流动负债八个项目。这些项目通常与非流动资产相关联。非流动负债项目的内容和填列方法可通过扫描二维码阅读。

延伸阅读资料

非流动负债项目的
内容和填列方法

（2）经营（性）负债与金融（性）负债。

负债按照获得的途径或来源不同，又可分为经营（性）负债与金融（性）负债。因此，负债类项目还可分为经营（性）负债项目与金融（性）负债项目。

经营（性）负债，一般是指企业从产品市场或者工商企业融资获得的债务，在会计核算上反映的是企业与上下游企业或者用户进行结算时所产生的债务。经营（性）负债除了主要来源于传统的工商企业以及产品市场外，应该不具有财务代价（即利息因素）的特点。因此，经营（性）负债，通常是无息负债。在资产负债表中，经营（性）负债的主要项目包括应付票据、应付账款、预收款项、合同负债、应付职工薪酬和应交税费等。

金融（性）负债，一般是指企业从资本市场或者金融机构融资获得的债务。金融（性）负债除了主要来源于传统的金融机构以及资本市场外，应该具有财务代价（即利息因素）的特点。在长期负债中融资租赁引起的债务应该属于金融（性）负债。因此，在资产负债表中，金融（性）负债项目，除了包括典型的短期借款、交易性金融负债、一年内到期的非流动负债、长期借款、应付债券等外，还应该包括具有利息因素的长期应付款。

2. 从所有者权益角度解读资产负债表的资源权益归属及项目

所有者权益是指企业资产扣除负债后由所有者享有的剩余权益。股份有限公司的所有者权益又称为股东权益。所有者权益共有八项（见图 2-2），即实收资本（或股本）、其他权益工具、资本公积、库存股、其他综合收益、专项储备、盈余公积和未分配利润。

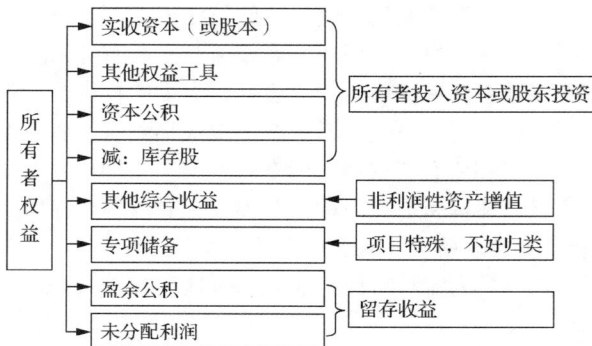

图 2-2　所有者权益（或股东权益）构成

由图 2-2 可知，所有者投入资本或股东投资包括实收资本（或股本）、其他权益工具、资本公积和库存股；其他综合收益属于非利润性资产增值；专项储备项目特殊，难以归类；盈余公积和未分配利润称为企业的留存收益（即利润积累或留存利润）。所有者权益项目的内容和填列方法可通过扫描二维码阅读。

三、资产负债表分析的基本内容

资产负债表的分析内容取决于对资产负债表分析的目的，其分析使用的方法又取决于分析内容。

资产负债表分析的基本目的是判别资产、负债与所有者权益的真实性。但是，从管理者分析视角来看，资产负债表分析的基本内容，应当包括三个方面。第一，资产负债表整体分析，包括资产负债表规模变动情况分析、资产负债表结构变动情况分析以及资产负债表趋势分析等。第二，资产负债表相关比率分析，包括资产负债表的偿债能力比率分析、资产管理效率比率分析与利用效果比率分析等。第三，资产负债表质量分析，包括资产与权益的整体质量分析、结构质量分析和个体质量分析等。

第二节　资产负债表整体分析

资产负债表整体分析是运用水平分析法、垂直分析法和趋势分析法等分析方法对资产负债表整体而不是局部进行分析，以揭示资产负债表的资产与权益规模的变动及原因、资产变动的合理性与效率性、资产结构与资本结构变动的平衡性，以及资产与权益变动趋势。下面，我们将以医药制造类上市公司 SHR 的母公司资产负债表为例，进行内容整体分析与方法的讨论。

一、资产负债表规模变动情况分析

资产负债表规模变动情况分析是运用水平分析、比较分析（对比分析）的方法，主要对两个（期初与期末）时点的资产负债表整体规模变动情况进行分析，以揭示资产、负债和所有者权益变动的差异，分析其差异产生的原因、变动的合理性与效率性。资产负债表水平分析法是将资产负债表的实际数与选定的标准进行比较，编制出资产负债表水平分析表，并在此基础上进行分析评价的方法。进行资产负债表规模变动情况分析，要根据分析的目的来选择比较的标准（基期）。当分析的目的在于揭示资产负债表实际变动情况和分析产生实际差异的原因时，其比较的标准应选择资产负债表的上年期末实际数。当分析的目的在于揭示资产负债表预算或计划执行情况，以及影响资产负债表预算或计划执行情况的原因时，其比较的标准应选择资产负债表的预算数或计划数。资产负债表水平分析除了要计算某项目的变动额和变动率外，还应计算该项目变动对总资产或权益总额的影响程度，以便确定影响总资产或权益总额的重点项目，为进一步分析指明方向。某项目变动对总资产或权益总额的影响程度，可以按下式计算。

$$\text{某项目变动对总资产（权益总额）的影响}(\%) = \frac{\text{某项目的变动额}}{\text{基期总资产（权益总额）}} \times 100\%$$

运用水平分析法对资产负债表规模变动进行分析，应该首先分析总资产（总权益）规模的变动状况以及各类、各项资产（权益）的变动状况；其次对变动幅度较大或对总资产（总权益）影响较大的重点类别和重点项目进行重点分析；再次分析资产变动的合理性与效率性，并考查资产规模变动与权益总额变动的适应程度，进而评价企业财务结构的稳定性和安全性；最后分析会计政策变动的影响。

SHR 母公司的资产负债表如表 2-4 所示。

表 2-4 资产负债表（账户式）

编制单位：SHR 母公司　　　　　　　　　20×9 年 12 月 31 日　　　　　　　　　单位：千元

资　产	期末余额	上年年末余额	负债和股东权益	期末余额	上年年末余额
流动资产：			流动负债：		
货币资金	3 761 559	2 994 860	短期借款		
交易性金融资产	7 451 621		交易性金融负债		
应收票据	470 770	641 178	应付票据		
应收账款	4 223 954	3 613 677	应付账款	2 784 734	1 764 176
预付款项	447 715	413 898	预收款项	20 258	272 695
其他应收款	3 816 236	4 487 343	应付职工薪酬		
存货	1 478 971	941 581	应交税费	158 786	70 971
其他流动资产	164 433	5 593 000	其他应付款	703 334	661 377
流动资产合计	21 815 259	18 685 537	其他流动负债		
非流动资产：			流动负债合计	3 667 112	2 769 219
债权投资		34 647	非流动负债：		
其他债权投资			长期借款		
长期股权投资	3 201 818	2 093 710	应付债券		
其他权益工具投资			租赁负债		
其他非流动金融资产	443 854		长期应付款		
投资性房地产			预计负债		
固定资产	1 595 515	1 198 495	递延收益	73 580	61 859
在建工程	352 930	225 914	递延所得税负债	22 447	
生产性生物资产			其他非流动负债		
油气资产			非流动负债合计	96 027	61 859
使用权资产			负债合计	3 763 139	2 831 078
无形资产	72 300	68 571	股东权益：		
开发支出			股本	4 422 814	3 685 862
商誉			其他权益工具		
长期待摊费用			资本公积	1 304 317	1 120 093
递延所得税资产	23 249	24 452	减：库存股	419 844	634 020
其他非流动资产			其他综合收益		-2 534
非流动资产合计	5 689 666	3 645 789	专项储备		
			盈余公积	2 535 688	2 070 517
			未分配利润	15 898 811	13 260 330
			股东权益合计	23 741 786	19 500 248
资产总计	27 504 925	22 331 326	负债和股东权益总计	27 504 925	22 331 326

根据表 2-4 编制 SHR 母公司资产负债表水平分析表（分别见表 2-5、表 2-6），据此对 SHR 母公司资产、权益实际规模变动情况进行分析评价。

表 2-5　　　　　　　　　　　SHR 母公司资产水平分析表　　　　　　　　　金额单位：千元

项　目	20×8 年年底	20×9 年年底	变动情况		对总资产的影响（%）
			变动额	变动率（%）	
流动资产：					
货币资金	2 994 860	3 761 559	766 699	25.60	3.43
交易性金融资产	0	7 451 621	7 451 621	100	33.37

续表

项 目	20×8 年年底	20×9 年年底	变动情况		对总资产的影响（%）
			变动额	变动率（%）	
应收票据	641 178	470 770	-170 408	-26.58	-0.76
应收账款	3 613 677	4 223 954	610 277	16.89	2.73
预付款项	413 898	447 715	33 817	8.17	0.15
其他应收款	4 487 343	3 816 236	-671 107	-14.96	-3.01
存货	941 581	1 478 971	537 390	57.07	2.41
其他流动资产	5 593 000	164 433	-5 428 567	-97.06	-24.31
流动资产合计	18 685 537	21 815 259	3 129 722	16.75	14.01
非流动资产:					
债权投资	34 647	0	-34 647	-100	-0.16
长期股权投资	2 093 710	3 201 818	1 108 108	52.93	4.96
其他非流动金融资产	0	443 854	443 854	100	1.99
固定资产	1 198 495	1 595 515	397 020	33.13	1.78
在建工程	225 914	352 930	127 016	56.22	0.57
无形资产	68 571	72 300	3 729	5.44	0.02
递延所得税资产	24 452	23 249	-1 203	-4.92	-0.01
非流动资产合计	3 645 789	5 689 666	2 043 877	56.06	9.15
资产总计	22 331 326	27 504 925	5 173 599	23.17	23.17

注：20×8 年年底和 20×9 年年底，均为当年 12 月 31 日，凡本书所指某年年底都指该年 12 月 31 日。

表 2-6　　　　　　　　　SHR 母公司权益水平分析表　　　　　金额单位：千元

项 目	20×8 年年底	20×9 年年底	变动情况		对权益总额的影响（%）
			变动额	变动率（%）	
流动负债:					
短期借款	0	0	0	—	
应付账款	1 764 176	2 784 734	1 020 558	57.85	4.57
预收款项	272 695	20 258	-252 437	-92.57	-1.13
应交税费	70 971	158 786	87 815	123.73	0.39
其他应付款	661 377	703 334	41 957	6.34	0.19
其他流动负债	0	0	0	—	
流动负债合计	2 769 219	3 667 112	897 893	32.42	4.02
非流动负债:					
递延收益	61 859	73 580	11 721	18.95	0.05
递延所得税负债	0	22 447	22 447	100	0.10
非流动负债合计	61 859	96 027	34 168	55.24	0.15
负债合计	2 831 078	3 763 139	932 061	32.92	4.17
股东权益:					
股本	3 685 862	4 422 814	736 952	19.99	3.30
资本公积	1 120 093	1 304 317	184 224	16.45	0.82
减：库存股	634 020	419 844	-214 176	-33.78	-0.96
其他综合收益	-2 534	0	2 534	100	0.01
盈余公积	2 070 517	2 535 688	465 171	22.47	2.08
未分配利润	13 260 330	15 898 811	2 638 481	19.90	11.82
股东权益合计	19 500 248	23 741 786	4 241 538	21.75	18.99
负债和股东权益总计	22 331 326	27 504 925	5 173 599	23.17	23.17

（一）资产负债表增减变动情况的总体分析评价

我们分别从资产和权益的角度，对 SHR 母公司 20×9 年 12 月 31 日的资产、负债和所有者权益增减变动情况进行分析评价。

1. 从投资或资产角度进行分析评价

从表 2-5 中可以看出，相对于 20×8 年年底的总资产规模，SHR 母公司 20×9 年年底总资产规模增加了 5 173 599 千元，增长率为 23.17%。其中，流动资产增加了 3 129 722 千元，增长率为 16.75%，使总资产的规模较 20×8 年增长了 14.01%；非流动资产增加了 2 043 877 千元，增长率为 56.06%，使总资产的规模较 20×8 年增长了 9.15%。流动资产的增长主要来自货币资金、交易性金融资产应收账款、预付款项和存货的增长，增长额分别为 766 699 千元、7 451 621 千元、610 277 千元、33 817 千元和 537 390 千元，增长率分别为 25.60%、100%、16.89%、8.17% 和 57.07%。货币资金、交易性金融资产应收账款、预付款项和存货的增长，使总资产的规模较 20×8 年分别增长了 3.43%、2.73%、0.15% 和 2.41%。非流动资产的增长主要来自长期股权投资、其他非流动金融资产、固定资产和在建工程的增长，增长额分别为 1 108 108 千元、443 854 千元、397 020 千元和 127 016 千元，增长率分别为 52.93%、100%、33.13% 和 56.22%，分别使总资产的规模增长了 4.96%、1.99%、1.78% 和 0.57%。而非流动资产中的债权投资和递延所得税资产下降幅度较大，增长额分别为 -34 647 千元和 -1 203 千元，增长率分别为 -100% 和 -4.92%，使总资产的规模较 20×8 年分别下降了 0.16% 和 0.01%。以上为 SHR 母公司 20×9 年度资产规模增减变动的分析结果，资产项目具体的变化原因需要结合资产负债表的垂直分析和附注来把握。

2. 从筹资或权益角度进行分析评价

从表 2-6 中可以看出，相对于 20×8 年年底，SHR 母公司 20×9 年年底负债增加了 932 061 千元，增长率为 32.92%。其中，流动负债增加了 897 893 千元，增长率为 32.42%，非流动负债增加了 34 168 千元，增长率为 55.24%。流动负债中应交税费和其他应付款的增长额分别为 87 815 千元和 41 957 千元，增长率分别为 123.73% 和 6.34%，使权益总额较 20×8 年分别增长了 0.39% 和 0.19%。应付账款和预收款项的增长额分别为 1 020 558 千元和 -252 437 千元，增长率分别为 57.85% 和 -92.57%，使权益总额较 20×8 年分别增加了 4.57% 和 -1.13%。非流动负债主要为递延收益递延所得税负债，20×8 年年底递延收益账面余额为 61 859 千元，递延所得税负债账单余额为 0，20×9 年年底递延收益账面余额为 73 580 千元，递延所得税账面余额为 22 447 千元，所以非流动负债增加了 34 168 千元。以上为 SHR 母公司截至 20×9 年年底负债规模增减变动的分析结果。据此可以看出，SHR 母公司 20×9 年年底的信用融资比 20×8 年年底的增幅要大，其他应付款融资增幅较大，负债项目具体的变化原因需要结合资产负债表的垂直分析和附注来把握。

相对于 20×8 年年底的所有者权益，SHR 母公司 20×9 年年底的所有者权益增加了 4 241 538 千元，增长率为 21.75%。其中，股本、资本公积、盈余公积和未分配利润的增长额分别为 736 952 千元、184 224 千元、465 171 千元和 2 638 481 千元，增长率分别为 19.99%、16.45%、22.47% 和 19.90%，使权益总额较 20×8 年分别增长了 3.30%、0.82%、2.08% 和 11.82%。以上为 SHR 母公司截至 20×9 年年底所有者权益规模增减变动的分析结果。由此可知，SHR 母公司 20×9 年所有者权益的增长主要来自利润的增长。

（二）资产增减变动的合理性与效率性分析评价

经营管理者视角的分析更应注意的是，对企业资产负债表规模变动分析，不仅要考查其增减变动额和变动幅度，还要对其变动的合理性与效率性进行分析。企业资产负债表规模变动的合理性与效率性分析，主要是针对资产变动的合理性与效率性进行分析。企业资产规模应与经营规模相适应，资产存量规模过小，则难以满足生产的需要，影响企业生产活动的正常运行；资产存量规模过大，将造成资产的闲置，导致资金周转缓慢，影响资产的利用效果。因此，对总资产进行分析，需要了解企业生产对资产的需求情况，以便根据生产经营的变化来调整存量规模，使资产存量规模的变动与生产经营规模的变动相适应。同时，还可以从数量上了解总资产的变动情况和变动的具体原因，对资产存量规模的变化做出合理的解释。

1. **资产变动的合理性与效率性分析评价的方法**

对资产变动的合理性与效率性进行分析，一般根据本企业资产负债表纵向比较或与竞争对手进行横向比较的结果，就增减变动程度异常的资产总额、类别或个别项目，采用投入（资产）与产出（产值、销售收入、利润和经营活动现金净流量等）的对比方法，来判别资产运用或资产增减的合理性与效率性，从而确定资产变动原因。具体分析评价时，通过资产变动与产值变动、营业收入变动、利润变动及经营活动现金净流量变动的比较，做出资产变动的合理性与效率性评价。一般来说，资产变动合理则有效率。关于资产变动合理性与效率性的进一步分析内容，可阅读本章第二节和本书第七章的相关内容。

2. **资产变动的合理性与效率性分析的注意点**

对资产变动的合理性与效率性进行分析，还应当注意以下五个方面的问题。第一，要结合生产经营的发展前景，考查该期间资产规模变化的合理性。任何企业的资产规模都会受到生产经营规模的制约，如果将资产的变动情况与企业产值、销售收入等生产成果指标的变动情况相比较，就可以判断资产变动与产值变动、销售收入变动是否协调，以及资产的营运效率如何。在全部资产中，有些资产项目，如应收账款、存货等对产量或销售变化比较敏感；而有些资产项目，如固定资产、无形资产、长期待摊费用等对产量或销售变化则不太敏感。在分析时，我们需要注意区分敏感性项目和非敏感性项目的变化差异。第二，要注意宏观经济政策和微观企业决策的影响差异。引起资产存量规模变动的因素有很多，其中有宏观经济政策的影响，也有企业自身发展经营的需要。货币政策和国家产业结构调整等因素引起的资产规模变动，是宏观经济政策的影响，是企业自身不能控制的。企业生产经营和战略调整等引起的资产增减变动，是企业微观决策的影响。我们在分析时，需要对这二者的差异进行具体分析。第三，要注意通货膨胀因素的影响。企业生产经营规模的变化，会使得资产的实物量发生相应的变化，而通货膨胀也会导致企业资产规模发生较大变化。由此，我们在分析资产规模变化和考查企业规模变化趋势时，应该注意区分是资产实际价值发生的变化，还是通货膨胀因素导致的规模变化。第四，要注意考查资产规模变动与权益总额变动的适应程度。在资产负债表中，资产的总额等于负债总额与所有者权益总额之和。如果资产总额的增长幅度大于所有者权益的增长幅度，则表明企业债务负担加重。这虽然可能是由于企业筹资政策变动而引起的，但后果是引起偿债保证程度下降，偿债压力加重。一般来说，为了保证企业财务结构的稳定性和安全性，资产规模变动应与所有者权益变动相适应。第五，要注意分析会计政策变动的影响。企业资产的变动主要是受生产经营规模的影响，但会计准则和会计制度也给企业灵活选择会计政策留有相当大的余地。会计政策变更会对报表的数据产生影响，如改变存货计价方法，会引起资产负债表中存货价值的变化。此外，企业大量的经营业务需要会计人员做出判断。例如，坏账准备、存货跌价准备、其他各种资产减值准备的计提，都直接影响资产的账面净值。因此，我们在进行分析时，首先应该了解企业所采用的会计政策，分析并揭示会计政策变更对会计数据所造成的影响，以便纠正失真的会计数据，使财务分析能够依据真实可靠的会计资料进行，从而保证财务分析结论的正确性。

（三）权益资金变动对企业未来经营影响的分析评价

企业经营规模的变动，必然表现为资产负债表的资产规模与权益规模的变动。当企业资产规模发生变动时，必然有相应的资金来源满足其需求。无论什么企业，都可以通过增加或减少负债、投资者追加或收回投资，以及留存收益三种方式解决资金来源问题。不同的资金来源方式，会影响企业的未来经营、财务状况及财务成果。因此，我们要注意分析评价不同资金来源方式可能对企业资源配置、生产经营、财务状况以及财务成果所产生的影响，以便对企业未来的发展做出合理的预测。

1. 从追加投资角度进行分析评价

如果企业通过投资人追加投资来扩大经营规模，从而实现外延型扩大再生产，则对企业未来经营产生的影响可能表现在以下三个方面。一是资金制约。企业的投资人数量是有限的，投资人所拥有的资本也是有限的。任何一个企业，其经营规模的扩张很难完全依赖投资人的不断追加投资来实现。二是资金运用不当将失去投资人支持。通过投资人追加投资满足企业规模扩张的资金需求，是企业普遍使用的筹资策略。但如果资金运用不当，则会产生消极作用。投资人投资于企业，旨在获得资本增值。如果企业无视投资人的投资诉求，一味地要求投资人追加投资来满足企业规模扩张的资金需求，就会引起投资人的反感，甚至失去投资人的支持。三是有助于企业财务实力的提高。企业设立的基本前提是投资人投资，而投资规模则是企业财务实力的直观表现。投资人追加投资，不仅可以为企业调整资本结构、资金筹集、降低财务风险等奠定物质基础，而且也可以增强企业财务实力，减轻债务负担。

2. 从举债角度进行分析评价

如果企业通过举债方式扩大资产规模，从而实现外延型扩大再生产，则对企业未来经营产生的影响可能表现在以下四个方面。一是债务负担加重。企业举债必然会提高资产负债率，企业财务风险因此会增加。企业偿债压力加大，企业资产流动性要求会提高。二是资金制约。资金安全是债权人进行信贷决策时所考虑的最重要的因素。当企业不断地通过举债扩大经营规模时，企业财务风险不断增加，债权人就会采取减少贷款或停止贷款等相应措施以保证自身资金安全。如果企业一味地通过举债扩大经营规模，一旦资金链断裂，不仅会严重影响企业经营，而且极有可能会威胁企业生存。三是利息费用增加而利润减少。企业利息支出会随着负债规模的扩大而增加，而利息支出增加会导致企业的利润减少。这就要求企业经营所得务必高出利息支出，否则企业将因负债利息支出增加而导致亏损。四是财务杠杆作用加大。负债经营必然会产生相应的财务杠杆作用，负债比率越高，财务杠杆作用越大。企业获取财务杠杆利益的基本前提是总资产报酬率大于负债利息率。企业在进行负债筹资决策时，不能仅考虑资金需求，而且还要考虑盈利水平，以避免造成财务杠杆损失。

3. 从留存收益角度进行分析评价

留存收益的数量，取决于企业的盈利、盈余公积的提取比例和企业的利润分配政策。如果企业通过留存收益方式解决资金来源，从而实现内涵型扩大再生产，则对企业未来经营产生的影响可能表现在以下两个方面。一是促进企业经营步入良性循环。任何一个企业要想健康发展，单纯依赖外部输血是不行的，而必须提升自身造血功能。企业通过卓有成效的经营，增加自身积累，才能从根本上为企业提升偿债能力、改善财务状况、满足各方利益要求、树立企业形象和争取投资人支持等方面提供保障，从而使企业步入良性循环的轨道。二是为企业可持续发展提供源源不断的资金来源。企业经营规模的扩张无论是依靠举债还是投资人追加投资都会受到资金制约，而留存收益来源于企业经营所得，是企业主观努力的结果，通过留存收益实现的扩大再生产属于内涵型扩大再生产。这种资金来源提供方式虽然不能像举债和追加投资那样对企业发展起到立竿见影的效果，但能为企业稳健经营和可持续发展打下基础。

二、资产负债表结构变动情况分析

对资产负债表结构变动情况的分析，主要采用垂直（结构）分析的方法，通过编制垂直分析表，计算资产负债表各项目占总资产（或总权益）的比重，以此分析评价企业资产结构与权益结构的变动情况及其合理程度。

资产负债表垂直分析可以从静态和动态两个方面，对企业资产结构和权益结构的构成情况及变动情况进行分析评价。从静态角度分析，就是以本期资产负债表为分析对象，分析评价其实际构成情况；从动态角度分析，就是将资产负债表的本期实际构成与选定的标准进行对比分析。选定的标准可以是上期实际数、预算数和同业的平均数或可比企业的实际数等。选择对比标准应视分析目的而定。

根据表 2-4 提供的资料，编制 SHR 母公司资产负债表垂直分析表（分别见表 2-7 和表 2-8）。据此，我们对 SHR 母公司资产负债表结构变动情况进行如下分析评价。

（一）资产负债表结构变动情况的总体分析评价

资产负债表结构变动情况的总体分析评价，可以从资产结构、权益结构，以及资产负债表整体结构三个方面进行分析评价。

1. 资产结构的分析评价[①]

企业资产结构分析评价的角度有两个，即静态角度和动态角度。静态角度分析可以观察企业资产配置情况，主要关注流动资产和非流动资产的比重及其重要项目的比重。通过与行业的平均水平或可比企业资产结构的比较，对企业资产的流动性和资产风险做出判断，进而对企业资产结构的合理性做出评价。动态角度分析是分析企业资产结构的变动情况，对企业资产结构的稳定性做出评价，进而对企业资产结构的调整情况做出评价。

表 2-7　　　　　　　　　　　　SHR 母公司资产垂直（结构）分析表　　　　　　　　金额单位：千元

项　　目	金　额		构成比例（%）		变动情况（%）
	20×8 年年底	20×9 年年底	20×8 年年底	20×9 年年底	
流动资产：					
货币资金	2 994 860	3 761 559	13.41	13.68	0.26
应收票据	641 178	470 770	2.87	1.71	-1.16
应收账款	3 613 677	4 223 954	16.18	15.36	-0.83
预付款项	413 898	447 715	1.85	1.63	-0.23
其他应收款	4 487 343	3 816 236	20.09	13.87	-6.22
存货	941 581	1 478 971	4.22	5.38	1.16
其他流动资产	5 593 000	164 433	25.05	0.60	-24.45
流动资产合计	18 685 537	21 815 259	83.67	79.31	-4.36
非流动资产：					
债权投资	34 647	0	0.16	0.00	-0.16
长期股权投资	2 093 710	3 201 818	9.38	11.64	2.27
固定资产	1 198 495	1 595 515	5.37	5.80	0.43
在建工程	225 914	352 930	1.01	1.28	0.27
无形资产	68 571	72 300	0.31	0.26	-0.04
递延所得税资产	24 452	23 249	0.11	0.08	-0.02
非流动资产合计	3 645 789	5 689 666	16.33	20.69	4.36
资产总计	22 331 326	27 504 925	100.00	100.00	

从表 2-7 中可以看出，在静态方面，SHR 母公司 20×9 年年底流动资产占总资产的 79.31%，非流动资产占总资产的 20.69%。企业流动资产占总资产的比重较高。流动资产中与生产经营相关的货币资金、应收账款和其他应收款占比较高，分别为 13.68%、15.36% 和 13.87%，而存货的比重为 5.38%。非流动资产中长期股权投资占总资产的比重为 11.64%，在非流动资产中占比最高。可以认为 SHR 母公司资产的流动性较强，资产弹性较好，资产风险较小，经营性资产占比较高。在动态方面，20×9 年年底 SHR 母公司流动资产的比重减小 4.36 个百分点。其中，应收票据的比重减小了 1.16 个百分点，其他应收款的比重减小了 6.22 个百分点；非流动资产中债权投资的比重减小了 0.16 个百

---

① 本部分分析省略了 SHR 母公司 20×9 年新出现的项目"交易性金融资产"和"其他非流动金融资产"。

分点，其他项目变动幅度较小，并且流动资产和非流动资产的变化比较平稳。因此，SHR 母公司的资产结构相对比较稳定。

2. 权益结构的分析评价①

企业权益结构，或称资本结构，包括负债总额占总权益的比例、所有者权益总额占总权益的比例，以及负债中长期负债与短期负债的分布情况、所有者权益中各项目之间的分布情况等。企业权益结构分析评价也是分别从静态角度和动态角度进行的。从静态角度分析可以观察权益的构成，衡量企业财务实力，评价企业的财务风险，同时结合企业盈利能力和经营风险，评价其合理性；从动态角度分析可以考查企业权益结构的变动情况或调整情况，分析评价其对所有者权益可能产生的影响。

表 2-8　　　　　　　　　SHR 母公司权益垂直（结构）分析表　　　　　　　　金额单位：千元

项　目	金　额		构成比例（%）		变动情况（%）
	20×8 年年底	20×9 年年底	20×8 年年底	20×9 年年底	
流动负债：					
应付账款	1 764 176	2 784 734	7.90	10.12	2.22
预收款项	272 695	20 258	1.22	0.07	−1.15
应交税费	70 971	158 786	0.32	0.58	0.26
其他应付款	661 377	703 334	2.96	2.56	−0.40
其他流动负债					
流动负债合计	2 769 219	3 667 112	12.40	13.33	0.93
非流动负债：					
递延收益	61 859	73 580	0.28	0.27	−0.01
非流动负债合计	61 859	96 027	0.28	0.35	0.07
负债合计	2 831 078	3 763 139	12.68	13.68	1.00
股东权益：					
股本	3 685 862	4 422 814	16.51	16.08	−0.43
资本公积	1 120 093	1 304 317	5.02	4.74	−0.27
盈余公积	2 070 517	2 535 688	9.27	9.22	−0.05
未分配利润	13 260 330	15 898 811	59.38	57.80	−1.58
股东权益合计	19 500 248	23 741 786	87.32	86.32	−1.00
负债和股东权益总计	22 331 326	27 504 925	100.00	100.00	

从表 2-8 中可以看出，在静态方面，SHR 母公司 20×8 年年底负债总额占权益总额的 12.68%。其中，流动负债占权益总额的 12.40%，非流动负债占权益总额的 0.28%，股东权益总额占权益总额的 87.32%。SHR 母公司 20×9 年负债总额占权益总额的 13.68%，其中流动负债占权益总额的 13.33%，非流动负债占权益总额的 0.35%，股东权益总额占权益总额的 86.32%。以上分析说明，SHR 母公司 20×8 年及 20×9 年的资产负债率比较低，财务风险较低。但要证明财务结构是否合理，还必须结合企业盈利能力、行业特点等方面加以分析判断。在动态方面，SHR 母公司 20×9 年年底的负债比率相对 20×8 年年底的负债比率虽然增加了 1 个百分点，但各项目变动幅度有限，表明公司资本结构比较稳定，财务实力雄厚。但是因负债融资比例较低，权益融资比例较高，还需要结合行业状况做进一步分析，以确定 SHR 母公司资本结构是否合理。

3. 资产负债表整体结构的分析评价

资产负债表整体结构分析是从资产结构与资本结构结合的角度，来分析判断资产结构与资本结构的对称性关系的过程。

（1）资产负债表左右对称性关系及风险揭示。

从财务学的视角看，资产负债表描述了企业资产结构与权益结构两大结构内部以及相互之间的

---

① 本部分分析了省略了"递延所得税负债""库存股"和"其他综合收益"两个项目。

协调关系。资产结构与权益结构存在对称性关系，并以两者之间存在的内在关系为基础。这种内在关系表现为：资产与其来源总量恒等；资产结构与其来源结构存在一定的对应关系；资产负债表左右两边各项目都按流动性强弱确定其排列顺序和结构。

流动性在资产负债表两边的含义是不同的。从资源分布方面看，其流动性表明了资产价值实现或转移或摊销时间的长度；而从资源的权益归属方面看，其流动性表明融资清欠、退还或可以使用时间的长度。实际上，资产负债表各项目按流动性排列，揭示了企业未来现金流量的数额、时间顺序以及不确定性。正因为如此，从时间上看，资产负债表两边各个项目之间形成了一种内在的对应关系。

从理论上讲，资产占用有短期与长期之分，资产的来源也有短期融资与长期融资之别。它们之间的对称关系体现在以下三个方面。第一，长期资产的资金来源由长期筹资（非流动负债与所有者权益）提供，否则就会因"短借长投"而给企业带来偿债压力，到期不能清偿债务，陷入财务困境。第二，短期资产的资金来源由短期负债提供。短期资产能在较短的时间内实现、转移或摊销其价值，也就能保证短期融资的清欠和退还。第三，短期资产的资金来源由长期融资提供，这是一种最保险但资本成本最高的方法。在这种情况下，企业虽然一般不会面临偿债或流动性压力，但要支付比短期融资更高的资本成本。

资产负债表各项目按流动性大小排列来披露财务状况信息的做法，隐含着对企业财务风险大小揭示的逻辑。当然，这种在资产负债表两边揭示风险所表示的含义和方向不同，表现为：从资产方面看，从流动资产到非流动资产，其风险由小到大，而且这种风险是资产不能迅速实现和补偿其价值的风险；就资产来源方面看，从短期融资到长期筹资，其风险由大到小，而且这种风险是到期不能及时偿债的风险。

将资产负债表两边结合起来看，我们不难看到，首先，如果资产结构与权益结构确实对称，则一方较大的风险恰好为另一方较小的风险所抵消，从而，企业总体风险趋向于中和。其次，企业的偿债风险或财务风险能否消除，归根结底取决于企业的资产风险能否消除或避免。只要资产经营不存在问题，其价值能够顺利实现或补偿，到期偿债就不存在问题，财务风险也就随之消失。但是，如果企业资产结构与权益结构（资本结构）本身不对称，即使资产价值能够顺利实现或补偿，财务风险也会由于企业收款期与支付期（现金流入量与现金流出量发生时间）不一致而继续存在。因此，财务风险存在于企业的财务运作（资本结构）之中，但取决于资产经营的成效和顺利度。这就是企业资产结构对权益结构（资本结构）选择的影响。

企业资产负债表揭示了企业存在的财务风险与经营风险。根据上述讨论，我们可以依据资产负债表各项目从上到下的排列顺序，从流动性、风险性和盈利性等方面来揭示资产负债表的对称性关系。第一，从流动性方面来看，资产负债表资产方资产流动性由强到弱，与资金来源方的流动性由强到弱相匹配；第二，从风险性方面来看，资产方资产风险性由小到大，与资金来源方的风险性由大到小相对应，从而使风险趋于中和；第三，从盈利性方面来看，资产方资产盈利性由小到大，与资金来源方的盈利性由小到大相对应、相匹配。

（2）资产负债表整体结构呈现的状态。

资产负债表整体结构呈现的状态，从理论上说主要有四种，即平衡型结构、保守型结构、稳健型结构和风险型结构。其一，平衡型结构。平衡型结构，是指非流动资产用长期资金满足，流动资产用流动负债满足。这样的资本结构是理论上最适用的资本结构。其优点在于当二者适应时，企业风险较小，且资本成本较低；其缺点在于当二者不适应时，可能使企业陷入财务危机。平衡型结构适用经营状况良好、流动资产与流动负债内部结构相互适应的企业，但在实际资本市场中很难找到将这一资本结构运用合理的企业。其二，保守型结构。保守型结构，是指企业全部资产的资金来源都是长期资本。企业主要使用长期资本保证流动资产和非流动资产的运营。其优点在于风险较低；

其缺点在于企业资本成本较高，筹资结构弹性较差，很难发挥负债经营的优势。目前，很少有企业采用这样的资本结构。其三，稳健型结构。稳健型结构，是指非流动资产依靠长期资金解决，流动资产需要长期资金和短期资金共同解决。与保守型结构相比，稳健型结构采用一部分流动负债降低了企业的融资成本，筹资结构有了一定的弹性，风险上升幅度较小。稳健型结构为大多数企业所采用。其四，风险型结构。风险型结构，是指流动负债不仅用于满足流动资产的资金需要，而且用于满足部分非流动资产的资金需要。其优点在于它是资本成本最低的资本结构；缺点是过度运用流动负债，企业财务风险较大，存在黑字破产的潜在风险。风险型结构适用于资产流动性很好且经营现金流量较充足的企业。企业处于发展壮大时期，或者企业在制定短期财务策略时，通常会采用风险型结构。现实中常见的主要有稳健型结构和风险型结构。

（3）资产负债表整体结构分析应用。

根据表 2-7、表 2-8 对比判断，20×8 年年底，SHR 母公司流动资产比重为 83.67%，大于流动负债的比重 12.40%。20×9 年年底，SHR 母公司流动资产比重为 79.31%，大于流动负债的比重 13.33%，SHR 母公司资产负债表整体结构是稳健型结构，可谓相当稳健，不过 20×9 年年底较 20×8 年年底稳健程度略有下降。

（二）资产负债表结构变动情况的具体分析评价

资产负债表结构变动情况的具体分析评价内容，主要包括资产结构、负债结构和所有者权益结构的具体分析评价。

1. 资产结构具体分析评价

分析企业资产结构，除了关注流动资产与非流动资产结构外，我们还应关注对以下三个方面的结构分析：一是要关注经营性资产与投资性资产的结构，以便分析企业生产经营的盈利能力、持续性和发展能力，确定企业的盈利方式；二是要关注固定资产与流动资产的结构，以便进一步分析企业资产结构类型和资本结构的合理性；三是要关注流动资产的内部结构。流动资产的内部结构是指组成流动资产的各个项目占流动资产总额的比重。分析流动资产的内部结构的目的是了解流动资产的分布情况、配置情况、资产的流动性及支付能力。此外，资产结构具体分析评价，还可以以同行业平均水平或财务计划确定的目标为标准，分析企业的竞争能力和与计划相适应的能力。

2. 负债结构具体分析评价

企业的负债结构，包括负债期限结构、负债方式结构和负债成本结构三个方面。第一，负债期限结构，是指用流动负债与长期负债分别占负债总额的比重来表示的构成关系。第二，负债方式结构，是指按负债取得的不同方式的项目分别占负债总额的比重而构成的比例关系。负债按其取得方式的不同可分为银行信用、商业信用、内部结构款项、外部结构款项、应付债券和其他负债等。第三，负债成本结构，是按照负债成本归类，然后组成负债成本项目类别所构成的负债结构。各种负债由于来源渠道和取得方式不同，其成本也有较大差异。有些负债（如应付账款等），基本属于无成本负债；有些负债（如短期借款等）则属于低成本负债；有些负债（如长期借款、应付债券等）则属于高成本负债。因此，对各种负债成本进行归类整理，就会形成负债成本结构。

分析企业负债结构时应具体考虑以下三个因素。其一，企业的融资渠道和融资政策。企业的融资渠道直接决定了企业的融资政策。银企关系较好的企业更愿意采用银行贷款来满足资产运营的需要，银企关系不好的企业可能很难运用银行贷款满足资产运营的需要。其二，企业的融资成本。企业的融资成本是决定企业负债结构的重要因素。当企业运用融资获得的收益大于融资支付的成本时，企业可能会采用比较激进的负债结构；反之，企业可能会采用比较保守的负债结构。其三，企业的债务期限结构和财务风险。在现实的资本市场和金融市场中，企业并不完全按照资产与资本相适应的几种方式进行融资。很多企业的债务结构是混合的，债务期限的划分也相对模糊。有些企业采用"借新债还旧债"或"短债长借"的期限结构和融资方式，在这种情况下，企业尤其要注意对财务风险的控制。

3. 所有者权益结构具体分析评价

所有者权益主要由实收资本（或股本）、资本公积、盈余公积和未分配利润构成。由所有者权益项目构成的比例，即各所有者权益项目占所有者权益总额而形成的比例关系即所有者权益结构。分析企业的所有者权益结构时应具体考虑以下两个因素。一是企业的权益融资成本。企业的权益融资成本是决定企业负债结构的重要因素。当企业权益融资获得的收益大于权益融资支付的成本时，企业可能会采用比较保守的负债结构；反之，企业可能会采用比较激进的负债结构。此外，企业权益融资成本高于负债融资成本时，企业会采用比较激进的负债结构；企业权益融资成本低于负债融资成本时，企业会采用比较保守的负债结构。二是企业的利润分配方式和股利分配政策。企业留存收益是融资成本较低的融资方式，是企业的优先融资选择。但受利润分配和股利政策的影响，企业留存收益和股利发放是此消彼长的关系，所以对所有者权益结构进行评价时需要分析企业的利润分配方式和股利分配政策。

三、资产负债表趋势分析

资产负债表趋势分析，包括定基趋势分析和环比趋势分析两个方面的内容。通过对资产负债表进行趋势分析，可以探寻企业财务状况的变动趋势及轨迹。其中，资产负债表定基趋势分析，是用资产负债表某一时点的数值作为固定基点数值，将等时长的后期各时点的资产负债表项目数值分别与固定基点数值进行对比，从而寻求资产负债表绝对变动趋势及变动轨迹的过程。资产负债表项目定基趋势分析计算公式为：

某项目定基动态比率=分析时点某项目数值÷固定基点该项目数值

资产负债表环比趋势分析，是以分析期内某一分析时点的数值与该分析时点的等时长的前一时点数值进行对比，从而寻求资产负债表相对变动趋势及变动轨迹的过程。资产负债表某项目环比趋势分析计算公式为：

某项目环比动态比率=某分析时点某项目数值÷等时长前一时点该项目数值

表 2-9 是 SHR 母公司 20×5 年 12 月 31 日至 20×9 年 12 月 31 日的资产负债表数据。我们将根据表 2-9 中的数据编制定基趋势分析表（见表 2-10）和环比趋势分析表（见表 2-11），并根据表 2-10、表 2-11 对 SHR 母公司进行以 20×5 年 12 月 31 日至 20×9 年 12 月 31 日为分析期的资产负债表趋势分析。

表 2-9　　　　　SHR 母公司 20×5 年 12 月 31 日至 20×9 年 12 月 31 日资产负债表　　　　　单位：千元

项　　目	20×5 年年底	20×6 年年底	20×7 年年底	20×8 年年底	20×9 年年底
流动资产：					
货币资金	3 516 841	3 391 506	2 883 185	2 994 860	3 761 559
交易性金融资产	0	0	0	0	7 451 621
应收票据	1 170 359	1 091 023	905 386	641 178	470 770
应收账款	2 067 779	2 175 474	3 395 683	3 613 677	4 223 954
预付款项	197 516	322 566	319 137	413 898	447 715
应收利息	106 974	153 620	0	0	0
其他应收款	578 072	1 105 377	1 912 061	4 487 343	3 816 236
存货	413 098	504 955	544 596	941 581	1 478 971
其他流动资产	0	1 050 162	3 178 190	5 593 000	164 433
流动资产合计	8 050 639	9 794 683	13 138 238	18 685 537	21 815 259
非流动资产：					

续表

项　　目	20×5年年底	20×6年年底	20×7年年底	20×8年年底	20×9年年底
债权投资	9 639	9 639	21 649	34 647	0
长期股权投资	1 102 693	1 278 773	1 344 724	2 093 710	3 201 818
其他非流动金融资产	0	0	0	0	443 854
固定资产	964 929	1 013 282	1 087 956	1 198 495	1 595 515
在建工程	92 582	206 495	232 329	225 914	352 930
无形资产	33 290	70 975	70 315	68 571	72 300
递延所得税资产	20 608	21 010	16 915	24 452	23 249
非流动资产合计	2 223 741	2 600 174	2 773 888	3 645 789	5 689 666
资产总计	10 274 380	12 394 857	15 912 126	22 331 326	27 504 925
流动负债：					
应付账款	446 496	648 975	905 054	1 764 176	2 784 734
预收款项	7 253	4 696	6 432	272 695	20 258
应交税费	193 351	215 366	430 553	70 971	158 786
其他应付款	638 319	117 850	583 765	661 377	703 334
其他流动负债	10 030	0	0	0	0
流动负债合计	1 295 449	986 887	1 925 804	2 769 219	3 667 112
非流动负债：					
递延收益	84 757	89 942	39 123	61 859	73 580
递延所得税负债	0	0	0	0	22 447
非流动负债合计	84 757	89 942	39 123	61 859	96 027
负债合计	1 380 206	1 076 829	1 964 927	2 831 078	3 763 139
股东权益：					
股本	1 956 499	2 347 460	2 832 648	3 685 862	4 422 814
资本公积	417 567	435 690	984 423	1 120 093	1 304 317
减：库存股	87 830	43 428	528 473	634 020	419 844
其他综合收益	0	0	0	−2 534	0
盈余公积	967 414	1 223 145	1 509 815	2 070 517	2 535 688
未分配利润	5 640 524	7 355 161	9 148 786	13 260 330	15 898 811
股东权益合计	8 894 174	11 318 028	13 947 199	19 500 248	23 741 786
负债和股东权益总计	10 274 380	12 394 857	15 912 126	22 331 326	27 504 925

（一）资产负债表定基趋势分析评价

表2-10　　　　　　　　　　　SHR母公司定基趋势分析表　　　　　　　　　单位：%

项　　目	20×5年年底	20×6年年底	20×7年年底	20×8年年底	20×9年年底
流动资产：					
货币资金	100.00	96.44	81.98	85.16	106.96
应收票据	100.00	93.22	77.36	54.78	40.22
应收账款	100.00	105.21	164.22	174.76	204.27
预付款项	100.00	163.31	161.58	209.55	226.67
应收利息	100.00	143.60	0.00	0.00	0.00
其他应收款	100.00	191.22	330.77	776.26	660.17
存货	100.00	122.24	131.83	227.93	358.02
流动资产合计	100.00	121.66	163.19	232.10	270.98
非流动资产：					
债权投资	100.00	100.00	224.60	359.45	0.00

续表

项 目	20×5 年年底	20×6 年年底	20×7 年年底	20×8 年年底	20×9 年年底
长期股权投资	100.00	115.97	121.95	189.87	290.36
固定资产	100.00	105.01	112.75	124.21	165.35
在建工程	100.00	223.04	250.94	244.02	381.21
无形资产	100.00	213.20	211.22	205.98	217.18
递延所得税资产	100.00	101.95	82.08	118.65	112.82
非流动资产合计	100.00	116.93	124.74	163.95	255.86
资产总计	100.00	120.64	154.87	217.35	267.70
流动负债					
应付账款	100.00	145.35	202.70	395.12	623.69
预收款项	100.00	64.75	88.68	3 759.75	279.31
应交税费	100.00	111.39	222.68	36.71	82.12
其他应付款	100.00	18.46	91.45	103.61	110.19
其他流动负债	100.00	0.00	0.00	0.00	0.00
流动负债合计	100.00	76.18	148.66	213.77	283.08
非流动负债:					
递延收益	100.00	106.12	46.16	72.98	86.81
非流动负债合计	100.00	106.12	46.16	72.98	113.30
负债合计	100.00	78.02	142.36	205.12	272.65
股东权益:					
股本	100.00	119.98	144.78	188.39	226.06
资本公积	100.00	104.34	235.75	268.24	312.36
减：库存股	100.00	49.45	601.70	721.87	478.02
盈余公积	100.00	126.43	156.07	214.03	262.11
未分配利润	100.00	130.40	162.20	235.09	281.87
股东权益合计	100.00	127.25	156.81	219.25	266.94
负债和股东权益总计	100.00	120.64	154.87	217.35	267.70

注：表中 20×5 年年底为定期分析的固定分析基点。

SHR 母公司定基趋势分析表显示，相对于 20×5 年年底，SHR 母公司的资产、负债和股东权益的规模呈持续上升趋势。其中，流动资产的变动主要来自货币资金、应收项目和存货，非流动资产的增长主要来自固定资产（在建工程）和无形资产，流动负债的增长主要来自应付账款和应交税费。从 20×7 年开始，企业借入非流动负债的趋势比较稳定。股东权益的增长主要来自股本、资本公积、盈余公积和未分配利润。从表 2-10 中可以看出，截至 20×9 年年底，SHR 母公司的资产规模是 20×5 年年底的 1.89 倍左右，负债规模是 20×5 年年底的 2.71 倍左右，股东权益是 20×5 年年底的 2.67 倍左右，企业权益资本基本能够满足企业资产规模的扩张要求，资产结构与资本结构基本相适应。

但在做定基趋势分析时要注意，当所选定的基期数为 0，而分析期数不为 0 时，在定基趋势分析表上难以看出分析期资产负债的变动趋势。例如，SHR 母公司的交易性金融资产项目，在 20×5 年年底为 0，在 20×6 年至 20×8 年也为 0，在 20×9 年年底为 7 451 621 千元，在定基趋势分析表上很难表现出 20×6 年年底至 20×9 年年底交易性金融资产项目相对于 20×5 年年底的变动趋势。

（二）资产负债表环比趋势分析评价

表 2-11　　　　　　　　　　SHR 母公司环比趋势分析表　　　　　　　　单位：%

项　　目	20×6 年年底	20×7 年年底	20×8 年年底	20×9 年年底
流动资产：				
货币资金	96.44	85.01	103.87	125.60
应收票据	93.22	82.99	70.82	73.42
应收账款	105.21	156.09	106.42	116.89
预付款项	163.31	98.94	129.69	108.17
应收利息	143.60	0.00	—	
其他应收款	191.22	172.98	234.69	85.04
存货	122.24	107.85	172.90	157.07
其他流动资产		302.64	175.98	2.94
流动资产合计	121.66	134.14	142.22	116.75
非流动资产：				
债权投资	100.00	224.60	160.04	0.00
长期股权投资	115.97	105.16	155.70	152.93
固定资产	105.01	107.37	110.16	133.13
在建工程	223.04	112.51	97.24	156.22
无形资产	213.20	99.07	97.52	105.44
递延所得税资产	101.95	80.51	144.56	95.08
非流动资产合计	116.93	106.68	131.43	156.06
资产总计	120.64	128.38	140.34	123.17
流动负债：				
应付账款	145.35	139.46	194.92	157.85
预收款项	64.75	136.97	4 239.66	7.43
应交税费	111.39	199.92	16.48	223.73
其他应付款	18.46	495.35	113.30	106.34
其他流动负债	0.00			
流动负债合计	76.18	195.14	143.80	132.42
非流动负债：				
递延收益	106.12	43.50	158.11	118.95
非流动负债合计	106.12	43.50	158.11	155.24
负债合计	78.02	182.47	144.08	132.92
股东权益：				
股本	119.98	120.67	130.12	119.99
资本公积	104.34	225.95	113.78	116.45
减：库存股	49.45	1 216.89	119.97	66.22
其他综合收益				0.00
盈余公积	126.43	123.44	137.14	122.47
未分配利润	130.40	124.39	144.94	119.90
股东权益合计	127.25	123.23	139.81	121.75
负债和股东权益总计	120.64	128.38	140.34	123.17

注：20×5 年年底的资产负债表数值是环比分析期间 20×6 年年底分析时点的基点。

根据表 2-11 可知，20×6 年年底至 20×9 年年底，企业的总资产规模增长速度保持在 1.20 倍以上。其中，流动资产增速保持在 1.16 倍以上，非流动资产增速保持在 1.06 倍以上。但在 20×7 年，流动资产增速较快（1.34 倍），而非流动资产增速较慢（1.07 倍），二者对总资产规模增长是此消彼长的作用,所以总资产规模增速平稳。20×7 年负债规模增长速度超过 1.82 倍,其中流动负债增长速度超过 1.95 倍,在 20×8 年达到 1.44 倍,20×9 年回落到 1.32 倍,而非流动负债从 20×7 年开始增长速度分别为原来的 0.43 倍、1.58 倍和 1.55 倍。股东权益增速保持在 1.2 倍左右,在 20×8 年股本增长速度较快,而资本公积增长速度放缓,二者对股东权益增长是此消彼长的作用,所以股东权益增速平稳。根据 SHR 母公司环比趋势分析结果可以看出,相对于定基分析,通过环比分析能够看出每一年度的相对变化,不同项目的变化趋势也比较清晰。

第三节　资产与权益质量分析

对利益相关者决策有用的信息应当是有质量保证的信息。因此,在资产负债表整体分析和相关比率分析的基础上,本节将从资产和权益两个方面对资产负债表质量做进一步分析。

一、资产质量分析

资产质量分析,是指通过了解企业资产质量状况,分析其是否存在变现能力受限,如呆滞资产、坏账、抵押、担保等情况,以确定各项资产的实际盈利能力和变现能力的过程。企业资产质量的好坏,将直接影响企业实现利润的多少、创造价值水平的高低。因此,保持资产的良性循环,促进资产的新陈代谢,不断提高资产质量,是决定企业保持竞争优势的根本。

（一）资产质量分析概述

进行资产质量分析,首先必须弄清楚什么是资产质量,资产质量具有什么属性和特征,资产质量分析的视角又是什么等问题。

1. 资产质量的内涵与属性

资产质量,是指资产在特定的经济组织中,实际所发挥的效用与其预期效用之间的吻合程度。资产质量,主要表现为资产的账面价值量与其变现价值量或被进一步利用的潜在价值量（可以用资产的可变现净值或公允价值来计量）之间的差异。高质量的资产,应当表现为按照高于或等于相应资产的账面价值变现或被企业进一步利用,或有较大的与其他资源组合增值的潜力。反之,低质量的资产,则表现为按照低于相应资产的账面价值变现或被企业进一步利用,或难以与其他资源组合增值。不同项目资产的属性各不相同,企业预先对其设定的效用也各不相同。不同企业或同一企业在不同时期、不同环境之下,对同一项资产的预期效用也会有所差异。因此,对资产质量的分析,必须结合企业特定的经济环境来进行,尤其要强调资产的相对有用性。

资产质量的属性包括资产质量的相对性、时效性和层次性。其一,资产质量的相对性,是指同一资产对不同经营方向的企业所体现的价值不同,即资产的相对有用性。就财务分析而言,资产质量并不过多强调资产的物理质量,而是更多强调其在企业生产经营过程中所能为企业带来的未来收益的质量。这种质量会因所处的企业背景不同而有所不同,这些企业背景包括宏观经济环境、企业所处的行业背景、企业的生命周期背景、企业的不同发展战略等。当然,在分析资产质量的相对性时,我们不能只针对单个项目孤立地进行分析,而应与企业其他资产相结合,还应与企业的经营战略、企业所处的行业背景、生命周期等相结合,以站在一个整体和相对宏观的角度分析。其二,资产质量的时效性,是指企业资产质量会随着时间的推移而不断发生变化的属性。例如,技术变革会造成资产的无形损耗,企业产品与产业结构调整会改变资产质量属性,过去的优质资产会变成不良资产或在特定的环境下不良资产会转化为优质资产,等等。因此,分析资产质量要强调时空观,考虑其所处的特定历史时期和宏观经济背景等因素，要注重其时效性。其三，资产质量的层次性，是指资产在整体、结构和个体等不同层面上所呈现的不同的质量属性。资产在不同的管理层面的含义具有显著差异，主要涉及企业的决策层面、协调层面和执行层面。决策层面往往关注企业资产的整体质量，协调层面往往关注企业资产的结构质量，而执行层面则更关注资产的个别质量。因此，分析资产的质量，一定要关注其层次性，即不但要从资产总体上把握、确定企业资产的整体质量，而且还有必要按结构分类别展开分析，更应当根据各项资产的具体特征和预期效用，逐一确定资产的个体质量。

2. 资产质量的特征

如前所述，资产质量既然具有层次性属性，那么，资产质量特征就应当从资产的整体质量、结构质量和个体质量三个层面来考查。第一，资产的整体质量特征。资产的整体质量是指资产在整体上满足企业发展目标的质量。资产的整体质量特征是指资产在整体上有为企业股东权益的非入资性增值做出贡献的能力。资产的整体质量具有增值和获现两个特征。资产的整体质量应该表现为一定规模的资产能够为企业净利润和其他综合收益的较快增长做出企业股东所期望的贡献。第二，资产的结构质量特征。资产结构是指各项资产相互之间、资产与其相应的来源之间由规模决定的比例关系。资产的结构质量具有有机整合性、整体流动性、与资本结构的匹配性和与企业战略的吻合性等特征。我们应着重从企业经营资产的系统优化、控制性投资资产的个体盈利能力以及不同业务板块盈利能力的优化等方面加强对资产的结构质量考查。第三，资产的个体质量特征。资产的整体质量好，必须以结构质量好为前提；结构质量好，又必须以个体质量好为前提。资产的个体质量特征是指企业根据不同项目的资产本身所具有的属性、功能而对其设定的预期效用。评价个体质量简单地说就是满足需求——满足企业对特定资产的个性需求。对特定企业而言，一项资产的质量不在于其自身的物理质量，而在于企业想用它做什么，以及特定资产对企业需求的满足程度。一项资产，即使物理质量再好，如果满足不了企业的特定需求，也属于不良资产。总体而言，研究资产个体质量特征可以从资产的盈利性、变现性、周转性，以及与其他资产组合的协同性等几个方面来进行。

3. 资产质量分析应特别关注两个视角

企业资产质量分析，应特别关注资产结构与资产的现金含量这两个分析视角。

企业的资产质量和现金流量是相互关联的。资产质量受现金流量的影响，不能带来现金流量的资产项目，充其量只能被称为"虚拟资产"。严格地说，这样的资产项目是不应该在资产负债表上确认的。资产质量和现金流量同时又影响企业的盈余质量。如果资产质量低下，计价基础没有依据，盈余就没有立足的基点。同样地，如果企业每年都报告利润，但经营性现金流量却入不敷出，那么，这种没有真金白银流入的利润，实质上只能是一种"纸面富贵"。这种性质的利润，要么质量低下，要么含有虚假成分。所以，对企业资产质量分析不仅要重视分析企业资产结构的影响，还需要重视分析资产的现金含量信息的影响。

对企业资产结构的分析，有助于我们分析资产质量对企业的退出壁垒、经营风险和技术风险。一般而言，固定资产和无形资产占资产总额的比例越高，表明企业的退出壁垒就越高，企业自由选择权就越小。当企业所处行业竞争加剧，获利空间萎缩，发展前景不明时，企业通常会面临退出竞争或继续竞争等选择。对于固定资产和无形资产占资产总额比例不高的企业，选择退出竞争的策略需要付出的机会成本较小。反之，对于固定资产和无形资产占资产总额比例很高的企业，选择退出竞争的策略需要付出高昂的机会成本，因为在这些资产（尤其是固定资产）上的投资很可能成为沉没成本。出于无奈，这类企业只好选择继续参与竞争的策略，其结果往往是承担了巨大的市场、经营和财务风险，却只能获得微不足道的回报，甚至发生巨额亏损。

资产的现金含量越高，企业的财务弹性就越大。对于拥有充裕现金流量的企业而言，一旦市场出现良好的投资机会或其他有利的机遇，就可迅速加以利用。而对于出现的市场逆境，它们也可以安全度过。反之，对于现金储备缺乏的企业，面对再好的投资机会和其他机遇，也只能错失良机，而面对无法预期的经济危机时，很可能就会有破产的风险。此外，资产的现金含量越高，企业发生潜在损失的风险就越低；相反，其发生潜在损失的风险就越高。如果企业的大部分资产由非现金资产（如应收款项、存货、长期股权投资、固定资产和无形资产）所组成，那么该企业发生坏账损失、跌价损失和减值损失的概率就较大。

（二）流动资产质量分析

流动资产质量分析所涉及的内容较多，这里我们主要从流动资产整体质量和主要项目质量方面，做概要性阐述。

1. 流动资产整体质量分析

关于流动资产的整体质量分析，我们应该主要考查以下四个方面的问题。

第一，要考查企业流动资产自身结构的合理性。企业流动资产中，每个项目的预设效用不同，对企业债务的保障程度和为企业获利的贡献程度也不尽相同。因此，对各项流动资产自身所占比重的合理性分析，应结合企业所处行业的特点及所经历的不同发展阶段进行，并应尽量寻求货币资金的适度规模，降低包括其他应收款在内的不良资金占用。同时，企业应将应收账款、应收票据及存货规模控制在与自身营销模式和生产经营规模相吻合的范围之内，以最大限度地降低经营成本与风险。

第二，要考查企业流动资产整体周转效率与行业特征的吻合性。通常，我们应重点考查商业债权的周转效率、商业债权与存货的整体周转状况和经营性流动资产的周转状况三个方面。其一，考查商业债权的周转效率。在企业所处行业对外销售普遍采用商业票据结算的情况下，应收票据和应收账款共同扩大了企业的赊销规模。因此，应计算商业债权（应收票据和应收账款之和）周转率以反映企业商业债权整体的周转状况。商业债权周转率=[商业债权推动的营业收入×（1+增值税税率）]÷商业债权平均原值。由于商业债权推动的营业收入中没有包括企业收取的增值税销项税额，在口径上与应收账款和应收票据金额存在差异，故公式中分子部分要考虑增值税。由于减值准备的计提只能证明企业债权无力收回、债权管理质量不高，而并没有加快商业债权周转的真实速度，所以，公式中分母应采用扣除坏账准备之前的总额而不是净额计算。另外，由于应收票据到期前有可能通过贴现而提前变现，故将应收票据和应收账款混同的做法，使商业债权周转率指标仍然具有缺陷。其二，考查商业债权与存货的整体周转状况。营业周期可以近似地看作商业债权周转天数与存货周转天数之和，故计算营业周期可以较好地将商业债权与存货两个项目联系在一起，强调两者整体的周转状况。考查企业的营业周期，可以在一定程度上抵消企业的信用政策对个别资产项目造成的影响，较为全面地反映流动资产整体的周转状况。值得注意的是，该指标有可能掩盖不同项目周转率对特定企业的不同意义，因而还需要结合企业所处行业的技术特性、产品的价格弹性、需求弹性以及法律环境等因素加以综合分析。其三，经营性流动资产的周转状况。在企业流动资产中包含较大比重的交易性金融资产和衍生金融资产的情况下，流动资产周转率已经不能恰当地反映经营性流动资产的周转状况，我们应该用经营性流动资产周转率对其加以衡量。经营性流动资产，是指企业的流动资产减去交易性金融资产和衍生金融资产以后的部分。经营性流动资产的周转状况对企业的核心利润、经营活动产生的现金流量净额具有直接的贡献。

第三，要考查企业的营销结算方式与采购结算方式的协调性。不同的营销结算方式，如赊销、预收款项（或合同负债）或者商业汇票结算方式，对企业经营性现金流入的保障程度是不同的，对流动资产的变现质量当然也会产生显著不同的影响。而企业采用不同的采购结算方式，如赊购、预付账款或者商业汇票结算方式，对企业经营性现金流出带来的压力也会大不一样。因此，企业只有将营销结算方式与采购结算方式加以适当的协调，才能从根本上缓解结算过程中现金供给与现金需求之间的矛盾，减小偿债压力，在保证企业资金顺畅周转的同时提升短期偿债能力，并不断优化流动资产的整体质量。

第四，要考查企业流动资产与流动负债的配合性。从理论上讲，企业流动资产与流动负债应当配合。如本章第二节所述，常见的流动资产与流动负债的配合类型是稳健型和风险型。关于流动资产与流动负债的配合性，要看四个方面，即采购付款、销售回款、短期融资，以及异常的其他应收款规模和异常的会计处理问题。流动资产和流动负债配合问题，实质上是日常经营与短期融资的配合问题。只要企业经营活动带来的核心利润产生现金流量的能力足够强，我们对企业流动资产与流动负债配合问题就根本不用担心；只要企业的融资环境足够好和融资能力足够强，我们对企业流动资产与流动负债的关系问题也根本不用担心。我们需要注意的是，低流动资产对高流动负债的配合问题，即风险型结构的问题。能够在较长的时期内以较低的流动资产推动较高的流动负债，靠的是企业的综合竞争优势。较低流动资产保证较高流动负债的企业，一定具有较强的"两头吃"的能力，即对供应商赊欠和对代理销售商预收款，这是一种竞争优势。这种能力是持续的能力。较低流动资产推动较高流动负债的好处，就在于企业资源的利用效率高——企业更多地占用了其他经济组织的资源，即善于实施 OPM（Other People Money，使用他人资本）战略或策略。

延伸阅读资料

OPM 战略或策略

此外，我们还需要注意以下三个问题。一是当企业的合同负债或预收款项比较高时，企业的流动负债被夸大了；二是注意一些异常的会计处理，比较常见的就是通过操纵坏账准备和存货跌价准备来调节利润；三是注意异常的其他应付款，可能的情形是从子公司那里获得资金。这三种情形容易导致流动负债过高，影响人们对企业短期偿付能力的判断。

2. 流动资产主要项目的质量分析

流动资产的项目很多，我们重点选择商业债权、其他应收款和存货项目做概要性分析说明。

（1）商业债权质量分析。

对商业债权的质量分析，包括对预付款项、应收票据和应收账款的分析。影响企业商业债权的因素有同行业竞争、销售规模、企业的信用政策、企业产品在市场上的需求情况、产品质量、季节变化等。在买方市场的情形下，企业的预付款项较少，故对商业债权质量分析的重点应放在应收票据和应收账款项目上。关于商业债权质量的分析，我们要注意以下五个方面。

第一方面，分析商业债权的变现性及总额的真实性是对其质量分析的关键。具体做法如下。一是将应收票据与应收账款相加，先比较年末与年初的规模差异，再比较年末与年初的结构差异，横向分析规模与结构的变化，看回款的正常性。有的企业虽然应收款项年末比年初多，但是应收票据占比也显著提高，在应收款项结构优化的条件下，企业的赊销回款应该没有问题。二是对应收账款不断增加的情况要特别关注。在企业以虚增销售收入方式来扩大企业业务规模的情况下，营业收入的增长会带来应收账款的显著增加。

第二方面，要关注债务人的构成。一要看债务人的信用等级，对债务人财务实力进行分析，但要注意信用等级的动态性；二要看债务人的部门和所有制构成（或者资本结构），看是什么股权结构的组织不愿意归还欠款；三要看债务人的稳定性与波动性，波动性大的债务人往往风险较大，要特别关注；四要看债务人的集中度，如果企业的商业应收账项主要集中在某一两个债务人身上，且账龄不短，债务人经营状况不佳，则坏账风险非常大；五要看债务人的地区构成，因为不同地区的经济环境可能有显著差异；六要关注债务人的关联状况，如果是母公司或子公司欠账，最不容易收回。

第三方面，关注债务的内部经手人构成。就业务素质而言，有的员工对风险的判断经常会出现偏差；就道德素质而言，有的员工经常会把企业的优质资源变为不良资源，内外勾结，损害企业的利益。因此，关注"谁干的"，不仅有助于提高债权资产的管理质量，而且还有助于考查企业是否做到人尽其才。

第四方面，关注债权的账龄和坏账准备计提，着重看坏账计提比例和政策运用有无偏差。

第五方面，注意阅读会计报表的相关附注，结合企业当年的实际业绩，将有助于判断会计政策变更的合理性，从而在一定程度上判断坏账准备和商业债权项目的质量。

（2）其他应收款质量分析。

其他应收款在企业资产中所占比重一般不会过大。实务中，一些企业为了某种目的，常常把其他应收款作为企业调整成本费用和利润、抽逃或无偿占用资金、违规拆借资金和实施不当财务处理等的手段。因此，对其他应收款项目的质量分析应予以充分注意。

一要关注其他应收款的规模与结构变动。首先通过水平分析、结构分析和趋势分析，观察其他应收款增减变动趋势。如果规模与结构变动过大，有异常增长或斥占比例变动过大，即为不正常现象。如其他应收款余额远远超过应收账款余额，其他应收款增长率大大超过应收账款增长率，或结构变动前后差异较大，都需要引起重视。为此，要借助报表附注仔细分析其具体构成项目的内容和变动发生时间，特别是金额较大、时间较长、来自关联方的其他应收款。要警惕企业利用该项目粉饰利润、大股东抽逃或无偿占用资金及转移销售收入偷逃税款等行为。在这些情况下，其他应收款中的主要内容就成了无直接效益的资源占用，无论是从盈利性，还是从变现性及周转性来看，其质量均较低。因此，要特别关注这一"小项目"中潜伏的"大危机"。

二要注意结合会计报表附注，观察是否存在大股东或关联方长期、大量占用上市公司资金，是否存在借助"其他应收款"科目，以委托理财等名义违规拆借资金，从而造成其他应收款余额长期居高不下的现象。

三要关注其他应收款的还款方式，观察是否存在借其他应收款之名行财务违规处理之实，如长期挂账不还、宣布破产、一笔勾销、实物资产转让以劣质资产抵债、对外投资、实施债转股、应收抵应付、债务重组等。

四要特别注意那些对外投资领域比较广泛、自己较少从事经营活动的企业自身的会计报表（通常为母公司报表）中较大规模的其他应收款。这实际上可能代表了投资方对被投资企业提供的经营资金。此时，需要比较投资方自身报表与合并报表中其他应收款的相关金额。如果合并报表数字小于投资方自身报表数字，则差额基本上代表了投资方向被投资方提供的资金规模。此时，其他应收款的质量将取决于被投资者的盈利能力和资产质量。

五要关注会计政策变更对其他应收款的影响。

（3）存货质量分析。

对存货质量分析，应结合该项目本身的物理属性和预期效用，以存货的物理质量、时效状况和品种构成为分析基础，突出对存货的盈利性、变现性以及周转性的分析重点。对存货质量的具体分析，通常应着重关注以下四个方面。

一要关注存货的物理质量和时效性，考查存货的自然状态和时效状态。存货的物理质量即存货的自然质量，如待售商品是否完好无损，产成品质量是否符合相应产品的等级要求等。对存货的物理质量分析，关键是掌握好入库前的技术质量检测及出库前的品质保管质量这两个关键控制点的分析，借此可以初步确定企业存货的状态，为分析存货的盈利性、变现性和周转性奠定基础。与时效性相关的企业存货，则是指那些盈利性、变现性与时间联系较大的企业存货。对存货的时效状况分析，关键是看企业能否把控时效性较强的存货的进销。

二要关注存货构成，分析存货规模和结构变化。首先，对存货规模与变动情况进行分析，主要是观察各类存货的变动情况与变动趋势，分析各类存货增减变动的原因。分析时应依据存货资产总值变动，评价其对生产经营活动的影响。对于企业各类存货规模及其变动是否合适，应结合企业具体情况进行分析评价。一般来说，随着企业生产规模的扩大，材料存货和在产品存货相应增加是正常的，其非正常减少会对今后企业生产的连续性产生影响。其次，对存货结构与变动情况进行分析。存货结构是指各种存货在存货总额中的比重。企业生产经营的特点决定了企业存货的结构。在正常情况下，存货结构应当保持相对的稳定性。在企业生产和销售多种产品的条件下，不同品种的产品的盈利能力、技术状态、市场发展前景以及产品的抗变能力等可能有较大的差异。对存货结构进行分析时，我们应特别关注三点：过分依赖某一种产品或几种产品的企业，需要防止因产品出现问题而使企业全局受到重创；不同品种的产品的盈利能力、技术状态、市场发展前景以及产品的抗变能力等方面的状况；重点分析变动较大的存货项目，因为任何存货比重的剧烈变动，都表明企业生产经营过程中有异常情况发生，我们需要深入分析其原因，以便采取有针对性的措施加以纠正。

三要关注存货的周转率和毛利率变化，考查存货的周转性和盈利性。通常的情况是，对特定企业的特定存货而言，存货毛利率提高，周转速度就会下降，毛利率下降，周转速度就会提高。存货如果周转不了，其质量肯定不高。在某些特定情况下，还会出现毛利率越高、周转速度越快的情况。所以，我们要综合分析存货周转速度和毛利率的动态关系，尽量剔除诸多主观因素的影响，在不影响正常生产经营的前提下，考虑尽量减少毛利率低、周转率也低的存货占用，以加速存货流转。

四要关注减值准备计提的情况，考查存货的变现性。存货减值准备在很大程度上反映的是存货管理质量问题。我们应对其减值准备计提的合理性进行判别。一方面，要特别关注企业是否存在利用存货项目进行潜亏挂账的问题。另一方面，还要注意考查企业是否通过存货减值准备计提来进行巨额摊销，为来年的扭亏为盈提供机会。还要关注报表附注中有关存货担保、抵押方面的说明，防止存货变现性因此而受到影响。

流动资产中的货币资金项目的质量分析可通过扫描二维码阅读。

（三）非流动资产质量分析

非流动资产质量分析侧重于合理性、变现性、效率性、盈利性以及与其他资产组合的增值性。我们重点关注固定资产与在建工程。

1. 固定资产质量分析

企业资产负债表中的固定资产项目在资产总额中所占比重，往往带有较为浓厚的行业色彩。而一个企业拥有的固定资产的规模和先进程度，又代表着该企业在行业中相对的竞争实力和竞争地位。企业资产负债表中的在建工程项目，反映企业期末各项未完工程的实际支出和尚未使用的工程物资的实际成本，反映了企业固定资产新建、改扩建、更新改造、大修理等情况和规模。在建工程本质上是正在形成中的固定资产，它是企业固定资产的一种特殊表现形式。针对某项具体的固定资产项目来说，其利用效率和利用效果，与企业所处的不同历史时期、不同发展阶段以及不同的客观经济环境有着直接联系。因此，对固定资产进行质量分析，首先要关注固定资产规模、分布、配置的合理性和相对有用性。此外，要从固定资产规模、配置以及分布等方面与企业战略的吻合程度来关注固定资产的变现性、效率性、盈利性以及与其他资产组合的增值性。

2. 在建工程的质量分析

分析在建工程的质量应着重关注三点。首先，应深入了解工程的工期长短，及时发现存在的问题。在建工程投入前的资金属于流动资金，工程管理出现问题，会使大量的流动资金沉淀，甚至造成企业流动资金周转困难。其次，应关注企业的有关借款费用资本化问题。注意分析企业有可能以某项固定资产还处于试生产阶段或安装调试阶段为借口，将理应计入当期费用的借款利息资本化为该项资产的成本，从而虚增资产和利润。最后，关注企业完工并达到可使用状态应结转而借故未结转为固定资产，企业少计提或不计提折旧的所谓"在建工程"问题。

延伸阅读资料
货币资金质量分析主要关注点

延伸阅读资料
固定资产质量分析的两个关注点

二、权益质量分析

由于权益由债权人权益（负债）和所有者权益（上市公司为股东权益）构成，债权人权益（负债）和所有者权益的构成情况又决定和影响着企业的资本结构，所以权益质量分析包括资本结构质量分析、负债质量分析和所有者权益质量分析三部分内容。

（一）资本结构质量分析

资本结构质量分析关乎权益质量分析的整体分析或结构质量分析。因此，进行资本结构质量分析，首先应从把握资本结构与资本结构质量含义开始，然后应重点关注资本结构质量分析的方法与内容。

1. 对资本结构的理解

一般认为，资本结构是指企业各种资本的价值构成及比例关系。广义的资本结构，是指企业全部资本价值的构成及其比例关系。它不仅包括长期资本，还包括短期资本（主要是短期债权资本）。狭义的资本结构，则是指企业各种长期资本价值的构成及其比例关系。对于资本结构的内涵，实务中存在着各种各样的理解。归纳起来主要包括三种。第一，资本结构是指股本或者股权结构，即企业的股东是谁，股份比例是多少。将资本结构理解为股权结构，有助于信息使用者将关注点导向企业财务资源的主要来源之一——股东入资的结构方面。确实，企业的股权结构对企业的长期发展具有至关重要的影响。第二，资本结构是指有代价的资本来源的结构，包括企业所有者（股东）权益与有息负债的结构和数量对比关系，以及所有者（股东）权益与长期负债的结构和数量对比关系。将资本结构理解为有代价的企业财务资源的来源结构，有助于信息使用者将关注点导向资本成本以及融资渠道的选择等方面。第三，资本结构是指企业资产负债表右方"负债与所有者权益（或股东权益）"的结构。这就是广义的资本结构，这种资本结构既包括企业负债总规模与所有者权益规模的对比关系，也包括企业各类债务（如短期、长期）占总负债的构成比例和所有者权益中各类股东的持股构成比例，以及所有者权益中各项目的构成比例。这种理解有助于信息使用者将关注点移至企业财务资源对负债的依赖状况。

总之，资本结构揭示了利益相关者的基本利益关系，能够帮助我们回答"给谁干"的问题。在企业财务管理中，对资本结构的决策分析主要关注资本成本。在不同来源、不同结构的资本产生的效益不一样的条件下，我们不能仅仅关注资本成本，而还要进行成本与效益间的对比分析。为此，我们将企业的资本结构限定为企业资产负债表右方"负债与所有者权益（或股东权益）"的结构。

2. 资本结构质量

基于资本结构限定为企业资产负债表右方"负债与所有者权益（或股东权益）"的结构，我们认为，资本结构质量是指企业资本结构与企业当前以及未来经营和发展活动相适应的质量。具体来说，对于企业资本结构质量，我们主要应关注四个主要方面，即资金成本与企业资产报酬率的对比关系、财务杠杆状况与企业财务风险、企业未来融资要求以及企业未来发展的适应性、股东持股结构状况与企业未来发展的适应性，以及资金来源期限结构与企业资产结构的适应性。

3. 资本结构质量分析的关注点

对企业资本结构质量进行分析应当关注以下四点。

一要关注企业的股权结构与企业发展战略的关联度。大股东或者控制性股东决定企业的发展战略。研究企业的成功原因，要从研究资本结构入手。很多企业不能够突破瓶颈发展壮大，就是由于受到股权结构的制约。表面上看，出现问题的企业往往在产品、市场、管理等方面存在不足，但其背后的根本原因是由股权结构决定的企业治理结构和用人政策等出了问题。股权结构影响着企业的长期发展。因此，企业要面对的问题是，这样的股权结构能实现企业自己制定的发展战略吗？

二要关注股权结构对应的资产结构对企业的长期影响。分析股权结构的质量，还要考查入资内容的质量。因为入资内容对企业发展具有长期的根本性的影响，而且股东的权益不会因为入资内容的变化而变化。

三要关注负债与其推动项目的对应性。如果一个项目完全靠贷款来推动，那么我们对其起码的要求是达到盈亏平衡。也就是说，利润是零的时候，其他利益相关者的利益都能得到满足，也能够还本付息，只是股东的要求没有满足——股东没有利润。如果亏损，要么贷款的本金偿还不了，要么利息偿还不了。因此，盈利能力有保证的项目可以更多地考虑负债融资，没有盈利保障的项目通常都要靠自有资金。

四要关注资本结构的"四度"分析。资产负债表右边是资源的提供方，展示的是企业发展的四大动力：金融（性）负债、经营（性）负债、股东入资和利润积累。我们可以粗略地将资产负债表右边对企业资源的贡献分为债权人贡献、股东贡献和利润积累。这样划分以后，就可以得到资本结构的"四度"分析内容，即债务依存度（包括商业债务依存度和金融债务依存度）、股东贡献度和利润积累度分析，如表 2-12 所示。债务依存度指企业对负债的依赖程度，商业债务依存度指企业对商业债权人负债的依赖程度，金融债务依存度指企业对金融债权人负债的依赖程度；股东贡献度主要指股本与资本公积对企业资产的贡献程度，实际是股本、其他权益工具和资本公积减去库存股后对企业资产的贡献程度；利润积累度指盈余公积与未分配利润对企业资产的贡献度。股东贡献度与融资规划有关，而利润积累度与盈利能力和分配政策有关。企业在债务规模比较大的时候，想要维持和改善现状，就需要夯实资本，即股东权益。债务越高，企业的财务风险一般会越大，企业承受亏损的能力就越弱，融资能力就越弱。降低债务依存度的方法主要有股东入资和提高利润积累度。但是提高利润积累度与现金股利分配政策相矛盾——为了改善财务杠杆、降低负债率，企业就应该考虑少分现金股利。因此，企业股利分配政策既与利润和现金支付能力有关，也与利润分配前后的财务状况有关。

表 2-12 资产负债表"四度"分析内容

资产	经营性负债	商业债务依存度	债务依存度
	金融性负债	金融债务依存度	
	股本	股东贡献度	
	资本公积		
	盈余公积	利润积累度	
	未分配利润		

4. 长期融资能力与偿债风险要结合利润表和现金流量表分析考量

一般认为，所有者权益相对规模较小、资产负债率较高的企业所面临的偿债风险较大，而所有者权益相对规模较大、资产负债率较低的企业所面临的偿债风险较小。但是，仅仅关注企业所有者权益的相对规模和资产负债率还不够。在企业从事经营活动，且其自身开展的经营活动所带来的核心利润在净利润中所占比重较大的情况下，我们还应该关注企业的核心利润与经营活动产生的现金流量净额之间的均衡发展状况。只有经营性资产（总资产减去投资性资产）的盈利能力较强且其核心利润与经营活动产生的现金流量净额均衡发展的企业，才会有较强的长期融资能力和偿债能力。

（二）负债质量分析

负债质量分析包括流动负债质量分析和非流动负债质量分析两部分内容。

1. 流动负债质量分析

任意时点上的流动负债与流动资产的数量对比关系都体现着企业日常经营的状况，而流动负债的流动性、可控制程度等对企业日常经营的影响十分显著。因此，关注和分析流动负债的质量对确保企业安全、有效地开展日常经营活动，意义重大。限于篇幅，本节不对流动负债的质量分析进行分项详细讲解，但提示大家应特别注意如下五点。

第一，注意流动负债不同项目的流动性的差异。流动负债各个构成项目的周转期间并不一致。有的项目流动性较高，在一年甚至更短的时期内就要偿付；而有的项目流动性较低，可能在超过一年或一个营业周期以上的时间内清偿，如与关联企业往来结算而形成的其他应付款项。因此，判断企业流动性风险，应该考虑不同流动负债项目流动性的差异性。流动性较低的流动负债对企业偿债压力较小。如果我们对此不加以区别，就不能正确判断企业的偿债能力。在分析流动负债周转状况时，应该特别注意应付票据与应付账款的规模变化及其与企业存货规模变化之间的关系。如果企业存货规模快速扩大，同时企业应付票据与应付账款的规模快速扩大，那么，企业很有可能面临供应商的债权风险。

第二，注意区分强制性与非强制性流动负债。在企业的流动负债中，有些债务到期必须无条件偿还，属于强制性流动负债，如当期必须支付的应付票据、大部分应付账款、银行借款、应付股利以及契约性负债等。这些流动负债会为企业带来短期付款的压力。而有些负债如预收款项、部分应付账款、其他应付款等，由于某些原因可能不必当期偿付，属于非强制性流动负债，并不会给企业带来短期付款的压力。能够真正影响企业偿债能力的是强制性流动负债，因此，分析企业流动负债质量时，要注意区别强制性与非强制性流动负债，及其数量与结构关系。

第三，关注短期借款与货币资金的数量关系，揭示短期借款的融资质量信息。企业的短期借款主要用于企业的经营活动，但企业资产负债表所披露的期末短期借款的规模可能远远超过企业经营活动实际需求的数量，通常表现为期末货币资金的数量超过期末短期借款。因此，在分析短期借款规模时，要结合企业融资环境、融资行为和融资政策进行分析，以揭示短期借款的融资质量信息。

第四，注意赊购付款项目的数量变化所包含的经营质量信息。赊购付款项目主要是应付票据与应付账款，大家应该特别注意应付票据与应付账款的规模变化及其与企业存货规模变化之间的关系。通过企业应付票据和应付账款的数量变化，可以透视企业的经营质量。其一，若企业应付账款随着存货或营业成本增加而相应增加，则很大程度上代表了赊购企业选择结算方式的谈判能力较强，即赊购企业既能成功利用商业信用来支持本企业的经营活动，又能避免采用商业汇票结算所可能引起的财务费用。赊购企业不接受商业汇票结算方式结算也表明其具有竞争力，对自身偿债能力有信心，对到期收回商业债权有信心。其二，若企业应付票据（我国企业普遍采用银行承兑汇票）随着存货或营业成本增加而相应增加，则很大程度上代表了赊购企业选择结算方式的谈判优势下降而不得不采用商业汇票结算，因此赊购企业财务费用和货币资金的周转压力增加。我们知道，商业汇票较应付账款具有更强的流动性，赊购企业采用商业汇票结算方式，表明其竞争能力下降，对自身偿债能力缺乏信心。

第五，从企业税金缴纳情况透视税务环境。资产负债表中各项目之间存在重要的对应关系。因此，通过应交所得税、递延所得税与利润表中的所得税费用之间的数量变化，就可以在一定程度上透视企业的税务环境。如果企业的应交所得税、递延所得税负债表现为增加的态势，则表明在纳税方面有允许企业推迟缴纳税款的相对有利的税务环境。

2. 非流动负债质量分析

按照财务理论，企业的非流动负债应该是形成企业的非流动资产和流动资产中长期稳定的那部分资产的资金来源，即既可能形成企业的固定资产、无形资产、长期股权投资，也可能形成企业经营性流动资产。限于篇幅，本书不对非流动负债的质量分析进行分项详细讲解，但提示大家应特别注意如下四点。

一要注意企业非流动负债所对应的流动资产及其质量。当企业的非流动负债被用于补充流动资金时，就会形成相应的流动资产，而相应的流动资产的质量将直接决定企业非流动负债的偿还状况。因此，必须特别注意企业流动资产中有没有非正常的其他应收款、呆滞债权和积压、周转缓慢的存货等不良占用。

二要注意企业非流动负债所形成的长期股权投资的效益及其质量。在企业的长期股权投资靠非流动负债来推动的条件下，企业的长期股权投资应当产生投资收益，而且这种投资收益必须有相当规模的货币资金的收回。这样才有可能保障相应的非流动负债本息的偿还。

三要注意企业非流动负债所形成的固定资产、无形资产的利用状况与增量效益。企业的非流动负债是有代价的财务来源，而非流动负债所形成的固定资产、无形资产必须得到充分利用，并产生相应的增量效益，才有可能确保企业的非流动负债形成良性周转。

四要重视或有负债质量分析。其一，要关注企业年报正文的"重要事项"中的"重要诉讼、仲裁事项"，查看有无可能败诉的诉讼及其给企业带来的影响。其二，要查看资产负债表中"预计负债"科目有无余额，关注附注中或有事项的披露，着重对或有负债金额和影响进行分析。查看资产负债表日后上市公司是否就或有损失事项发布了相关临时公告，判断当期财务报表的预计负债披露的合理性，必要时根据重新判断的损失金额调整资产负债表和利润表，并估计对企业预计现金流量的影响。其三，要仔细审查那些出于谨慎考虑应列示在资产负债表中，但实际上被列在附注中的所有资产负债表表外项目。其四，注意"重大关联方交易事项"是否确实为关联方提供巨额贷款担保和担保期限。其五，要审查"其他重大合同"中有无放入此项的重要或有负债。

（三）所有者权益质量分析

所有者权益（股东权益）是指企业资产扣除负债后由所有者（股东）享有的剩余权益，一般包括企业所有者投入的资本以及留存收益等两大类内容。对企业所有者权益质量的分析，我们主要从所有者入资、投入资本与留存收益的比例关系两个方面进行。

1. 企业所有者入资质量分析

企业所有者入资质量分析，应该从关注股权结构变化对企业产生的方向性影响和对资本公积所包含的质量信息的分析两个方面进行。

（1）应当关注股权结构变化对企业产生的方向性影响。企业具有什么样的股权结构对企业的类型、发展以及组织结构的形成都具有重大的意义。股权结构的动态变化会使得企业组织结构、经营走向和管理方式发生变化。因此，分析者要在企业的股权结构发生重大变化时，进一步分析控制性股东、重大影响股东会产生怎样的变化，以及这种变化对企业会产生什么样的方向性影响。因为，这将在很大程度上决定企业未来的发展方向。

（2）应当关注对资本公积所包含的质量信息的分析。资本公积包括资本溢价（或股本溢价）和直接计入所有者权益的利得和损失等。对此，应该从资本溢价（或股本溢价）和直接计入所有者权益的利得与损失两个方面入手。

① 资本溢价（或股本溢价）背后所包含的质量信息。资本溢价（或股本溢价）是一种非分红性的股东或业主入资。股东向企业注入非分红性的资金，主要基于两方面的原因：一是股东预期获得较高的投资报酬，通过长期持有企业股权，将分得更多的现金股利；二是企业质量好，容易产生较高的资本溢价（或股本溢价）。企业由于内在的高质量等预期股权价格将走高，如此股东就能以更高的价格在未来售出股权而获益，股东对企业未来的财务状况充满信心。因此，资本溢价（或股本溢价）背后包含重要的质量信息。

② 直接计入所有者权益的利得和损失所包含的质量信息。直接计入所有者权益的利得和损失分两种情况。其一，这并不产生真实的财务后果。直接计入所有者权益的利得和损失多是由资产的计量属性变动引起的，或者反映其他资产的价值变动对企业总体价值变动的影响额。这样的变动大多表现为与公允价值变动有关的事项，由此形成的利得和损失是尚未实现的，并不是以真实的交易事项为基础的，因此，并不产生实实在在的财务后果。其二，这也并不代表所有者真正享有的权益。在引起直接计入所有者权益的利得和损失的特殊事项中，形成的所有者权益仅仅是相关资产和负债

所对应的调整项目。如果这些价值发生变动的资产尚未进行处置（如尚未出售的其他债券投资和其他权益工具投资的公允价值的变动等），尚未实施期权或套期保值过程尚未结束，所形成的所有者权益就会继续存在于资产负债表中；如果这些资产一旦进行处置、实施期权或完成套期保值，则这些直接计入所有者权益的利得和损失就会结转计入当期损益，计入利润表，相应的所有者权益数额也会随之核销。因此，直接计入所有者权益的利得和损失所形成的所有者权益只是相关资产和负债所对应的调整项目，并不代表所有者真正享有的权益。

2. 投入资本与留存收益的比例关系所包含的质量信息

投入资本总额大致反映了企业所有者对企业的累计投资规模，而留存收益则大致反映了企业自成立以来的自身积累规模。如果企业未大规模转增资本，则通过计算投入资本与留存收益之间的比例关系，就可以揭示企业主要的自有资金来源，借此可以评价企业的资本充足性、竞争能力以及自我积累和自我发展的能力。

思考题

1. 如何进行资产负债表的整体分析？
2. 资产结构与资本结构适应类型有哪几种，各自具有什么特征？
3. 如何根据资产负债表分析企业的偿债能力与风险？
4. 如何根据资产负债表分析企业的资产管理效率？
5. 企业资产使用效果和股东投资效果分析指标的区别和联系是什么？
6. 企业资产质量分析的内容包括哪些？

延伸阅读资料

本章拓展小案例

第三章 | 利润表分析

【教学目标】

通过本章的学习，学生可以了解利润表的概念和结构、利润质量的概念与特征；熟悉收入费用项目的解读方法；理解利润质量分析的视角；掌握利润表增减变动分析、结构变动分析、趋势分析，以及利润质量分析的方法与内容。

【引例】

自2000年5月上市以来，科新发展（600234）已历经多次更名，公司股票被多次退市风险警示。面临暂停上市或退市风险的科新发展采取了资产重组、变卖资产、政府补贴等各种手段使利润扭亏为盈。此时，利润表成为市场关注其"阴晴圆缺"的视窗。科新发展2013—2022年度利润表显示，在该公司净利润小于零的年份，营业外收入比较少，而净利润大于零的年份，营业外收入显著增多。科新发展2022年实现营业外收入2.296万元，营业利润为-1 656万元，完成净利润-1 961万元。2022年净利润受营业外收入影响可以忽略不计。2021年净利润受营业外收入影响非常大，营业外收入环比上升22 456%，占净利润的比重高达237%。营业外收入的主要来源是债务重组利得2 180万元、流动资产处置收益3 690万元以及所得税费用调减53万元，这就使得新科发展在2022年轻松实现了扭亏为盈。2013—2022年，科新发展利润表部分资料如表3-1所示。如何看待企业"阴晴"与"圆缺"的变幻？深入分析公司利润表也许是最快捷的抓手。

表3-1　　　　　　　2013—2022年新科发展（600234）利润表部分资料

单位：百万元

年份	2013	2014	2015	2016	2017	2018	2019	2020	2021	2022
净利润	24.25	-20.98	-16.87	12.91	-29.4	-10.39	18.86	57.31	15.18	-19.61
营业外收入	39.35	0.48	57.66	58.85	18.49	9.52	0.92	0.16	35.93	0.02

企业利润表，可以反映企业的经营业绩和能力。对于利润表分析，我们应当在全面、正确解读利润表的基础上，从利润表整体、涉及利润表的相关比率和利润质量三个方面着手进行。

第一节 | 利润表分析概述

利润表又称损益表、收益表，是反映企业在一定会计期间经营成果的财务报表。它是一张动态的财务报表，是以"收入-费用+利得-损失=利润"为理论依据而编制的。利润表不仅反映了企业在一定时期内运用其资源进行经营所产生的经济成果，而且部分解释了资产负债表中所有者权益发生变化的原因。透过利润表，我们可以从总体上了解企业的收入、成本和费用构成，以及净利润（或亏损）的形成情况，借此可以分析评价企业的盈利能力，考核企业管理层的经营业绩，以及预测企业净利润的持续性。

一、利润表结构

利润表可以展示企业一定时期的效益情况和能力。分析利润表是一项由表及里的工作，从解读利润表开始，然后基于利润表整体来把握企业一定时期的利润构成和利润形成过程，进而通过透视企业业务活动和管理，解析企业一定时期的盈利能力与利润质量。因此，分析利润表，必须从解读利润表开始，而解读利润表首先应从解析利润表结构入手。

延伸阅读资料

计算利润总额的方法

利润表由表首和正表两部分构成。表首主要列示报表名称、编制单位、编报日期、货币计量单位等。正表是利润表的主体部分，列示企业利润构成的具体项目，主要反映收入、费用和利润各项目的具体内容及相互关系。

依据计算利润方法的不同，利润表分为两种，即单步式利润表和多步式利润表。

（一）单步式利润表

单步式利润表是先将本期所有的收入及利得按顺序排列汇总，然后将所有的费用和损失按顺序排列汇总，两者相减得出本期利润的利润表格式。其基本格式如表 3-2 所示。

表 3-2　　　　　　　　　　　　　　单步式利润表

编制单位：　　　　　　　　　　　　　 __年__月　　　　　　　　　　　　　　　单位：元

项　　目	本 期 金 额	上 期 金 额
一、收入		
营业收入		
其他收益		
投资收益（损失以"–"号填列）		
净敞口套期收益（损失以"–"号填列）		
公允价值变动收益（损失以"–"号填列）		
资产处置收益（损失以"–"号填列）		
营业外收入		
收入合计		
二、支出		
营业成本		
税金及附加		
销售费用		
管理费用		
研发费用		
财务费用		
信用减值损失		
资产减值损失		
营业外支出		
所得税费用		
支出合计		
三、净利润		

由于只有一个相减的步骤，故其被称为"单步式利润表"。单步式利润表的优点是表式简单、易于编制和理解，对一切收入和费用同等对待，避免了项目分类上的困难。但单步式利润表不能提供较为详细的分类利润信息，不利于前后期相应项目的比较，不便于对经营成果进行深入分析。

（二）多步式利润表

多步式利润表是将当期收入和费用按性质加以分类，通过营业利润、利润总额和净利润三个层次来分步计算，以披露企业利润的形成过程的利润表格式。其格式如表 3-3 所示。

表 3-3 　　　　　　　　　　　　　　　多步式利润表

编制单位：　　　　　　　　　　　　　__年__月　　　　　　　　　　　　　单位：元

项　　目	本　期　金　额	上　期　金　额
一、营业收入		
减：营业成本		
税金及附加		
销售费用		
管理费用		
研发费用		
财务费用		
其中：利息费用		
利息收入		
加：其他收益		
投资收益（损失以"-"号填列）		
其中：对联营企业和合营企业的投资收益		
以摊余成本计量的金融资产终止确认收益（损失以"-"号填列）		
净敞口套期收益（损失以"-"号填列）		
公允价值变动收益（损失以"-"号填列）		
信用减值损失（损失以"-"号填列）		
资产减值损失（损失以"-"号填列）		
资产处置收益（损失以"-"号填列）		
二、营业利润（亏损以"-"号填列）		
加：营业外收入		
减：营业外支出		
三、利润总额（亏损总额以"-"号填列）		
减：所得税费用		
四、净利润（净亏损以"-"号填列）		
（一）持续经营净利润（净亏损以"-"号填列）		
（二）终止经营净利润（净亏损以"-"号填列）		
五、其他综合收益的税后净额		
（一）不能重分类进损益的其他综合收益		
1．重新计量设定受益计划变动额		
2．权益法下不能转损益的其他综合收益		
3．其他权益工具投资公允价值变动		
4．企业自身信用风险公允价值变动		
……		
（二）将重分类进损益的其他综合收益		
1．权益法下可转损益的其他综合收益		
2．其他债权投资公允价值变动		
3．金融资产重分类计入其他综合收益的金额		
4．其他债权投资信用减值准备		
5．现金流量套期储备		
6．外币财务报表折算差额		
……		
六、综合收益总额		
七、每股收益		
（一）基本每股收益		
（二）稀释每股收益		

从表 3-3 中可以看出：

$$营业利润 = 营业收入 - 营业成本 - 税金及附加 - 销售费用 - 管理费用 - 研发费用 - 财务费用$$
$$+ 其他收益 + 投资收益 + 净敞口套期收益 + 公允价值变动收益 - 信用减值损失$$
$$- 资产减值损失 + 资产处置收益$$
$$利润总额 = 营业利润 + 营业外收入 - 营业外支出$$
$$净利润 = 利润总额 - 所得税费用$$
$$综合收益总额 = 净利润 + 其他综合收益的税后净额$$

多步式利润表分步骤反映了利润总额的形成情况，层次清晰，便于我们对企业生产经营情况进行分析，有利于不同企业之间的比较，以正确评价企业的经营业绩和盈利能力，评估企业的管理绩效，并据以找出利润变动的原因，预测企业今后的经营趋势和盈利能力。多步式利润表比单步式利润表能提供更为有用的信息，其结构更为科学合理。因此，我国现行企业都采用多步式利润表。

二、利润表项目解读

本书主要从收入类项目、费用类项目、经常性项目与非经常性项目、利润类项目四个方面进行解读。

（一）收入类项目解读

收入类项目包括收入和直接计入当期损益的利得。收入，是指企业在日常活动中形成的、会导致所有者权益增加的、与所有者投入资本无关的经济利益的总流入。收入包括销售商品收入（2017 年修订的《企业会计准则第 14 号——收入》所称商品，既包括商品，也包括服务）、提供劳务收入、让渡资产使用权收入、股利收入、租金收入和补贴收入等。收入具有四个特点。一是收入是企业日常活动产生的。日常活动是指企业为完成其经营目标所从事的经常性活动以及与之相关的活动。例如，工业企业制造并销售产品、商品流通企业销售商品、咨询公司提供咨询服务、软件公司为客户开发软件、安装公司提供安装服务、建筑企业提供建造服务等均属于企业日常活动。日常活动所形成的经济利益的流入应当确认为收入。二是收入可能表现为资产的增加或负债的减少，或两者兼而有之，如应收账款增加，以商品抵偿债务等。三是收入能导致所有者权益增加。四是收入只包括本企业经济利益的流入，不包括为第三方或客户代收的款项。

延伸阅读资料

收入与利得

延伸阅读资料

企业收入的确认原则

从表 3-3 中可以看出，企业利润表中的收入类项目主要包括"营业收入"项目、"其他收益"项目、"投资收益"项目、"净敞口套期收益"项目、"公允价值变动收益"项目、"资产处置收益"项目和"营业外收入"项目。收入类项目的内容和填列方法可通过扫描二维码阅读，以便正确辨识、理解和把握收入类各项目的性质和内容。

延伸阅读资料

企业收入确认和计量的五步骤

延伸阅读资料

企业收入确认的前提条件

延伸阅读资料

收入类项目的内容和填列方法

（二）费用类项目解读

费用类项目包括费用和直接计入当期损益的损失。费用，是指企业在日常活动中发生的、会导致所有者权益减少的、与向所有者分配利润无关的经济利益的总流出。费用的实质是经济利益的流出，表现为资产减少或负债增加，会引起所有者权益减少。费用是企业为取得经济利益所必须付出的代价，降低成本费用是增加财务成果的关键或重要途径。

通过表 3-3 可以看出，企业利润表中的费用类项目主要包括"营业成本"项目、"税金及附加"

项目、"销售费用"项目、"管理费用"项目、"研发费用"项目、"财务费用"项目、"信用减值损失"项目、"资产减值损失"项目、"营业外支出"项目和"所得税费用"项目。费用类项目的内容和填列方法可通过扫描二维码阅读，以便正确辨识、理解和把握费用类各项目的性质和内容。

延伸阅读资料	延伸阅读资料	延伸阅读资料	延伸阅读资料
费用类项目的内容和填列方法	费用、成本和支出概念的辨识	生产成本与营业成本的关系	研发费用的制度规定

（三）经常性项目与非经常性项目解读

企业利润是衡量企业盈利能力的主要指标和企业经济效益的综合表现。随着资本市场的不断发展和相关利益团体的日臻成熟，各方逐渐认识到，对反映企业目前经济增长和未来经济成果水平而言，利润中各个组成部分的重要性并不都是一样的。

根据盈利持久性的差异，利润项目可划分为经常性项目和非经常性项目。经常性项目的收入和费用与企业的主要营业活动直接相关，其产生的利润是稳定和可持续的，在分析时应给予较高的权重。而非经常性项目的收入和费用与企业的主要营业活动不直接相关，在分析时应给予较低的权重。特殊性和偶发性是企业非经常性项目区别于经常性项目的重要特征。

在经常性项目中，营业收入和投资收益中对联营企业和合营企业的投资收益为主要的经常性收益项目，营业成本、税金及附加、期间费用和资产减值损失是主要的经常性费用项目。

在非经常性项目中，营业外收入是主要的非经常性收益项目，而营业外支出是主要的非经常性损失项目。报告期内，非经常性收益与非经常性损失二者相抵后的净额为非经常性损益。1999年中国证券监督管理委员会（以下简称证监会）首次在损益项目的披露上引入了"非经常性损益项目"概念，2008年又发布了《公开发行证券的公司信息披露规范问答第1号——非经营性损益》，特别指出注册会计师应单独对非经常性损益项目予以充分关注，对企业在财务报告附注中所披露的非经常性损益的真实性、准确性与完整性进行核实。非经常性损益是信息披露指标而非财务会计指标。表3-4中列示了利润表中各项目的项目性质。

延伸阅读资料
非经常性损益的定义

表3-4　　　　　　　　　　利润表中的经常性项目和非经常性项目

项　　　目	项目性质
一、营业收入	经常性项目
减：营业成本	经常性项目
税金及附加	经常性项目
销售费用	经常性项目
管理费用	经常性项目
研发费用	经常性项目
财务费用	经常性项目
加：其他收益	非经常性项目
投资收益	包括经常性项目和非经常性项目
其中：对联营企业和合营企业的投资收益	经常性项目
以摊余成本计量的金融资产终止确认收益（损失以"-"号填列）	非经常性项目
净敞口套期收益（损失以"-"号填列）	非经常性项目

续表

项　　目	项目性质
公允价值变动收益（损失以"–"号填列）	非经常性项目
信用减值损失（损失以"–"号填列）	经常性项目
资产减值损失（损失以"–"号填列）	经常性项目
资产处置收益（损失以"–"号填列）	非经常性项目
二、营业利润（亏损以"–"号填列）	
加：营业外收入	非经常性项目
减：营业外支出	非经常性项目
三、利润总额（亏损总额以"–"号填列）	
减：所得税费用	经常性项目
四、净利润（净亏损以"–"号填列）	
（一）持续经营净利润（净亏损以"–"号填列）	经常性项目
（二）终止经营净利润（净亏损以"–"号填列）	非经常性项目

（四）利润类项目解读

　　企业利润表中的利润类项目总共有六个，这六个利润类项目大致可划分为已实现的利润类项目、未实现的利润类项目和其他类型的利润类项目。从表 3-3 可以看出，已实现的利润类项目主要有"营业利润"项目、"利润总额"项目、"净利润"项目，未实现的利润类项目主要是"其他综合收益的税后净额"项目，而其他类型的利润类项目则有"综合收益总额"项目和"每股收益"项目。利润类项目的内容和填列方法可通过扫描二维码阅读，以便正确辨识、理解和把握各利润类项目的性质和内容。

延伸阅读资料

利润表项目的内容
和填列方法

三、利润表与资产负债表的异同

　　资产负债表和利润表之间既有区别，又有紧密联系。

（一）资产负债表与利润表的区别

　　资产负债表与利润表的区别如表 3-5 所示。

表 3-5　　资产负债表与利润表的区别

对 比 项 目	资产负债表	利 润 表
属性	静态报表	动态报表
反映的内容	财务状况	经营成果
数据金额计算特性	余额数	累计数
编报基础或依据	资产=负债+所有者权益	利润=收入－费用
项目排列要求	项目按流动性进行排列	多步式下，项目按业务的主次排列

　　通过表 3-5 可知，资产负债表与利润表的区别主要体现在五个方面。一是报表的属性不同。资产负债表是静态报表；利润表是动态报表。二是报表反映的内容不同。资产负债表反映某一时点的财务状况；利润表反映一定时期的经营成果。三是数据金额计算特性不同。资产负债表反映的是时点数据，不同时点的同一项目的数据不能相加；利润表项目反映的是时期数据，不同时期同一项目的数据可以相加。四是编报基础或依据不同。利润表是按照"利润＝收入－费用"编制的，它反映的是一个期间会计主体经营活动成果的变动；资产负债表是按照"资产＝负债＋所有者权益"编制的，它反映的是某一时点会计主体全部资产的分布状况及其相应的来源。五是项目排列要求不相同。资产负债表项目按流动性进行排列，而利润表项目按业务的主次排列，即从经常性业务到非经常性业务，体现了会计核算的重要性原则。

（二）资产负债表与利润表的联系

利润表与资产负债表会计要素之间的联系具体如图 3-1 所示。

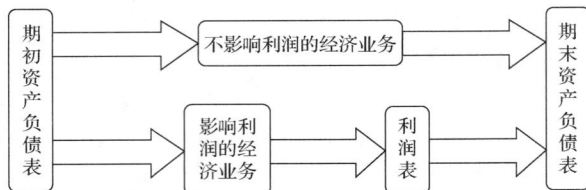

图 3-1　利润表与资产负债表会计要素之间的联系

资产负债表与利润表相互补充，相辅为用，两者反映的对象都是资金运动。资产负债表反映企业开展经营活动的结果，即资产、负债、所有者权益的构成；而利润表说明利润的形成过程及结果，也就是运用各项资产带来的经济效益。

本期损益发生后，资产负债表中的等量关系为"资产=负债+所有者权益"和"收入-费用=利润（或亏损）"两个方程式合二为一的结果，即"资产=负债+所有者权益+（收入-费用）"。这一综合会计方程式中，资产里面包含利润，因为利润的表现形式是资产。资产负债表与利润表关系如图 3-2 所示。

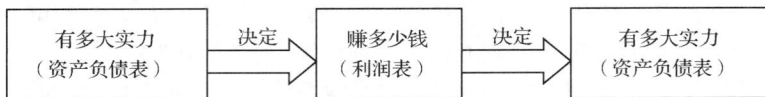

图 3-2　资产负债表与利润表关系

企业的盈利，不仅表现为企业收入的增加和利润的增加，还表现为企业的资产也相应增加；反之，则表现为资产的减少。资产负债表反映企业的经济实力，资产负债表中的资源是利润表中所有经营活动开展的基础。利润表反映企业的盈利水平，利润表中的经营成果是对资产负债表中所列示的资源的使用效益的综合反映。

四、利润表分析的内容

利润表分析的主要内容包括利润表整体分析、利润表相关指标分析和利润质量分析。

（一）利润表整体分析

利润表整体分析包括利润表增减变动分析、利润表结构变动分析和利润表趋势分析。

利润表增减变动分析，即利润表的水平分析，就是将利润表的实际数与对比标准或基数进行比较，以揭示利润变动差异的过程。通过水平分析，我们可以揭示利润变动的基本情况，以及导致利润变动的主要原因，从而对企业的经营情况做出判断。

利润表结构变动分析，即利润表的垂直分析，是通过计算利润表中各项目或各因素在营业收入中所占的比重，来揭示各环节的利润构成、利润水平和成本费用水平，从而洞悉企业盈利能力的一种分析方法。

对企业利润的增减变动分析，既可以是短期的，即仅对最近两期利润表的数据进行比较分析；也可以是长期的，即选取若干期（两期以上）的利润表的数据进行比较分析，编制利润表趋势分析表。利润表趋势分析可以揭示企业经营活动规律及特征，发现企业经营过程中的业绩与问题。

（二）利润表相关指标分析

利润表相关指标分析是对涉及利润表的相关指标运用比率分析的方法对利润表整体所做的进一步分析。

（三）利润质量分析

在国内文献中，对利润质量的表达方式有两种：一是"盈余质量"，二是"利润质量"。对企业利润质量的分析可以从核心利润形成过程和利润结构两个方面进行。

五、利润表常用分析方法与三点式审阅法

财务分析常用的方法包括水平分析法、垂直分析法、比较分析法、趋势分析法、比率分析法等，这些方法在进行利润表分析时都会用到。在这里，我们重点介绍郑朝晖提出的利润表三点式审阅法。

所谓三点式审阅法，是指关注营业收入、毛利率及费用率三点的方法。毛利率和费用率确定了，就可以得出净利率，这样也就可以算出净利润。所以，在利润表分析中，最关键的三大指标是一个中心（营业收入，绝对指标）、两个基本点（毛利率、费用率，相对指标）。

第一要形成营业收入预期。营业收入预期应基于历史业绩和同业业绩，并结合非财务指标（如市场占有率、合同额等）形成。当然应注意某些企业出现非预期业绩增长，如背离行业周期、市场份额畸高，或者企业业务过度依赖少数客户、客户口碑差等异常情况。在营业收入与诸如应收账款、预收账款等资产负债表项目的对应关系上，应关注有些企业被指控提前确认收入，最明显的征兆就是应收账款余额畸高，应收账款周转率畸小，有些企业又因为预收账款畸高被指责隐瞒利润。对于营业收入，我们需要将其分解。如果是单一产品，则分解为销售和价格，不要只关注销售额，而更要关注销量和均价波动情况。虚增收入有可能来自虚增销量，也有可能来自虚增售价。如果是多产品甚至多元化经营，要注意产品结构和收入结构。有时总收入没有发生改变，但企业改变了产品结构和收入结构，典型的做法是将低毛利的传统产品收入转化为高毛利的高科技产品收入，故对产品及收入结构的变化也要多加关注。

第二是形成毛利率预期。很多企业虚增收益的一个典型特征是毛利率畸高，但也有例外，如农业类的上市公司并不赚钱，主要利润来源于国家的财政补贴。

第三是形成费用率预期。费用一般是指三大期间费用，包括销售费用、管理费用和财务费用。其中，应重点关注销售费用和管理费用，这两种费用不要单独看待，国外就将这两种费用混在一起列报。一般而言，随着企业营业收入增长，费用率会呈下降趋势，但费用绝对额会呈上升趋势。

第二节 利润表整体分析

对利润表的分析，首先要从利润表整体分析开始，以便我们从整体把握利润表变化的全貌，为进一步分析利润表质量提供依据和基础。如前所述，利润表分析主要包括利润表增减变动分析、利润表结构变动分析和利润表趋势分析三个方面。

现以 SHR 母公司 20×5 年度至 20×9 年度的利润表数据为例进行阐述（见表 3-6）。

表 3-6 　　　　　　　　　　　　SHR 母公司利润表　　　　　　　　　　　单位：千元

项　　目	20×5年	20×6年	20×7年	20×8年	20×9年
一、营业收入	8 556 605	10 347 261	12 919 647	16 604 519	21 298 359
减：营业成本	1 947 487	2 275 861	3 147 050	3 264 674	3 989 226
税金及附加	128 108	168 332	210 720	197 154	174 481
销售费用	2 747 677	3 456 505	4 266 040	5 946 949	7 847 543
管理费用	1 475 581	1 645 192	2 057 628	1 662 197	2 000 155
研发费用				1 661 664	2 493 085

续表

项 目	20×5 年	20×6 年	20×7 年	20×8 年	20×9 年
财务费用	−131 489	−148 103	−19 281	−107 662	−113 883
加：其他收益			79 186	31 692	54 301
投资收益（损失以"−"号填列）	−2 521	9 240	28 312	2 136 968	236 487
公允价值变动收益（损失以"−"号填列）					41 868
信用减值损失（损失以"−"号填列）					−9 557
资产减值损失（损失以"−"号填列）	−11 771	−2 136	−23 519	−25 072	−4 625
资产处置收益（损失以"−"号填列）			728	1 492	3 707
二、营业利润（亏损以"−"号填列）	2 374 949	2 956 578	3 342 197	6 124 623	5 229 933
加：营业外收入	13 968	12 846	75	68	503
减：营业外支出	18 372	40 519	49 165	92 455	91 987
三、利润总额（亏损总额以"−"号填列）	2 370 545	2 928 905	3 293 107	6 032 236	5 138 449
减：所得税费用	314 539	375 870	426 414	425 215	601 971
四、净利润（净亏损以"−"号填列）	2 056 006	2 553 035	2 866 693	5 607 021	4 536 478

一、利润表增减变动分析

利润表增减变动分析，即利润表的水平分析，就是将利润表的实际数与对比标准或基数进行比较，以揭示利润变动差异的过程。通过水平分析，我们可以揭示利润增减变动的基本情况，以及导致利润增减变动的主要原因，从而对企业的经营情况做出判断。利润表增减变动分析的核心工作是编制利润表的水平分析表，然后根据不同的分析目的选择比较标准。比较标准既可以是本企业的上期实际数，也可以是报告期的计划数或预算数，还可以是可比企业的同期实际数。如果分析的目的是评价各项目增减变动情况，揭示本年与上年对比产生差异的原因，则比较标准可选择本企业的上期实际数；如果分析的目的是评价各项目预算完成情况，则比较标准可选择报告期的计划数或预算数；如果分析的目的是评价企业的盈利是否具有竞争力，则比较标准可选择可比企业的同期实际数。

（一）编制利润表的水平分析表

编制利润表的水平分析表，需要计算两个分析指标：一是增减变动额，二是增减变动率。

现根据 SHR 母公司利润表资料（见表 3-6），编制 SHR 母公司两年的利润水平分析表，如表 3-7 所示。所选择的比较标准是 20×8 年实际数。

表 3-7 　　　　　　　　　　　　　SHR 母公司利润水平分析表　　　　　　　　　　　金额单位：千元

项 目	20×8 年	20×9 年	变 动 额	变动率(%)
一、营业收入	16 604 519	21 298 359	4 693 840	28.27
减：营业成本	3 264 674	3 989 226	724 552	22.19
税金及附加	197 154	174 481	−22 673	−11.50
销售费用	5 946 949	7 847 543	1 900 594	31.96
管理费用	1 662 197	2 000 155	337 958	20.33
研发费用	1 661 664	2 493 085	831 421	50.04
财务费用	−107 662	−113 883	−6 221	5.78
加：其他收益	31 692	54 301	22 609	71.34
投资收益（损失以"−"号填列）	2 136 968	236 487	−1 900 481	−88.93
公允价值变动收益（损失以"−"号填列）		41 868	41 868	
信用减值损失（损失以"−"号填列）		−9 557	−9 557	
资产减值损失（损失以"−"号填列）	−25 072	−4 625	20 447	−81.55
资产处置收益（损失以"−"号填列）	1 492	3 707	2 215	148.46
二、营业利润（亏损以"−"号填列）	6 124 623	5 229 933	−894 690	−14.61

续表

项　目	20×8年	20×9年	变　动　额	变动率(%)
加：营业外收入	68	503	435	639.71
减：营业外支出	92 455	91 987	-468	-0.51
三、利润总额（亏损总额以"-"号填列）	6 032 236	5 138 449	-893 787	-14.82
减：所得税费用	425 215	601 971	176 756	41.57
四、净利润（净亏损以"-"号填列）	5 607 021	4 536 478	-1 070 543	-19.09

（二）利润表增减变动的分析评价

相对于资产负债表而言，利润表的项目较少。通常，我们只对毛利、核心利润、营业利润、利润总额和净利润或税后利润进行重点分析评价。

（1）毛利分析。毛利，即营业收入减去营业成本的差额，反映企业的初始盈利能力。

从表3-7可知，SHR母公司在20×9年实现毛利17 309 133千元，比20×8年的13 339 845千元增加了3 969 288千元，增幅为29.76%。表3-6和公司年度报告显示，毛利增长的主要原因是营业收入有较大幅度的增长。20×9年营业收入较20×8年增加了4 693 840千元，增长率为28.27%，其增加的主要原因是公司抗肿瘤药收入增长超过40%，影像产品收入增长超过35%，以及新市场的积极开拓等。另外，20×9年营业成本上升的主要原因是SHR母公司主营产品的人工及制造费用增加38%。

（2）核心利润分析。核心利润，是指企业利用经营资产从事自身经营活动所产生的直接利润，在数量上等于毛利减去税金及附加、销售费用、管理费用、研发费用和财务费用后的金额。核心利润是构成营业利润的主体内容，只不过没有考虑信用减值损失、资产减值损失、其他收益、投资收益、公允价值变动收益。核心利润如果能够产生相当不错的现金流量，并且能够持续发展，则说明企业经营盈利能力较好。核心利润反映的是企业经营资产的综合盈利能力，是衡量企业竞争力的重要指标之一。

SHR母公司在20×9年实现核心利润4 907 752千元，比20×8年的3 979 543千元增加了928 209千元，增幅为23.32%。从表3-7中可知，核心利润增长幅度低于毛利增长幅度的主要原因是在毛利较大幅度增长的同时，销售费用、管理费用、研发费用、财务费用等项目均有不同幅度的增加，使增减相抵。其中，20×9年研发费用较20×8年有较大幅度的增加，增幅为50.04%。

（3）营业利润分析。营业利润反映企业全部业务的盈利能力。

SHR母公司在20×9年实现营业利润5 229 933千元，比20×8年的6 124 623千元减少了894 690千元，降幅为14.61%。从表3-7中可知，营业利润增长幅度远低于核心利润增长幅度的主要原因是投资收益大幅减少。20×9年投资收益较20×8年减少了1 900 481千元，减幅高达88.93%。虽然，资产减值损失较20×8年少了20 447千元，降幅为81.55%，但远不及投资收益。因此，20×9年营业利润增长幅度远低于核心利润增长幅度。

延伸阅读资料

对多维利润概念的理解

（4）利润总额分析。利润总额是企业税前财务成果，反映企业投入产出的效率与管理水平，即反映综合盈利能力。

SHR母公司在20×9年实现利润总额5 138 449千元，比20×8年的6 032 236千元减少了893 787千元，降幅为14.82%。从表3-7中可知，利润总额减少的主要原因是公司的营业利润减少了894 690千元，下降率为14.61%。20×9年营业外收入大幅增长，增长幅度高达639.71%，主要来源是罚款净收入。但由于营业利润的大量减少，最终导致20×9年利润总额减少了893 787千元。

（5）净利润或税后利润分析。净利润是企业最终的财务成果，综合反映企业的经营业绩，归属于企业所有者，也是利润分配的主要来源。净利润的增长是企业成长性的基本表现。净利润多说明企业经营效益好；反之，则说明企业的经营效益差。

SHR 母公司在 20×9 年实现净利润 4 536 478 千元，比上年减少了 1 070 543 千元，下降率为 19.09 %。从表 3-7 中可知，净利润减少的主要原因是 20×9 年利润总额比 20×8 年利润总额减少了 893 787 千元，同时所得税费用比上年增加了 176 756 千元，所以净利润呈现负增长状态。

二、利润表结构变动分析

利润表结构变动分析，即利润表的垂直分析，是通过计算利润表中各项目或各因素在营业收入中所占的比重，来揭示各环节的利润构成、利润水平和成本费用水平，从而洞悉企业盈利能力的一种分析方法。利润表结构变动分析的核心工作是编制利润表的垂直分析表，具体方法通常是以利润表中的"营业收入"为共同基数，定为 100%，然后再求出表中各项目金额占"营业收入"金额的比重，即结构比率，形成纵向比较分析表。

利润表结构变动分析的主要目的，是将原本不易比较的绝对数，转换为在同一基础上的相对数，以便于比较；将报告期与前一期或前几期的共同比利润表加以比较，从中看出各项目共同比数字（即百分比）的变化，据此找出使报告期利润构成较前期发生变动的主要项目。我们可以根据不同的分析目的选择不同的比较标准。比较标准可以是本企业的上期实际数，如此分析的目的在于评价各项目增减变动情况，以揭示本年与上年对比产生差异的原因；也可以是报告期的计划数或预算数，以评价各项目预算完成情况；还可以是可比企业的同期实际数，以评价企业的盈利是否具有竞争力。

（一）编制利润表的垂直分析表

编制利润表的垂直分析表，需要计算的分析指标也有两个：一是各项目占营业收入的比重；二是各项目比重的变动程度，即各项目的报告期比重减去各项目的比较标准比重。

现根据 SHR 母公司的利润表（见表 3-6），编制 SHR 母公司的利润垂直分析表，如表 3-8 所示。所选择的比较标准是 20×8 年实际数。

表 3-8 　　　　　　　　　　SHR 母公司利润垂直分析表　　　　　　　　　　金额单位：千元

项　　目	金额		构成比率（%）		变动幅度（个百分点）
	20×8 年	20×9 年	20×8 年	20×9 年	
一、营业收入	16 604 519	21 298 359	100	100	0
减：营业成本	3 264 674	3 989 226	19.66	18.73	-0.93
税金及附加	197 154	174 481	1.19	0.82	-0.37
销售费用	5 946 949	7 847 543	35.82	36.85	1.03
管理费用	1 662 197	2 000 155	10.01	9.39	-0.62
研发费用	1 661 664	2 493 085	10.01	11.71	1.70
财务费用	-107 662	-113 883	-0.65	-0.53	0.11
加：其他收益	31 692	54 301	0.19	0.25	0.06
投资收益（损失以"-"号填列）	2 136 968	236 487	12.87	1.11	-11.76
公允价值变动收益（损失以"-"号填列）		41 868		0.20	0.20
信用减值损失（损失以"-"号填列）		-9 557		-0.04	-0.04
资产减值损失（损失以"-"号填列）	-25 072	-4 625	-0.15	-0.02	0.13
资产处置收益（损失以"-"号填列）	1 492	3 707	0.01	0.02	0.01
二、营业利润（亏损以"-"号填列）	6 124 623	5 229 933	36.89	24.56	-12.33
加：营业外收入	68	503	0.0004	0.0024	0.0020
减：营业外支出	92 455	91 987	0.56	0.43	-0.12
三、利润总额（亏损总额以"-"号填列）	6 032 236	5 138 449	36.33	24.13	-12.20
减：所得税费用	425 215	601 971	2.56	2.83	0.27
四、净利润（净亏损以"-"号填列）	5 607 021	4 536 478	33.77	21.30	-12.47

（二）利润表结构变动的分析评价

从利润形成角度看，我们通常对以下几个关键的指标进行重点分析。

（1）毛利分析。从表 3-8 中可知，20×9 年和 20×8 年毛利占营业收入的比重分别为 81.27%和 80.34%，20×9 年比上年度上升了 0.93 个百分点。其原因是 20×9 年营业成本占营业收入比重为 18.73%，比 20×8 年下降了 0.93 个百分点。SHR 母公司毛利不高，说明其成本控制还需加强。

（2）核心利润分析。从表 3-8 中可知，20×9 年和 20×8 年核心利润占营业收入的比重分别为 23.04 %和 23.97 %，20×9 年比上年度下降了 0.93 个百分点。其原因是 20×9 年税金及附加和期间费用之和占营业收入的比重为 58.23%，比 20×8 年增加了 1.86 个百分点。20×9 年期间费用中销售费用占营业收入的比重最大，占 36.85%，增长了 1.03 个百分点，这和医药行业的行业特点关系较大；管理费用占营业收入比重为 9.39%，比 20×8 年略有下降。制药业公司应主要从销售费用和管理费用入手来降低期间费用。

（3）营业利润分析。从表 3-8 中可知，20×9 年和 20×8 年营业利润占营业收入的比重分别为 24.56%和 36.89%，20×9 年比上年度下降了 12.33 个百分点。其原因是 20×9 年投资收益占营业收入的比重大幅下降，降低了 11.76 个百分点。

（4）利润总额分析。从表 3-8 中可知，20×9 年和 20×8 年利润总额占营业收入的比重分别为 24.13%和 36.33%，20×9 年比上年度下降了 12.20 个百分点，下降的幅度小于营业利润的下降幅度。其原因是 20×9 年营业外收支净额占营业收入比重为−0.43%，比 20×8 年增加了 0.13 个百分点。另外，营业外收支占营业收入的比重均较小，说明企业的非日常经营活动对利润总额产生的影响不是很大，营业利润是构成 SHR 母公司利润总额的主体。这是企业业务突出、生产经营正常稳健的体现，但也可能是企业经营范围比较狭窄、蕴藏较大经营风险的体现。

（5）净利润或税后利润分析。从表 3-8 中可知，20×9 年和 20×8 年净利润占营业收入的比重分别为 21.30 %和 33.77%，20×9 年比上年度下降了 12.47 个百分点。其原因是 20×9 年所得税费用占营业收入的比重为 2.83%，比 20×8 年上升了 0.27 个百分点。

通过对 SHR 母公司的利润垂直分析表的分析，可以得出结论：从企业利润的构成情况上来看，其盈利能力比上年度的略有下降。各项利润构成比例减小的主要原因是营业收入虽有所上升，且增幅较大，但是期间费用的增幅和投资收益的降幅超过营业收入的增幅。

在上面的分析中，仅涉及两年的数据。事实上，我们可以把更多期间的垂直分析表放在一起来观察利润构成项目的变动趋势。另外，利润表的垂直分析表可以用于行业内公司间的分析，因为它剔除了规模等因素的影响，但是，一般不宜用于跨行业公司间的分析，因为不同行业公司的成本费用构成可能会有很大差异。

三、利润表趋势分析

对企业利润的趋势分析，既可以是短期的，即仅对最近两期利润表的数据进行比较分析，编制利润水平分析表；也可以是长期的，即选取若干期（通常不少于五期）利润表的数据进行比较，编制利润表趋势分析表。这样可以更加准确地观察企业利润构成项目的长期发展趋势，揭示企业经营活动规律及特征，确定企业经营过程中的业绩与发现问题。用于进行趋势分析的数据可以是绝对值，也可以是比率或百分比数据。

下面，我们分别采用趋势分析法中的定基趋势分析和环比趋势分析两种方法来进行利润表趋势分析。

（一）定基趋势分析

我们运用表 3-6 中的数据进行 SHR 母公司利润表定基趋势分析（见表 3-9），固定期设为 20×5 年。

利润表项目定基趋势分析的基本公式是：定基动态比率＝分析期数值÷固定基期数值。当上期数值为零或负数时，不可用该公式。

表 3-9　　　　　　　　　　　　　　SHR 母公司利润表定基趋势分析　　　　　　　　　　单位：%

项　　目	20×5 年	20×6 年	20×7 年	20×8 年	20×9 年
一、营业收入	100	120.93	150.99	194.05	248.91
减：营业成本	100	116.86	161.60	167.64	204.84
税金及附加	100	131.40	164.49	153.90	136.20
销售费用	100	125.80	155.26	216.44	285.61
管理费用	100	111.49	139.45	112.65	135.55
研发费用					
财务费用	100	112.64	14.66	81.88	86.61
加：其他收益					
投资收益（损失以"-"号填列）	100	-366.52	-1 123.05	-84 766.68	-9 380.68
公允价值变动收益（损失以"-"号填列）					
信用减值损失（损失以"-"号填列）					
资产减值损失（损失以"-"号填列）	-100	-18.15	-199.80	-213.00	-39.29
资产处置收益（损失以"-"号填列）					
二、营业利润（亏损以"-"号填列）	100	124.67	140.73	257.88	220.21
加：营业外收入	100	91.97	0.54	0.49	3.60
减：营业外支出	100	220.55	267.61	503.24	500.69
三、利润总额（亏损总额以"-"号填列）	100	123.55	138.92	254.47	216.76
减：所得税费用	100	119.50	135.57	135.19	191.38
四、净利润（净亏损以"-"号填列）	100	124.17	139.43	272.71	220.65

表 3-9 表明：第一，与基期年度 20×5 年比，20×6 年至 20×9 年 SHR 母公司的营业收入呈逐年上升的状态，20×9 年营业收入与 20×5 年相比增长了 148.91%，20×9 年营业利润与 20×5 年相比增长了 120.21%，20×9 年利润总额与 20×5 年相比增长了 116.76%，20×9 年净利润与 20×5 年相比增长了 120.65%；第二，随着营业收入的增长，营业成本也在增加，营业成本的增长幅度虽先高于营业收入的增长幅度，但后逐渐放缓，这说明企业主营业务处于稳定成熟的状态，利润有一定保障；第三，值得注意的是，20×6 年至 20×9 年，销售费用逐年增长，销售费用的增长在一定程度上可反映企业所面临的市场竞争环境更加严峻（如广告费的投入等），也可反映企业销售费用支付的浪费和无效。

（二）环比趋势分析

利润表环比趋势分析以每一分析期的前期数值为基期数值计算动态比率，通常，基期应确定为一个有特殊意义的期间。其计算公式为：环比动态比率＝分析期数值÷前期数值。

下面，我们运用 SHR 母公司 20×5 年度至 20×9 年度的利润表（见表 3-6）进行环比趋势分析（见表 3-10）。

表 3-10　　　　　　　　　　　　　　SHR 母公司利润表环比趋势分析　　　　　　　　　　单位：%

项　　目	20×6 年	20×7 年	20×8 年	20×9 年
一、营业收入	120.93	124.86	128.52	128.27
减：营业成本	116.86	138.28	103.74	122.19
税金及附加	131.40	125.18	93.56	88.50
销售费用	125.80	123.42	139.40	131.96
管理费用	111.49	125.07	80.78	120.33
研发费用				150.04
财务费用	112.64	13.02	558.38	105.78
加：其他收益			40.02	171.34

续表

项　　目	20×6 年	20×7 年	20×8 年	20×9 年
投资收益（损失以"–"号填列）				
公允价值变动收益（损失以"–"号填列）				
信用减值损失（损失以"–"号填列）				
资产减值损失（损失以"–"号填列）	18.15	1 101.08	106.60	18.45
资产处置收益（损失以"–"号填列）			204.95	248.46
二、营业利润（亏损以"–"号填列）	124.49	113.04	183.25	85.39
加：营业外收入	91.97	0.58	90.67	739.71
减：营业外支出	220.55	121.34	188.05	99.49
三、利润总额（亏损总额以"–"号填列）	123.55	112.43	183.18	85.18
减：所得税费用	119.50	113.45	99.72	141.57
四、净利润（净亏损以"–"号填列）	124.17	112.29	195.59	80.91

　　表 3-10 表明：第一，SHR 母公司的营业收入在 20×6 年至 20×9 年都有不同程度的增长，这表明公司处于稳步发展阶段；第二，20×6 年和 20×8 年的营业利润增长幅度超过了当年营业收入的增长幅度，说明这两年 SHR 母公司在努力降低营业成本方面取得了较好效果；20×7 年和 20×9 年的营业利润增长幅度低于当年营业收入的增长幅度，说明这两年 SHR 母公司对营业成本控制得不够好，公司应对此做进一步的分析研究；第三，结合利润表可知，自 20×5 年以来，SHR 母公司的财务费用是用负数列示的，表示利息收入，结合资产负债表和利润表可知，20×9 年利息收入比上一年增长了 5.78%，20×9 年 SHR 母公司的利息收入约为 1.13 亿元，20×9 年 SHR 母公司的货币资金约为 37.62 亿元，约占总资产的 13.68%，说明 20×9 年 SHR 母公司现金持有量充裕，这也揭示了该公司资金闲置的问题；第四，五年内营业外收入项目的波动幅度较大，对此，公司管理层应进一步分析原因。

第三节　利润表项目质量分析

　　企业的效益主要体现在利润表上，要了解企业效益的质量，就利润表来看，主要应从利润的实现过程和利润的结构及其变化发展方向来进行考查。当然，仅就利润表分析利润质量还是不够的，还要结合资产负债表和现金流量表分析。

一、利润质量分析概述

　　对利润质量进行分析，需要了解利润质量的基本概念和基本特征，在把握利润质量恶化的主要表现、贯穿报表间的清晰脉络的基础上，找准利润质量分析的视点，从而正确而深入地分析利润质量。
　　（一）利润质量的概念与特征
　　考查利润质量，必先正确把握利润质量的内涵与特征。这关乎对利润质量分析的方向和内容。
　　关于利润质量的概念，在国内的文献里有"盈余质量"和"利润质量"两种表达方式。利润质量指的是利润的实质，而非利润的表象，即会计收益所表达的与企业经济价值有关信息的可靠程度。如果财务报表上的利润对企业过去、现在的经济成果和未来经济前景的描述是可靠和可信任的，这项利润就被认为是高质量的。反之，则被认为是低质量的。高质量利润较好地反映了企业的目前状况和未来前景，同时表明管理层对企业经济现实的评价较为客观。而低质量利润则夸大了企业真实的经济价值，对企业状况进行了粉饰或者表明管理层没有客观反映企业的目前状况和未来前景。管理层可能通过降低企业利润质量来增加利润，误导外界对企业实际状态及未来前景的判断。利润质量上升表明企业越来越客观地反映了企业的真实财务状况。

一般来说，利润质量的基本特征主要包括以下几个：利润信息的首要质量特征是真实性与相关性；利润信息的关键质量特征是合规性、可变现性、可持续性、及时性；利润信息的次级质量特征是可理解性、可比性；利润信息的限制性标准是重要性。利润质量高的企业，具有四大特点：施行持续、稳健的会计政策；对企业财务状况和利润的计量是谨慎的；利润主要是由主营业务创造的；会计上反映的收入能迅速转化为现金。

（二）利润质量恶化的主要表现

为了及时有效地发现并避免企业的利润质量恶化，除检查财务报表的各项比率外，我们还可以检查是否存在可能影响利润质量的各种明显信号。以下种种利润质量恶化的表现，我们可以从财务报表数据的变化中分析出来，也可以从财务报表的附注及其他非数据信息中分析获得。

利润质量恶化的主要表现信号有下列 11 种。

（1）企业扩张过快。这时企业将面临资金分散、管理难度加大、管理成本提高及对管理者个人素质要求较高的问题。

（2）企业反常压缩管理成本。在实务中，经常会发生一些企业的利润表中收入项目增加、费用项目减少的情况。此时，分析者可以查找企业在报表中"调"出利润的痕迹。

（3）企业变更会计政策和会计估计。在企业面临不良的经营状况时，会计政策和会计估计变更恰恰有利于企业报表利润的改善。此时，会计政策和会计估计变更被认为是企业利润恶化的一种信号。

（4）应收账款规模的不正常扩大。应收账款应该与企业营业收入保持一定的对应关系，但同时也应与企业的信用政策有关。应收账款的不正常增加，有可能是企业为了增加营业收入而放宽信用政策的结果。过宽的信用政策，可以刺激销售，增加应收账款，但也会使企业面临未来大量发生坏账的风险。

（5）企业存货周转过于缓慢。存货周转过于缓慢，表明企业在产品质量、价格、存货控制或营销策略等方面存在一些问题。

（6）应付账款规模的不正常扩大。如果企业的购货和销售状况没有发生很大的变化，企业供应商也没放宽信用政策，则企业应付账款规模的不正常扩大，可能表明企业支付能力下降、资产质量和利润质量恶化。

（7）企业无形资产余额不正常增加。企业自创无形资产所发生的研究和开发支出，一般应计入发生当期的利润表，冲减利润。如果企业无形资产不正常增加，则可能是企业为了减少研究和开发支出对利润表的影响而将费用资本化。

（8）企业的业绩过度依赖非营业项目。在企业主要利润增长点潜力挖尽的情况下，企业为了维持一定的利润水平，有可能通过营业外收入实现的利润来弥补核心利润、投资收益的不足。例如，通过对固定资产的出售来增加利润，这类活动在短期内使企业维持表面繁荣的同时，会使企业的长期发展战略受到冲击。

（9）企业计提的各种准备、折旧过低。在企业期望利润高估的会计期间，企业往往选择计提较低的准备和折旧，这就等于把应当由现在或以前负担的费用、损失人为地推移到未来期间，会导致企业后劲不足。

（10）注册会计师变更或审计报告出现异常。例如，审计报告内容异常多，含有异常的措辞，提及重要的不确定性，公布日期比正常日期晚等。投资者所依赖的报表都有赖于注册会计师的审计，所以，注册会计师进行公允的审计就成为保护投资者的一面盾牌。

（11）企业有足够的可供分配的利润，但不进行现金股利分配。此时，不论企业如何解释，首先应当考虑企业是否没有现金支付能力，或者企业的管理层对未来的前景是否有信心。

（三）贯穿三张报表的脉络

如果将资产负债、利润表和现金流量表联系起来进行比对、梳理和分析，我们就会发现这三张报表之间存在着两条清晰的主要脉络。

第一条主要脉络是"经营资产—核心利润—经营现金净流量"。不论是母公司的经营资产，还是子公司的经营资产，三张报表上都存在这条非常清晰的脉络，我们通过这条脉络能看清经营性资产的整体质量。

控制性资产是母公司对子公司的投资，是子公司的经营资产。控制性资产的效应体现在子公司的核心利润中。因此，贯穿三张报表的另一条重要脉络是"母公司控制性投资资产—子公司核心利润—子公司经营现金净流量"。

把握三张报表间存在的这两条清晰的脉络，将有助于我们进行利润质量分析，看清与经营资产和控制性资产相关的利润结构质量，进而有利于我们把握利润表的整体质量。

（四）利润质量分析的视点

企业利润质量分析的视点主要有以下三个。一是核心利润形成过程分析视点。利润表是一定时期的报表，反映了一定时期内与利润相关的项目情况。利润表对利润的形成过程描述得很清楚，而企业利润的核心是核心利润。因此，对利润实现过程的分析应从核心利润的实现过程入手。二是利润的结构分析视点。主要看利润的结构及其变化发展方向。三是利润的结果分析视点。利润的结果是资产增值，因此，对资产质量的分析，应成为对企业利润质量分析的必要内容。把握这三个分析的视点，我们就能够正确分析利润质量。本节我们主要从前两个视点对利润质量进行分析，而有关利润的结果分析视点的内容可通过阅读第二章资产质量分析相关内容来把握，在此不赘述。

二、核心利润形成过程的质量分析

如前所述，核心利润区别于营业利润，就在于核心利润没有考虑信用减值损失、资产减值损失、公允价值变动收益和投资收益等。对于以自身经营为主的企业，其核心利润显然是进行利润表分析的核心内容。核心利润反映的是企业经营资产的综合盈利能力，是衡量企业竞争力的重要指标之一。对核心利润形成过程的质量分析，应当从营业收入、成本费用等几个主要项目入手。

（一）营业收入质量分析

对企业营业收入质量的分析主要从营业收入的合理性和持续性两个方面进行。

1. 营业收入的合理性分析

营业收入的合理性分析包括对收入确认时间和确认方法的合理性分析。重点是如何发现和查证收入是否存在舞弊。

营业收入确认时间的合理性分析，是指分析本期收入与前期收入或后期收入的界限是否清晰。

营业收入确认方法的合理性分析，是指分析确认收入的方法是否合理。例如，采用完工百分比法的企业是否按照提供劳务交易的完工进度确认收入。

对营业收入的确认是否合理，主要看营业收入是否存在舞弊。营业收入舞弊通常排在会计舞弊的第一位。审计过程中，营业收入项目是可以未经风险评估就直接假设为舞弊的项目。我们怎么知道企业的营业收入是否合理呢？从收入舞弊的角度来看，主要应关注营业收入舞弊的预警信号。同时，运用营业收入舞弊的查证方法对营业收入项目进行查证并分析。

企业对营业收入舞弊必有预警信号，如营业收入与经营现金流量相背离、应收账款增幅超过营业收入增幅、巨额坏账计提、销售收入与生产能力比例失调、发生大量退货、营业收入主要来自关联交易等。针对营业收入舞弊发出的预警信号，我们还应当采用营业收入舞弊的查证方法对营业收入舞弊进行查证分析。主要应采取的措施有：同业比较分析；结合存货流转，测试生产与销售的关系；结合应收账款函证，确定销售收入的真实性；结合存货盘点，了解存货是否真实发出；关注期后退货、收款的相关记录等。相关内容参阅审计学的内容。

2. 营业收入的持续性分析

企业的营业收入稳定并能持续，对企业很重要。只有营业收入较为稳定并持续增长的企业，其生产和再生产才能正常进行。营业收入的持续性，是企业经营业绩良好的集中表现，也是上市公司股价攀升的有力依托。对企业营业收入的持续性分析，应主要关注四点：卖什么、卖到哪里、卖给谁、靠什么。

（1）卖什么。分析主要应关注两点。第一，应观察企业销售的产品或者提供的劳务的结构变化。产品或者劳务的结构及其变化应该与企业的战略有非常清晰的关系。对于企业所从事的业务、在行业中的定位、产品的竞争优势等问题，都可以通过利润表中的营业收入状况看出端倪。利润表的分部报告是按照产品结构、地区结构来报告企业的收入情况的。企业要保持持续的盈利能力，不仅要靠战略、管理、技术、市场和服务等，还要靠综合竞争优势。第二，应考查企业的业务依赖程度与风险。如果企业对某一类产品或者对某一个类型产品过度依赖，企业会对某些外界的变化因素特别敏感，这就是经营风险而不是财务风险。在从事多品种经营的条件下，企业不同产品的营业收入构成对信息使用者有十分重要的意义，即占收入比重大的产品是企业过去业绩的主要增长点。通过企业销售的产品或者提供的劳务的结构变化、企业的业务依赖与风险的分析，可初步判断企业业绩的可持续性，进而分析企业的未来发展趋势。

（2）卖到哪里。收入占总收入比重大的地区是企业过去业绩的主要地区增长点，在分析卖到哪里，即获取营业收入的地区构成时，应着重考虑以下三个问题。一要考虑地区的经济发展后劲与企业业务发展前景的关系。收入占总收入比重大的地区是企业过去业绩的主要地区增长点，企业选择产品市场应考虑地区的经济总量、经济结构调整对企业未来市场的影响。此外，不同地区的消费者对不同品牌商品的偏好、不同地区的人文环境特征、不同地区的市场潜力等在很大程度上会制约企业的未来发展。二要考虑地区的政治经济环境。特定地区政治经济环境存在诸多不确定因素，如行政领导的更迭、特定地区经济政策的调整等。这些不确定因素，都会对企业原有的发展惯性产生较大的影响。三要考虑国际政治、经济环境的变化。例如，战争导致的地区动荡、金融危机导致的某些地区发展的停滞、低碳经济等对企业所在地区和行业的影响等。以上三点是决定从哪里持续获得营业收入要考虑的重要问题。

（3）卖给谁。产品或劳务是卖给关联方，还是卖给关联方以外的第三方，由此获得的营业收入的质量是不同的。如果一个企业的产品或劳务主要卖给关联方以外的第三方，而且所取得的营业收入持续走高，则说明企业营业收入是市场化规范运作的结果，具有较高的可持续性。因此，对"卖给谁"的分析应关注以关联方销售为主体形成的营业收入在诸如交易价格、交易的实现时间、交易量等方面的非市场化因素。市场运作越不规范，业绩包装就越方便，从而企业营业收入的发展前景就越不确定。当然，我们并不否认集团内部具有一定数量的市场化运作的交易。但是，我们应当特别关注由于集团内部的非市场化运作所取得的营业收入的比重和非市场化运作情况。

（4）靠什么。靠什么是指营业收入是靠什么取得的，如是靠政府、关联方，抑或市场取得的，或是靠赊销取得的。如果靠政府取得的营业收入，是靠政府所营造的公平竞争的市场环境所取得的，则营业收入具有持久性。如果是靠政府的关系拿到一些订单而取得的，则这样的营业收入的持久性值得怀疑。如果是靠关联方取得的营业收入，则这种营业收入的持久性较差。一般认为，关联交易的操纵性比较强。虽然有相当多的经常性关联交易具有恰当性，但是关联交易比重过大总是会给人以不好的印象，故应警惕企业依靠关联关系操纵、调节业绩。如果是靠市场取得的营业收入，则营业收入具有持久性。一般来说，在相同的市场环境下，参与竞争的各方最终会实现优胜劣汰，因此，靠市场获得的竞争优势一般会有持久的生命力。如果营业收入主要是靠赊销而不是现销取得的，则其持久性将成问题。现销收入与赊销收入的分析主要是分析营业收入、应收账款和存货之间的关系，从而更深入地评价企业营业收入的质量。如果应收账款的增长速度超过了营业收入的增长速度，我们就需要分析并确定出现这种情况的原因。原因可能包括：加强激励措施使收入提高、信用期延长、在未来收入预测上实施了内部战略等。这些情况会对未来收入产生有利或不利的影响，并且还经常影响应收账款的收回。

此外，对营业收入的持续性分析还可以通过阅读董事会报告进行。证监会要求企业披露董事会对企业当年财务状况和经营成果进行分析和评述的报告。这一信息有助于我们理解和评估企业包括收入在内的经营成果的变化，其中包括影响和可能影响经营的趋势和不确定性，以及收入和费用即将发生的变化，如原材料或劳动力成本的上升等。

（二）成本费用项目质量分析

成本费用项目主要包括营业成本、税金及附加、研发费用和期间费用等。通过对各项财务成果的分析可以看出，成本费用对财务成果有着十分重要的影响，降低成本费用是增加财务成果的关键或重要途径。这里主要对营业成本、销售费用、管理费用、研发费用和财务费用的质量分析加以阐述。

1. 营业成本质量分析

对企业营业成本质量进行分析，主要从三个方面展开。第一，营业收入相对营业成本的变化趋势分析。从企业利润的形成过程来看，企业的营业收入减去营业成本后的余额为毛利。企业必须有毛利才有可能形成营业利润。因此，追求一定规模的毛利和较高的毛利率是企业的普遍心态，也是关注企业的信息使用者的普遍心理期望。一般而言，营业成本相对营业收入增幅较大的企业，其盈利前景堪忧。第二，影响营业成本水平的因素分析。企业营业成本水平既受企业不可控因素的影响，如受市场因素的影响而引起的价格波动；也受企业可控因素的影响，如企业可以通过选择供货渠道、采购批量来控制成本水平；还受企业通过会计方法的选择影响费用分配和产品计价因素的影响。因此，对营业成本的评价应结合多种因素进行。第三，谨防企业操纵营业成本的行为。操纵营业成本的常见方式有：将营业成本列作资产挂账，导致当期费用低估，资产价值高估；将资产列作费用，导致当期费用高估，资产价值低估。

2. 销售费用、管理费用、研发费用和财务费用的质量分析

（1）销售费用质量分析。对企业销售费用质量的分析，主要从两个方面展开。第一，销售费用质量分析应根据不同构成内容，具体问题具体分析。对于与企业的未来发展、市场开拓、企业品牌的知名度提升有关的展览费、广告费等，既要考虑企业的承受力和广告效果，还要考虑控制或降低诸如广告费、营销人员薪酬等会对企业未来发展带来的不利影响；对于为促销商品发生的销售佣金、差旅费等，应分析其合理性，进行有效控制。在企业业务发展的条件下，企业销售费用不一定应当降低。片面追求一定时期的费用降低，有可能对企业的长期发展不利。第二，销售费用与营业收入存在一定的配比关系，可以通过行业平均水平以及本企业历史水平的比较，考查其合理性及变化趋势。

20×9 年度 SHR 母公司销售费用占营业收入的 36.85%，因此需要对销售费用结构做进一步分析。我们结合海正药业 20×9 年的销售费用数据，编制 20×9 年 SHR 公司和海正药业销售费用结构对比分析表（见表 3-11）。

表 3-11　　　　　　　　20×9 年 SHR 公司和海正药业销售费用结构对比分析[①]

项　　目	SHR 公司		海　正　药　业	
	数值（千元）	占营业收入比例（%）	数值（千元）	占营业收入比例（%）
营业收入	23 288 577	100	11 071 784	100
市场费用[②]	7 526 459	32.32	2 034 792	18.38

① 由于无法从年报中找到其母公司数据，此处分析用合并报表数据。

② 这个指标被 SHR 公司称为"市场费用"，被海正药业称为"市场推广业务费"。

续表

项　　目	SHR 公司		海 正 药 业	
	数值（千元）	占营业收入比例（%）	数值（千元）	占营业收入比例（%）
运输费	—	—	48 621	0.44
差旅费	908 883	3.90	—	—
股权激励费用	88 341	0.38	—	—
职工薪酬	—	—	705 226	6.37
销售部门经费	—	—	52 187	0.47
其他	1 284	0.01	48 302	0.44
合计	8 524 967	36.61	2 889 128	26.09

从表 3-11 中可以看出，虽然统计口径存在一定差异，但还是可以看出，SHR 公司和海正药业的销售费用在结构上存在很大差异，最明显的差异体现在市场费用上。SHR 公司的市场费用占营业收入的 32.32%，占销售费用的 88.29%，远高于同行业。而海正药业的市场推广业务费仅占营业收入的 18.38%，占销售费用的 70.43%，其中一大部分销售费用的支出是用于职工薪酬和销售部门经费。

（2）管理费用质量分析。对企业管理费用质量的分析，主要从以下三个方面展开。第一，与销售费用相似，尽管管理层可以对管理费用中诸如业务招待费、董事会会费、管理人员工资及福利费、技术开发费等采取控制或减小其规模等措施，但是，这种控制可能对企业的长期发展不利，或者会影响有关人员的积极性。在企业业务发展的条件下，企业管理费用不一定应当降低。片面追求一定时期的费用降低，有可能对企业的长期发展不利。第二，管理费用与营业收入存在一定的配比关系，我们可以通过行业平均水平以及本企业历史水平的比较，考查其合理性及变化趋势。第三，管理人员的工资及附加是管理费用中十分重要的一个部分。代理理论认为，由于企业所有权和经营管理权分离、管理人员和股东之间存在代理问题、管理人员存在道德风险和逆向选择的可能，对管理费用中的管理人员工资及附加应重点分析。

（3）研发费用质量分析。研发费用的投入可以提升企业的产品创新能力，这对高科技企业的发展尤为重要，研究的投入方向在一定程度上决定了企业未来的增长点。但是，过高的研发费用对企业来说可能负担过重。因此研发费用质量分析主要应关注：第一，研发费用投入方向是否与战略目标相一致；第二，研发费用占营业收入比重的变动趋势，是否在企业可承受范围之内，是否跟企业的发展相适应等。

（4）财务费用质量分析。对企业财务费用质量的分析，主要从以下四个方面展开。第一，财务费用赤字问题。财务费用赤字一般表现为利息支出大于利息收入。所谓利息收入，就是企业将闲置资金存入银行所获得的收益。通常情况下，银行存款利息率远低于企业的投资收益率，因此除保持必要的流动资金外，对于非金融机构企业来说，将资金过多地存放于银行说明企业资金运用效率低下。第二，汇兑损益问题。汇兑损益是指企业发生的外币业务在折合为记账本位币时，由于记账时间的不同和汇率的变动而产生的折合为记账本位币的差额。企业虽无法控制汇率的变化，但可以通过对汇率变化的预测，及时调整相关外汇资产，合理安排外汇负债期限，尽量减少汇兑损失，增加外汇收益。第三，影响财务费用水平的因素分析。经营期间发生的利息支出构成了企业财务费用的主体，其大小主要取决于贷款规模、贷款利息率和贷款期限三个因素。从总体上说，如果因贷款规模的原因导致利润表财务费用下降，企业会因此而改善盈利能力，但贷款规模的减小也可能限制企业发展。由于企业贷款利率水平主要受企业外在环境的影响，我们不应对企业因贷款利率的宏观下调而导致的财务费用降低给予过高的评价。第四，谨防企业利用财务费用来调控利润。一方面，查看借款费用中应予以资本化的部分是否已费用化处理以虚减资产和利润；另一方面，查看借款费用中应计入财务费用的部分，了解企业是否对其资本化处理以虚增资产和利润。

三、企业利润的结构质量分析

对企业利润的结构质量分析主要应关注三方面的内容：一是利润表自身结构所包含的质量信息；二是利润结构与资产结构分析；三是利润结构与现金流量结构分析。

（一）利润表自身结构所包含的质量信息

利润表自身结构所包含的质量信息，可以根据利润表的主要阶段性利润概念（如核心利润、营业利润、利润总额和净利润等）以及相关项目（销售费用、管理费用、研发费用、财务费用等）的变化状况来获得。

1. 毛利率变化趋势所包含的质量信息

毛利率的变化趋势是我们首先要关注的问题。毛利率在很大程度上反映了企业产品的竞争力，而产品的竞争力又是企业竞争力的重要表现。

（1）企业较高的毛利率所包含的质量信息。①企业具有垄断地位。垄断企业会长期拥有较高的毛利率。此时，我们应该关注企业所拥有的垄断地位的持久性。如果垄断地位的形成主要是由于政策，且其垄断地位不断受到挑战，那么在这种条件下，企业盈利能力的持久性也将面临挑战。②企业由于自身的努力（如因质量、技术、品牌、服务等因素）而具有较强的核心竞争力，其毛利率会比同类企业的毛利率高。此时，我们应该关注企业长期保持其核心竞争力的能力。③企业因处于行业生命周期的发展期或成熟期而出现毛利率暂时上升的情况。此时，我们既要关注企业所从事行业的发展周期的变化规律，也要关注企业的综合管理质量。④企业生产决策等原因导致产大于销、存货积压而引起毛利率提高。此时，我们要关注存货积压的真实原因，是企业在对未来销售前景预测基础上所进行的必要储备，还是生产决策失误导致的盲目生产的后果。⑤企业会计处理不当，故意选择调高毛利率的手段。此时，我们应该关注注册会计师出具的审计报告的意见类型与措辞。

（2）企业较低的毛利率所包含的质量信息。①企业所生产的产品的生命周期已经进入衰退期。此时，通常全行业的毛利率下滑以及存货周转率下降，我们应该关注企业在产品转型、产品开发方面的状况，分析企业未来盈利模式的变化情况。②企业所生产的产品的品牌、质量、成本和价格等在市场上没有竞争力。此时，我们应该关注产品竞争能力下降的企业在维持其盈利能力方面所采取的措施，如改变对现有产品的营销策略、提高存货的周转速度，或者改变企业的产品结构，通过结构的调整来提升企业整体的盈利能力等。③企业在会计处理上处理不当，故意选择调低毛利率的手段。此时，我们同样应该关注注册会计师出具的审计报告的意见类型与措辞。不论是哪种情况造成的毛利率下滑，都意味着企业产品的单位盈利能力在下降。

2. 销售费用、管理费用、财务费用和研发费用及其费用率变化所包含的质量信息

对于销售费用和管理费用两项期间费用而言，企业在产品结构、销售规模、营销策略、组织结构、管理方式等方面变化不大的情况下，其发生规模应基本保持稳定。若两项费用在年度间出现巨额变化，则很可能是会计调整的结果。因此，我们可以通过销售费用率（销售费用与营业收入的比率）和管理费用率（管理费用与营业收入的比率）来初步判断两项费用开支的合理性和有效性。

对于财务费用而言，其规模变化一般与企业的产品结构、销售规模、营销策略等方面不存在正相关的关系，而是更多地受贷款规模、贷款利率和贷款环境等外部因素的影响。企业财务费用规模的变化反映了企业的理财效率和理财质量，与企业的经营活动难以有正相关的关系。因此，将财务费用与营业收入相比较得到的财务费用率意义不大。

研发费用占营业收入的比重有较大幅度上升，说明企业重视研发和创新投入，其未来发展和盈利能力可预期。研发费用投入属于企业的酌量性固定成本开支，与企业的发展战略、企业发展能力相关。一般而言，研发投入力度稳定且呈现增大趋势，预示企业的经营与发展状况良好。

3. 核心利润及核心利润率变化所包含的质量信息

在以产品经营为主的企业，核心利润应该成为企业一定时期财务业绩的主体。核心利润率（核心利润与营业收入的比率）则是企业经营活动基本盈利能力的综合体现，可以更恰当地用来分析与评价企业基本盈利能力的发展态势以及企业在行业中所处的竞争地位和相对竞争实力，并帮助预测企业业绩的未来走势。我们还可以通过考查核心利润及核心利润率年度间的"非经营性变化"[①]，来发现企业在毛利率、销售费用和管理费用等项目上的会计调整因素。

评价企业核心利润率的质量可以选择企业自身的目标核心利润率、行业平均核心利润率以及国内外先进企业的核心利润率等作为比较标准，从企业经营目标的完成情况、企业营业利润率的变动趋势以及与竞争对手的差距或优势等方面，更恰当地评价企业的基本盈利能力。

4. 核心利润与投资收益的数量对比关系所包含的质量信息

分析核心利润率时，要注意核心利润与投资收益的数量对比关系。从会计核算的过程来看，企业核心利润的形成主要与企业的经营活动有关，而投资收益则主要与企业的对外投资活动有关，两者在数量上没有什么直接关系。但是某些上市公司，为避免摘牌需要扭亏为盈，或为获得增资配股资格而保持盈利势头在关键年份出现了核心利润与投资收益在数量上的互补性变化。即在核心利润较高的年份，投资收益较低；而在核心利润较低的年份，投资收益较高。这可帮助企业扭亏为盈或继续保持盈利形象。

5. 小项目变化所包含的质量信息

这里的小项目，是指企业的利润总额乃至净利润中那些在正常经营条件下难以成为企业利润贡献主体的项目，如信用减值损失、资产减值损失、公允价值变动收益、其他收益、资产处置收益和营业外收支等。显然，与核心项目相比，上述项目不具有持续性、稳定性和核心性，一般不会对企业的利润总额乃至净利润产生主要贡献。企业若靠这些小项目维持利润，一定意味着核心业务的盈利能力出现了问题。但是，某些上市公司恰恰会在企业扭亏为盈或保持盈利势头的关键年份，出现上述小项目对当期利润总额或净利润起到举足轻重作用的情形。因此，我们有必要对这种"小项目、大贡献"的可持续发展做进一步考察。

（1）公允价值变动收益。公允价值变动收益项目所包含的质量信息主要如下。第一，即使确认了公允价值变动收益，企业未必能真正获得，即所谓的"账面利润"或"浮盈"，并不会为企业带来相应的现金流入。第二，如果此项变动引起的损益在净利润中所占的比重过大，则在一定程度上说明企业主体经营活动的盈利能力不强。第三，如果该项目前后各期的增减变化较大，企业可能通过公允价值变动收益操纵利润。

（2）信用减值损失与资产减值损失。一般而言，企业会经常出现大规模信用减值损失与资产减值损失，这或者是企业正在进行盈余管理的信号，或者反映企业在债权管理、存货管理、固定资产管理和投资管理等方面存在着管理疏漏或者重大决策失误。信用减值准备和资产减值准备存在两个方向调节利润的可能。在需要虚增利润的时候，少提减值准备；或在利润较高的时候多提减值准备，减少利润。因此，我们应结合附注中的信用减值和资产减值明细表及资产负债表中的相关项目（如应收款项、存货、固定资产等），分析各项信用减值准备和资产减值准备的计提是否充分，以及是否存在多提或少提减值准备来调节利润的情况。

（3）营业外收支。营业外收支包括营业外收入与营业外支出。营业外收支与企业日常活动没有直接关系，是企业偶发性的利得与损失。相对于营业外收入而言，利用营业外支出进行利润操纵的空间比较小。企业营业外收支项目所包含的质量信息主要如下。第一，如果某个会计期间企业的营业外收支金额异常增多，对利润产生较大影响，则我们应视其发生的时机或利润增长速度是否异常，结合附

[①] 这里的"非经营性变化"是指通过会计调整的办法使得报表上的核心利润发生增加或减少的变化。

注所披露的信息资料和相关信息，审查企业是否存在调节利润问题。因为在一般情况下，营业外收支发生的金额较小，对当期利润影响也较小。第二，如果某个企业的利润大部分来自非日常项目，则该企业未来的盈利可能出现问题。因为营业外收支不具有持续性和经常性，不应成为利润构成的主体。

（二）利润结构与资产结构分析

企业实现的净利润是企业对资产运用的结果，即企业的资产结构决定了企业的利润结构。但不同资产产生利润的能力是不一样的，因此我们要结合企业所控制和运营资产的规模来揭示企业创造利润的能力。

前已述及，资产按照对利润贡献方式的不同，可分为经营性资产与投资性资产，其相应利润表的主要项目也划分为狭义营业利润和广义投资收益两大类。通过分别计算经营性资产报酬率和投资性资产报酬率，可以分析和对比不同资产的增值质量和盈利能力，从而判断企业经营策略和投资策略的正确有效性。

1. 经营性资产的增值质量分析

对经营性资产的增值质量进行分析，首先需要弄清楚狭义营业利润和经营性资产报酬率的含义。

（1）狭义营业利润。狭义营业利润是指与经营性资产相关的经营收益。其计算公式为：

$$狭义营业利润 = 核心利润 - 经营性资产信用减值损失 - 经营性资产减值损失 \\ + 经营性资产公允价值变动收益 + 其他收益 + 资产处置收益$$

延伸阅读资料

投资性房地产属于经营性资产

狭义营业利润进一步扩大了与核心利润有关的概念范围，能够更好地反映全部经营性资产在价值转移和持有过程中的增值状况。

（2）经营性资产报酬率。经营性资产报酬率反映企业全部经营性资产的盈利能力。其计算公式为：

$$经营性资产报酬率 = \frac{狭义营业利润}{平均经营性资产} \times 100\%$$

（3）经营性资产的增值质量分析。对于经营性资产的增值质量，主要可以通过计算经营资产报酬率来进行分析与评价。对于报告期的经营性资产报酬率，除了同本企业历史、计划数或预算数以及可比企业同期数相比外，还应注意，对于经营性资产而言，由于其种类繁多，不同经营性资产的利润贡献方式可能存在较大差异。因此，应特别关注经营性资产的结构性差异对企业利润贡献造成的不同影响。

2. 投资性资产的增值质量分析

对投资性资产的增值质量进行分析，首先需要弄清楚广义投资收益和投资性资产报酬率的含义。

（1）广义投资收益。广义投资收益是指与投资性资产相关的投资收益，其计算公式为：

$$广义投资收益 = 投资收益 + 净敞口套期收益 - 投资性资产减值损失 - 投资性资产信用减值损失 \\ + 投资性资产公允价值变动收益$$

广义投资收益进一步扩大了与投资收益有关的概念范围，能够更好地反映全部投资性资产在处置和持有过程中的增值状况。

（2）投资性资产报酬率。投资性资产报酬率反映企业全部投资性资产的盈利能力。其计算公式为：

$$投资性资产报酬率 = \frac{广义投资收益}{平均投资性资产} \times 100\%$$

（3）投资性资产的增值质量分析。对于投资性资产的增值质量，主要可以通过计算投资性资产报酬率来进行分析与评价。对于报告期的投资性资产报酬率，除了同本企业历史数、计划数或预算数以及可比企业的同期数相比较之外，还应注意的是，对于投资性资产而言，由于其涉及了交易性金融资产和非流动资产中的诸多形态的投资性资产（如前所述，不同形态的投资性资产产生的投资收益在确认和计量方法上存在着较大差异，如金融资产处置收益，长期股权投资转让收益，成本法、权益法确认的投资收益以及利息收益等），我们应特别关注不同投资性资产在利润确认方面所存在的差异。

利润结构质量分析体系中需要建立的新概念及相关比率如表 3-12 所示。

表 3-12　　利润结构质量分析体系的一些概念及相关比率

项　目	核 心 利 润	狭 义 营 业 利 润	广 义 投 资 收 益
质量分析的关注点	企业从事自身经营活动所带来的直接利润	全部经营性资产的增值状况	全部投资性资产的增值状况
相关比率及解析	核心利润率 = $\dfrac{核心利润}{营业收入}$ × 100% 反映企业自身经营活动的相对盈利能力	经营性资产报酬率 = $\dfrac{狭义营业利润}{平均经营性资产}$ × 100% 反映企业全部经营性资产的盈利能力	投资性资产报酬率 = $\dfrac{广义投资收益}{平均投资性资产}$ × 100% 反映企业全部投资性资产的盈利能力

（三）利润结构与现金流量结构分析

获得利润和获得现金净流量是衡量企业收益的两种途径。较高的利润质量，意味着无论是核心利润还是投资收益，都具有较强的现金获取能力。因此，我们可通过对企业利润结构与相应的现金流量结构之间的趋同性进行分析来判断企业利润结构的现金获取质量。显然，经营活动产生的现金流量净额应该大于净利润，大得越多表示企业利润质量越高，因为计算净利润时已扣除了一些不需要付现的支出，如折旧和摊销。

对于企业利润结构的现金获取能力，可以从以下两个方面展开分析。

1. 同口径核心利润与经营现金流量净额的差异分析

由于未实现的资产持有损益并不会给企业带来真正的现金流量，所以分析中必须将其剔除，而只考虑核心利润的现金获取质量。在将核心利润进一步调整为利润表中与经营活动现金流量相对应的同口径的核心利润（以下称同口径核心利润）之后，与经营活动产生的现金净流量进行比较，便可以揭示企业自身经营活动产生的核心利润所获取现金的能力。同口径核心利润可近似表示为：

同口径核心利润 = 核心利润 + 固定资产折旧 + 其他长期资产价值摊销 + 财务费用 - 所得税费用

同口径核心利润与经营活动产生的现金流量净额越接近，通常利润的质量就越高。如果差距较大，特别是同口径核心利润远远高于经营活动现金流量净额，则说明利润的质量可能存在潜在的风险，此时我们应该分析可能的原因，具体如下。

（1）企业收款不足。通过比较企业连续两年的利润表中营业收入金额、资产负债表年末与年初的商业债权（应收账款与应收票据之和）规模的变化、资产负债表年末与年初商业负债（预收账款）规模的变化，以及现金流量表中两年对应的售货回款情况，可以初步判断企业的售货回款是否基本正常。企业回款不足，通常反映行业竞争的加剧，或企业原有竞争优势的丧失，从而预示着企业未来盈利能力方面存在风险。

（2）企业付款过度。通过比较企业连续两年利润表中营业成本数字、资产负债表年末与年初的商业债务（应付账款与应付票据之和）规模的变化、资产负债表中债权项目预付账款规模的变化，以及现金流量表中两年对应的"购买商品、接受劳务支付的现金"项目的情况，可以初步判断企业的付款是否正常。过度的付款可能表明行业竞争加剧，或企业自身原有竞争优势逐渐丧失。

（3）企业存在不恰当的资金运作行为。如某些企业的"支付其他与经营活动有关的现金"项目金额巨大，从而使其他活动成了主要活动。

（4）企业在经营活动的收款和付款方面主要依赖于与关联方发生的业务往来。在这种情况下，不论是在核心利润的各个影响要素的确定上，还是在各项经营活动的现金流量的规模与时间的控制上，均具有较多的操纵机会和可能。这样我们则难以按照一般的报表之间的逻辑关系，来分析同口径核心利润与经营活动现金流量之间差异的信息含量。

从以上差异原因的分析中可以得出结论：同口径核心利润与经营活动现金净流量越接近，企业当期的营业利润的质量应该越高；同口径核心利润如果远远高于经营活动的现金净流量，则企业利润中隐藏的潜亏风险就比较大；同口径核心利润如果低于经营活动的现金净流量，企业未来的盈利压力就小，竞争优势就大。

2．利润表"投资收益"项目现金含量分析

投资收益应该对应一定规模的现金回收。在广义的投资收益中，如交易性金融资产等项目的公允价值变动损益属于未实现损益，就不会带来相应的现金流量，因此我们在分析中应将其剔除。同样，投资性资产减值损失也与现金流量无关，我们也不用考虑其现金流量问题。这就是说，在分析投资收益产生现金流量的能力时，只需要考虑利润表中的"投资收益"项目。

在年度内有投资转让的情况下，由于投资收益中所包含的金融资产处置收益和长期股权投资转让收益一般都会带来现金流入，因此，我们只重点考查按成本法和权益法确认的投资收益以及利息收益带来现金流入量的能力。

与本期投资收益相对应的现金应回收金额的计算公式为：

现金应回收金额＝现金流量表中的"取得投资收益收到的现金"项目金额

    ＋年末资产负债表"应收股利"与"应收利息"项目金额之和

    －年初资产负债表"应收股利"与"应收利息"项目金额之和

企业投资收益质量较差，难以对应现金回收的项目内容主要是权益法确认的投资收益。在权益法下确认投资收益时，其金额从根本上来说永远会大于该投资收益所对应的现金回款，因为被投资方通常不可能将净利润百分之百作为现金股利分配。在权益法下确认的投资收益不能引起企业现金流入的部分，将形成泡沫利润（投资收益）与泡沫资产（长期股权投资）。企业当期的泡沫利润与泡沫资产，将极有可能成为未来的投资损失和不良资产。因此，我们应该特别关注投资收益金额巨大，但现金回款不足所引起的泡沫利润与泡沫资产的实际状况。

现行准则对子公司的投资由原来的权益法改按成本法核算，也就是说，只有在子公司分派现金股利的情况下，母公司才能将分得的现金股利确认为投资收益。这样一来，母公司的投资收益产生现金流入量的能力会因此而大大提升，泡沫利润与泡沫资产情况会最大限度地得以消除，从而极大地改善相关的利润与资产质量。

思考题

1．快速解读利润表应从哪些方面入手？

2．如何理解利润质量及其特征？

3．如何根据利润表自身结构分析其所包含的质量信息？

4．如何看待小项目变化所包含的质量信息？

延伸阅读资料

本章拓展小案例

第四章　现金流量表分析

【教学目标】

通过本章的学习，学生可以了解现金流量表的结构；熟悉现金流量表的项目内容并能正确而快速地解读现金流量表；理解现金流量表与资产负债表、利润表的关系，以及现金流量分析的相关理论；把握现金流量表整体分析和相关比率分析的方法；掌握现金流量质量分析的基本内容和方法。

【引例】

2019年4月29日，康美药业披露会计差错更正，震惊了A股市场。

康美药业2018年年报披露：2017年货币资金多记了将近300亿元！其原文如下。"通过企业自查，对2017年财务报表进行重述，结果如下：（1）由于公司采购付款、工程款支付以及确认业务款项时的会计处理存在错误，造成了应收账款少记641 073 222.34元；存货少记19 546 349 940.99元；在建工程少记631 600 108.35元；由于公司核算账户资金时存在错误，造成货币资金多记29 944 309 821.45元……"

理论上，在财务造假方法选择上，货币资金造假的难度系数是最高的，所以专业的利益相关者在分析公司年报时都知道，相对于利润表中的净利润，现金流量表中现金结构和现金质量更重要。在"现金为王"的年代，人人都知道货币资金的重要性，每个人都看重资产负债表中的"货币资金"项目，每位分析师都重视现金流量表的分析。不过康美药业给A股所有的投资者上了一堂出人意料的课，企业的现金居然可以"不翼而飞"。这个案例促使所有人进行思考：在货币资金、现金流量表中的数据都可以伪造而不被审计师发现的前提下，我们到底如何判断企业的财务真相。[①]

利润对企业很重要，但在某些特定的背景下，现金流量对企业更重要。因为现金流量表是沟通资产负债表和利润表的桥梁。现金流量表展示了企业现金的来龙去脉，体现了企业的活力。因此，有人将现金流量表概括为"日子"，即企业的日子过得怎么样，一看企业的现金流量表便知。在崇尚"现金至尊"的激烈的市场竞争条件下，人们重视解读和分析现金流量表，实属必然。本章主要包括四个方面的内容，即现金流量表分析概述、现金流量表整体分析、现金流量表相关比率分析，以及现金流量质量分析。

第一节　现金流量表分析概述

本节将在介绍现金流量的分类、影响现金流量变化的主要因素的基础上，解析现金流量表结构和解读现金流量表的主要项目，进而讨论现金流量表与利润表、资产负债表的关系，阐释现金流量表分析的相关理论，最后简述现金流量表的分析内容与常用分析方法。

一、现金流量的分类

现金流量表，是指反映企业在一定会计期间现金和现金等价物流入和流出的报表。从财务的角

---

① 资料来源：根据新浪财经网站相关报道改写。

度看，企业的基本活动通常包括经营活动、投资活动、筹资活动以及利润分配活动。但从会计的角度看，在编制现金流量表时，利润分配活动更多地被认为是筹资活动，是投资者投入资金获得报酬的体现。因此，现行企业现金流量表分别经营活动、投资活动和筹资活动列报现金流量。现金流量表的编制基础是收付实现制。依此编制基础呈报的现金流量表，能够反映企业在一定时期内现金流入和现金流出的状况，弥补了以权责发生制为编制基础的利润表、资产负债表无法充分反映现金状况的缺陷。那么，什么是现金及现金等价物，现金流与现金流量有何不同，现金流量的分类及主要内容是什么？回答这些基本问题，将有助于我们认识现金流量表结构，以正确解读现金流量表，理解现金流量表与资产负债表、利润表的关系。

（一）现金及现金等价物的含义

理解现金与现金等价物的含义，是正确认识现金流量表结构，以及正确解读现金流量表项目的基础。

1. 现金的含义

会计上通常所说的现金是指企业的库存现金。但现金流量表中的"现金"不仅包括库存现金，还包括企业"银行存款"科目核算的存入金融企业、可以随时用于支付的存款，也包括"其他货币资金"科目核算的外埠存款、银行汇票存款、银行本票存款、信用证保证金存款和在途货币资金等其他货币资金。需要注意的是，银行存款和其他货币资金中有些不能随时用于支付的存款，如不能随时支取的定期存款等，不应作为现金，而应作为投资；提前通知金融企业便可支取的定期存款，则应包括在现金范围内。

2. 现金等价物的含义

现金等价物是指企业持有的期限短、流动性强、易于转换为已知金额现金、价值变动风险很小的投资。判断一项投资是否属于现金等价物应符合以下四个条件：期限短，一般是指从购买日起，三个月内到期；流动性强；易于转换为已知金额的现金；价值变动风险很小。其中，期限短、流动性强，强调了变现能力；易于转换为已知金额的现金、价值变动风险很小，则强调了支付能力。例如，企业购买的在证券市场上流通的三个月内到期的短期债券投资，就满足上述四个条件，应当视为现金。

综上所述，现金流量表中的"现金"并不简单等同于企业的"库存现金"，也不完全等同于会计中的现金（含银行存款）。从其具体界定范围看，现金流量表中的"现金"可能更接近于理财学中现金的含义，是指企业在生产经营等各类活动中能够直接动用或比较方便动用的现金及现金等价物。

（二）现金流量的分类

现金流量是现代企业和理财学中的一个重要概念，是指企业在某个期间或某个项目中现金流入和流出及其净额的总称。从会计的角度来看，在某个特定会计期间，企业应按照收付实现制的要求对企业的经济活动（包括经营活动、投资活动、筹资活动等）产生的现金流入、现金流出及其净额进行核算。因此，会计角度的现金流量是指企业在某个会计期间的现金和现金等价物流入和流出的总称。但应该强调的是，企业现金的流入和流出并不包括企业不同货币形态之间的转换。例如，企业从银行提取现金，就是企业不同货币形态之间的转换，并不属于现金的流入或流出，故不构成现金流量。同理，现金等价物与现金之间的转换也不属于现金流量。

延伸阅读资料

现金流的含义

按照《企业会计准则第31号——现金流量表》的规定，企业现金流量通常分为经营活动产生的现金流量、投资活动产生的现金流量、筹资活动产生的现金流量三类。

1. 经营活动产生的现金流量

经营活动，是指企业投资活动和筹资活动以外的所有的交易和事项。对制造业企业来说，经营活动主要包括购买原材料、接受劳务、经营性租赁、生产产品、销售产品、广告宣传产品、提供劳务、缴纳税款等各种与基本生产经营活动密切相关的活动。根据现金流入流出的方向，经营活动产生的现金流量可进一步分为经营活动现金流入、经营活动现金流出和经营活动产生的现金流量净额等。

2. 投资活动产生的现金流量

投资活动，是指企业长期资产的购建和处置以及不包括在现金等价物范围内的投资资产的取得和处置活动。其中，长期资产是指企业固定资产、在建工程、无形资产、其他资产等持有期限在一年或一个正常营业周期以上的资产。另外，"不包括在现金等价物范围内的投资资产"，是因为在之前的现金及现金等价物的定义中，人们已经将"包括在现金等价物范围内的投资"视同为现金。故企业投资活动主要包括取得和收回投资，购建和处置固定资产、无形资产和其他长期资产等。根据现金流入流出的方向，企业投资活动产生的现金流量同样可进一步分为投资活动现金流入、投资活动现金流出和投资活动产生的现金流量净额等。应该注意的是，不同企业由于其所处行业特点不同，对投资活动的认定也存在差异。例如，交易性金融资产所产生的现金流量，对于工商业企业而言，属于投资活动现金流量，而对于证券公司而言，则属于经营活动现金流量。

3. 筹资活动产生的现金流量

筹资活动，是指使企业资本及债务规模和构成发生变化的活动。这里的资本，既包括实收资本（股本），也包括资本溢价（股本溢价）；这里所说的债务，指对外举债，包括向银行借款、发行债券等。

通常情况下，应付账款、应付票据等商业应付款属于经营活动，不属于筹资活动。此外，对于企业日常活动之外不经常发生的、特殊的项目，如自然灾害、保险赔偿、捐赠等，应当归并到相关类别并单独反映。例如，对于自然灾害损失和保险赔偿，如果能够确认属于流动资产损失，则应当列入经营活动产生的现金流量；如果属于固定资产损失，则应当列入投资活动产生的现金流量。筹资活动产生的现金流量，可根据现金流入流出的方向，进一步分为筹资活动现金流入、筹资活动现金流出和筹资活动产生的现金流量净额。

当然，企业由于所处行业的不同，对各类活动的认定可能存在一定差异。在具体分析时，我们应特别关注企业所处行业的不同特点对企业现金流量产生的影响。

二、影响现金流量变化的主要因素

企业的资金在不断循环，不同阶段的现金流量也在不断发生变动。现金流量表初步反映了这些变动的结果，但从分析的角度，我们更需要知道是什么原因产生了企业经营活动、投资活动和筹资活动现金流量的变化。结合企业财务活动的特点，我们将影响企业现金流量的具体因素进行总结，如表 4-1 所示。

表 4-1　　　　　　　　　　　　　现金流量影响因素

类　型	经营活动现金流量	投资活动现金流量	筹资活动现金流量
现金流量发生重大变化的原因	• 宏观经济环境 • 行业特点 • 生命周期 • 经营战略 • 企业自身的其他原因	• 成长期企业投资规模扩张 • 衰退期企业战线收缩或不良长期资产的处置 • 战略调整下长期资产处置 • 投资收益的实现	• 融资环境的变化 • 企业自身融资能力 • 企业自身理财能力 • 企业的利润分配政策

根据表 4-1，我们将影响企业经营活动现金流量的五个主要因素概述如下。

第一，宏观经济环境。任何行业、任何企业都会受到国家宏观经济环境的影响。国家针对不同经济背景制定的不同的货币政策、金融政策、财政政策、税收政策，最终都会具体影响各行各业中的企业，进而影响其现金流量。例如，在宽松的经济背景下，企业经营活动的现金流量由于资本成本的降低、税收成本的降低等，必然表现出更加容易实现的特点。在金融政策比较宽松和国家鼓励投资的环境下，企业投资活动现金流量可能更多地表现为投资扩张。而筹资成本的降低和资金获取的容易性，可能促使企业更加愿意到银行借款或通过发行股票筹集资金。

第二，行业特点。由于行业特点和商业惯例，不同行业的现金流量的模式也不尽相同。例如房地产行业，由于1998年房改后我国商品房存量不足、商品房价值逐渐走高、消费者需要银行贷款等原因，房地产企业基本都采用期房销售的模式，此种销售模式到目前为止都没有发生彻底变化。在此前提下，房地产行业的销售基本以预收账款的方式实现。再例如百货行业，由于价值适中、消费者习惯货比三家等原因，商业零售企业基本采用现销的模式。显然，经营活动的现金流量模式因不同的行业呈现不同的特点。同样，筹资活动的现金流量模式也具有明显的行业特征。房地产企业的资产负债率相对其他行业的要高很多，其原因是房地产行业营业周期长、产品价值大的特点使得其更依赖于银行贷款。在筹资活动现金流量中，基于资金不断周转的需要，房地产行业也有着借新款还旧款的倾向。

第三，生命周期。如同自然人一样，一个行业、一个企业、一种产品都有其生命周期。行业、企业或者产品的生命周期既可能是重合的，也可能是独立的。本部分侧重于企业的生命周期。企业处于不同的生命周期阶段，其经营活动的现金流量会表现出不同的特点。不仅如此，不同的生命周期阶段也会影响企业的投资活动和筹资活动的现金流量。

第四，经营战略。生产相同系列产品的企业可能采用不同的经营战略，如从竞争战略的角度，有的企业采用成本领先战略，有的企业采用差异化战略，还有的企业采用目标集聚战略。不同的经营战略最终都会体现在企业经营活动、投资活动、筹资活动现金流量的变动上。

第五，企业自身的其他原因。例如，企业具体的营销策略、信用政策，是否存在关联交易，甚至企业编制现金流量表的差错都会使现金流量变动。

三、现金流量表结构

编制和列报现金流量，特别是经营活动现金流量的方法主要有直接法和间接法。《企业会计准则第31号——现金流量表》明确要求企业采用直接法列示企业各项活动产生的现金流量，同时在附注中披露将净利润调节为经营活动现金流量的信息。因此，本书解析现金流量表结构，分别从直接法下的现金流量表结构和间接法下的现金流量表结构两个方面进行。

（一）直接法下的现金流量表结构

所谓直接法，是指通过现金收入和现金支出的主要类别列示经营活动的现金流量的方法。亦即，按照现金流量表报表中的分类及其主要内容，逐一列示经营活动产生的现金流量、投资活动产生的现金流量和筹资活动产生的现金流量。考虑到企业汇率变动对现金及现金等价物的影响，在直接法下，现金流量表采用报告式结构，分类反映经营活动、投资活动和筹资活动产生的现金流量，汇率变动对现金及现金等价物的影响，现金及现金等价物净增加额，期末现金及现金等价物余额六大类内容。采用直接法编制的企业现金流量表（作为主表）的结构如表4-2所示。

表4-2　　　××公司20×8年度和20×9年度以直接法编制的母公司现金流量表　　　金额单位：元

项　　目	20×9年	20×8年
一、经营活动产生的现金流量：		
销售商品、提供劳务收到的现金		
收到的税费返还		
收到其他与经营活动有关的现金		
经营活动现金流入小计		

续表

项　目	20×9年	20×8年
购买商品、接受劳务支付的现金		
支付给职工以及为职工支付的现金		
支付的各项税费		
支付其他与经营活动有关的现金		
经营活动现金流出小计		
经营活动产生的现金流量净额		
二、投资活动产生的现金流量：		
收回投资收到的现金		
取得投资收益收到的现金		
处置固定资产、无形资产和其他长期资产收回的现金净额		
处置子公司及其他营业单位收到的现金净额		
收到其他与投资活动有关的现金		
投资活动现金流入小计		
购建固定资产、无形资产和其他长期资产支付的现金		
投资支付的现金		
取得子公司及其他营业单位支付的现金净额		
支付其他与投资活动有关的现金		
投资活动现金流出小计		
投资活动产生的现金流量净额		
三、筹资活动产生的现金流量：		
吸收投资收到的现金		
取得借款收到的现金		
收到其他与筹资活动有关的现金		
筹资活动现金流入小计		
偿还债务支付的现金		
分配股利、利润或偿付利息支付的现金		
支付其他与筹资活动有关的现金		
筹资活动现金流出小计		
筹资活动产生的现金流量净额		
四、汇率变动对现金及现金等价物的影响		
五、现金及现金等价物净增加额		
加：期初现金及现金等价物余额		
六、期末现金及现金等价物余额		

（二）间接法下的现金流量表结构

所谓间接法，是指以利润表中的净利润为起点，调整不涉及现金的收入、费用、营业外收支等项目，并剔除投资活动和筹资活动对现金流量的影响，据此计算经营活动产生的现金流量的方法。采用间接法编制的企业现金流量表，是作为现金流量表主表的补充资料或附注出现的，其结构如表4-3所示。

表4-3　　　　××公司20×8年度和20×9年度以间接法编制的母公司现金流量表　　　　金额单位：元

补充资料	20×9年	20×8年
1. 将净利润调节为经营活动现金流量		
净利润		
加：资产减值准备		
固定资产折旧、油气资产折耗、生产性生物资产折旧		

续表

补充资料	20×9 年	20×8 年
无形资产摊销		
长期待摊费用摊销		
处置固定资产、无形资产和其他长期资产的损失		
固定资产报废损失		
公允价值变动损失		
财务费用		
投资损失		
递延所得税资产减少		
递延所得税负债增加		
存货的减少		
经营性应收项目的减少		
经营性应付项目的增加		
其他		
经营活动产生的现金流量净额		
2. 不涉及现金收支的重大投资和筹资活动		
债务转为资本		
一年内到期的可转换公司债券		
融资租入固定资产		
3. 现金及现金等价物净变动情况		
现金的期末余额		
减：现金的期初余额		
加：现金等价物的期末余额		
减：现金等价物的期初余额		
加：其他原因对现金的影响		
现金及现金等价物净增加额		

对绝大多数企业来讲，经营活动产生的现金流量与净利润并不一致。其中，最主要的原因是两者计算的基础不一致。前者依据收付实现制计算获得，而后者依据权责发生制计算获得。此外，两者所包含的项目也有重大的差别。例如，处置投资或固定资产所产生的利得与损失包含在净利润中，而处置这些投资或固定资产所产生的现金流量则反映为投资活动产生的现金流量。从表 4-2 和表 4-3 中可以看出，两者中的经营活动现金流量都是相等的。两种结构之间的信息形成了互相补充、互相验证的关系。基于此，间接法下的现金流量表及其结构不可或缺。当然，采用直接法编制的现金流量表中的数据直截了当、易于理解，能够反映企业现金流量的来龙去脉，但在实际工作中编制成本较高。按照间接法列示的现金流量表，其优点是可以节省大量的编制成本，但缺点是数据的显示不够直观，且需要有一定的会计基础知识方能理解。

延伸阅读资料

"经营活动产生的现金流量"与"净利润"之间的关系

四、现金流量表项目解读

下面，我们对现金流量表主表，按照三类活动所涉及的现金流量项目分别进行简单解读。

（一）经营活动产生的现金流量项目解读

经营活动产生的现金流量下通常有七个项目，其中，流入项目有三项，流出项目有四项。

1. 经营活动的现金流入

（1）"销售商品、提供劳务收到的现金"项目。该项目反映企业因销售商品、提供劳务实际收到的现金（含销售收入和应向购买者收取的增值税销项税额），包括本期销售商品、提供劳务收到的现金，以及前期销售和前期提供劳务本期收到的现金和本期预收的账款，减去本期退回本期销售的商品和前期销售本期退回商品支付的现金。企业销售材料和代购代销业务收到的现金也包括在本项目中。该项目是企业经营活动现金流入的主要来源，通常具有数额大、所占比重大、持续性较强的特点。在现金流量表分析中属于重点分析项目。

（2）"收到的税费返还"项目。该项目反映企业收到的税务部门等因各种原因返还的所得税、消费税、关税、增值税、教育费附加等各种税费。该项目具有数额较小、比重较小、受国家政策影响大、企业能动性小、对经营活动的现金流入整体影响较小，且持续性较差的特点。

（3）"收到其他与经营活动有关的现金"项目。该项目反映企业除了上述项目外，与经营活动有关的其他现金流入，包括经营性租赁收到的租金和出租包装物收到的租金收入、罚款收入、流动资产损失中由个人赔偿的现金收入、除税费返还外的其他政府补助收入等。该项目由于偶发性强，所以具有稳定性差、数额不大、不具有持续性、对经营活动的现金流入影响小的特点。注意：企业实际收到的政府补助，无论是与资产相关还是与收益相关，均在此项目中反映。

2. 经营活动的现金流出

（1）"购买商品、接受劳务支付的现金"项目。该项目反映企业本期购买商品、接受劳务实际支付的现金（包括增值税进项税额），以及本期支付前期购买商品、接受劳务的未付款项和本期预付款项，减去本期发生的购货退回收到的现金。企业购买材料和代购代销业务支付的现金，也在本项目中反映，为购置存货而发生的借款利息资本化部分，应在"分配股利、利润或偿付利息支付的现金"项目中反映。该项目是企业经营活动现金流出的主要项目，通常具有数额大、所占比重大、持续性强的特点，是现金流量分析的重点分析项目之一。

（2）"支付给职工以及为职工支付的现金"项目。该项目反映企业本期实际支付给职工以及为职工支付的现金，包括工资、奖金、各种津贴和补贴等职工薪酬（包括代扣代缴的职工个人所得税）以及为职工支付的其他费用。注意：①该项目不包括支付给离退休人员的各项费用和支付给在建工程人员的工资。支付给离退休人员的各项费用，包括支付的统筹退休金以及未参加统筹的退休人员的费用，在"支付其他与经营活动有关的现金"项目中反映；支付给在建工程人员的工资在"购建固定资产、无形资产和其他长期资产支付的现金"项目中列示。②企业支付给职工用于养老、失业等补充养老保险、住房公积金、社会保险基金，以及支付给职工的住房困难补助或为职工支付的其他福利费用等，需要按照职工的工作性质和服务对象，分别在本项目和在"购建固定资产、无形资产和其他长期资产支付的现金"项目中反映。该项目也是企业现金流出的重要内容，但具有数额波动小的特点。

（3）"支付的各项税费"项目。该项目反映企业按国家税法和有关规定于本期发生并支付、以前各期发生本期支付以及预缴的各项税费，包括所得税、增值税、消费税、印花税、房产税、土地增值税、车船税、教育费附加等。企业支付的各项税费应当与其生产经营规模相适应。报表阅读者应将"支付的各项税费"项目与利润表中的"税金及附加"项目和"所得税费用"项目的数额进行比较，从而对企业的相关税费支付状况做出判断。

（4）"支付其他与经营活动有关的现金"项目。该项目反映企业的生产成本、制造费用、销售费用、管理费用等项目中，除外购商品、外购劳务、工资等支出以外的有关现金支出，包括经营租入固定资产支付的租金，租入包装物支付的租金，支付的备用金，以现金支付的差旅费、办公费、保险费、罚款支出、退还的押金、业务招待费，以及支付给离退休人员的统筹退休金和未参加统筹的退休人员的各种费用。该项目具有数额小、稳定性差的特点。其他与经营活动有关的现金，如果金额较大的，应单列项目反映。

3. 经营活动产生的现金流量净额

"经营活动产生的现金流量净额"项目，是经营活动现金流入减去经营活动现金流出后的净额。

其结果有以下三种。①经营活动产生的现金流量净额小于零，表明企业的现金收入小于付现成本，意味着企业在销售过程中实现的现金收入不足以弥补企业在生产产品过程中因购买原材料等发生的付现成本。该种状态通常出现在创业初期和成长初期的企业中。②经营活动产生的现金流量净额等于零，表明企业的现金收入恰好等于付现成本，意味着企业在销售过程中的现金收入恰好弥补了企业的付现成本。该种状态是临界状态，通常出现在成长初期向高速成长过渡的阶段。③经营活动产生的现金流量净额大于零，表明企业的现金收入在弥补了付现成本后仍有剩余，该种状态通常出现在处于成长期、成熟期的企业中。

根据经营活动产生的现金流量净额大于零条件下的现金流量净额充足性，我们又可进一步将其分为三种情况：①经营活动产生的现金流量大于零但不足以补偿当期的非付现成本；②经营活动产生的现金流量大于零并恰能补偿当期的非付现成本；③经营活动产生的现金流量大于零并在补偿当期的非付现成本后仍有剩余。显然，从现金流量的充足性角度看，以上几种状态明显存在着递进关系。企业最终追求的是经营活动产生的现金流量不仅要大于零，而且要在弥补了所有成本后仍然有足够的剩余。经营活动产生的现金流量是判断企业现金流量质量的重要依据，而不同的企业发展阶段，对经营活动产生的现金流量要求是不一样的。企业不同发展阶段的经营活动现金流量阶段性分析评价如表 4-4 所示。

表 4-4　　　　　　　　　　经营活动现金流量阶段性分析评价[①]

项目	发展阶段			
	初创阶段	成长阶段	成熟阶段	衰退阶段
经营活动产生的现金流量小于零	正常	长期持续状态说明企业回笼现金的能力很弱		很差
经营活动产生的现金流量等于零	中等	长期持续状态说明企业回笼现金的能力很弱		一般
经营活动产生的现金流量大于零但不足以补偿当期的非现金消耗性成本	较好	长期持续状态不能给予较高评价		较好
经营活动产生的现金流量大于零并恰好能补偿当期的非现金消耗性成本	好	较好	好	好
经营活动产生的现金流量大于零并在补偿当期非现金消耗性成本后仍有剩余	很好	很好	很好	很好

（二）投资活动产生的现金流量项目解读

企业投资活动产生的现金流量下有九个项目，其中，现金流入项目有五个，现金流出项目有四个。

1. 投资活动的现金流入

（1）"收回投资收到的现金"项目。该项目反映企业收回的投资本金和投资收益，包括企业出售、转让或到期收回除现金等价物以外的长期股权投资、债权投资、其他债权投资和其他权益工具投资等而收到的现金，但不包括长期债权投资收回的利息（在"取得投资收益收到的现金"项目中反映），不包括收回的非现金资产，也不包括处置子公司及其他营业单位收到的现金净额（在"处置子公司及其他营业单位收到的现金净额"项目中反映）。该项目具有数额小、稳定性差的特点。

（2）"取得投资收益收到的现金"项目。该项目反映因股权性投资而分得的现金股利，从子公司、联营企业或合营企业分回利润而收到的现金，以及因债权性投资而取得的现金利息收入等，包括在现金等价物范围内的债权性投资，其利息收入在本项目中反映。该项目表明企业进入投资回收期，是相对于偶然的投资收益而言的。该投资收益来源于股权性投资和子公司、联营企业或合营企业的利润分成，具有较强的持续性。

（3）"处置固定资产、无形资产和其他长期资产收回的现金净额"项目。该项目反映企业在出售固定资产、无形资产和其他长期资产过程中扣除为出售这些资产而支付的有关费用后的现金净额。自然灾害造成固定资产等长期资产损失而收到的保险赔偿收入，也在本项目中反映。但是，

① 张先治，陈友邦.财务分析 [M]. 6 版. 大连：东北财经大学出版社，2013.

如果处置固定资产、无形资产和其他长期资产收回的现金净额为负数，则应作为投资活动产生的现金流出，在"支付其他与投资活动有关的现金"项目中反映。由于固定资产、无形资产或其他长期资产是企业生产能力的体现，理论上该项目数额应该不大。如果该项目数额较大，则应该结合现金流量表中其他项目判断企业可能的重要战略变化。例如，结合"购建固定资产、无形资产和其他长期资产支付的现金"项目中的具体明细项目，判断企业是否在调整产业结构或产品结构；再如，结合筹资活动中的"偿还债务支付的现金"项目，判断企业是否通过出售企业长期资产来解决债务危机。

（4）"处置子公司及其他营业单位收到的现金净额"项目。该项目反映了企业在处置对子公司及其他营业单位的投资时收到的现金扣除处置费用支出后的净额，该项目通常无余额。如果有余额，则表示企业当期处置了部分子公司或其他营业单位。这种对子公司或营业单位的处置行为往往表明企业的战略结构发生了改变，或者企业因为资金紧张，只能靠变卖子公司或营业单位取得的收入偿债。

（5）"收到其他与投资活动有关的现金"项目。该项目反映企业除上述各项目外，收到的其他与投资活动有关的现金。如收回购买股票和债券时支付的已宣告但尚未领取的现金股利或已到付息期但尚未领取的债券利息等。

2. 投资活动的现金流出

（1）"购建固定资产、无形资产和其他长期资产支付的现金"项目。该项目反映企业为购买、建造固定资产，取得无形资产和其他长期资产而支付的现金，包括购买机器设备支付的现金、建造工程支付的现金、支付在建工程人员的工资支出、企业购入或自创取得各种无形资产的现金支出，但不包括企业为购建固定资产而发生的资本化借款利息（在"分配股利、利润或偿付利息支付的现金"项目中反映），也不包括融资租入固定资产而支付的租赁费（在"支付其他与筹资活动有关的现金"项目中反映）。显然，该项目是企业生产能力提升的体现，企业购买的生产设备揭示了企业未来的经营战略。该项目与投资活动的现金流入中"处置固定资产、无形资产和其他长期资产收回的现金净额"项目是对应项目，分析时应该将两者进行比较。如果现金流入大于现金流出，说明企业正在缩小生产经营规模或者退出某个行业，反之则在扩大规模。进一步分析时，我们还应注意是企业自身原因还是行业原因造成的这种状况。

（2）"投资支付的现金"项目。该项目反映企业对外长期投资所支付的现金，包括长期股权投资、债权投资、其他债权投资和其他权益工具投资，以及支付其佣金与手续费等的现金。如果企业购买的债券的价款中含有债券利息，或是以债券溢价或折价购入的债券，均按实际支付的金额反映。①该项目与投资活动产生的现金流入中的"收回投资收到的现金"项目相对应，将两者对比，可以考查企业参与资本运作的能力和实施股权、债权的投资能力等。如果收回投资收到的现金超出投资支付的现金，则说明企业对外投资规模缩小，企业可能存在资金紧张或者发现其他需要资金的项目的情况；反之则说明企业可能有充足的现金，无法在主营业务上获得利润，不得不寻找其他投资途径。对经营主导型企业而言，从金额上看，无论是投资出去还是收回投资，其金额都不宜过大。②该项目与投资活动产生的现金流入中的"取得投资收益收到的现金"项目相关联，将两者对比，可以解析投资支付现金的投资收益情况。③如果将"收回投资收到的现金"项目和"取得投资收益收到的现金"项目与该项目结合比较，可解析该项目的补偿机制和补偿情况。

（3）"取得子公司及其他营业单位支付的现金净额"项目。该项目反映企业在投资子公司及其他营业单位时所支付的现金，包括因投资而产生的佣金、手续费等。该项目与投资活动产生的现金流入中的"处置子公司及其他营业单位收到的现金净额"项目是对应项目，该项目通常无余额，若有余额则表明企业在扩张；如余额较大，则表明企业在扩张中占用了大量资金，此时应当特别关注企业现金支付的能力及取得现金净额的子公司或其他营业单位未来的盈利能力。

（4）"支付其他与投资活动有关的现金"项目。该项目反映企业除了上述各项目外，支付的其他与投资活动有关的现金。例如购买股票或债券时，实际支付的价款中包含的已宣告但尚未领取的现金股利或已到付息期但尚未领取的债券利息等。

3. 投资活动产生的现金流量净额

"投资活动产生的现金流量净额"项目，是指投资活动现金流入减去投资活动现金流出后的净额。其结果有下列两种。①投资活动产生的现金流入量低于现金流出量，表明企业投资规模在扩大。这多发生在企业初创阶段或成长阶段，企业因为生产能力提升不断对内投资购买固定资产；也可能发生在企业的成熟阶段，企业在现金流量比较充足的前提下对外进行了股权性投资或债权性投资。报表使用者应结合其他财务报表及报表附注等，做出合理判断。②投资活动产生的现金流入量高于现金流出量，表明企业进入投资回收期。这种情形多发生在企业成熟阶段，企业因为对外投资的原因，取得投资收益，甚至收回投资本金；也可能发生在企业战略调整阶段或企业衰退阶段，出于某些原因，企业处置了长期资产、子公司或营业单位等。这两种情形可能对企业造成的影响是不同的。前者形成的现金流量通常具有持续性，从而提高企业现金流量的质量；后者形成的现金流量通常是偶然的，不具有持续性。分析者应结合其他资料做出合理判断。

（三）筹资活动产生的现金流量项目解读

筹资活动产生的现金流量下有六个项目，其中，现金流入项目有三个，现金流出项目有三个。

1. 筹资活动的现金流入

（1）"吸收投资收到的现金"项目。该项目反映企业收到的投资者投入的现金，包括以发行股票、债券等方式筹资实际收到的款项，减去直接支付给金融机构的佣金、手续费、宣传费、咨询费、印刷费等发行费用后的净额。以发行股票、债券等方式筹资而由企业直接支付的审计、咨询等费用，在"支付其他与筹资活动有关的现金"项目中反映。

（2）"取得借款收到的现金"项目。该项目反映企业通过短期、长期借款收到的现金。

（3）"收到其他与筹资活动有关的现金"项目。该项目反映企业除上述各项目外，收到的其他与筹资活动有关的现金，如接受捐赠的现金等。如果价值较大的，应单列项目反映。

2. 筹资活动的现金流出

（1）"偿还债务支付的现金"项目。该项目反映企业偿还债务所支付的本金，但不包括借款利息或债券利息（在"分配股利、利润或偿付利息支付的现金"项目中反映）。该项目与筹资活动的"取得借款收到的现金"项目是对应项目，企业分析时可以将两者对比分析。通常由于借款的期限各不相同，企业很可能采用借新款还旧债的方式。如果两者数据相当，则反映企业负债规模没有太大变化；但如果取得借款收到的现金远超过偿还额，则说明企业的负债水平提高，应结合报表中其他信息判断企业资金链的紧张程度。

（2）"分配股利、利润或偿付利息支付的现金"项目。该项目反映企业当期支付的现金股利、支付给投资者的利润和支付的借款利息、债券利息。该项目可表明企业的资金是否充足。借款付息是负债的基本要求，也是企业正常生产经营的基本要求，但分配股利不足，在此应该特别关注企业分配股利的资金来源。如果发现企业采用借款筹集资金来分配股利，说明其资金紧张，现金股利的发放可能基于某些特定的目的，如满足证监会增发股票的要求等。

（3）"支付其他与筹资活动有关的现金"项目。该项目反映企业除上述各项目外，支付的其他与筹资活动有关的现金。如以发行股票、债券等方式筹集资金而由企业直接支付的审计、咨询等费用，融资租赁所支付的现金，以分期付款方式构建固定资产以后各期支付的现金等。其他与筹资活动有关的现金，如果价值较大的，应以单独项目列示反映。

3. 筹资活动产生的现金流量净额

"筹资活动产生的现金流量净额"项目，是指筹资活动的现金流入减去筹资活动的现金流出后的净额。其结果有下列两种。①筹资活动产生的现金流量净额大于零，表明企业筹资活动现金流入量大于现金流出量，说明企业依赖外部借款或发行股票获得资金，该状态多发生在企业初创阶段和成长阶段。在这两个阶段企业自身造血能力不足，严重依赖外部输血，企业现金流量的需求主要通过筹资活动来满足。企业在成熟阶段如果出现这种状态，说明企业可能因投资活动或经营活动的现金流失控，不得已进行筹资，分析者要结合其他资料分析其背后的风险。②筹资活动产生的现金流量净额小于零，表明企业筹资活动的现金流出大于现金流入，说明企业对外部资金的依赖性逐渐降低，该状态多发生在处于成熟阶段的企业中。成熟企业经营活动现金流量充足，投资活动需要的现金流出降低，同时投资收益也日益增长，使得企业有足够的现金还本付息或者发放现金股利。当然，处于衰退阶段的企业，由于经营状况恶化、资不抵债、筹资能力较弱，也有可能出现这种状态。

延伸阅读资料

现金流量表的重要项目与非重要项目的区分

（四）汇率变动对现金及现金等价物的影响

"汇率变动对现金及现金等价物的影响"项目，主要反映企业外币现金流量和境外子公司的现金流量折算为人民币时，按现金流量发生日汇率或平均汇率折算成人民币金额，与现金流量表中"现金及现金等价物净增加额"项目中外币净增加额按期末汇率折算成人民币金额之间的差额。

五、现金流量表与资产负债表、利润表的关系

现金流量表与资产负债表、利润表并不是相互脱离、彼此独立的，它们之间有着内在的勾稽关系。

（一）现金流量表与资产负债表的勾稽关系

现金流量表是以收付实现制为基础编制的，是反映企业一定期间现金流入和现金流出情况的会计报表。从内容上看，现金流量表其实主要反映的是企业最为特殊且重要的资产"货币资金"的变化。因此，现金流量表与资产负债表之间的勾稽关系，主要体现为资产负债表中"期末货币资金"项目、"期初货币资金"项目与现金流量表附注中"现金的期末余额"项目、"现金的期初余额"项目之间的关系，如图4-1所示。

图4-1 现金流量表与资产负债表的勾稽关系

图 4-1 很形象地表明了现金流量表和资产负债表之间的勾稽关系。但需要注意的是，由于现金流量表中"现金及现金等价物净增加额"项目核算内容与资产负债表中"货币资金"项目的核算内容不完全等同，两者之间的勾稽关系并不是简单的相等关系。事实上考虑到"公司或集团内子公司使用受限制的现金及现金等价物"等内容的客观存在，"货币资金"项目与"现金的期初余额"项目或"现金的期末余额"项目之间常常出现差异。因此，现金流量表必须对此进行单独列示。

（二）现金流量表与利润表的勾稽关系

我们通常可以将现金流量表中经营活动产生的现金流量理解为以收付实现制为计算基础的企业净收益，而将利润表中的净利润理解为以权责发生制为计算基础的企业净收益。两者的计算基础虽然不同，但都表现为企业在某个会计期间因生产经营活动所产生的收益。基于此，两者之间理论上是可以转换的。这其实就是现金流量表与利润表之间的内在勾稽关系，按照间接法编制的现金流量表，其实就是这种内在勾稽关系的充分体现。现金流量表与利润表的勾稽关系见图4-2。

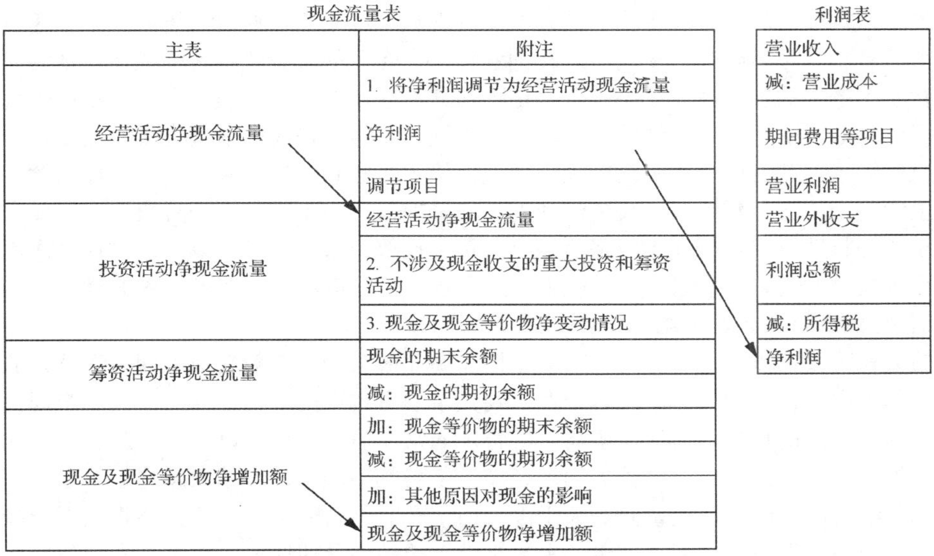

图 4-2　现金流量表与利润表的勾稽关系

六、现金流量表分析的相关理论

现金是企业重要的资产，随着资本市场的发展和企业竞争的加剧，人们对现金流量表分析越来越重视。做好现金流量表分析，不仅需要考虑企业所处的宏观环境与行业、企业不同的产品，以及企业的生命周期等因素对企业现金流量的影响，而且需要相关企业管理理论和财务分析理论的正确指引。与分析现金流量表直接相关的理论主要有：生命周期理论、波士顿矩阵和现金流量表分析的起点。

（一）生命周期理论

生命周期理论首先应用于产品生命周期，是 20 世纪 60 年代由美国的经济学家雷蒙德·弗农提出的，其后被应用于各个领域。生命周期理论与企业的发展相结合，形成了企业生命周期理论，该理论将一个企业的发展阶段划分为创业阶段、成长阶段、成熟阶段和衰退阶段，如图4-3所示。企业经营活动、投资活动和筹资活动产生的现金流量，因为企业处于不同的生命周期阶段而呈现不同的特征。

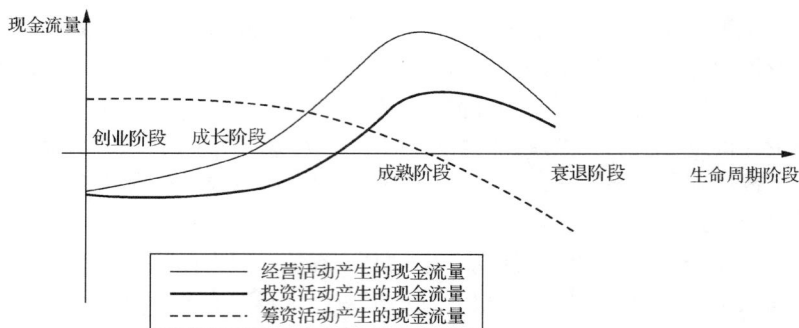

图 4-3 企业生命周期不同阶段的现金流量

1. 创业阶段企业及其现金流量趋势分析

处于创业阶段的企业，绝大多数处于现金不足的状态。一方面企业迫切需要大量的现金以满足不断扩大的生产规模，另一方面企业产品质量和品牌认可度不高，通过市场回笼资金速度慢，使得企业的经营风险和财务风险都处于高位。在创业阶段，企业的现金流量特征主要表现为以下三个。其一，经营活动产生的现金净流量小于零。由于销售不畅，企业入不敷出，即使将产品或服务销售出去，也可能是通过赊销方式实现的，而成本的发生却是实实在在的现金支付，这使得企业现金收入远小于付现成本。此时由于规模效应尚未体现，绝大多数企业的净利润也不尽如人意。其二，投资活动产生的现金流出金额巨大，投资活动现金流量净额远小于零。这个阶段企业需要大量的现金购买生产设备等长期资产，因此不断将所筹集的资金投放出去。其三，筹资活动现金净流量远远大于零。这个阶段企业尚未形成自我造血能力，严重依赖外部借款和所有者投入的资金。

2. 成长阶段企业及其现金流量趋势分析

企业的成长阶段可以进一步分为新兴成长期和高速成长期。在新兴成长期生存下来的企业，其产品或服务基本得到市场的认可。此时企业需要大量的资本支出，用于继续扩大生产规模。但市场份额仍然不高，产品的规模效应很不明显，销售量通常在盈亏临界点以下。此时企业的现金流量特征主要表现为以下三个。其一，经营活动现金净流量仍然小于零，但越来越趋近于零，产品畅销的某些个别企业经营活动现金净流量开始大于零。由于产品逐渐畅销，企业销售收入不断提高，现金流入越来越多，与付现成本之间的差距越来越小。随着销售量的增加，很多企业销售量逐渐达到盈亏临界点，企业盈利状况越来越好。其二，投资活动产生的现金流出金额仍然巨大。出于不断扩大规模、占领市场的需要，企业进行投资活动仍然需要大量的资金。其三，筹资活动产生的现金流量仍然是维系企业正常运转的首要资金来源。

在高速成长期，企业的产品或服务得到市场的广泛接受，市场占有率迅速提高，企业的投资回报丰厚，经营风险微不足道。此时现金流量的特征主要表现为：其一，经营活动现金净流量大于零，甚至达到了能够补偿所有成本支出的状态；其二，投资活动产生的现金流出呈减缓趋势；其三，对筹资活动产生的现金流量的依赖性大为降低，给股东的回报有所增加。

3. 成熟阶段企业及其现金流量趋势分析

处于成熟阶段的企业，由于市场容量日趋饱和，所以其面临的市场竞争日益白热化。由于市场竞争加剧，企业分化很严重，有些企业迅速衰退，生存下来的企业进入成熟阶段，但投资回报也急剧下降。此时企业的现金流量特征主要表现为以下三个。其一，经营活动的现金净流量远大于零。经营活动产生的现金流量非常充裕，在弥补了所有的成本后，仍然有大量的剩余。其二，投资活动产生的现金流量同样大于零。进入成熟期后，由于规模扩张速度显著降低，而前期投资逐渐进入回报期，企业投资活动产生的现金流入量开始大幅增加。其三，筹资活动的现金流量逐渐变成负数，企业对借款和新增资本的依赖急剧降低，充裕的经营活动现金流量和投资收益完全可以满足企业还本付息以及发放现金股利的需求。

4. 衰退阶段企业及其现金流量趋势分析

处于衰退阶段的企业，面临的市场竞争空前激烈，产品面临被淘汰或被新产品替代的风险，经营风险和投资风险居高不下。在这一阶段，现金流量特征主要表现为以下三个。其一，经营活动产生的现金流量持续下降，甚至入不敷出。由于销售收入的下降，规模效应也逐渐消失，企业现金流入量不断下降，净利润也不断下降。其二，投资活动产生的现金流量，因为企业的战略撤退也持续下降。其三，筹资活动的现金流量仍然表现为负数，但企业不再依赖于银行借款筹集资金，而可能更多依赖于变卖资产来偿还债务或支付利息。

（二）波士顿矩阵

增长率—市场占有率矩阵法是由波士顿咨询公司于1970年提出来的，也称为波士顿矩阵。该方法的基本思想是：决定行业中企业战略的两个重要因素是企业的相对竞争地位和市场增长率。以这两个参数为坐标，波士顿咨询公司设计出了一个具有四个象限的网格图。横轴表示经营单位的相对竞争地位，它以经营单位相对于其他竞争对手的相对市场占有率来表示；纵轴表示市场增长率，显示了经营单位对市场的吸引力。如果一个企业相对于竞争对手具有较高的市场占有率，它就应该有较高的利润率，从而可以获取更多的现金流。如果市场增长越快，则企业维持其增长所需要的资金就越多，这样也可能带来一些问题。波士顿矩阵如图4-4所示。

波士顿矩阵认为，依据产品的相对市场占有率和市场增长率的不同，企业可以采取不同的战略。具有较高的相对市场占有率和较低的市场增长率的产品被称为金牛产品；相对市场占有率较低，市场增长率也较低的产品被称为瘦狗产品；相对市场占有率较低而市场增长率较高的产品被称为幼童产品；相对市场占有率和市场增长率都较高的产品被称为明星产品。但是，产品所处的象限并非一成不变的，而会随着企业的经营状况发生变化。波士顿矩阵为企业提供了一个框架，企业可以通过考虑潜在的增长和评估市场份额来评估竞争程度。

图 4-4 波士顿矩阵

从图4-4可知，不同产品会对企业现金流量产生不同的影响。其一，明星（现金明星）产品。处于这一象限的产品，成长性高，相对市场占有率高，为企业创造了较高的利润，但现金流量并不十分充裕。其二，金牛（现金奶牛）产品。这一象限的产品处于成熟阶段前期，相对市场占有率高，但成长速度显著趋缓。企业因为市场竞争地位的强势，在销售产生了大量利润的同时也产生了大量的现金，真正实现了"吃进去的是草，挤出来的是钱"的状态。其三，瘦狗（现金瘦狗）产品。这一象限的产品基本进入衰退阶段，相对市场占有率下降，销售需要大量的资金支持，现金流入不敷出，正常情况下企业应该及时淘汰或者改进这种产品。其四，幼童（问题小孩）产品。这一象限的产品，既有优点（成长性较高），也有缺点（相对市场占有率低），这使得企业现金流量缺乏稳定性。对于这样的"问题小孩"，关键是看企业管理层的"调教"，"调教"得好，"问题小孩"可能成为"明星"，甚至"金牛"，"调教"得不好，企业很可能早衰。

（三）现金流量表分析的起点[①]

现金流量表主表主要由经营活动、投资活动和筹资活动三大活动的现金流入量与流出量构成，那么分析现金流量表从哪里入手，即起点在哪儿呢？这是一个实际问题，更是一个理论问题。

现金流量表分析的起点是投资活动现金流出量的补偿机制分析。所谓补偿机制，就是企业支出一笔费用之后通过特定项目和方式方法予以补偿和补充的运作方式和原理。古人云：将欲取之，必先予之。"予"是为了"取"，有"取"才能继续"予"。"予"与"取"，相互依存，共生共存。现金

---

① 张新民. 从报表看企业：数字背后的秘密[M]. 3版.北京：中国人民大学出版社，2017.

流量表中的现金支付与现金补偿（现金流入）亦然。因此，弄清楚现金流量表分析的起点，主要应从理解和把握"购建固定资产、无形资产和其他长期资产支付的现金"项目的补偿机制、"投资支付的现金"项目的补偿机制入手。

1. "购建固定资产、无形资产和其他长期资产支付的现金"项目的补偿机制

其主要通过投资活动未来现金流入量和经营活动产生的现金流量净额两个方面来补偿。①投资活动未来现金流入量的补偿。现金流量表投资活动流入量中的"处置固定资产、无形资产和其他长期资产收回的现金净额"项目，其实主要是对以前购建固定资产、无形资产和其他长期资产支付的现金，通过购建的固定资产、无形资产和其他长期资产的残值收入的方式在现在获得补偿，通过这种补偿方式和方法来补偿当初购建固定资产、无形资产和其他长期资产所支付的现金，仅能获得对其补偿的很小一部分。而当初购建固定资产、无形资产和其他长期资产支付的绝大部分现金的补偿一定是在未来通过另外途径完成的。显然这属于今天花钱明天才能补偿的投资活动项目。企业不能指望未来用残值收入来全部补偿其原来购建固定资产、无形资产和其他长期资产的现金支付。如何使当初购建固定资产、无形资产和其他长期资产支付的现金（除去残值收入补偿的部分）得到充分补偿呢？分析者只要将目光往现金流量表的"经营活动产生的现金流量"部分看，就不难发现原来已支付的购建固定资产、无形资产和其他长期资产（除去残值收入补偿的部分）的现金流量的剩余部分，可以通过经营活动现金流量来补偿。因为未来企业经营活动使用以前购建的相关的固定资产、无形资产和其他长期资产，在相关的固定资产、无形资产和其他长期资产使用年度内，需要通过经营活动现金流量净额来逐渐补偿这部分早已支出的投资现金流量。②经营活动产生的现金流量净额的补偿。经营活动现金流入量和流出量的关系是：在得到经营活动现金流量净额的时候，企业已经补偿了经营活动（缴税、支付工资等）的诸多消耗（如采购款、工资等），但绝对没有补偿折旧费和无形资产及其他长期资产摊销费等。虽然折旧费和摊销费是不需要现在花钱的，但绝不意味着不需要补偿。所以，本年购建的固定资产、无形资产和其他长期资产的现金流出量应该由未来固定资产、无形资产和其他长期资产使用期内的经营活动的现金流入量来补偿，其补偿速度取决于折旧或者摊销速度。可见，加快折旧和摊销就是加快补偿。

2. "投资支付的现金"项目的补偿机制

对外投资所支付的现金显然不能依靠经营活动来补偿，而只能依靠现金流量表中投资活动产生的现金流量的"收回投资收到的现金"项目和"取得投资收益收到的现金"项目来补偿。①未来期间"收回投资收到的现金"项目。企业出售、转让或到期收回除现金等价物以外的长期股权投资、债权投资、其他债权投资和其他权益工具投资等而收到的现金等这种收回投资所收到的现金，一定是"先买后卖"的，不包括收回的非现金资产，也不包括处置子公司及其他营业单位收到的现金净额（在"处置子公司及其他营业单位收到的现金净额"项目中反映）。②未来期间"取得投资收益收到的现金"项目。企业长期持有的投资，其只能靠未来不断收到的现金股利和利息来补偿。由此可见，现在支付的对外投资现金流出量，一定由未来投资项目的现金流入量来补偿。

需要特别强调，企业应处理好现在和未来的关系。如果一个企业的投资活动现金流量净额是负数，则一般表明企业在整体上呈现（对内或对外的）扩张的态势。在动态不确定、竞争异常激烈的环境下，如果企业投资活动现金流量总是正数，则经营主导型的企业，因为缺乏对未来的投资布局与准备，以致扩张性投资不足，未来发展很可能难以为继。

七、现金流量表的分析内容和常用分析方法

现金流量表分析主要包括四个方面的内容。第一，现金流量与相关理论分析。该分析主要包括使现金流量变化的主要原因分析、生命周期与现金流量分析、波士顿矩阵与现金流量分析等三方面内容。

第二，现金流量表整体分析。该分析主要针对直接法编制的现金流量表，包括现金流量表主要数据的一般分析、现金流量表水平分析、现金流量表垂直分析和现金流量表趋势分析。第三，现金流量表比率分析。该分析主要针对现金流量表的主要项目，结合资产负债表和利润表的相关项目，确定并计算某个比率，借以反映企业某些关键信息。该分析主要包括根据现金流量表分析企业偿债能力、根据现金流量表分析企业盈利能力和根据现金流量表分析企业财务弹性三方面。第四，现金流量质量分析。依据现金流量质量与现金流量的质量特征，对现金流量表的质量进行分析，主要包括经营活动产生现金流量的质量分析、投资活动产生现金流量的质量分析和筹资活动产生现金流量的质量分析。

现金流量表的常用分析方法有水平分析法、垂直分析法、趋势分析法、比率分析法等。这些方法需要结合现金流量表具体分析内容来灵活使用。

第二节 现金流量表整体分析

现金流量表整体分析包括四个方面的内容，即现金流量表主要数据的一般分析、现金流量表水平分析、现金流量表垂直分析和现金流量表趋势分析。

一、现金流量表主要数据的一般分析

其实，现金流量表就是对资产负债表中的重点项目"货币资金"的进一步展现和解释。从某种意义上讲，现金流量表本身就可以直接作为分析表，企业可以根据表中资料初步判断企业现金流量的主要情况。因此，在对现金流量表做进一步分析之前，只需要浏览表中的主要数据，并对表中项目稍做上下比对就可完成对主要数据的一般分析，从而获得具有较高价值的分析信息，为接下来的深入分析打下基础。

下面以 SHR 母公司现金流量表中的主要数据为基础，对该公司 20×9 年度现金流量进行一般分析，如表 4-5 所示。

表 4-5 　　　　　　　　　　　SHR 母公司现金流量表主要数据　　　　　　　　　　金额单位：千元

项目	20×9 年	20×8 年
一、经营活动产生的现金流量		
经营活动现金流入小计	20 024 207	17 417 487
经营活动现金流出小计	16 689 826	14 488 043
经营活动产生的现金流量净额	3 334 381	2 929 444
二、投资活动产生的现金流量		
投资活动现金流入小计	27 157 462	7 405 606
投资活动现金流出小计	28 919 222	10 018 493
投资活动产生的现金流量净额	（1 761 760）	（2 612 887）
三、筹资活动产生的现金流量		
筹资活动现金流入小计		119 641
筹资活动现金流出小计	815 522	377 542
筹资活动产生的现金流量净额	（815 522）	（257 901）
四、汇率变动对现金及现金等价物的影响	9 599	53 020
五、现金及现金等价物净增加额	766 698	111 676
加：期初现金及现金等价物余额	2 994 860	2 883 185
六、期末现金及现金等价物余额	3 761 558	2 994 861

由表 4-5 可知，第一，显然，20×9 年 SHR 母公司的现金流量净额相比于 20×8 年的现金流量净额是增加的。该公司 20×9 年现金及现金等价物年末比年初净增加额为 766 698 千元，其中经营活动产生的现金流量净额为 3 334 381 千元，投资活动产生的现金流量净额为-1 761 760 千元，筹资活动产生的现金流量净额为-815 522 千元，汇率变动对现金及现金等价物的影响为 9 599 千元，基本可以忽略不计。第二，20×9 年经营活动产生的现金流量净额大于零，符合 SHR 母公司的正常预期。但是 SHR 母公司经营活动产生的现金流量净额是否充足，尚需进一步分析。第三，20×9 年投资活动产生的现金流量净额为负数，反映企业仍在扩张过程中。第四，20×9 年筹资活动产生的现金流量净额为负数，反映企业资金对外依赖程度较低。

主要数据的一般分析，主要是根据企业经营活动、投资活动、筹资活动的大体状况，判断是否与在环境、行业特征等重要因素影响下的企业预期相符合，并以此判断企业整体状况是否正常。SHR 公司属于医药行业，在行业中具有较多的竞争优势，基本进入成熟阶段但仍然具有一定的成长性，因此 20×9 年该公司的现金流量状况与市场预期是比较符合的。相反，假设该公司 20×9 年经营活动现金流量净额为负数，则作为一个弱周期性行业中的企业，出现这样的现象就背离投资者的心理预期了。

延伸阅读资料

现金流量表主要数据的一般分析类型

二、现金流量表水平分析

现金流量表的主要数据只能大概说明企业现金流量的概况，并不能揭示本期现金流量与上期现金流量的变化程度。因此，对现金流量表进行水平分析实属必要。

下面根据 SHR 母公司的现金流量表编制现金流量表的水平分析表（见表 4-6），并据此对 SHR 母公司现金流量表进行水平分析。

表 4-6　　　　　　　　　　SHR 母公司现金流量表水平分析表　　　　　　金额单位：千元

项　目	20×9 年	20×8 年	变动额	变动率（%）
一、经营活动产生的现金流量：				
销售商品、提供劳务收到的现金	19 890 643	17 321 599	2 569 044	14.83
收到其他与经营活动有关的现金	133 564	95 888	37 676	39.29
经营活动现金流入小计	20 024 207	17 417 487	2 606 720	14.97
购买商品、接受劳务支付的现金	1 695 800	1 734 421	-38 621	-2.23
支付给职工以及为职工支付的现金	2 553 844	2 125 062	428 782	20.18
支付的各项税费	2 002 629	2 421 123	-418 494	-17.29
支付其他与经营活动有关的现金	10 437 553	8 207 437	2 230 116	27.17
经营活动现金流出小计	16 689 826	14 488 043	2 201 783	15.20
经营活动产生的现金流量净额	3 334 381	2 929 444	404 937	13.82
二、投资活动产生的现金流量：				
收回投资收到的现金	25 366 300	6 668 190	18 698 110	280.41
取得投资收益收到的现金	1 638 863	734 592	904 271	123.10
处置固定资产、无形资产和其他长期资产收回的现金净额	15 072	2 824	12 248	433.71
处置子公司及其他营业单位收到的现金净额	137 227		137 227	
收到其他与投资活动有关的现金				
投资活动现金流入小计	27 157 462	7 405 606	19 751 856	266.71
购建固定资产、无形资产和其他长期资产支付的现金	192 385	176 817	15 568	8.80
投资支付的现金	28 726 837	9 841 676	18 885 161	191.89
取得子公司及其他营业单位支付的现金净额				

续表

项　　目	20×9 年	20×8 年	变动额	变动率（%）
支付其他与投资活动有关的现金				
投资活动现金流出小计	28 919 222	10 018 493	18 900 729	188.66
投资活动产生的现金流量净额	−1 761 760	−2 612 887	851 127	−32.57
三、筹资活动产生的现金流量：				
吸收投资收到的现金	0	119 541	−119 641	−100.00
取得借款收到的现金				
收到其他与筹资活动有关的现金				
筹资活动现金流入小计	0	119 541	−119 641	−100.00
偿还债务支付的现金				
分配股利、利润或偿付利息支付的现金	810 890	368 244	442 646	120.20
支付其他与筹资活动有关的现金	4 632	9 298	−4 666	−50.18
筹资活动现金流出小计	815 522	377 542	437 980	116.01
筹资活动产生的现金流量净额	−815 522	−257 901	557 621	216.22
四、汇率变动对现金及现金等价物的影响	9 599	53 020	−43 421	−81.90
五、现金及现金等价物净增加额	766 698	111 676	655 022	586.54
加：期初现金及现金等价物余额	2 994 860	2 883 185	111 675	3.87
六、期末现金及现金等价物余额	3 761 558	2 994 861	766 697	25.60

从表 4-6，我们很容易看出，第一，在 SHR 母公司三大类活动的现金流量中，变化最大的是筹资活动产生的现金流量净额，增加幅度达到 216.22%，引起筹资活动现金流量净额变动的原因是公司"分配股利、利润或偿付利息支付的现金"项目 20×9 年较 20×8 年增加了 442 646 千元，增长 120.20%。公司近两年大量进行股利分配和利息的支付活动，说明了公司拥有较为充裕的现金流，其产品有成为"现金奶牛"产品的潜力。第二，公司近两年没有发生举债业务，反映企业对外部筹资的依赖性较弱。同时，从数值看，"销售商品、提供劳务收到的现金"项目是现金流入的主要贡献者，说明公司经营活动现金流量的质量可靠，公司自身造血功能进一步增强。第三，SHR 母公司投资活动的现金流量净额下降了 32.57%，而且连续两年该公司投资活动现金流量净额都是负数，说明 SHR 母公司始终处在投资扩张中，且以内部形成生产能力的经营扩张为主。不过，20×9 年投资规模相比 20×8 年投资规模有所缩小。当然投资活动现金流入的缺乏，也表明前期对外投资的缺乏，或者尚未进入投资回收期。

三、现金流量表垂直分析

现金流量表的垂直分析（或称现金流量表结构分析），需要根据现金流量的方向分别计算现金流入结构占比、现金流出结构占比，以及现金流量产生的各类活动内部结构占比。由于现金流量表结构分析内容较多，本教材只通过计算一个年度的现金流量结构来介绍其垂直分析法。至于与以往年度的结构对比、与同业竞争对手的结构对比或与本企业预算现金流量表结构的对比分析，因为教材篇幅所限，就不赘述了。

根据 SHR 母公司 20×9 年现金流量表数据制作的结构分析表，如表 4-7 所示。

表 4-7　　　　　　　　　　　SHR 母公司现金流量结构分析表　　　　　　　　　　金额单位：千元

项　　目	20×9 年	流入结构（%）	流出结构（%）	内部结构（%）
一、经营活动产生的现金流量：				
销售商品、提供劳务收到的现金	19 890 643			99.33
收到其他与经营活动有关的现金	133 564			0.67
经营活动现金流入小计	20 024 207	42.44		100.00
购买商品、接受劳务支付的现金	1 695 800			10.16

续表

项　　目	20×9 年	流入结构（%）	流出结构（%）	内部结构（%）
支付给职工以及为职工支付的现金	2 553 844			15.30
支付的各项税费	2 002 629			12.00
支付其他与经营活动有关的现金	10 437 553			62.54
经营活动现金流出小计	16 689 826		35.95	100.00
经营活动产生的现金流量净额	3 334 381			
二、投资活动产生的现金流量：				
收回投资收到的现金	25 366 300			93.40
取得投资收益收到的现金	1 638 863			6.03
处置固定资产、无形资产和其他长期资产收回的现金净额	15 072			0.06
处置子公司及其他营业单位收到的现金净额	137 227			0.51
收到其他与投资活动有关的现金				
投资活动现金流入小计	27 157 462	57.56		100.00
购建固定资产、无形资产和其他长期资产支付的现金	192 385			0.67
投资支付的现金	28 726 837			99.33
取得子公司及其他营业单位支付的现金净额				
支付其他与投资活动有关的现金				
投资活动现金流出小计	28 919 222		62.29	100.00
投资活动产生的现金流量净额	-1 761 760			
三、筹资活动产生的现金流量：				
吸收投资收到的现金				
取得借款收到的现金				
收到其他与筹资活动有关的现金				
筹资活动现金流入小计				
偿还债务支付的现金				
分配股利、利润或偿付利息支付的现金	810 890			99.43
支付其他与筹资活动有关的现金	4 632			0.57
筹资活动现金流出小计	815 522		1.76	100.00
筹资活动产生的现金流量净额	-815 522			
现金流入总额*	47 181 669	100.00		
现金流出总额**	46 424 570		100.00	

注：*现金流入总额根据经营活动现金流入、投资活动现金流入和筹资活动现金流入汇总计算得到。

　　**现金流出总额根据经营活动现金流出、投资活动现金流出和筹资活动现金流出汇总计算得到。

根据表 4-7，我们对现金流量表垂直分析的具体解析内容如下。

（一）现金流入结构分析

现金流入结构分为总流入结构和内部流入结构。根据表 4-7 中的现金流入结构占比，SHR 母公司总体上可将现金流入分为两部分，一部分以投资活动现金流入为主，占比高达 57.56%，另一部分以经营活动现金流入为主，占比为 42.44%，没有外部筹资金额。这一方面反映了公司对外投资活动比较活跃，另一方面也反映了经营活动的收益需要加强。从各活动内部流入结构看，经营活动现金流入中有99.33% 来自"销售商品、提供劳务收到的现金"项目，反映经营现金流入的质量稳定可靠。对于现金流入贡献较大的投资活动而言，其 93.40% 的现金流入来自"收回投资收到的现金"项目，而"取得投资收益收到的现金"项目只占比 6.03%，这说明企业在外部投资收益方面并不占优势地位。

（二）现金流出结构分析

现金流出结构分为总流出结构和内部流出结构。根据表 4-7 中的现金流出结构占比，SHR 母公司总体上现金流出以投资活动现金流出为主，占比高达 62.69%；其次是经营活动现金流出，占比为

35.95%；最后是筹资活动现金流出，仅占 1.76%。这样的流出结构与企业目前的整体发展是匹配的，适应企业不同生命阶段的要求。从各活动内部流出结构看，经营活动现金流出的 10.16% 来自"购买商品、接受劳务支付的现金"项目，15.30% 来自"支付给职工以及为职工支付的现金"项目，12.00% 来自"支付的各项税费"项目，剩余的 62.54% 来自"支付其他与经营活动有关的现金"项目，这反映该公司主体经营活动现金流出比例偏低，具体原因为：从经营活动内部流入与内部流出结构对比分析，初步判断该公司应该在上下游竞争中占据相对强势地位，在原材料上可能占用了供应商的部分资金。相关内容应结合资产负债表数据做进一步分析。

四、现金流量表趋势分析

现金流量表趋势分析，是通过计算现金流量表各项目在一定时期内的变动情况，观察和分析经营活动、筹资活动、投资活动产生净现金流量的变动趋势，评价企业各项活动产生现金流量的能力和合理性，发现现金流入、流出的规律，从而为预测企业现金的流动方向、金额，进行财务决策和编制现金预算奠定基础的过程。现金流量表趋势分析，需要使用公司连续多年的现金流量表数据，计算定比增长率或环比增长率，以揭示各活动现金流量的变化趋势和规律。

下面以 SHR 母公司 20×5 年至 20×9 年五年的现金流量表数据为例，采用环比增长率法，解释 SHR 母公司近五年现金流量的变化趋势和规律，并在此基础上预测 SHR 母公司未来的现金流量状况。为了更加突出重点，仅对现金流量表的主要数据进行分析。

表 4-8 所示为在对外披露 20×5 年至 20×9 年连续五年 SHR 母公司现金流量表的基础上，剔除没有发生额的项目后归集而成的原始数据表。

表 4-8　　　　　　SHR 母公司 20×5 年至 20×9 年连续五年现金流量表　　　　　金额单位：千元

项　　　目	20×9 年	20×8 年	20×7 年	20×6 年	20×5 年
一、经营活动产生的现金流量：					
销售商品、提供劳务收到的现金	19 890 643	17 321 599	12 803 022	12 016 630	9 306 692
收到其他与经营活动有关的现金	133 564	95 888	233 845	92 469	93 763
经营活动现金流入小计	20 024 207	17 417 487	13 036 867	12 109 099	9 400 455
购买商品、接受劳务支付的现金	1 695 800	1 734 421	2 268 345	2 613 080	2 094 053
支付给职工以及为职工支付的现金	2 553 844	2 125 062	1 197 362	967 040	773 343
支付的各项税费	2 002 629	2 421 123	1 996 717	1 804 817	1 441 983
支付其他与经营活动有关的现金	10 437 553	8 207 437	6 009 017	5 080 826	3 666 724
经营活动现金流出小计	16 689 826	14 488 043	11 471 441	10 465 763	7 976 103
经营活动产生的现金流量净额	3 334 381	2 929 444	1 565 426	1 643 336	1 424 352
二、投资活动产生的现金流量：					
收回投资收到的现金	25 366 300	6 668 190	2 757 162		151 129
取得投资收益收到的现金	1 638 863	734 592	35 352	2 201	250
处置固定资产、无形资产和其他长期资产收回的现金净额	15 072	2 824	571	261	65
处置子公司及其他营业单位收到现金净额	137 227				
投资活动现金流入小计	27 157 462	7 405 606	2 793 085	2 462	151 444
购建固定资产、无形资产和其他长期资产支付的现金	192 385	176 817	76 062	366 734	21 462
投资支付的现金	28 726 837	9 841 676	4 897 200	1 050 162	158 300
取得子公司及其他营业单位支付的现金净额			57 951	176 080	531 820
支付其他与投资活动有关的现金					
投资活动现金流出小计	28 919 222	10 018 493	5 031 213	1 592 976	711 582
投资活动产生的现金流量净额	-1 761 760	-2 612 887	-2 238 128	-1 590 514	-560 138

续表

项 目	20×9年	20×8年	20×7年	20×6年	20×5年
三、筹资活动产生的现金流量：					
吸收投资收到的现金		119 641	523 713		
取得借款收到的现金					
收到其他与筹资活动有关的现金					
筹资活动现金流入小计		119 641	523 713		
偿还债务支付的现金				10 000	
分配股利、利润或偿付利息支付的现金	810 890	368 244	316 907	195 677	150 500
支付其他筹资活动有关的现金	4 632	9 298	549	3 425	256
筹资活动现金流出小计	815 522	377 542	317 456	209 102	150 756
筹资活动产生的现金流量净额	−815 522	−257 901	206 257	−209 102	−150 756
四、汇率变动对现金及现金等价物的影响	9 599	53 020	−41 876	30 945	9 208
五、现金及现金等价物净增加额	766 698	111 676	−508 321	−125 335	722 666
加：期初现金及现金等价物余额	2 994 860	2 883 185	3 391 506	3 516 841	2 987 364
六、期末现金及现金等价物余额	3 761 558	2 994 861	2 883 185	3 391 506	3 710 030

由于表 4-8 中的数据非常多，为突出重点，我们主要针对现金流量表的主要数据进行分析。为此我们根据表 4-8 中的数据分别制作了表 4-9～表 4-12，以分别反映最终结果——现金及现金等价物、经营活动现金流量、投资活动现金流量和筹资活动现金流量的趋势变化。

表 4-9　　　　　　　　　　　SHR 母公司现金及现金等价物环比增长率趋势表　　　　　　　金额单位：千元

报告年度	汇率变动对现金及现金等价物的影响		现金及现金等价物净增加额		期末现金及现金等价物余额	
	数 值	增长率（%）	数 值	增长率（%）	数 值	增长率（%）
20×5	9 208		722 666		3 710 030	
20×6	30 945	236.07	−125 335	−117.34	3 391 506	−8.59
20×7	−41 876	−235.32	−508 321	305.57	2 883 185	−14.99
20×8	53 020	−226.61	111 676	−121.97	2 994 861	3.87
20×9	9 599	−81.90	766 698	586.54	3 761 558	25.60

从表 4-9 中可以看出，SHR 母公司期末现金及现金等价物余额除了 20×6 和 20×7 年外基本都在增长。其中汇率变动对现金及现金等价物的影响数值较小，其变动对现金的影响整体都不大，可以忽略不计，而现金及现金等价物净增加额在 20×5 年、20×8 年和 20×9 年都是正值，尤其 20×9 年的值相对于 20×8 年增加了 586.54%，说明企业整体现金流转状况趋于好转。

表 4-10　　　　　　　　　　SHR 母公司经营活动现金流量环比增长率趋势表　　　　　　　金额单位：千元

报告年度	经营活动现金流入小计		经营活动现金流出小计		经营活动产生的现金流量净额	
	数 值	增长率（%）	数 值	增长率（%）	数 值	增长率（%）
20×5	9 400 455		7 976 103		1 424 352	
20×6	12 109 099	28.81	10 465 763	31.21	1 643 336	15.37
20×7	13 036 867	7.66	11 471 441	9.61	1 565 426	−4.74
20×8	17 417 487	33.60	14 488 043	26.30	2 929 444	87.13
20×9	20 024 207	14.97	16 689 826	15.20	3 334 381	13.82

从表 4-10 中可以看出，SHR 母公司经营活动产生的现金流量净额都为正数，反映企业的经营活动至少能够弥补所有的付现成本，20×5 年至 20×9 年，SHR 母公司经营活动产生的现金流量净额整体上在快速增加（20×7 年除外）。从增长率来看，20×8 年达到了 87.13%，20×9 年略低，为 13.82%。较快的增长表明公司可能进入了高速成长期。从经营活动现金流入与现金流出的增长率来看，两者之间的匹配程度较高，说明企业经营活动现金流量比较健康，公司营销策略多年来应该没有太大的变化。

表 4-11　　　　　　　　　SHR 母公司投资活动现金流量环比增长率趋势表　　　　　　金额单位：千元

报告年度	投资活动现金流入小计		投资活动现金流出小计		投资活动产生的现金流量净额	
	数　值	增长率（%）	数　值	增长率（%）	数　值	增长率（%）
20×5	151 444		711 582		-560 138	
20×6	2 462	-98.37	1 592 976	123.86	-1 590 514	183.95
20×7	2 793 085	113 347.81	5 031 213	215.84	-2 238 128	40.72
20×8	7 405 606	165.14	10 018 493	99.13	-2 612 887	16.74
20×9	27 157 462	266.71	28 919 222	188.66	-1 761 760	-32.57

从表 4-11 中可以看出，SHR 母公司连续五年都处于投资活动现金流量净额为负值的状态，表明公司始终处在投资扩张中。从现金流量表原始数据看，该公司的投资活动更多地表现在购买固定资产、无形资产等，说明生产能力在持续提高，公司比较重视生产规模的扩大，原始数据也表明公司对内扩张速度有逐渐加快的趋势。相对而言，公司对外的投资金额相对较少，反映公司一方面可能没有多余的现金对外投资，另一方面到目前为止都在坚持经营为主的理念。从投资活动现金流入看，该公司始终在现金流入方面水平较低，尤其是 20×6 年，仅仅达到 2 462 千元，说明公司在扩大对外投资过程中，尚未形成良好的投资收益。综合来看，公司随着良好经营状况的持续，逐年产生更多的经营活动现金流量，在现金富余的同时开始对外投资，但投资效果尚未有效体现。

表 4-12　　　　　　　　　SHR 母公司筹资活动现金流量环比增长率趋势表　　　　　　金额单位：千元

报告年度	筹资活动现金流入小计		筹资活动现金流出小计		筹资活动产生的现金流量净额	
	数　值	增长率（%）	数　值	增长率（%）	数　值	增长率（%）
20×5	0		150 756		-150 756	
20×6	0		209 102	38.70	-209 102	38.70
20×7	523 713		317 456	51.82	206 257	-198.64
20×8	119 641	-77.16	377 542	18.93	-257 901	-225.04
20×9	0	-100.00	815 522	116.01	-815 522	216.22

从表 4-12 中可以看出，SHR 母公司 20×5 年、20×6 年、20×9 年没有任何外部筹资行为，进一步验证了前面的结论"企业经营活动现金流量不断好转"。20×5 年至 20×9 年，企业始终有筹资活动现金流出。根据 SHR 母公司原始现金流量表数据可以看出，筹资活动的现金流出表现为企业持续的还本付息和发放现金股利。关注公司股利分配状况，我们发现 SHR 母公司持续五年都采用了派发现金股利的政策。可见公司现金流量充足，且公司管理层十分重视对投资者的回报。

整体而言，通过对 SHR 母公司现金流量表主要数据的趋势分析，结合前面的一般分析、水平分析、结构分析，初步判断如下。第一，公司整体上经营活动现金流量健康且质量尚可，成长性较好，经营活动产生的现金流量越来越多。随着企业的健康发展，现在的"现金明星"产品可能成为未来的"现金奶牛"产品。第二，公司仍然处于持续的规模扩张阶段，企业的现金流量中有相当部分用于购买固定资产等扩张行为。第三，公司整体现金流量充裕。在没有外部筹资行为的前提下，不仅满足了公司扩张的资本支出需求，还满足了公司还本付息和支付现金股利的需求。

第三节　现金流量质量分析

无论对现金流量表是进行整体分析还是相关比率分析，其基本意图都是考量现金流量表的信息质量。

但是，为了深入把握企业现金流量质量，我们有必要专门从质量分析的角度对现金流量做深入分析。为此，本节在阐述现金流量质量与现金流量的质量特征的基础上，重点对分类现金流量进行质量分析，即对经营活动产生的现金流量质量、投资活动产生的现金流量质量和筹资活动产生的现金流量质量进行分析讲解。

一、现金流量质量与现金流量的质量特征

所谓现金流量质量，是指企业的现金流量能够按照企业的预期目标进行顺畅运转的质量。由于现金流量结构和状态的复杂性，通常不能使用某个特定的指标或标准，直接界定现金流量质量的好坏。我们认为，具有良好质量的现金流量应当具备三个特征：第一，企业现金流量的结构与状态体现了企业发展战略的要求；第二，在稳定发展阶段，企业经营活动的现金流量应当有足够的支付能力，并能为企业的扩张提供现金流量的支持；第三，筹资活动现金流量能够适应不同发展阶段经营活动、投资活动对现金流量的需求，且无不当融资行为。因此，现金流量质量较高的突出表现是：各类活动的现金流量周转正常，现金流转状况与企业短期经营状况和企业长期发展目标相适应。

二、经营活动产生的现金流量质量分析

经营活动是企业经济活动的主体，经营活动产生的现金流量体现了企业"自我造血"的功能。因此，在企业各类现金流量中，经营活动现金流量显得尤为重要。对经营活动现金流量的质量分析同样如此。下面，我们从真实性、充足性、合理性、稳定性和成长性五个方面对经营活动产生的现金流量质量进行分析。

（一）真实性分析

判断企业经营活动现金流量的真实性比较困难。但我们仍然可以通过对比上市公司中报和年报的经营活动现金流量，考查经营活动现金流量的均衡性，初步判断经营活动现金流量的真实性。其基本原理是，在考虑一些行业本身销售特点导致现金回笼特点的前提下，感性判断企业经营活动现金流量的回笼状态是否与行业自身现金回笼特点相符合，从而判断企业是否存在异常现金流的现象。另外，如果企业出现大额预收账款，分析者也应该保持警惕，警惕企业通过虚构预收账款交易，粉饰主营业务现金流量。当企业有大量关联交易时，分析者应注意分析企业可能存在借助关联方归还借款、占用关联方资金、现金流量项目类别归属错误等事项来粉饰经营活动现金流量的情形。

（二）充足性分析

经营活动现金流量的充足性（或称充裕性），是指企业是否具有足够的经营活动产生的现金流量净额来满足其正常运转和规模扩张的需要。企业在初创期或扩张转型期时，经营活动产生的现金流量净额暂时出现负数，属于企业发展过程中不可避免的正常状态。如果企业在其他时期经营活动产生的现金流量仍然十分有限，那就说明企业经营活动现金流量质量不高，这会影响企业的未来发展。如果企业的营业周期超过一年，那么，企业各个会计年度的现金流量分布就可能出现与核心利润分布产生较大差异的情况。对于企业经营活动现金流量的充足性分析，既可以从绝对量的角度进行，也可以从相对值的角度进行。

1. 从绝对量的角度衡量充足性

企业生存和发展理论表明，企业经营活动产生的现金净流量应当而且必须依次满足企业的以下要求：①补偿固定资产折旧、无形资产摊销、长期待摊费用与其他长期资产摊销；②支付经营用融资利息和投资用融资利息；③支付现金股利；④扩大再生产等。而企业实践表明：满足要求①，其实只是满足简单再生产对经营活动产生的现金流量净额的起码要求。如果要满足要求④，其前提是

应先满足前面的三个要求。

企业经营活动产生的现金流量净额为多少时才算充足呢？有人认为，只要企业经营活动产生的现金流量净额能满足企业延续现有经营规模的需要，就算充足；也有人认为，只要企业经营活动产生的现金流量净额在满足企业延续现有经营规模之后，还能部分满足或支持企业发展的需要，就能算充足；更有人认为，只有企业经营活动产生的现金流量净额能满足企业发展的需要，才能算充足。关于企业经营活动产生的现金流量净额，从绝对量上来分析判断其充足性的问题，不同的人有不同的看法，不同的企业有不同的要求。本书赞成第二种观点，并认为，能够满足简单再生产需要的，说明现金流量净额基本充足；能够部分满足扩大再生产需要的，说明比较充足；能够完全满足扩大再生产需要的，说明相当充足。下面我们从维持简单再生产（维持原有经营规模）和扩大再生产（发展）两个层面来考查、分析和判断。

（1）从维持企业简单再生产的角度来分析判断充足性。

要维持企业原有规模的简单再生产，企业当期究竟需要多少经营活动产生的现金净流量才算充足的分析，可以从三个方面来进行。

第一，以经营活动产生的现金净流量能否抵补维持原有经营规模之需来分析判断（公式判别法）。企业如果仅仅依靠内部积累维持目前的生产经营规模和能力，其经营活动产生的现金流入量必须能够抵补当期发生的营业成本和经营费用等必要的支出。即企业当期经营活动产生的现金流入量必须能够抵补以当期经营活动的现金流出量（即付现成本）、以"固定资产折旧、无形资产和其他长期资产摊销额"为表现形式的前期支付的，但需要在当期和以后各期收回的长期资产支出，以及前期支付需要在当期损益中摊销的长期待摊费用等。简言之，就是要能抵补本期经营活动的现金流出量（即付现成本）和本期固定资产折旧费用、无形资产摊销额、长期待摊费用摊销额和其他长期资产摊销额等。用绝对量衡量经营活动产生的现金流量净额是否充足，可以利用下面的公式。

经营活动现金净流量≥（本期固定资产折旧额+本期无形资产摊销额

+本期长期待摊费用摊销额+本期其他长期资产摊销额）

如果这个不等式成立，我们基本可以判断该企业经营活动产生的现金流量净额是比较充足的，企业现有规模下的简单再生产得以维持。

第二，以经营活动产生的现金流量净额大于当期的核心利润的程度来分析判断（经验判别法）。当企业当期经营活动产生的现金流量净额大于企业当期的核心利润时，企业拥有的经营活动产生的现金流量净额算不算具备了能够维持原有经营规模的现金充足性的基本要求呢？可以认为充足性基本达标。根据企业的实践经验，处于正常发展状态和运行状态的企业，一般在年度存货周转速度达到两次以上时，经营活动产生的现金流量净额应当为核心利润的 1.2 倍以上。因此，只有当企业年存货周转率超过两次，且经营活动产生的现金流量净额为核心利润的 1.2 倍以上时，经营活动产生的现金流量净额才属正常且具有充足性，现有规模下的简单再生产才得以持续。值得注意的是，在企业经营周期超过一年的情况下，企业各个会计年度的现金流量的分布可能会出现与核心利润的分布有较大差异的情况。

第三，利用广义自由现金流量计算指标值来衡量（绝对数指标法）。经营活动产生的现金流量净额虽然能够揭示企业的造血功能，但是经营活动现金净流量即使为正值，也未必能够说明企业有足够的现金可用于还本付息或支付股利。事实上，衡量企业还本付息和支付现金股利能力并在现实生活中广为人知的指标是"自由现金流量"。一般认为，自由现金流量有广义和狭义之分。广义的自由现金流量等于经营活动产生的现金净流量减去维持现有经营规模的资本性支出，其计算公式如下。

广义自由现金流量=经营活动产生的现金净流量−维持现有经营规模的资本性支出

只要企业有广义自由现金流量，就说明企业可以维持简单再生产，企业经营活动产生的现金净流量具有充足性，企业可能还具有一定的还本付息或支付现金股利的能力。企业如果具有狭义自由现金流量，则至少能说明它可以为扩大再生产提供一部分所需要的资金。

（2）从企业扩大再生产的角度分析判断充足性。

从部分满足企业扩大再生产对经营性现金流量需要的角度分析判断充足性，一方面可以利用狭义自由现金流量这个绝对值指标来判断，另一方面也可以基于对企业经营活动产生的现金流量净额用途的全面分析来判断。

第一，基于狭义自由现金流量绝对指标值的判断。

狭义自由现金流量等于经营活动产生的现金净流量减去维持现有经营规模的资本性支出和现金股利。狭义自由现金流量不考虑偿还长期债务的因素，而是假设长期债务最终将由长期资产或偿债基金偿还。其计算公式如下。

狭义自由现金流量=经营活动产生的现金净流量-（维持现有经营规模的资本性支出+现金股利）

狭义自由现金流量可以用来衡量企业利用内部现金资源进行扩张，把握市场机遇或应对市场逆境的能力。企业只要具有狭义自由现金流量，就能说明企业经营活动产生的现金流量净额的充足性，说明企业具有支付现金股利和一定的还本付息的能力，而且也能够提供企业扩大再生产的部分或全部的资金。需要提示的是，狭义自由现金流量还是用来评估企业财务弹性（即评估企业利用内部现金资源把握市场新出现的机遇和应对市场突发问题的能力）的重要指标。

第二，基于对企业经营活动产生的现金流量净额用途的全面分析的判断。

如前所述，经营现金净流量除应扣除当期折旧费用及摊销费外，还要支付现金股利、偿付借款利息，再有剩余便可满足扩大再生产的现金需求。用公式表示就是：（经营活动产生的现金流量净额-折旧及摊销费-现金股利-利息）>0。说明经营活动产生的现金净流量具有充足性。但是企业本期到期债务归根结底还是需要用经营性现金来偿还的，如果对经营活动产生的现金流量净额的用途考虑了这个因素，那么，（经营活动产生的现金流量净额-折旧及摊销费-现金股利-利息-本期到期债务）>0，将无人再敢质疑企业经营活动产生的现金流量净额是否充足。不可否认，如此分析现金流量的充足性可能太过严苛。现实中的企业完全通过经营活动产生的现金流量净额来推动企业发展，既受限于速度也少有鲜活的案例。但是，凭借对企业经营活动产生的现金流量净额的充足性分析，形成对企业未来盈利能力和获现能力的预期，既可以提升企业融资能力，也更有利于企业落地其发展战略。

2. 从相对值的角度衡量充足性

从相对值的角度衡量经营活动现金流量是否充足，主要通过了解经营活动产生的现金流量净额能否满足扩大再生产的资金需要，分析经营活动现金流量对企业投资活动的支持力度，以及对筹资活动的风险规避水平进行。具体可以通过计算现金流量充裕（足）率、经营现金流量对资本支出比率、经营现金流量对借款偿还比率、经营现金流量对股利支付比率，以及折旧摊销影响比率等典型指标来分析判断。现金流量充裕率已在本章第三节中讲解，于此不赘述。值得注意的是，反映企业经营活动现金流量充足性的指标中，最重要、信息量最大的是现金流量充裕率，其他比率提供的基本都是单方面信息，分析者可以根据需要选择使用。

（1）经营现金流量对资本支出比率。经营现金流量对资本支出比率是指企业经营活动现金流量净额相对于企业购建固定资产现金支出的比率，其计算公式如下。

经营现金流量对资本支出比率=经营活动现金流量净额÷购建固定资产现金支出

该比率用来衡量企业利用经营活动产生的现金流量进行固定资产更新改造的能力。该比率越大，表明企业更新改造固定资产的能力越强。这个比率其实就是广义自由现金流量的另一个表现形式。

（2）经营现金流量对借款偿还比率。经营现金流量对借款偿还比率是指企业经营活动现金流量净额相对于企业偿还借款现金流出的比率，其计算公式如下。

经营现金流量对借款偿还比率=经营活动现金流量净额÷偿还借款现金流出

该比率用于衡量企业利用当年经营活动产生的现金流量净额偿还银行借款的能力。该比率越大，表明企业偿还银行借款的能力越强。

（3）经营现金流量对股利支付比率。经营现金流量对股利支付比率是指企业经营活动现金流量净额相对于企业支付股利的现金流量的比率，其计算公式如下。

经营现金流量对股利支付比率=经营活动现金流量净额÷支付股利的现金流量

该比率用于衡量企业利用当年经营活动产生的现金流量净额发放现金股利的能力。该比率越大，表明企业发放现金股利的能力越强。

（4）折旧摊销影响比率。折旧摊销影响比率是指企业经营活动现金流量净额中长期资产的折旧费用和摊销费用的比例，其计算公式如下。

折旧摊销影响比率=（折旧费用+摊销费用）÷经营活动现金流量净额

从财务的角度看，企业长期资产的折旧费用和摊销费用是企业现金的来源之一，显然，该种性质的现金与企业通过销售创造的现金具有不同的经济意义。因此，分析者有必要知道企业在剔除折旧费用、摊销费用后创造现金的能力。折旧摊销影响比率反向衡量了企业经营活动产生的现金净流量有多大比例来自长期资产的折旧费用和摊销费用。该比率越小，表明企业的现金流量质量越高，净利润与经营性现金流量的差异越小。

（三）合理性分析

对经营活动现金流量的合理性分析，主要包括对企业经营活动现金流入是否顺畅、经营活动现金流出是否恰当、经营活动现金流入量与流出量结构是否合理，以及经营活动现金流入量与流出量之间是否规模匹配与协调四个方面的分析。

1. 经营活动现金流入的顺畅性分析

判断企业经营活动现金流入是否顺畅，应当重点分析考查经营活动现金流入的"销售商品、提供劳务收到的现金"这一主要的关键项目的规模。一般来说，该项目规模较大且稳定或稳定增长，则说明经营活动现金流入顺畅。该项目的规模与企业营业收入的规模、所采取的信用政策和企业实际的回款状况等因素直接相关。此外，分析者还应当考虑企业所处行业的结算特点、企业与经销商和消费者之间的议价能力以及市场竞争状况等因素对其造成的不同影响，并结合利润表中的营业收入、资产负债表中的商业债权（应收账款和应收票据）以及预收款项等项目的期初、期末余额的变化情况加以分析和判断。

2. 经营活动现金流出的恰当性分析

判断企业经营活动现金流出量是否合理、恰当，应当重点分析考查经营活动现金流出中"购买商品、接受劳务支付的现金"这一主要的关键项目的规模。该项目的规模主要取决于企业营业成本的规模、采购规模、相应的采购政策和企业的实际付款状况等因素，此外，分析者还应考虑企业所处行业的结算特点、企业与供应商之间的议价能力以及市场竞争状况等因素对其造成的不同影响，看其流出是否合理、有无过度支付行为。分析者可以借助利润表中的营业成本、资产负债表中的商业债务（应付账款和应付票据）、存货以及预付款项等项目的期初、期末余额的变化情况加以分析和判断。

3. 经营活动现金流量结构的合理性分析

由于特定企业在年度之间以及不同企业之间经营特点与管理方式的差异，其经营活动的现金流入量和现金流出量的内部结构会有显著不同。我们可以从现金流入和现金流出两方面考查经营活动现金流量结构的合理性。第一，就经营活动现金流入量结构的合理性来看，以对外投资管理为主的企业，其购买商品、提供劳务收到的现金，一般不会有太大的规模；而以产品经营为主，且主营业务的市场能力较强的企业，其购买商品、提供劳务收到的现金理应成为经营活动现金流入量的主体。第二，就经营活动现金流出量结构的合理性来看，人工成本较高、外购原材料和燃料需求不高的企业，其购买商品、接受劳务支付的现金会显著低于为职工支付的现金；人工成本不高、外购原材料和燃料占生产成本比重较高的企业，其购买商品、接受劳务支付的现金会显著高于为职工支付的现金；对于主要从事对外投资管理，而子公司资金主要由本公司提供的企业，支付其他与经营活动有关的现金就会成为其经营活动现金流出量的主体。

4. 经营活动现金流入量和现金流出量的匹配性分析

若企业经营活动现金流入量和现金流出量在规模和时间上能尽量做到相互匹配，其现金流量质量就会较高。这样就能实现现金流入与流出的同步协调，使企业能够设计和采用恰当的信用政策，合理地安排供货和其他现金支出，有效地组织销售回款和其他现金流入，从而最大限度地减小其在现金周转方面的压力，或减少现金的闲置浪费，提高现金的利用效率。

（四）稳定性分析

稳定是一个企业持续经营并得以发展的前提条件。经营活动现金流量主要来自企业自身开展的经营活动，主营业务突出、收入稳定是企业运营良好的重要标志。而持续平稳的现金流量，则是企业正常运营和规避风险的重要保证。因此，对经营活动现金流量的稳定性分析，关键应当从企业各会计期间的经营活动现金流量规模是否存在剧烈波动、内部构成是否基本符合所处行业的特征，以及是否存在异常变化情况三个方面来把握和判断。

如果一个企业经营活动现金流入量结构比较合理，则企业销售商品、提供劳务收到的现金明显高于其他经营活动流入的现金，且稳定程度较高。这样企业就较易于保持现金的顺畅周转状态，提高企业的资金使用效率，因此，可以认为这样的经营活动现金流量质量较好。

如果一个企业经营活动现金流量的规模和结构经常出现明显波动，则企业主营业务的获现能力可能存在问题，经营风险较大，现金预算管理难度较大，经营活动现金流量的稳定性就较差。

如果维持企业运行和支撑企业发展的大部分资金由非核心业务活动提供，企业缺少稳定可靠的核心业务的经营现金流量来源，则说明企业的核心竞争实力或者主营业务的获现能力较弱，经营现金流量的质量则更差。企业若想维持正常经营，只能借助筹资活动来应对现金短缺的风险。

（五）成长性分析

经营活动现金流量的成长性，可以通过经营活动现金净流量成长比率来衡量。其计算公式如下。

经营活动现金净流量成长比率=本期经营活动净流量增加额÷上期经营活动现金净流量

该指标反映企业经营活动现金流量的变化趋势和具体的增减变动情况。

一般来说，该比率小于 0，说明企业经营活动现金流量处于萎缩状态，企业现金流量质量有下降的趋势，通常处于衰退阶段的企业可能出现此状态；该比率等于或者接近 0，说明企业经营现金流量较前期没有明显增长，经营活动现金流量成长能力不强，成熟期后期阶段的企业容易出现此状态；该比率越大（大于 0）表明企业的成长性越好，经营活动现金流量的质量也就越高。但即使该比率超过 0，分析者也要关注企业经营活动现金流量的增长模式。

常见的经营活动现金流量增长模式有负债主导型、资产转换型和业绩推动型。其中，负债主导型，即经营活动现金流量的增长主要得益于当期经营性应付项目的增加，即企业通过延缓应付款项的支付来增加经营活动现金净流量。在此模式下，企业可能处于强势竞争地位，但分析者也应考虑剔除这些应付款项后经营活动现金净流量是否依然是正值且不断增加。而资产转换型，即经营活动现金流量的增长主要依赖于当期经营性应收项目和存货的减少。事实上，经营性应收项目突然减少和降价销售使得存货突然减少，也是企业常用的粉饰经营活动现金流量的方式，分析者在分析时应该明白，该模式下的现金流量质量仍然是不高的。业绩推动型，即经营活动现金流量的增长主要来源于销售业绩的真实提高，此种状态才是较为理想的状态。

需要说明的是，对经营活动现金流量成长性进行分析，仅使用连续两期的数据远远不够，企业至少需要根据五年经营活动现金净流量的主要数据，来判断经营活动现金净流量的成长性以及预测未来的变化趋势。

三、投资活动产生的现金流量质量分析

对于投资活动产生的现金流量的质量分析，我们主要应关注投资活动现金流出量的战略吻合性和现金流入量的盈利性。

（一）投资活动现金流出量的战略吻合性分析

企业投资活动的现金流出量应与企业发展战略相吻合，这种分析主要体现在，对内扩张或调整的战略吻合性分析、对外扩张或调整的战略性分析和对内对外投资相互转移的战略性分析三个方面。

1. 对内扩张或调整的战略吻合性分析

"购建固定资产、无形资产和其他长期资产支付的现金"项目和"处置固定资产、无形资产和其他长期资产收回的现金净额"项目，是现金流量表中分别反映对内扩张投资活动现金流出量与流入量的两个重要项目。通过比较与分析这两个项目之间的规模，可以判断对内投资活动是否体现了企业经营活动发展的战略要求。一是如果前者小于后者，则通常表明企业收缩主业经营战线和规模的战略意图。如果资金紧张或者市场前景暗淡，则表明企业被迫选择收缩经营战略或收缩主业经营规模。当然判断这种收缩行为的经济后果，还需要结合产品周期、竞争态势等市场环境、宏观经济环境，以及对外投资的战略安排等因素做进一步分析。二是如果前者大于后者，则通常表明企业基于原有生产经营规模，试图通过对内扩张战略，进一步提高市场占有率和增强主业的竞争实力。倘若原有资产结构中经营性资产占据主要地位，那么，这种对内扩张态势表明，企业将继续坚持经营主导型经营战略。三是如果两者均具有较大规模，且彼此规模相当，则通常表明企业正处在长期经营性资产的大规模置换与优化阶段，这可能是企业战略转型或资产更新换代的要求所致。呈现这样的状态，将意味着企业改善了技术装备水平，提升了产品适应市场能力和企业核心竞争力。至于这种转型或调整的实施效果如何，还有待检验。

2. 对外扩张或调整的战略性分析

"投资支付的现金"项目和"收回投资收到的现金"项目，是现金流量表中分别反映对外扩张投资活动现金流出量与流入量的两个重要项目。通过对这两个项目数据的比较与分析，可以判断企业对外投资活动是否体现企业发展战略的基本要求。其一，如果前者小于后者，则企业当期的对外投资通常会呈现总体收缩的势头。分析者应在关注所收回投资的盈利性的同时，重点关注这种收缩的真正意图。弄清楚这种收缩，主要是针对效益不好或发展前景暗淡的投资对象等不良资产的主动处置，还是企业在资金紧张等情况下的一种被动选择。对这种投资战线收缩的分析，还要持续关注它对企业未来盈利能力和未来现金流量的影响。其二，如果前者大于后者，则企业的当期对外投资通常呈现总体扩张的态势。分析者应关注企业新的投资方向，考量这种投资动向是否会对提升企业行业竞争能力或者分散经营风险产生积极影响。考查这种变化最终是否对企业未来盈利能力和未来现金流量带来积极影响。其三，如果两者均具有较大规模，且彼此规模相当，则表明企业正处在对外投资的结构性调整阶段。分析者应密切关注这种投资战略调整对企业未来盈利能力和未来现金流量带来的影响。

3. 对内对外投资相互转移的战略性分析

企业可能会在某些情况下进行对内投资和对外投资之间的某种战略调整，这通常表现在：第一，在大规模处置固定资产、无形资产和其他长期资产的同时，进行大规模投资支付；第二，在大规模收回投资的同时，进行大规模购建固定资产、无形资产和其他长期资产。这两种情况的出现，往往意味着企业正在进行盈利模式的转变，以及经营主导型与投资主导型之间的战略调整。因此，分析者分析时应结合行业市场环境和宏观经济环境等因素来判断其对企业未来发展带来的影响。

总之，分析者在分析时，应该根据企业所处的发展阶段和内外部环境变化，在考虑投资活动现

金流出量的合理性以及后续收益能力的基础上做进一步判断。

（二）投资活动现金流入量的盈利性分析

一般来说，投资收益按其所属的时间划分，大体上可分为两类：一类是持有期间收益，如持有股权期间分得的现金股利；另一类是处置收益，如处置子公司获得的收益。显然前者具有持续性，据此增加的净利润也具有持续性；后者是偶发行为，此时因投资收益增加的净利润不具有持续性，盈利质量较差。因此，投资活动现金流入量的盈利性分析，从内容上看，主要包括企业收回投资成本（包括对外投资本金和处置固定资产、无形资产和其他长期资产的变现价值）和取得投资收益收到的现金。一方面，就收回投资成本而言，可通过分析报表附注有关投资收益的明细项目中处置各类投资取得的投资收益情况，以及营业外收入或营业外支出的明细项目，来考查收回投资成本过程中所体现的盈利性。为此，分析者应重点通过比较变现价值与投资初始成本的差额来进行判断。另一方面，就取得投资收益收到的现金而言，应主要通过对比投资收益附注中有关"成本法、权益法核算的长期股权投资收益"和现金流量表中"取得投资收益收到的现金"项目的差额，分析判断投资收益的现金含量和现金获取能力。

四、筹资活动产生的现金流量质量分析

筹资活动产生的现金流量类似于人体的输血功能，同样无法采用稳定的指标去衡量。分析其质量，其实也就是分析其状态是否适应企业不同发展阶段的需求。筹资活动现金流量在总体上应该与企业经营活动现金流量、投资活动现金流量周转的状况相适应，并在满足企业经营活动和投资活动现金需求的同时，尽量降低融资成本，避免不良融资行为。因此，筹资活动产生的现金流量的质量分析应从筹资活动现金流量的适应性、企业筹资渠道与筹资方式的多样性，以及筹资行为的恰当性三个方面进行。

（一）筹资活动现金流量的适应性分析

筹资活动现金流量的适应性分析，是指对筹资活动现金流量与经营活动、投资活动现金流量周转状况的适应性分析。企业在不同的发展阶段，需要不同的筹资方式。创业初期，企业可能更多地采用投资者追加投资的方式筹款，此时能否吸引风险投资是企业走上发展之路的重要因素。逐渐成长的企业，由于业绩提升，资产规模扩大，适当的负债成为其重要的筹资方式。进入成熟期之后企业外部筹资需求量锐减，筹资活动主要表现为还本付息和发放现金股利回报投资者。

对于企业的筹资活动是否适应不同生命阶段经营活动和投资活动的周转状况，主要根据经营活动和投资活动对现金需求量的大小来判断。第一，在企业经营活动和投资活动现金流量净额之和小于零，且企业没有储备足够的现金可以动用时，企业需要筹资活动及时足额筹集相应数量的资金，以满足经营活动和投资活动的资金需求。第二，在企业经营活动和投资活动现金流量之和大于零时，企业可能需要降低现金余额，避免现金闲置状态出现，此时需要及时调整筹资规模和速度，并积极归还借款本金。这在消耗经营活动和投资活动积累的现金的同时，能降低资本成本，提高企业的经济效益。第三，在债务融到期时，当企业没有足够的自有资金积累的情况下，企业应有能力适时举借新债或者通过其他渠道筹集资金，以保证到期债务的如期偿还。分析者完全可以借鉴前文中提到的相关财务比率判断企业筹资活动现金流量的适应性。

（二）筹资渠道与筹资方式的多样性分析

资本成本是企业在筹资活动中需要考虑的一个主要问题。不同筹资渠道及筹资方式，其筹资成本与筹资风险相差很大。如果想要将资本成本降至较低水平，同时将财务风险保持在适当的范围内，企业必须从实际出发，选择适合企业发展的筹资渠道和筹资方式，合理确定筹资规模、期限和还款方式，实现筹资渠道和筹资方式的多样化。因此，筹资渠道和筹资方式的多样性，成为筹资活动中

现金流量的一大质量特征。当然，根据企业某一期间的现金流量表分析观察，筹资活动现金流量的多样性的质量特征不可能非常明显。因此，分析者应当通过连续若干个会计期间的现金流量表的整体、综合与比较分析，判断其是否采用了不当筹资方式，是否可能对企业未来的业绩和企业价值产生影响。

（三）筹资行为的恰当性分析

筹资行为的恰当性分析帮助我们考查企业是否存在超过实际需求的过度融资、企业资金是否存在被其他企业无效益占用等不良融资行为，并进一步分析某种不良融资行为背后真正的融资动机。首先，在筹资活动现金流量大于零的情况下，分析者应着重分析企业的筹资活动是否已经被纳入企业的发展规划，是否与企业未来的发展战略相一致。其次，应判断企业筹资行为是企业管理层以扩大投资和经营活动为目标的主动筹资行为，还是企业因投资活动和经营活动的现金流出失控、企业不得已的筹资行为。再次，应结合考虑企业所处生命周期的具体阶段，分析企业是否存在过度融资的现象。最后，在关注诸如筹资当期合并报表是否出现巨额其他应收款等无效益占用的情形时，还应重视对筹资成本（包括借款利息和现金股利）的现金支付状况、到期债务的偿还状况等方面的分析。

思考题

1. 如何正确理解"现金及现金等价物"的含义？
2. 企业"净利润"与"经营活动现金流量净额"之间的关系是什么？
3. 企业现金流量主要受哪些因素影响？
4. 处于生命周期不同阶段的企业的现金流量具有什么特点？
5. 什么是现金流量质量？
6. 从现金流量角度反映企业偿债能力的指标有哪些？
7. 从现金流量角度反映企业盈利质量的指标有哪些？
8. 如何理解财务弹性，反映企业财务弹性的指标有哪些？
9. 如何进行企业现金流量的质量分析？

延伸阅读资料

本章拓展小案例

第五章 | 所有者权益变动表分析

【教学目标】

通过本章的学习，学生可以了解所有者权益变动表的结构，熟悉所有者权益变动表的项目，理解所有者权益变动表的编制原理，把握所有者权益变动表整体分析的内容和方法，掌握所有者权益变动表主要项目质量分析要领。

2019年9月30日讯，上交所科创板上市委日前召开审议会议，审议通过北京金山办公软件股份有限公司、优刻得科技股份有限公司（以下简称"优刻得公司"）、江苏卓易信息科技股份有限公司三家企业的科创板首发上市申请。该消息公布后，市场基本聚焦在优刻得公司，忽略了其他两家公司，原因是优刻得公司的招股说明书显示，优刻得公司设置了特别表决权，即俗称"同股不同权"。至此，优刻得公司成为科创板过会的第一家"同股不同权"企业。

同股不同权，也称AB股结构，又称双层股权结构，是指上市公司实施的股权架构中包含两类或多类不同投票权的股权。其中，B类股的持有人一般为公司的创始人及其团队，A类股通常为外部投资者持有，A类股股东通常为企业发展过程中的风险投资者、战略投资者，因为看好公司前景，愿意牺牲一定的表决权作为入股筹码。B类股所拥有的表决权，是A类股的数倍之多，双层股权结构的存在令企业在取得外部融资的同时将控制权保留在核心圈中。

根据优刻得公司的特别表决权设置安排，共同实际控制人季昕华、莫显峰及华琨持有的股份每股拥有的表决权数量为其他股东（包括本次公开发行对象）的表决权的5倍。通过此特别表决权的设置，虽然季昕华等三人合计直接持有公司仅26.83%的股份，但却拥有公司64.71%的表决权，保证了创始人及其团队对公司的绝对控制权。

2018年、2019年国务院和证监会相继发文，允许特殊股权结构企业和红筹企业上市。依照《中华人民共和国公司法》第一百三十一条规定，允许科技创新企业发行具有特别表决权的类别股份，每一特别表决权股份拥有的表决权数量大于每一普通股份拥有的表决权数量，其他股东权利与普通股份相同。

显然同股不同权普通股架构的出现再次冲击了所有者权益变动表的设计，也对所有者权益内部构成分析提出了更高的要求。

资料来源：根据新浪财经网站报道《科创板首单"同股不同权"审议通过，背后有啥深意？》改写。

所有者权益是企业所有者投资、企业自身积累能力，以及企业发展能力的资本体现。所有者权益是指企业资产扣除负债后由所有者享有的剩余权益。股份有限公司的所有者权益又称为股东权益。从来源看，所有者权益包括所有者投入的资本、综合收益、留存收益等。从资产负债表项目构成来看，它主要包括实收资本、其他权益工具、资本公积、其他综合收益、盈余公积和未分配利润等项目。由于影响所有者权益的项目和因素众多并复杂，所以需要专门设立一张财务报表披露企业所有者权益的变动情况及来龙去脉。本章将主要对所有者权益变动表的结构、具体项目等内容加以解读，并运用水平分析、垂直分析和比率分析等方法对整体报表以及该报表的重点项目加以分析，以利于企业利益相关者全面把握企业所有者权益变动表所包含的财务状况质量信息。

第一节 | 所有者权益变动表分析概述

除资产负债表、利润表和现金流量表外，还有第四张财务报表，即所有者权益变动表。那么，该张报表是如何产生的，它的内容、结构与基本原理是什么，它与资产负债表、利润表和现金流量表具有什么关系，它的分析目的和分析内容又是什么，本节将详细介绍。

一、所有者权益变动表的含义、结构与基本原理

要了解所有者权益变动表，首先要把握所有者权益变动表的含义、结构和基本原理。

（一）所有者权益变动表的含义

所有者权益变动表，是全面反映企业一定时期（年度或中期）所有者权益各组成部分增减变动情况的报表。它可以向人们传达三个方面的信息：①企业在一定时期所有者权益总量的增减变动情况；②企业在一定时期的所有者权益增减变动的重要结构性信息；③一定时期企业所有者权益增减变动的原因。按照会计准则的规定，我国上市公司自 2007 年起正式对外呈报所有者权益变动表。

（二）所有者权益变动表的结构

相对于资产负债表、利润表和现金流量表，所有者权益变动表的结构与格式存在明显的不同。为了明确地反映构成所有者权益的各组成部分当期的增减变动情况，所有者权益变动表采用了矩阵的形式列示。报表的纵向，列示导致所有者权益变动的各种具体交易或事项，根据所有者权益变动的来源对一定时期所有者权益变动情况进行全面反映；报表的横向，按照所有者权益各组成部分，包括实收资本、其他权益工具、资本公积、库存股、其他综合收益、专项储备、盈余公积、未分配利润及所有者权益总额，列示各交易或事项对所有者权益的影响。所有者权益变动表的横向项目与资产负债表的所有者权益部分的列报项目直接对应。报表横向上的"本年金额"栏与"上年金额"栏、"本年金额"栏下的具体项目与"上年金额"栏下的具体项目，从格局上形成清晰并对应的比较。因此，阅读和填列所有者权益变动表，微观上应从各具体交易或事项，区分"本年金额"和"上年金额"栏，以及相关金额栏下的具体项目；宏观上应先区分"本年金额"和"上年金额"栏，再辨别相应的交易或事项与对应的金额栏下的具体项目。

所有者权益变动表的具体格式如表 5-1 所示。

（三）所有者权益变动表的基本原理

毫无疑问，所有者权益变动表是站在所有者（或股东）的角度详细列示其拥有的净资产变动的报表。众所周知，会计的基本等式是"资产=负债+所有者权益"。从静态的角度看，该等式在任何时点都成立。这个等式表明了所有者权益与资产、负债之间的关系，但无法表明本期所有者权益与上期所有者权益、净利润等之间的关系。所以，我们还需要从动态的角度，了解本期所有者权益与上期所有者权益及其他相关因素之间的关系。该关系理论上可以表达为：

$$本期所有者权益=上期所有者权益+综合收益总额+本期现金增资及股票认购$$
$$-本期买回企业股票-本期发放现金股利+其他调整项目$$

其中，综合收益总额=净利润+其他综合收益所得税税后净额。

这个关系式表明，本期所有者权益是以上期所有者权益为出发点的。包含净利润的综合收益总额是所有者权益的主要影响因素。企业如果获利，则所有者权益增加；如果亏损，则所有者权益减少。因此，利润表的结果影响所有者权益变动表。此外，企业本期的现金股利发放、增资行为、认购或购买自家股票，发行的其他权益证券以及其他调整项目（如会计调整项目等）都会引起所有者权益的变动。

表 5-1

所有者权益变动表

会企 04 表

编制单位： 年度 单位：元

项目	本年金额											上年金额										
	实收资本（或股本）	其他权益工具			资本公积	减：库存股	其他综合收益	专项储备	盈余公积	未分配利润	所有者权益合计	实收资本（或股本）	其他权益工具			资本公积	减：库存股	其他综合收益	专项储备	盈余公积	未分配利润	所有者权益合计
		优先股	永续债	其他									优先股	永续债	其他							
一、上年年末余额																						
加：会计政策变更																						
前期差错更正																						
其他																						
二、本年年初余额																						
三、本年增减变动金额（减少以"－"号填列）																						
（一）综合收益总额																						
（二）所有者投入和减少资本																						
1. 所有者投入的普通股																						
2. 其他权益工具持有者投入资本																						
3. 股份支付计入所有者权益的金额																						
4. 其他																						
（三）利润分配																						
1. 提取盈余公积																						
2. 对所有者（或股东）的分配																						
3. 其他																						
（四）所有者权益内部结转																						
1. 资本公积转增资本（或股本）																						
2. 盈余公积转增资本（或股本）																						
3. 盈余公积弥补亏损																						
4. 设定受益计划变动额结转留存收益																						
5. 其他综合收益结转留存收益																						
6. 其他																						
四、本年年末余额																						

二、所有者权益变动表各项目解读

所有者权益变动表实际上是对资产负债表中所有者权益部分的详细分解说明。该表不仅包括当期损益、其他综合收益，还包括与所有者权益（或股东权益）进行资本交易产生的所有者权益的变动等。解读该报表各项目，能够使信息使用者更全面、更详细地了解企业的业绩信息，增强收益信息的相关性和透明性。基于此，我们将对所有者权益变动表各项目进行专门解读，以便利益相关者全面正确地把握所有者权益变动表的项目内容，为所有者权益变动表整体分析提供基础和准备。解读所有者权益变动表项目，应从纵向和横向两个方面分别进行。由于所有者权益变动表的横向项目【实收资本（或股本）、其他权益工具、资本公积、库存股、其他综合收益、专项储备、盈余公积和未分配利润】的内容较为清楚，在介绍资产负债表时也详细解读过，所以本节主要对所有者权益变动表中列示的纵向项目进行解读。

所有者权益变动表中列示的纵向项目，主要包括上年年末余额、本年年初余额、本年增减变动金额和本年年末余额四大项目。下面我们对这四大项目逐项进行解读。

（一）上年年末余额

"上年年末余额"项目，反映企业上年末资产负债表中实收资本（或股本）、其他权益工具、资本公积、库存股、其他综合收益、专项储备、盈余公积、未分配利润的年末余额。本项目根据上年末资产负债表中的"实收资本（或股本）""其他权益工具""资本公积""库存股""其他综合收益""专项储备""盈余公积""未分配利润"项目的期末余额填列。项目的具体内容和填列方法可通过扫描二维码阅读。

延伸阅读资料

上年年末余额的
内容及填列方法

根据所有者权益变动表的结构，"上年年末余额"项目的计算公式如下。

上年年末余额="上年金额"栏的"四、本年年末余额"="上年金额"栏的"二、本年年初余额"
+"上年金额"栏的"三、本年增减变动金额"

本公式反映的计算过程与所有者权益变动表中一级横向项目"上年金额"栏（表 5-1 中最右边的大栏目）对应的一级纵向栏（表 5-1 最左边的大栏目）"二、本年年初余额"栏和"三、本年增减变动金额"栏的具体计算过程相对应。

不同于其他报表，在所有者权益变动表中，"上年年末余额"项目并不一定直接等于"本年年初余额"项目，原因就是在编制报表过程中可能发生会计政策变更和前期差错更正等情况。

（二）本年年初余额

根据所有者权益变动表的结构，"上年年末余额"项目与"本年年初余额"项目之间的关系如下。

本年年初余额=上年年末余额+会计政策变更+前期差错更正+其他

显然，会计政策变更和前期差错更正会直接影响企业期初的所有者权益数额，因此在所有者权益变动表分析中，应该特别关注这两个项目的数据。

（三）本年增减变动金额

该项目整体上反映了企业当期各种原因导致的所有者权益变动金额，具体指"综合收益总额""所有者投入和减少资本""利润分配""所有者权益内部结转"四个部分。

1. 综合收益总额

"综合收益总额"项目，反映企业净利润和其他综合收益的合计金额。其中，其他综合收益，是指企业根据会计准则规定未在当期损益中确认的各项利得和损失，包括以后会计期间不能重分类进损益的其他综合收益和以后会计期间满足规定条件将重分类进损益的其他综合收益两类。

2. 所有者投入和减少资本

"所有者投入和减少资本"项目，反映企业当年所有者追加投入的资本和减少的资本。本项目具体应列示"所有者投入的普通股""其他权益工具持有者投入资本""股份支付计入所有者权益的金额""其他"四项内容，项目的具体内容和填列方法可通过扫描二维码阅读。

3. 利润分配

"利润分配"项目反映企业当年的利润分配金额。本项目应具体列示"提取盈余公积""对所有者（或股东）的分配""其他"三项内容。其中，"提取盈余公积"项目，反映企业本期按照规定提取的盈余公积，包括提取的法定盈余公积和任意盈余公积；"对所有者（或股东）的分配"项目，反映经股东大会或类似权力机构决议后对所有者（或股东）分配的利润、现金股利或股票股利；"其他"项目反映除上述之外的其他内容。

4. 所有者权益内部结转

"所有者权益内部结转"项目，反映企业构成所有者权益的组成部分之间的增减变动情况。本项目应具体列示"资本公积转增资本（或股本）""盈余公积转增资本（或股本）""盈余公积弥补亏损""设定受益计划变动额结转留存收益""其他综合收益结转留存收益""其他"六项内容。项目的具体内容和填列方法可通过扫描二维码阅读。

（四）本年年末余额

根据所有者权益变动表的结构，"本年年末余额"项目的计算公式如下。

$$本年年末余额=本年年初余额+本年增减变动金额$$

其中，

$$本年年初余额=上年年末余额+会计政策变更+前期差错更正+其他$$
$$本年增减变动金额=综合收益总额+所有者投入和减少资本+利润分配$$

三、四张报表之间的关系

资产负债表、利润表、现金流量表和所有者权益变动表存在一定的内在联系。

（一）所有者权益变动表与资产负债表之间的勾稽关系

所有者权益变动表其实是对资产负债表中所有者权益的进一步解释，两者之间的关系非常明确。资产负债表中的所有者权益反映的是期初和期末两个时点的所有者权益，而所有者权益变动表反映了企业从期初到期末的所有者权益的变动情况。两张报表之间的关系可以用下列公式表示。

$$资产负债表所有者权益期末余额=资产负债表所有者权益期初余额\pm所有者权益变动额$$

其中，所有者权益变动额的具体信息可以通过所有者权益变动表获取。所以，所有者权益变动表可以被看成是对资产负债表中所有者权益的进一步补充和解释，分析者可以通过对所有者权益变动表的解读深入了解企业的财务状况。

（二）所有者权益变动表与利润表之间的关系

因为企业创造的净利润是所有者权益变动的主要原因，所以所有者权益变动额与企业净利润之间的关系可以进一步表示为：

$$所有者权益变动额=综合收益总额+本期现金增资及股票认购活动-本期买回企业股票$$
$$-本期发放现金股利\pm本期其他调整项目$$

如上所述，利润表中的净利润在所有者权益变动表中构成了所有者权益变动额的主要内容。同时，所有者权益变动表产生的重要原因是全面收益观的逐渐形成。从这个角度出发，我们同样也可以将所有者权益变动表看成是利润表的重要补充内容，即所有者权益变动表中的"其他综合收益"

（即直接计入所有者权益的利得和损失）与利润表中的"净利润"共同构成了企业的综合收益。2014年1月，财政部颁布了新修订的《企业会计准则第30号——财务报表列报》，重新调整了资产负债表、利润表和所有者权益变动表的格式，进一步显示了全面收益观对各大报表的影响。以公式表示如下。

$$综合（全面）收益=净利润+其他综合收益的税后净额$$

注：考虑所得税的影响。

其中，"净利润"是企业已经实现并确认的收益，"其他综合收益的税后净额"是企业未实现但根据会计准则的规定已确认的收益。"其他综合收益的税后净额"是利润表的重要补充信息，在此基础上计算出来的综合收益更加客观地反映了企业经营期间因为各种原因形成的已实现或未实现的全面收益。基于此，上市公司在对外公布的利润表中，都会增加一项"其他综合收益的税后净额"，并在此基础上计算综合收益总额。对外公布的所有者权益变动表也将净利润和其他综合收益的税后净额（即其他综合收益）合并为综合收益总额直接作为所有者权益增加的一个原因，将其他综合收益的具体内容不在所有者权益变动表中详细列示，而选择在更重要的利润表中的"其他综合收益的税后净额"项目下直接列示，这个变化是更加强调全面收益。

（三）四张报表之间的关联

众所周知，资产负债表是反映某一时点财务状况的会计报表，是静态报表的一种。资产负债表分别反映了企业某一会计期间期初和期末两个时点的财务状况的存量数据。而从期初到期末，数据是如何演变的，则通常需要利润表、现金流量表以及所有者权益变动表来共同反映。与资产负债表不同的是，利润表、现金流量表和所有者权益变动表都是动态报表，反映的是从期初到期末两个时点之间的存量变化即流量数据。例如，利润表反映的就是特定会计期间经营成果有关项目（特别是利润）的变化数据，现金流量表反映的则是企业在特定会计期间各类现金流量的具体变化数据，而所有者权益变动表反映的则是所有者权益具体项目的变化数据。四张报表静动结合，共同用会计语言反映了特定会计期间的总体财务状况和经营成果。这种从静态到动态、从存量到流量的关系，可以用图5-1表示。

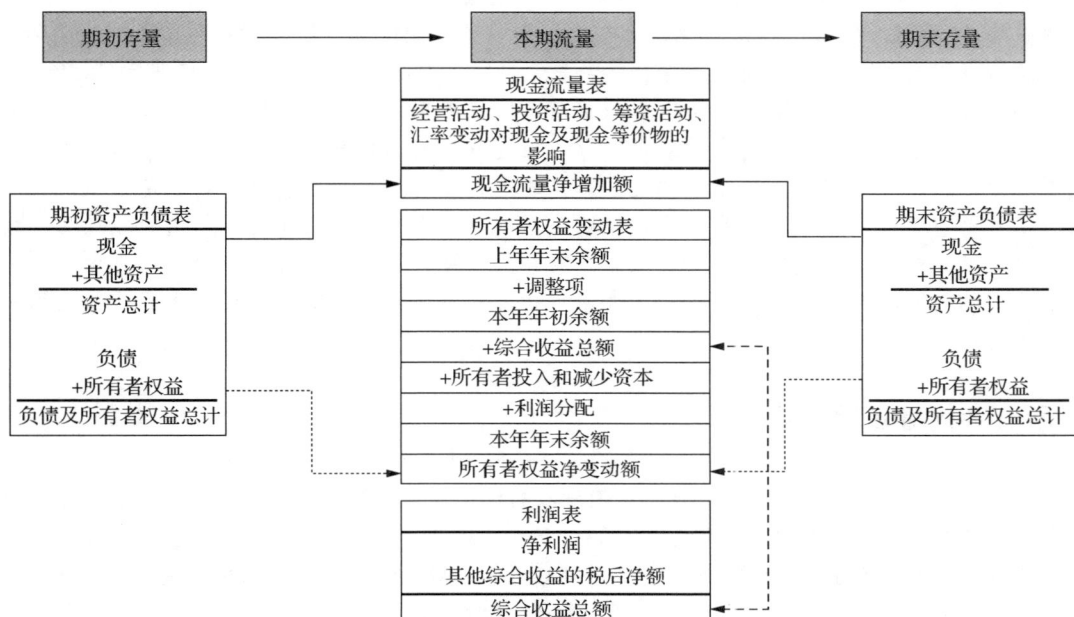

图 5-1　四张会计报表的关系

四、所有者权益变动表分析的内容

所有者权益变动表分析的内容，与其他报表分析的内容类似，主要包括所有者权益变动表的整体分析（包括水平分析、垂直分析等）、所有者权益变动表相关比率分析，以及所有者权益变动表分项质量分析。

延伸阅读资料

对所有者权益变动表分析的重要性的认识

第二节 所有者权益变动表整体分析

所有者权益变动表的整体分析，应当包括水平分析、垂直分析和趋势分析等三部分内容。由于所有者权益变动表项目众多而复杂，加之整张表纵横交错篇幅太大，趋势分析难以进行，本节只对水平分析和垂直分析进行讲解。

一、所有者权益变动表水平分析

所有者权益变动表的横向项目是"实收资本（或股本）""其他权益工具""资本公积""库存股""其他综合收益""专项储备""盈余公积""未分配利润"等，显然该内容与资产负债表中的所有者权益内容是对应的。所以，所有者权益变动表的水平分析，应当侧重将纵向项目的本期数与上期数进行对比，揭示企业当期所有者权益各个纵向项目的水平及其变动情况，解释企业净资产的变动原因，从而进行相关决策。

以 SHR 母公司 20×9 年所有者权益变动表（见表 5-2）为基础，编制所有者权益变动的水平分析表，如表 5-3 所示。

从表 5-3 中可以看出，SHR 母公司 20×9 年度所有者权益比 20×8 年度增加了 4 241 538 千元，增加幅度为 21.75%。从表中可以发现，上年度综合收益总额增加是所有者权益增加的主要原因。根据原始报表横向项目，该公司本年综合收益总额减少 1 068 007 千元，减少幅度为 19.06%。这说明虽然该公司目前的盈利能力是所有者权益增加的重要来源，但是该能力正在减弱。从表中也可以看出，公司虽然存在少量的会计政策变更，但是并没有前期差错更正产生的所有者权益变动的金额发生，反映了公司会计政策的稳定和工作的严谨。此外，本次报表修订新增子级项目"其他权益工具持有者投入资本"没有数据，说明公司的资本金来源比较单纯。新增子级项目"设定受益计划变动额结转留存收益"和"其他综合收益结转留存收益"均没有数据。一方面估计公司尚未执行新的会计准则，另一方面从利润表中可知其他综合收益没有发生额，也说明了公司净利润来源比较单纯。

二、所有者权益变动表垂直分析

所有者权益变动表的垂直分析，是将所有者权益纵向项目的数额与本期所有者权益期末余额进行对比，计算各个子项目占期末所有者权益的比重，从结构上揭示企业所有者权益纵向项目的比重及其变动情况，揭示企业净资产构成的主要变动原因或主要来源，从而进行相应决策的过程。

以 SHR 母公司 20×9 年所有者权益变动表（见表 5-2）为基础，编制所有者权益变动的垂直分析表，如表 5-4 所示。

表5-2

SHR母公司20×9年年度所有者权益变动表

金额单位:千元

项目	本年金额 实收资本(或股本)	其他权益工具	资本公积	减:库存股	其他综合收益	盈余公积	未分配利润	所有者权益合计	上年金额 实收资本(或股本)	其他权益工具	资本公积	减:库存股	其他综合收益	盈余公积	未分配利润	所有者权益合计
一、上年年末余额	3 685 862		1 120 093	634 020	-2 534	2 070 517	13 260 330	19 500 248	2 832 648		984 423	528 473		1 509 815	9 148 786	13 947 199
加:会计政策变更					2 534	11 524	103 712	117 770								
前期差错更正																
其他																
二、本年初余额	3 685 862		1 120 093	634 020		2 082 041	13 364 042	19 618 018	2 832 648		984 423	528 473		1 509 815	9 148 786	13 947 199
三、本年增减变动金额(减少以"-"号填列)	736 952		184 224	-214 176		453 648	2 534 769	4 123 769	853 214		135 669	105 546	-2 534	560 702	4 111 544	5 553 049
(一)综合收益总额							4 536 479	4 536 479					-2 534		5 607 020	5 604 486
(二)所有者投入和减少资本	-220		184 224	-214 176				398 180	3 420		418 934	105 546				316 808
1. 所有者投入的普通股									3 785		115 856					119 641
2. 其他权益工具持有者投入资本																
3. 股份支付计入所有者权益的金额			188 636					188 636			312 011					312 011
4. 其他	-220		-4 412	-214 176				209 544	-365		-8 933	105 546				-114 844
(三)利润分配						453 648	-1 264 538	-810 890						560 702	-928 947	-368 245
1. 提取盈余公积						453 648	-453 648							560 702	-560 702	
2. 对所有者(或股东)的分配							-810 890	-810 890							-368 245	-368 245
3. 其他																
(四)所有者权益内部结转	737 172						-737 172		849 794		-283 265				-566 529	
1. 资本公积转增资本(或股本)									283 265		-283 265					
2. 盈余公积转增资本(或股本)																
3. 盈余公积弥补亏损																
4. 设定受益计划变动额转留存收益																
5. 其他综合收益结转留存收益																
6. 其他	737 172						-737 172		566 529						-566 529	
四、本年年末余额	4 422 814		1 304 317	419 844		2 535 689	15 898 811	23 741 787	3 685 862		1 120 093	634 020	-2 534	2 070 517	13 260 330	19 500 248

表 5-3   SHR 母公司所有者权益水平分析表（简表）   金额单位：千元

项　目	20×9 年	20×8 年	变动额	变动率（%）
一、上年年末余额	19 500 248	13 947 199	5 553 049	39.81
加：会计政策变更	117 770		117 770	不适用
二、本年年初余额	19 618 018	13 947 199	5 670 819	40.66
三、本年增减变动金额	4 123 769	5 553 049	−1 429 280	−25.74
（一）综合收益总额	4 536 479	5 604 486	−1 068 007	−19.06
（二）所有者投入和减少资本	398 180	316 808	81 372	25.68
1. 所有者投入的普通股		119 641		−100
2. 其他权益工具持有者投入资本				
3. 股份支付计入所有者权益的金额	188 636	312 011	−123 375	39.54
4. 其他	209 544	−114 844	324 388	−282.64
（三）利润分配	−810 890	−368 245	−442 645	120.20
1. 提取盈余公积				
2. 对所有者（或股东）的分配	−810 890		−810 890	不适用
3. 其他		−368 245	368 245	−100
（四）所有者权益内部结转				
1. 资本公积转增资本（或股本）				
2. 盈余公积转增资本（或股本）				
3. 盈余公积弥补亏损				
四、本年年末余额	23 741 787	19 500 249	4 241 538	21.75

表 5-4   SHR 母公司所有者权益垂直分析表（简表）   金额单位：千元

项　目	20×9 年	20×8 年	20×9 年构成（%）	20×8 年构成（%）	构成差异（个百分点）
一、上年年末余额	19 500 248	13 947 199	82.13	71.52	10.61
加：会计政策变更	117 770		0.50		0.50
二、本年年初余额	19 618 018	13 947 199	82.63	71.52	11.11
三、本年增减变动金额	4 123 769	5 553 049	17.37	28.48	−11.11
（一）综合收益总额	4 536 479	5 604 486	19.11	28.74	−9.63
（二）所有者投入和减少资本	398 180	316 808	1.68	1.62	0.05
1. 所有者投入的普通股		119 641		0.61	−0.61
2. 其他权益工具持有者投入资本					
3. 股份支付计入所有者权益的金额	188 636	312 011	0.79	1.60	−0.81
4. 其他	209 544	−114 844	0.88	−0.59	1.47
（三）利润分配	−810 890	−368 245	−3.42	−1.89	−1.53
1. 提取盈余公积					
2. 对所有者（或股东）的分配	−810 890		−3.42		−3.42
3. 其他		−368 245		−1.89	1.89
（四）所有者权益内部结转					
1. 资本公积转增资本（或股本）					
2. 盈余公积转增资本（或股本）					
四、本年年末余额	23 741 787	19 500 249	100.00	100.00	0.00

从表 5-4 中可以看出，SHR 母公司 20×9 年所有者权益本年综合收益总额占比高达 19.11%，从侧面说明了该公司自身盈利能力确实不错。本年度利润分配的金额为 810 890 千元，金额和占比相比于上年均有所上升，且上升金额和幅度较大。

第三节 所有者权益变动表分项质量分析

为进一步深化、细化所有者权益变动表的分析内容，除上述讲解的所有者权益变动表整体分析外，还应当对所有者权益变动表进行分项质量分析。本节我们将在对影响所有者权益变动额的主要项目进行分项质量分析的基础上，透过所有者权益变动表数据来考查企业的竞争力，了解企业财务状况和经营成果的变化，最后提示读者注意所有者权益变动表分析的若干事项。

一、影响所有者权益变动额的主要项目质量分析

影响所有者权益变动额的主要项目有会计政策变更、前期差错更正、综合收益总额、所有者权益内部结转等。而由于综合收益中的净利润在利润表中得到了充分的分析，所以在所有者权益变动表中应该将重点放在"其他综合收益"上，当然如果在分析利润表时已经充分分析了该项目，此处可以不做重点分析。以下我们将分项分析各项目对所有者权益变动额的影响。

（一）会计政策变更的分析

随着企业内外部环境的变化，会计政策选择不可能一劳永逸。会计政策变更的原因不同，使得对会计政策变更的会计处理方法也不尽相同。为了更好地识别和解决因会计政策变更而影响所有者权益变动额的会计信息质量问题，有必要加强对所有者权益变动表涉及会计政策变更的会计分析。

1. 会计政策与会计政策变更的含义

如前所述，会计政策是指企业在会计确认、计量和报告中所采用的原则、基础和会计处理方法。会计政策变更，是指企业对其发生的相同交易或事项由原来采用的会计政策更改为另一会计政策的行为。

2. 会计政策变更的原因

企业采用的会计政策，在每一会计期间和前后各期应当保持一致，不得随意变更。但是，满足下列条件之一的，可以变更会计政策：法律、行政法规或者国家统一的会计制度等要求变更；会计政策变更能够提供更可靠、更相关的会计信息。

3. 会计政策变更的处理方法

会计政策变更可以采用追溯调整法和未来适用法进行处理。为了能够提供更可靠、更相关的会计信息，会计政策变更主要应当采用追溯调整法。

追溯调整法，是指对某项交易或事项变更会计政策，视同该项交易或事项初次发生时即采用变更后的会计政策，并以此对财务报表相关项目进行调整的方法。如果会计政策变更的累积影响数不能合理取得，可以使用未来适用法，但应在附注中说明。

采用追溯调整法必然产生会计政策变更的累积影响数。累积影响数是按变更后的会计政策，对以前各期追溯计算的最早期初留存收益应有余额与现有金额之间的差额。会计政策变更的累积影响数需在所有者权益变动表中单独列示。

4. 会计政策变更的分析

对会计政策变更的分析要注意两点。一要弄清楚企业会计政策变更是基于何种原因的变更。理

论上，若按照法律、行政法规或者国家统一的会计制度等要求变更，则变更动机单纯，变更结果一般不会隐藏管理层盈余管理调剂利润等目的。但如果不是上述原因，分析者应该深入了解该会计政策变更对企业当期及未来的影响，分析其背后可能隐藏的信息。二要对会计政策变更的累积影响数进行分析，合理区分属于会计政策变更和不属于会计政策变更的业务或事项。一般而言，不属于会计政策变更的业务或事项具体包括下列三种。第一，当期发生的交易或事项与以前期间相比具有本质差别而采用新的会计政策。例如，某企业一直通过经营租赁方式租入设备进行生产，但从本年度起，采用融资租赁方式租入设备，故企业本年度采用融资租赁的会计处理方法进行设备租入和使用的记录与报告。由于经营租赁与融资租赁具有本质区别，这种变化不属于会计政策变更。第二，对初次发生的交易或事项采用新的会计政策。例如，企业第一次发生跨年度的劳务供应合同项目，对这种项目采用完工百分比法于年末确认收入。对企业来说，其虽然采用了新的收入确认方法，但这种做法不属于会计政策变更。第三，对不重要的交易或事项变更新的会计政策。例如，企业一直将购买办公用品而发生的费用直接计入管理费用，从本期开始，企业决定将购买的办公用品计入物料用品，然后在领用时转入有关费用。由于办公用品属于企业的零星开支，且这种改变对资产、费用和利润的影响很小，属于不重要的事项，所以这种变更不必作为会计政策变更的内容进行专门的披露。

（二）前期差错更正的分析

会计差错在所难免，不同类型的差错对会计信息质量的影响不尽相同。由于会计差错形成的原因很多，故有必要区别不同会计差错及更正方法，分析会计差错及更正对所有者权益的影响。

1. 前期差错与前期差错更正的含义

前期差错，是指没有运用或错误运用以下两种信息，而对前期财务报表造成遗漏或误报，即编报前期财务报表时能够合理预计取得并应当加以考虑的可靠信息，以及前期财务报表批准报出时能够取得的可靠信息。前期差错通常包括计算错误、应用会计政策错误、疏忽或曲解事实以及舞弊产生的影响和存货、固定资产盘盈等。

前期差错更正，是指企业应当在重要的前期差错发现后的财务报表中，调整前期相关数据的行为。

前期差错更正主要采用追溯重述法进行。该方法是指在发现前期差错时，视同该项前期差错从未发生过，而对财务报表相关项目进行更正的方法。

2. 前期差错更正的分析

对前期差错更正分析的目的，在于及时发现与更正前期差错，合理判断和区分相关业务是属于会计政策变更还是属于会计差错更正，以保证信息的准确性。

会计差错发生的原因可归纳为三类。第一类，会计政策使用上的差错。例如，按照国家统一的会计制度规定，为购建固定资产而发生的借款费用，在固定资产达到预定可使用状态后发生应计入当期损益，如继续资本化，则属于采用了法律或会计准则等行政法规、规章所不允许的会计政策。第二类，会计估计上的差错。由于经济业务中不确定因素的影响，企业在会计估计过程中出现了差错。例如，国家规定可以根据应收账款期末余额的一定比例计提坏账准备，企业有可能在期末多计提或少计提坏账准备，从而影响损益的计算。第三类，其他差错。在会计核算中，企业有可能发生除以上两种差错以外的其他差错，如错记借贷方向、错记账户、漏计交易或事项、对事实的忽视和滥用等。

会计差错按其影响程度的不同，可分为重大会计差错和非重大会计差错。其中，重大会计差错是指影响会计报表可靠性的会计差错，其特点是差错的金额比较大，足以影响会计报表的使用者对企业的财务状况和经营成果做出正确判断。按照重要性原则，如果某项差错占有关交易或事项金额的 10%以上，则可以被认为是重大会计差错。对于本期发现的与以前期间相关的重大会计差错，如影响损益，则企业应按其对损益的影响数调整发现当期的期初留存收益，对会计报表其他项目的期初数也一并调整；如不影响损益，应调整会计报表相关项目的期初数。非重大会计差错，是指不足以影响会计报表使用者对企业财务状况和经营成果做出正确判断的会计差错。无论发现的差错是否为重大会计差错，企业都应在发现前期差错的当期进行前期差错更正，在所有者权益变动表中适时披露。

（三）其他综合收益的分析

其他综合收益，是指企业根据会计准则的规定未在当期损益中确认的各项利得和损失。

利得，是指企业非日常活动所形成的、会导致所有者权益增加的、与所有者投入资本无关的经济利益的流入。损失，是指企业非日常活动所发生的、会导致所有者权益减少的、与向所有者分配利润无关的经济利益的流出。根据是否实现确认，利得和损失可以分为已实现确认的利得和损失以及未实现确认的利得和损失。按照会计原则，利润表反映企业在会计年度内已实现的损益，故已实现确认的利得和损失在发生当年计入利润表中，未实现确认的利得和损失不计入利润表中，但要求在所有者权益变动表中列示，并体现在资产负债表中。

从其他综合收益的构成内容看，部分综合收益可能转变为未来损益，所以，其他综合收益会影响未来可能实现的利润，因此分析时应该关注其对未来损益的影响。

（四）所有者权益内部结转的分析

所有者权益内部结转主要包括资本公积转增资本（或股本）、盈余公积转增资本（或股本）、盈余公积弥补亏损以及新增加的设定受益计划和其他综合收益对留存收益的影响。这些子级项目本身不影响所有者权益数额的变动，但是从这些项目能够分析出企业利润分配政策的倾向以及利润分配后对企业在资本市场中发出的信息和对股价产生的影响。

所有者权益变动表采用矩阵的方式列示，以上重点项目侧重于纵向项目，也就是从所有者权益变动的来源对所有者权益变动情况进行重点分析，目的是补充利润表或资产负债表可能忽视的重要信息。

二、根据所有者权益变动表看企业竞争力

所有者权益变动表虽然是四张财务报表中产生最晚的报表，但只要我们结合资本市场信息，以及企业与行业基本面信息，解读所有者权益变动表某些项目，就可以考查和判断企业的竞争力。

（一）计算累计保留盈余率判断企业自我发展能力

累计保留盈余率，是指企业盈余公积与未分配利润之和同所有者（股东）权益的比率。它反映了企业扩大生产的能力，其计算公式如下。

$$累计保留盈余率 = \frac{盈余公积 + 未分配利润}{所有者（股东）权益} \times 100\%$$

该指标反映了企业依靠自己经营成果进行扩大生产的能力，指标值越大，说明企业自身扩大生产能力越强。

（二）计算市场价值判断企业长期竞争力

从投资者角度看，按照市价计算的价值才是其财富的体现。因此，投资者对股价的关心程度远远高于对净资产的关心程度。市场价值与账面价值通常是背离的：市场价值背离账面价值的空间，从某种程度上反映了投资者对该企业未来价值的判断，是企业长期竞争力得到市场认可的体现。

（三）计算市净率判断企业成长能力

市净率是企业的市场价值与账面价值的比值，反映了资本市场对企业未来成长空间的判断，也

是衡量企业长期竞争力的指标。该比率越高，代表企业成长空间越大，企业长期竞争力越强。

三、根据所有者权益变动表看企业财务状况和经营成果

现金股利的发放，是企业真金白银的付出。因此，通过持续关注企业的现金发放率，可以深入了解企业财务状况和经营成果的变化甚至背后的战略变化。

四、所有者权益变动表分析的若干注意事项

为保证正确而有效地分析所有者权益变动表，分析者应当注意以下六点。

（一）注意区分所有者权益的"输血型"增加和"盈利型"增加

所有者权益的增加性质从来源看有两种。第一，企业通过生产经营等活动形成的收益，且该收益是全面收益；第二，投资者基于某种目的新增投入资本。两者对企业而言，性质不同，影响自然不同。前者类似于企业作为法人的自我造血功能，所有者权益是持续的"盈利型"的增加；后者则类似于外来的输血功能，所有者权益是不可持续的"输血型"的增加。从其影响来看，"盈利型"增加因为具有持续性，所以表明企业未来发展前景良好；而"输血型"增加因为具有一次性，所以发展前景需要根据其投资项目预测而定。

分析者可以通过计算累计保留盈余率考查企业所有者权益增加是"输血型"还是"盈利型"。该比率越大，说明企业自我发展能力越强；该比率越小，则说明企业财富多是通过增资行为获得的，企业自我发展能力越弱。

（二）注意所有者权益内部项目互相结转的财务效应

所有者权益内部项目通过互相结转，或增加了企业的股本数量，或弥补了企业亏损。虽然从整体上看，这并没有影响所有者权益总额，也对资产结构和质量未产生直接影响，但这种变化事实上会影响企业在资本市场上的财务形象，会使股东未来的股权价值发生变化，也会直接影响投资者对未来利润分配政策的预期。

（三）注意企业股权结构的变化及方向性含义

股权结构变化，既可能由原股东之间股权结构的调整而引起，也可能由增加新股东而引起。无论哪种变化，其对企业的长期发展都具有重要意义。股权结构的变化很可能带来企业的发展战略、人力资源结构与政策等的变化。在股权结构变化的前提下，按照原来的惯性思维对企业进行前景预测将很可能失去意义。

（四）注意会计核算因素的影响

会计核算因素的影响，是指会计政策变更和前期差错更正对企业所有者权益的影响。这种影响，除了引起数字上的变化外，对企业的财务状况没有实质影响。但需要警惕的是，年度间频繁出现的前期差错更正事项，很有可能是企业蓄意调整利润的结果。

（五）注意其他综合收益对企业未来盈利的影响

如前所述，综合收益（或全面收益）是企业在某一期间与所有者之外的其他方面进行交易或发生其他事项所引起的净资产变动。其构成部分是传统意义上的净利润和其他综合收益，其他综合收益在所有者权益变动表中也就是直接计入所有者权益的利得和损失，是绕开利润表直接在资产负债表中列示的企业未实现的收益。很显然，利润表列示了已实现收益，而所有者权益变动表除了列示已实现收益外，还列示了现在未实现但将来很可能实现的收益。因此，为了解企业全面收益，我们除了应该关注净利润外，还应该关注其他综合收益，以正确预测企业未来的盈利能力。现如今，市

场越来越重视其他综合收益对股东财富的影响。

（六）注意企业股利发放对所有者权益的影响

企业不同的股利发放形式、不同的股利政策，都会对所有者权益产生不同的影响。具体来说，现金股利的形式由于派发出去现金而导致企业所有者权益增加幅度降低；股票股利的形式则由于没有真实资产的派发而不会减少所有者权益，但会导致所有者权益内部项目之间互转，影响所有者权益内部结构。企业不同的股利发放形式和股利政策也会导致资本市场上不同的预期，从而影响企业在资本市场上的形象。

思考题

1．所有者权益变动表的列示方式与其他三大报表有何区别？

2．所有者权益变动表与利润表之间的关系如何？

3．所有者权益变动表与资产负债表之间的关系如何？

4．企业直接计入所有者权益的利得和损失有哪些，这些利得和损失展示了哪些企业所有者权益变动背后的信息？

5．企业所有者权益内部的结转项目有哪些？通过对这些项目的分析，能说明什么问题？

延伸阅读资料

本章拓展小案例

第六章 | 合并财务报表分析

【教学目标】

通过本章的学习，学生可以了解合并报表的概念、合并报表的合并范围及编制的一般程序；理解合并报表与个别财务报表、汇总报表的区别，合并报表的局限性，合并报表分析中存在的主要问题；把握合并报表分析的注意事项，并熟练掌握合并报表的综合分析技巧。

【引例】

在西部黄金（601069）2022年年度报告中，部分报表资料如表6-1所示，合并资产负债表的其他应收款、长期股权投资和其他应付款的规模，远远小于上市公司自身资产负债表中的其他应收款、长期股权投资和其他应付款的规模；合并利润表中的投资净收益也小于母公司利润表中的投资净收益。为什么会出现这种债权、股权、收益类项目"越合并越小"的情况呢？合并报表中"消失"的资金流向了何方？

表6-1　　　　　　　　　　西部黄金（601069）部分报表资料　　　　　　　单位：百万元

项　目	2022 年 12 月 31 日	
	合　并　数	母公司数
其他应收款	14	524
长期股权投资	35	3 918
资产总计	6 201	4 891
其他应付款	115	249
投资净收益	20	87

企业财务分析应当以财务报表分析为基础，而财务报表分析又应以母公司财务报表分析为主、以合并财务报表分析为辅。随着社会经济的发展，越来越多的企业采用多行业、跨地区的集团化经营方式。为此，在讲解了第二章至第五章以母公司财务报表为基础的分析内容之后，我们有必要关注合并财务报表的分析问题。

第一节 | 合并财务报表概述

第一次世界大战时期，美国在税法中强制规定母子公司合并纳税，使得大部分控股公司开始编制合并财务报表。1940年，美国证券交易委员会（SEC）规定上市公司必须编制和提供合并财务报表，使合并财务报表在世界范围内得到推广。我国《企业会计准则第33号——合并财务报表》规定，企业在年度报告披露时，必须同时提供合并财务报表及母公司单独的财务报表。因此，我们在讲解合并财务报表分析内容之前有必要对合并财务报表的组成、合并范围、编制程序、合并财务报表特征及局限性等内容进行概述。

一、合并财务报表的相关概念及组成部分

了解合并财务报表，首先应当弄清楚什么是合并财务报表，它与汇总报表、个别财务报表有何

区别；然后需要厘清与合并财务报表相关的一些基本概念，如企业集团、母公司、子公司和少数股权等；最后需要弄清楚合并财务报表包括哪些组成部分。

（一）合并财务报表的基本概念

合并财务报表[①]又称合并会计报表，简称合并报表，是指母公司编制的，以合并范围内企业的个别财务报表为基础、抵销集团内部交易或事项对个别财务报表的影响后编制而成的，用以综合反映母公司和其全部子公司形成的企业集团整体财务状况、经营成果和现金流量的财务报表。合并财务报表是以母公司和子公司组成的企业集团为单一的会计主体和报告主体，但该报告主体一定不是法律主体。为进一步理解合并报表的概念，下面介绍合并报表与汇总报表、个别财务报表之间的关系。

1. 合并报表与汇总报表

除合并报表外，在我国会计实践中广泛流传和编制的报表还有汇总报表。汇总报表主要是指由行政管理部门根据所属企业报送的报表，对其各项目进行加总编制的报表。汇总报表与合并报表的主要区别如下。

第一，编制目的的不同。汇总报表编制的目的，主要是满足有关行政管理部门或国家了解掌握整个行业或整个部门所属企业财务经营情况的需要。而合并报表编制的目的，则主要是满足企业利益相关者了解企业集团整体财务状况、经营成果和现金流量的需要。

第二，确定编报范围的依据不同。汇总报表主要是以企业的行政隶属关系作为确定的依据，即以企业是否归其管理，是否属于其下属企业作为确定编报范围的依据。凡属于其下属企业，在行政上归其管理的，均包括在汇总报表的编报范围之内。合并报表所涉及的企业并不是集团内的所有企业，而是以母公司对另一企业的控制关系作为确定编报范围（即合并范围）的依据。凡是通过投资关系或协议关系能够由其控制的企业，均属于合并报表的编制范围。

第三，所采用的编制方法不同。汇总报表主要采用简单加总方法编制，而合并报表则必须在抵销内部投资、内部交易、债权债务等内部会计事项对个别财务报表的影响后编制，它剔除了集团内部交易对报表整体的影响。

2. 合并报表与个别财务报表

企业集团的合并报表是以个别企业的财务报表为基础编制而成的，合并报表与个别财务报表的区别如下。

第一，会计主体的法律形式不同。合并报表核算企业集团整体的财务状况、经营成果和现金流量，其核算对象是由若干法人（包括母公司及其全部子公司）实体组成的会计主体。企业集团只是一个衍生的会计概念，是经济意义上的会计主体，而不是单个意义上的法律主体。个别财务报表反映的则是单个企业法人的财务状况、经营成果和现金流量，其核算对象是企业法人。组成集团的母公司及其全部子公司既是会计主体，又是法律主体。

第二，编制主体不同。合并报表的编制主体，是企业集团中对其他企业有控制权的控股公司或母公司。并不是企业集团中的所有企业都需编制合并报表，更不是社会上所有企业都需编制合并报表。但是，每一个独立的法人企业都必须编制个别财务报表。在企业集团中，母公司和子公司都应先编制个别财务报表。

第三，编制基础和方法不同。合并报表的编制基础，是构成企业集团的母、子公司的个别财务报表。合并报表是在对纳入合并范围的企业的个别财务报表数据进行加总的基础上，结合其他相关资料，在合并工作底稿上通过编制抵销分录将企业集团内部交易的影响予以抵销之后形成的。个别财务报表是根据总账、明细账和其他有关资料编制的，有其自身固有的一套编制方法和程序。

第四，决策的信息有用性存在差异。在编制合并报表过程中，由于集团内部交易的剔除和大部

---

① 《企业会计准则第 33 号——合并财务报表》（财会〔2014〕10 号）第二条规定，合并财务报表，是指反映母公司和其全部子公司形成的企业集团整体财务状况、经营成果和现金流量的财务报表。

分项目的直接相加，个别财务报表有意义的信息在合并报表中或者不存在，或者失去意义。尤其在子公司与母公司的经营性质和业务特征迥然不同的情况下，合并报表信息的决策有用性受到显著的影响。例如，就个别企业而言，对其财务状况的分析，可以采用常规的比率分析方法来进行，但是，在合并报表条件下，合并报表不反映任何现存企业的财务状况和经营成果，因此，对合并报表进行常规的比率分析将在很大程度上失去意义。

（二）企业集团的含义

企业集团是在商品经济高度发达、股份制经济日趋普遍的条件下逐步产生与发展起来的，其作为一个经济实体，应该有法律的界定和会计的界定。从法律的角度看，企业集团不是法人，它只是一个"企业法人联合体"或经济组织，《中华人民共和国公司法》（以下简称《公司法》）中并没有"集团"这一定义，而只有有限责任公司和股份有限公司的提法。从会计的角度看，企业集团不是独立的纳税主体，但要编制合并财务报表。因此，企业集团可定义为"以资本为主要联结纽带的母子公司为主体，由以集团章程为共同行为规范的母公司、子公司、参股公司及其他成员企业或机构共同组成的具有一定规模的企业法人联合体"。它的目标是最佳配置资源，并通过经济规模实现财富最大化。

（三）母公司和子公司的定义和特征

依据《企业会计准则第 33 号——合并财务报表》（2014 年修订施行）第二条的规定，母公司，是指控制一个或一个以上主体（含企业、被投资单位中可分割的部分，以及企业所控制的结构化主体）的主体；子公司，是指被母公司控制的主体。母公司和子公司相互依存，母子公司合并前后均为独立的法人。二者的特征如表 6-2 所示。

延伸阅读资料

对商誉的理解

表 6-2　　　　　　　　　　　　母子公司特征描述

公司级次	特征描述	说　明
母公司	控制一个或一个以上主体	控制的主体包括企业、被投资单位中可分割的部分，以及企业所控制的结构化主体
	可以是企业，也可以是主体	企业包括《公司法》所规范的股份有限公司、有限责任公司；主体指非企业形式的但形成会计主体的其他组织，如特定的非营利组织等
子公司	必须是被母公司控制的主体，且只能由一个母公司控制	被两个或多个公司共同控制的被投资企业是合营企业，而不是子公司
	可以是企业，也可以是主体	企业包括《公司法》所规范的股份有限公司、有限责任公司；主体指非企业形式的但形成会计主体的其他组织，如特定的非营利组织等

（四）少数股权的含义

在股份制企业中，掌握非控制权股份的股东通常被称为少数股东。少数股东在企业中享有的权益为少数股东权益，简称少数股权。在合并财务报表中，少数股东享有的权益主要体现在两个方面：一是在合并资产负债表中，代表少数股东对集团净资产的要求权，即少数股东权益；二是在合并利润表中，代表少数股东对集团利润（亏损）的应享份额，即少数股东损益。

（五）合并财务报表的组成部分

合并财务报表至少应当包括合并资产负债表、合并利润表、合并现金流量表、合并所有者权益（或股东权益，下同）变动表和附注等组成部分。和企业个别财务报表一样，这些合并财务报表及附注分别从不同的方面反映了整个企业集团的财务状况与经营情况的会计信息。

1. 合并资产负债表

合并资产负债表是反映企业集团在某一特定日期财务状况的财务报表，由合并资产、负债和所有者权益各项目组成。合并资产负债表应当以母公司和子公司的个别资产负债表为基础，在抵销母公司与子公司、子公司相互之间发生的内部交易对合并资产负债表的影响后，由母公司合并编制。

2. 合并利润表

合并利润表应当以母公司和子公司的个别利润表为基础，在抵销母公司与子公司、子公司相互之间发生的内部交易对合并利润表的影响后，由母公司合并编制。

3. 合并现金流量表

合并现金流量表是综合反映母公司及其所有子公司组成的企业集团，在一定会计期间现金和现金等价物流入和流出的报表。合并现金流量表应当以母公司和子公司的个别现金流量表为基础，在抵销母公司与子公司、子公司相互之间发生的内部交易对合并现金流量表的影响后，由母公司合并编制。

4. 合并所有者权益变动表

合并所有者权益变动表应当以母公司和子公司的个别所有者权益变动表为基础，在抵销母公司与子公司、子公司相互之间发生的内部交易对合并所有者权益变动表的影响后，由母公司合并编制。合并所有者权益变动表也可以根据合并资产负债表和合并利润表编制。

合并所有者权益表变动表的格式与个别所有者权益变动表的格式基本相同，所不同的是在子公司存在少数股东的情况下，合并所有者权益变动表增加了"少数股东权益"栏目，用于反映少数股东权益变动的情况。

5. 合并报表附注

合并报表附注是对在合并资产负债表、合并利润表、合并现金流量表和合并所有者权益变动表等报表中列示项目的文字描述或明细资料，以及对未能在这些报表中列示项目的说明等。

财务报表中的数字是经过分类与汇总的结果，是对企业发生的经济业务的高度简化和浓缩的数字。如果没有对形成这些数字所使用的会计政策以及理解这些数字所必需的披露，财务报表就不可能充分发挥效用。因此，合并财务报表附注和合并资产负债表、合并利润表、合并现金流量表、合并所有者权益变动表具有同等的重要性，是财务报告体系的重要组成部分。

二、合并财务报表理论

合并财务报表理论是指认识合并财务报表的观点或看问题的角度。例如，如何看待由母公司与子公司所组成的企业集团（合并主体或报告主体）及其内部联系，以及合并财务报表为谁服务，从而合理确认合并的范围和合并的方法。目前，国际通行的合并财务报表理论主要有母公司理论、实体理论和所有权理论三种。

（一）母公司理论

母公司理论是目前应用最广泛的一种合并财务报表理论。该理论认为合并财务报表只不过是母公司财务报表的延伸和扩展，其编报的目的是从母公司的角度出发，为母公司股东和债权人的利益服务。因此母公司采用完全合并法，将子公司的全部资产、负债、收入与费用均加以合并。该理论的主要特征有：一是对于少数股东权益，在合并资产负债表中将其作为负债项目列示；二是将少数股东在子公司当年净收益中应享有的收益份额作为合并利润表中的费用项目列示；三是将合并主体中的少数股东作为债权人来看待，这种做法的优点是能够满足母公司的股东和债权人对合并财务报表信息的需求，但它混淆了合并整体中的股东权益和债权人权益，没有透过母子公司之间的法律关系公正地从合并整体的角度去揭示整个企业集团的财务信息。这种理论具有明显的倾向性，不符合会计理论对会计报表的要求，一般在股权非常集中的情况下可以采用，但并不公正。当股权比较分散时，这种方法就显得没有道理。

（二）实体理论

实体理论是由美国莫里斯·毛尼兹（Maurice Moonitz）教授首先提出的。实体理论突出强调的观点是：合并财务报表应该为合并主体的全体股东服务，而不应该单为母公司的股东提供信息。所以，这种理论指导下的合并资产负债表揭示的是合并主体的净资产，包括少数股东拥有的净资产；

合并利润表中的净收益揭示的是合并主体的净收益，包括属于少数股东的净收益。可见，实体理论将合并主体中的少数股东和多数股东一视同仁，其合并财务报表正确揭示了合并主体所控制的净资产和净收益，比较符合会计理论对会计报表的基本要求。这种理论不论在股权集中的情况下还是在股权分散的情况下都是适用的，它对多数股东权益和少数股东权益的处理是比较合理和公正的。

（三）所有权理论

所有权理论实质上是修正的母公司理论，它既不属于母公司概念，也不属于实体概念。该理论强调编制合并财务报表的企业对另一企业的经济活动和财务决策具有重大影响的所有权。所有权理论在具体合并方法上采用比例合并法，即按母公司实际拥有的股权比例合并子公司的资产、负债、所有者权益和损益；子公司的资产、负债、收入与费用以公允价值计价。因此，所有权理论既不强调企业集团中存在的法定控制关系，也不强调集团中各成员企业所构成的经济实体。

按所有权理论编制的合并财务报表并非规范的合并财务报表，它并不适用于被视为一个合并整体的企业集团揭示其整个实体的财务状况。事实上，它通常用于揭示合营企业的财务状况。

就编制合并财务报表的不同观点而言，以上三种合并财务报表理论存在明显的差异。①所有权理论强调母公司对子公司具有一定份额的所有权，因而合并时应按所持股权分别合并资产、负债及所有者权益。②实体理论认为，母子公司间存在控制与被控制关系。既然母子公司是控制关系，那么，子公司资产、负债及所有者权益就是母公司的资产、负债及所有者权益，因此必须将子公司资产、负债及所有者权益全部纳入合并范围。③母公司理论采取了折中的方法，在看重所有权和控制的同时，也强调少数股东权益，并将其作为一项负债来看待。

延伸阅读资料	延伸阅读资料	延伸阅读资料	延伸阅读资料
合并财务报表三种主要理论的应用	编制企业合并财务报表基本理论的相关问题	不同合并财务报表理论的比较	合并财务报表理论的各自特点与缺陷分析

三、合并财务报表的合并范围

"控制"是编制合并财务报表的前提，合并报表的合并范围应当以控制为基础予以确定。

（一）控制的定义和特征

控制，是指投资方拥有对被投资方的权力（要素一），通过参与被投资方的相关活动而享有可变回报（要素二），并且有能力运用对被投资方的权力影响其回报金额（要素三）。定义中的相关活动是指对被投资方的回报产生重大影响的活动，如商品或劳务的销售和购买、金融资产的管理、资产的购买和处置、研究与开发活动以及融资活动等。同时具备上述三要素，才表明投资方能够控制被投资方。

控制三要素之间的关系如图 6-1 所示。

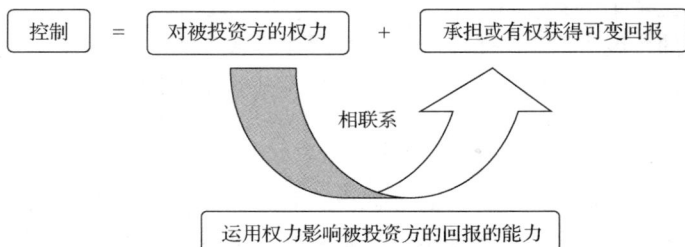

图 6-1　控制三要素之间的关系

控制通常具有如下特征。一是控制的主体是唯一的，不是两方或多方的。共同控制（多方控制）不能纳入合并范围。二是控制的内容是另一个企业的日常生产经营活动的财务和经营政策，这些财务和经营政策一般是通过表决权来决定的。在某些情况下，也可以通过法定程序严格限制董事会、受托人或管理层对特殊目的主体经营活动的决策权。三是控制的目的是获取经济利益，包括增加经济利益、维持经济利益、保护经济利益，或者减小所分担的损失等。四是控制的性质是一种权利，是一种法定权利，也可以是通过公司章程或协议、投资者之间的协议授予的权利。这种权利可以实际行使，也可以不实际行使。由此，可以认为，控制作为一个纽带，将母公司和各子公司联系在一起，形成了合并财务报表的特殊反映对象——企业集团，其也成为编制合并财务报表的基础和出发点。

（二）应当纳入合并财务报表的合并范围

母公司应当将其全部子公司（包括母公司所控制的单独主体）纳入合并财务报表的合并范围。如果母公司是投资性主体，则母公司应当仅将为其投资活动提供相关服务的子公司（如有）纳入合并范围并编制合并财务报表，其他子公司不应当予以合并。母公司对其他子公司的投资应当按照公允价值计量且将其变动计入当期损益。纳入合并范围的子公司应具备下列要素。

第一要素：投资方对被投资方是否拥有权力。现时权力包括实质性权利和保护性权利。实质性权利，是指持有人在对相关活动进行决策时有实际能力行使的可执行权利（《企业会计准则第33号——合并财务报表》第十一条）。保护性权利，是指仅为了保护权利持有人利益却没有赋予持有人对相关活动决策权的一项权利（《企业会计准则第33号——合并财务报表》第十二条）。保护性权利通常仅适用于被投资方发生根本性改变或某些特殊例外的情况。权力表决权、分析表决权至关重要。通常情况下，投资方通过表决权或类似权利获得主导被投资方相关活动的现实权利。①投资方持有被投资方半数以上表决权且拥有权力。②投资方持有被投资方半数以上表决权但不拥有权力。③投资方持有被投资方半数或半数以下的表决权，但通过与其他表决权持有人之间的协议能够控制半数以上表决权的（事实控制）。④投资方和其他投资方持有的被投资方的潜在表决权，如可转换公司债券、可执行认股权证等，潜在表决权对控制权产生一定的影响。⑤权力源自表决权之外的其他权利，当被投资方的相关活动并不是通过表决权主导的，而是由其他方式主导时，如通过合同协议来主导，该合同安排可能赋予投资方主导被投资方的生产过程、经营活动或决策其融资的能力。

第二要素：投资方是否享有可变回报。投资方所享有的权利当中是否包括拥有可变回报是值得关注的问题。可变回报主要指的是被投资方经营活动的业绩。可变回报并不是固定不变的，而会不断变化，既可以是正的回报，也可以是负的回报。

投资方应当基于合同安排的实质而非回报的法律形式对回报的可变性进行评价，如股利、债券的利息收益、被投资方经济利益的分配、投资方对被投资方的投资价值变动、向被投资方提供服务（或信用支持、流动性支持等）的报酬等。

第三要素：投资方是否可以运用权力影响其可变回报。投资方在判断是否控制被投资方时，应当确定其自身是以主要责任人还是代理人的身份行使决策权，在其他方拥有决策权的情况下，还需要确定其他方是否以代理人的身份代为行使决策权。

代理人仅代表主要责任人行使决策权，不控制被投资方。投资方将被投资方相关活动的决策权委托给代理人的，应当将该决策权视为自身直接持有（《企业会计准则第33号——合并财务报表》第十八条）。

延伸阅读资料

潜在表决权

（三）不应当纳入合并财务报表的合并范围

下列被投资单位不是母公司的子公司，不应当纳入母公司的合并财务报表的合并范围，如已宣告被清理整顿的原子公司、已宣告破产的原子公司、母公司不能控制的其他被投资单位（联营企业、合营企业）等。

（四）合并范围确定应用案例

表 6-3 汇总了 20×9 年 SHR 子公司的情况。

表 6-3　　　　　　　　　　　SHR 子公司的情况

子公司名称	主要经营地	注册地	业务性质	持股比例（%）	取得方式
上海恒瑞医药有限公司	上海	上海	研发生产企业	100	设立
上海盛迪医药有限公司	上海	上海	研发企业	100	设立
成都盛迪医药有限公司	成都	成都	研发生产企业	95.87	设立
成都新越医药有限公司	成都	成都	研发生产企业	100	设立
江苏科信医药销售有限公司	连云港	连云港	销售企业	90	设立
江苏新晨医药有限公司	连云港	连云港	销售企业	100	设立
江苏盛迪医药有限公司	连云港	连云港	原料生产企业	100	设立
江苏原创药物研发有限公司	连云港	连云港	研发企业	35	设立
北京恒森创新医药科技有限公司	北京	北京	研发企业	100	设立
江苏盛迪医药工程有限公司	苏州	苏州	工程	100	设立
美国恒瑞有限公司	美国新泽西州	美国新泽西州	研发企业	100	设立
日本恒瑞有限公司	日本名古屋	日本名古屋	销售	99.99	设立
凯迪亚斯医药有限公司（CADIASUN PHARMAN GMBH）	德国 Nordrhein Westfalen Willich	德国 Nordrhein Westfalen Willich	医药产品、医药技术、制药设备、医药包装材料等进出口	100	设立
苏州盛迪亚生物医药有限公司	苏州	苏州	研发生产企业	100	设立
江苏盛迪亚实业有限公司	连云港	连云港	咨询服务培训等	100	设立
香港奥美健康管理有限公司	香港	香港	医药产品、医药	100	设立
HR BIO HOLDINGS LIMITED	开曼群岛	开曼群岛	投资	70	设立
山东盛迪医药有限公司	济南	济南	研发生产企业	100	设立
福建盛迪医药有限公司	厦门	厦门	商事主体	100	设立
广东恒瑞医药有限公司	广州	广州	研发生产企业	100	设立
上海森辉医药有限公司	上海	上海	研发、咨询	100	设立
REISTONE BIOPHARMA(CAYMAN) LIMITED	开曼群岛	开曼群岛	研发	95	设立
REISTONE BIOPHARMA(CAYMAN) LIMITED	美国马萨诸塞州	美国马萨诸塞州	研发	100	设立
ATRIDIA PTY LTD	澳大利亚	澳大利亚	研发企业	39	设立
HENGRUI THERAPEUTICS INC	美国新泽西州	美国新泽西州	研发企业	70	设立

与 20×8 同期相比，本报告期新纳入合并范围的子公司有以下两家。

（1）Renascent Biosciences LLC 为江苏恒瑞医药股份有限公司全资子公司。截至 20×9 年 12 月 31 日，江苏恒瑞医药股份有限公司已出资 500 万美元。

（2）广东恒瑞医药有限公司为江苏恒瑞医药股份有限公司全资子公司。截至 20×9 年 12 月 31 日，江苏恒瑞医药股份有限公司已出资 10 亿元人民币。

四、合并财务报表的编制程序

合并财务报表的编制，不再遵循"凭证—账簿—报表"的程序，而是由母公司根据集团中合并范围内的企业报送的报表及母公司自身的报表在账外完成。合并财务报表的编制方法为工作底稿法，编制程序如下。

（一）统一会计政策并明确会计期间和合并范围

集团公司内部各个公司统一会计政策，使用相同的会计期间以及明确财务报表的合并范围——这项编制财务报表前的准备工作是编制合并财务报表的重要前提。集团公司内的各个子公司虽然同属于一个母公司，但由于其各自不同的日常经营特点与财务状况，其所使用的会计政策及会计核算的期间不一致也在情理之中。子公司所采用的会计政策、会计期间若与母公司不一致，应当按照母公司的会计政策、会计期间对子公司财务报表进行必要的调整；或者按照母公司的会计政策、会计期间另行编报财务报表。

（二）编制调整分录以及抵销分录

合并财务报表中的抵销分录是关键步骤和主要内容，其作用是将母公司与子公司、各子公司之间的重复业务往来、负债关系或者可冲抵不计的项目进行抵销，使之形成以整个集团公司为会计主体的财务报表。编制调整分录和抵销分录是合并财务报表中的主要内容。首先根据母公司在购买日设置的备查簿中登记的非同一控制下企业合并所获得的子公司有关可辨认资产、负债的公允价值对一部分子公司进行财务报表调整。同时，还需对子公司的长期股权投资按照权益法进行调整。

（三）接收并汇总各子公司个别财务报表

接收并汇总集团内各个子公司的个别财务报表是编制合并财务报表不可缺少的环节，各个子公司的个别财务报表是合并财务报表的重要依据与保障。接收个别财务报表的形式可依据集团公司的具体情况而定，不同的财务软件的操作方法各有不同。

（四）编制合并工作底稿

为了避免在正式合并财务报表时发生差错影响财务报表的准确性，会计人员在完成上述一系列操作之后，在编制报表之前，往往要进行工作底稿的编制，依次检查、确认数据的全面性、正确性，并且为正式合并财务报表提供必要的材料与依据。

（五）生成合并财务报表

集团公司根据公司内部的实际情况，利用相关的财务软件进行报表的合成，生成一份全面、完整、准确的展现集团公司整体情况的合并财务报表。

五、合并财务报表的特征

从合并财务报表的编制过程来看，合并财务报表的特征有以下几个。

（一）合并财务报表主体仅是一个"会计主体"而非"法律主体"

合并财务报表所代表的企业并不存在。企业集团只是一个衍生的会计概念，是经济意义上的会计主体，而不是单个意义上的法律主体。组成集团的母公司、子公司均是独立核算、有各自独立的财务与经营体系，并可以独立对其股东出具财务报告的经济实体。集团内的各个母公司、子公司等均有效地支配着各自报表所展示的资源，并运用各自报表所披露的资源来取得各自的财务成果。整个机构内的母公司与子公司，以股权关系为纽带，有机地联系在一起。但是，并不存在支配合并财务报表所列示的资源，并通过对这种资源的有效运用或支配来谋求经济利益的集团这一会计主体。

（二）合并财务报表的正确性主要体现为逻辑关系的正确性

合并范围、合并财务报表编制方法的可选择性以及合并财务报表的"表之表"特点，使得合并财务报表的外在表现呈现弹性化的特性，合并财务报表编制的正确性不再体现为个别财务报表的可验证性，而是体现为编制过程逻辑关系的正确性。

合并财务报表的"表之表"特点，是指合并财务报表是母公司以合并范围内的母公司、子公司的报表为基础编制的。在个别财务报表的条件下，企业的报表与账簿、凭证以及实物等有可验证性的对应关系，报表编制的正确性，可以通过这种可验证性来检验。但是，在合并财务报表条件下，由于在编制过程中集团内部交易的抵销，合并财务报表与分散在企业集团各个企业的账簿、凭证以及实物不可能存在个别财务报表的那种可验证性关系，合并财务报表的正确性也仅仅具有逻辑关系正确性的意义。

（三）合并财务报表不能作为针对集团内个别企业的决策依据

由于母公司及其子公司才是法律实体，我们只能以母公司及其子公司的个别财务报表会计信息作为当期分派股利、支付报酬、偿付债务、缴纳税金的依据，而不能以合并财务报表为依据做决策。

（四）合并财务报表列示的总资源不代表任何企业可支配的资产

合并财务报表列示的总资源只代表其存在，不代表可以对其进行控制。

六、合并财务报表的局限性

合并财务报表虽然能够综合反映整个集团的财务状况和经营成果，但其反映的会计信息存在局限性。

（一）合并财务报表无法满足债权人的信息需要

合并财务报表提供反映集团公司整体的会计信息，企业集团内各子公司的个别经营状况和经济绩效，在合并财务报表上得不到揭示。合并财务报表的数据实际上是母公司和各子公司的合并数，并不能反映每个法律实体的长期债务和短期债务及偿还能力，因而不能满足债权人的全部信息需求。例如，母公司债权人的债权只能从母公司处得到满足，而不能直接向子公司索要；子公司债权人的债权也仅仅局限于子公司的资产，而不能追溯到合并财务报表中列示的总资产。当分析企业集团的偿债能力时，应考虑合并财务报表的局限性，除了分析合并财务报表外，还应参阅企业集团的母公司财务报表及其他重要子公司的个别财务报表，以获知企业集团真实的偿债能力及财务风险。

（二）股东从合并财务报表中得到的信息也非常有限

合并财务报表虽能向母公司股东提供整个企业集团的财务状况和经营成果以及资金流动情况的信息，但是合并财务报表所反映的资产、负债、所有者权益、收入、费用、利润等会计要素并不是母公司真正能完全控制、负担、运用和支配的部分，因此其也不能为股东提供评估和预测未来股利分派的信息。股利分派取决于个体企业的留存收益、资产结构和法律限制。即使合并财务报表中反映有大量留存收益，并有较强的支付能力，也并不保证纳入合并财务报表中的母公司可以分派股利。利用合并财务报表计算出来的各种比率，如存货周转率、盈利能力指标等，往往既不能反映子公司的绩效，也不能代表母公司的绩效。

（三）合并财务报表对其他外部信息使用者不具有决策有用性

首先，个别财务报表大部分没经过注册会计师审计，其信息可靠性缺乏保障。其次，不同行业的会计制度不同，造成企业集团在编制合并财务报表时因不同行业之间会计科目及会计政策的不一致，导致财务数据的不可比性。例如，母子公司分别为工业企业和金融企业时，合并财务报表上的某些项目可能就因合并而失去了意义。最后，合并财务报表将不同地区、行业的企业财务报表加以合并，使得不同地区、行业的企业之间盈利能力、风险水平的差异被掩盖。特别是各个行业的财务指标衡量标准不同，个别财务报表合并后，使得合并财务报表财务分析、财务预测的意义大大减弱，信息的可靠性被严重削弱。

（四）合并财务报表会使一些财务比率失去意义

比率分析大多是针对特定企业而言的。而在合并财务报表条件下，合并财务报表不反映任何现存企业的财务状况和经营成果，因此，对合并财务报表进行常规的比率分析将在很大程度上失去意义。例如，在多元化经营的企业集团，母公司从事纺织业，子公司从事银行业，通过合并财务报表计算出来的毛利率、应收账款周转率、流动比率等指标是各个不同行业的一个加权平均值，掩盖了公司具体的经营状况，利用这些指标做决策，会得出错误结论。

第二节 合并财务报表综合分析

虽然合并财务报表的格式和结构与个别财务报表并无太大差别，其反映的内容也大体一致，但合并财务报表有着区别于个别财务报表的特殊经济本质和编制方法。因此，其分析方法较个别财务报表的分析方法有所不同，大家应当在掌握集团的实际状况和特点的基础上，比较合并财务报表和母公司的财务报表。

掌握集团的实际状况和特点。不同企业集团内部的企业所属行业及集团化程度各有差异，这对合并财务报表的数据有很大影响。因此，进行合并财务报表分析时，了解和分析企业集团的实际状况和特点非常重要。具体应关注以下三个方面的内容。第一，母子公司的关系，具体包括母子公司的业务内容、母公司持有子公司的股份比率、母子公司间的交易内容和资金借贷关系，及母子公司人事关系等。第二，母子公司的管理与控制模式，具体包括集团的战略管理制度、资产管理制度、人事管理制度和财务管理制度等。第三，集团内关联交易程度。

比较合并财务报表和母公司的财务报表。如前所述，仅限于合并财务报表的独立分析，会使报表使用者对集团的实际情况得出错误的结论，可能导致财务分析的整体失败。因此，我们有必要对比分析合并财务报表与母公司财务报表，获得更多决策有用信息。进行合并财务报表综合分析时，应当在分析合并资产负债表、合并利润表和合并现金流量表的条件下，关注合并财务报表包含的企业财务状况质量信息，重点把握合并财务报表分析的若干注意点。

一、合并资产负债表分析

对于合并资产负债表分析，应在了解合并资产负债表格式和内容的基础上，结合母公司资产负债表的分析方法，着重对合并资产负债表总体变动情况、一般项目和特殊项目进行分析。

（一）合并资产负债表的格式和内容

合并资产负债表的一般格式如表 6-4 所示。

表 6-4　　　　　　　　　　　　　　合并资产负债表

会合 01 表

编制单位：　　　　　　　　　　　　　　　年　　月　　日　　　　　　　　　　　　　　单位：元

资产	期末余额	上年年末余额	负债和所有者权益（或股东权益）	期末余额	上年年末余额
流动资产：			流动负债：		
货币资金			短期借款		
结算备付金*			向中央银行借款*		
拆出资金*			拆入资金*		
交易性金融资产			交易性金融负债		
衍生金融资产			衍生金融负债		
应收票据			应付票据		
应收账款			应付账款		

续表

资产	期末余额	上年年末余额	负债和所有者权益（或股东权益）	期末余额	上年年末余额
应收款项融资			预收款项		
预付款项			合同负债		
应收保费*			卖出回购金融资产款*		
应收分保账款*			吸收存款及同业存放*		
应收分保合同准备金*			代理买卖证券款*		
其他应收款			代理承销证券款*		
买入返售金融资产*			应付职工薪酬		
存货			应交税费		
合同资产			其他应付款		
持有待售资产			应付手续费及佣金*		
一年内到期的非流动资产			应付分保账款*		
其他流动资产			持有待售负债		
流动资产合计			一年内到期的非流动负债		
非流动资产：			其他流动负债		
发放贷款和垫款*			流动负债合计		
债权投资			非流动负债：		
其他债权投资			保险合同准备金*		
长期应收款			长期借款		
长期股权投资			应付债券		
其他权益工具投资			其中：优先股		
其他非流动金融资产			永续债		
投资性房地产			租赁负债		
固定资产			长期应付款		
在建工程			预计负债		
生产性生物资产			递延收益		
油气资产			递延所得税负债		
使用权资产			其他非流动负债		
无形资产			非流动负债合计		
开发支出			负债合计		
商誉			所有者权益（或股东权益）：		
长期待摊费用			实收资本（或股本）		
递延所得税资产			其他权益工具		
其他非流动资产			其中：优先股		
非流动资产合计			永续债		
			资本公积		
			减：库存股		
			其他综合收益		
			专项储备		
			盈余公积		
			一般风险准备*		
			未分配利润		
			归属于母公司所有者权益（或股东权益）合计		
			少数股东权益		
			所有者权益（或股东权益）合计		
资产总计			负债和所有者权益（或股东权益）总计		

注：标注"*"的项目为金融企业专用行项目。

从表 6-4 中可以看出，合并资产负债表综合考虑了企业集团口一般工商企业和金融企业（包括商业银行、保险公司和证券公司等）的财务状况列表的要求，在个别资产负债表的基础上，主要增加了三个项目：金融企业专匚行项目、"归属于母公司所有者权益（或股东权益）合计"项目、"少数股东权益"项目。"少数股东权益"项目用于反映非全资子公司的所有者权益中不属于母公司的份额。

（二）合并资产负债表一般分析

对于合并资产负债表，我们主要就总体变动情况、一般项目和特殊项目三个方面进行分析。

SHR 股份有限公司合并资产负债表如表 6-5 所示。

延伸阅读资料

合并资产负债表中属于金融企业项目的列示说明

表 6-5 合并资产负债表

编制单位：SHR 股份有限公司　　　　　　20×9 年 12 月 31 日　　　　　　单位：千元

资　　产	期末余额	上年年末余额	负债和所有者权益（或股东权益）	期末余额	上年年末余额
流动资产：			流动负债：		
货币资金	5 043 646	3 889 711	短期借款		
交易性金融资产	8 519 802	—	交易性金融负债		
衍生金融资产			衍生金融负债		
应收票据	528 557	658 870	应付票据		20 865
应收账款	4 906 245	3 772 693	应付账款	1 289 247	1 381 209
预付款项	591 162	568 899	预收款项	222 639	223 447
其他应收款	894 376	1 013 950	合同负债		
其中：应收利息		43 540	应付职工薪酬	642	41
存货	1 606 806	1 030 574	应交税费	225 083	132 024
合同资产			其他应付款	735 024	736 046
持有待售资产			持有待售负债		
一年内到期的非流动资产			一年内到期的非流动负债		
其他流动资产	220 711	7 134 694	其他流动负债	32 258	38 397
流动资产合计	22 311 305	18 069 391	流动负债合计	2 504 893	2 532 029
非流动资产：			非流动负债：		
可供出售金融资产		154 650	长期借款		
其他债权投资			应付债券		
长期应收款			长期应付款		
长期股权投资	60 000	1 000	递延收益	122 220	69 857
其他权益工具投资			预计负债		
其他非流动金融资产	539 427	—	递延所得税负债	24 039	
投资性房地产			其他非流动负债		
固定资产	2 541 973	2 328 766	非流动负债合计	146 259	69 857
在建工程	1 532 827	1 357 253	负债合计	2 651 152	2 601 886
生产性生物资产			所有者权益（或股东权益）：		
油气资产			实收资本（或股本）	4 422 814	3 685 862
无形资产	349 762	272 682	资本公积	1 662 975	1 478 751
开发支出			减：库存股	419 843	634 019
商誉			其他综合收益	6 531	−9 645
长期待摊费用	155 091	65 481	盈余公积	2 555 243	2 092 217
递延所得税资产	66 091	112 005	未分配利润	16 547 605	13 115 013
其他非流动资产					

续表

资　　产	期末余额	上年年末余额	负债和所有者权益（或股东权益）	期末余额	上年年末余额
非流动资产合计	5 245 171	4 291 837	归属于母公司所有者权益（或股东权益）合计	24 775 325	19 728 179
			少数股东权益	162 203	69 560
			所有者权益（或股东权益）合计	24 937 528	19 797 739
资产总计	27 556 476	22 361 228	负债和所有者权益（或股东权益）总计	27 588 680	22 399 625

1. 总体变动情况分析

从表 6-5 中可知，截至 20×9 年 12 月 31 日，SHR 股份有限公司（以下简称 SHR）资产总额从年初的 223.61 亿元增加到年末的 275.56 亿元。从结构来看，在 SHR 年末资产总额中，有 223.11 亿元为流动资产，其中约 50.44 亿元为货币资金，49.06 亿元为应收账款。

在非流动资产方面，主要项目中有 25.42 亿元固定资产、15.33 亿元在建工程和 3.50 亿元无形资产等。

在负债及所有者权益方面，负债总额从 20×9 年年初的 26.02 亿元增加到年末的 26.51 亿元，增长规模不大。其中，流动负债是主体，期末余额为 25.05 亿元。债务增加的项目主要集中在应交税费。非流动负债的主体是递延收益，新增了递延所得税负债。所有者权益总额从 20×9 年年初的 197.98 亿元增加到年末的 249.38 亿元。SHR 20×9 年年底的合并资产负债表与 20×8 年年底的相比，其主要项目的变动情况分析如表 6-6 所示。

表 6-6　　　　　　　　　SHR 合并资产负债表主要项目变动情况分析　　　　　　金额单位：千元

序　号	项　　目	20×9 年 12 月 31 日	20×8 年 12 月 31 日	增减(%)	原　因　说　明
1	货币资金	5 043 646	3 889 711	29.67%	销售及时，货款回笼较及时，银行存款增加
2	其他应收款	894 376	1 013 950	-11.79%	非关月贷与往来的收回或转回
3	固定资产	2 541 973	2 328 766	9.16%	产房、产区扩建
4	在建工程	1 532 827	1 357 253	12.94%	成都盛迪制剂厂项目（二期）等开工
5	无形资产	349 762	272 682	28.27%	购入土地使用权
6	应交税费	225 083	132 024	70.49%	应交增值税和企业所得税等增加
7	实收资本（或股本）	4 422 814	3 685 862	19.99%	
8	未分配利润	16 547 605	13 115 013	26.17%	

2. 一般项目分析

对于合并资产负债表的一般项目分析，可以通过采用差量分析法、倍数分析法等方法来分析母公司的资产负债表和合并资产负债表的差异。差量分析法是以合并财务报表中的数据减去母公司报表中相对应的数据，用绝对数进行比较、分析的一种方法。倍数分析法却是以合并财务报表中的数据除以母公司报表中相对应的数据，用相对数进行比较、分析的一种方法。很显然，相对数分析比绝对数分析更直观，且不容易受到企业规模的影响。

下面采用倍数分析法，对 20×9 年 SHR 合并资产负债表和母公司资产负债表的一般项目进行分析，如表 6-7 所示。

表 6-7　　　　　　　　　SHR 合并资产负债表与母公司资产负债表比较　　　　　　金额单位：千元

项　　目	20×9 年 12 月 31 日		
	合　并　数	母　公　司　数	合　并　倍　数
流动资产：			
货币资金	5 043 646	3 761 559	1.34

续表

项 目	20×9 年 12 月 31 日		
	合 并 数	母 公 司 数	合 并 倍 数
交易性金融资产	8 519 802	7 451 621	1.14
衍生金融资产			
应收票据	528 557	470 770	1.12
应收账款	4 906 245	4 223 954	1.16
预付款项	591 162	447 715	1.32
其他应收款	894 376	3 816 236	0.23
存货	1 606 806	1 478 971	1.09
合同资产			
持有待售资产			
一年内到期的非流动资产			
其他流动资产	220 711	164 433	1.34
流动资产合计	22 311 305	21 815 259	1.02
非流动资产:			
债权投资			
其他债权投资			
长期应收款			
长期股权投资	60 000	3 201 818	0.02
其他权益工具投资			
其他非流动金融资产	539 427	443 854	1.22
投资性房地产			
固定资产	2 541 973	1 595 515	1.59
在建工程	1 532 827	352 930	4.34
生产性生物资产			
油气资产			
无形资产	349 762	72 300	4.84
开发支出			
商誉			
长期待摊费用	155 091	23 249	6.67
递延所得税资产	66 091		
其他非流动资产			
非流动资产合计	5 245 171	5 689 666	0.92
资产总计	27 556 476	27 504 925	1.00
流动负债:			
短期借款			
交易性金融负债			
衍生金融负债			
应付票据			
应付账款	1 289 247	2 784 734	0.46
预收款项	222 639	20 258	10.99
合同负债			

项　目	20×9 年 12 月 31 日		
	合　并　数	母 公 司 数	合　并　倍　数
应付职工薪酬	642		
应交税费	225 083	158 786	1.42
其他应付款	735 024	703 334	1.05
一年内到期的非流动负债			
其他流动负债			
流动负债合计	2 504 893	3 667 112	0.68
非流动负债：			
长期借款			
应付债券			
长期应付款			
递延收益	122 220	73 580	1.66
预计负债			
递延所得税负债	24 093	22 447	1.07
其他非流动负债			
非流动负债合计	146 259	96 027	1.52
负债合计	2 651 152	3 763 139	0.70
所有者权益（或股东权益）：			
实收资本（或股本）	4 422 814	4 422 814	1.00
资本公积	1 662 975	1 304 316	1.27
减：库存股	419 843	419 844	1.00
其他综合收益	6 531	—	
盈余公积	2 555 243	2 535 688	1.01
未分配利润	16 547 605	15 898 811	1.04
归属于母公司所有者权益（或股东权益）合计	24 775 325		
少数股东权益	162 203		
所有者权益（或股东权益）合计	24 937 528	23 741 786	1.05
负债和所有者权益（或股东权益）总计	27 588 680	27 504 925	1.00

依据表 6-7 中的数据分析如下。

（1）总资产分析。合并资产负债表的总资产金额与母公司资产负债表的总资产金额相比，增加额很小，可能的原因是，合并资产负债表中的长期股权投资和其他应收款金额小于母公司报表中的金额，特别是长期股权投资。

SHR 总资产的合并倍数为 1.00，其中流动资产合并倍数和非流动资产合并倍数分别为 1.02 和 0.92。

（2）应收应付账款分析。按照合并财务报表编制的一体性原则，应将母子公司组成的企业集团作为一个会计主体看待。因而，在编制合并财务报表时，应当将内部应收、应付账款和内部应收账款计提的坏账准备予以抵销，由此可推断，集团内部依赖关联等交易的程度越高，经过合并抵销后，相关项目的合并金额就应该越小。

SHR 应收账款的合并倍数为 1.16，应付账款的合并倍数为 0.46，说明母公司和子公司之间的债权债务抵销不多，母子公司之间的交易较少。

应付账款的合并倍数为 0.46，说明合并资产负债表的应付账款期末规模远远小于母公司自身的应付账款规模。这种差异反映母子公司之间存在较多的关联交易。

（3）存货分析。20×9 年年末合并资产负债表中的存货规模略有上升，合并倍数为 1.09，说明合并资产负债表中的存货大部分是母公司的存货，子公司的销售状况较好。查看报表附注可知，SHR 为存货计提的减值准备较少，说明公司存货整体质量较高。

（4）长期股权投资分析。作为企业集团整体，在全资子公司的情况下，母公司不应存在长期股权投资，子公司也不应存在所有者权益，因为集团内母公司的长期股权投资与子公司的所有者权益相抵销。SHR 母公司资产负债表与合并资产负债表相比，长期股权投资的差额约为 31.42 亿元，合并倍数为 0.02，表明集团资金的主要投向是子公司，其长期股权投资以控制性投资为主，且大部分已纳入合并范围。

（5）未分配利润分析。SHR 母公司资产负债表与合并资产负债表相比，未分配利润的合并倍数为 1.01，表明被合并子公司的盈利能力较强。但阅读报表附注可知，集团内部有亏损企业，使得公司整体盈利能力提升的幅度不大。

3. 特殊项目分析

特殊项目分析，主要是指合并资产负债表和母公司资产负债表相比增加的一些项目，主要有归属于母公司所有者权益（或股东权益）合计、少数股东权益等。

依据表 6-7 中的数据，分析如下。

（1）商誉分析。SHR 合并资产负债表中，该项目为零，说明母公司对子公司的长期股权投资小于或等于其在购买日子公司可辨认净资产公允价值的份额。

（2）归属于母公司所有者权益（或股东权益）合计分析。所有者权益项目下增加了"归属于母公司所有者权益（或股东权益）合计"项目，用于反映企业集团的所有者权益中归属于母公司所有者权益的部分。20×9 年年末，SHR 的所有者权益中归属于母公司所有者权益的部分为 247.75 亿元。

（3）少数股东权益分析。所有者权益项目下增加了"少数股东权益"项目，用于反映非全资子公司的所有者权益中不属于母公司的份额。20×9 年年末，SHR 内非全资子公司的所有者权益中不属于母公司的份额为 1.62 亿元。

二、合并利润表分析

对合并利润表，应当在了解其格式和内容的基础上，结合母公司利润表的分析方法，着重对其总体变动情况、一般项目和特殊项目进行分析。

（一）合并利润表的格式和内容

合并利润表的一般格式如表 6-8 所示。

表 6-8 合并利润表

会合 02 表

编制单位：＿＿＿＿ ＿＿＿年＿＿＿月 单位：元

项目	本期金额	上期金额
一、营业总收入		
其中：营业收入		
利息收入*		
已赚保费*		
手续费及佣金收入*		
二、营业总成本		

续表

项目	本期金额	上期金额
其中：营业成本		
利息支出*		
手续费及佣金支出*		
退保金*		
赔付支出净额*		
提取保险责任准备金净额*		
保单红利支出*		
分保费用*		
税金及附加		
销售费用		
管理费用		
研发费用		
财务费用		
其中：利息费用		
利息收入		
加：其他收益		
投资收益（损失以"－"号填列）		
其中：对联营企业和合营企业投资收益		
以摊余成本计量的金融资产终止确认收益		
汇兑收益（损失以"－"号填列）*		
净敞口套期收益（损失以"－"号填列）		
公允价值变动收益（损失以"－"号填列）		
信用减值损失（损失以"－"号填列）		
资产减值损失（损失以"－"号填列）		
资产处置收益（损失以"－"号填列）		
三、营业利润（亏损以"－"号填列）		
加：营业外收入		
减：营业外支出		
四、利润总额（亏损总额以"－"号填列）		
减：所得税费用		
五、净利润（净亏损以"－"号填列）		
（一）按经营持续性分类		
1．持续经营净利润（净亏损以"－"号填列）		
2．终止经营净利润（净亏损以"－"号填列）		
（二）按所有权归属分类		
1．归属于母公司股东的净利润（净亏损以"－"号填列）		
2．少数股东损益（净亏损以"－"号填列）		
六、其他综合收益的税后净额		
（一）归属于母公司所有者的其他综合收益的税后净额		
1．不能重分类进损益的其他综合收益		
（1）重新计量设定受益计划变动额		

续表

项目	本期金额	上期金额
（2）权益法下不能转损益的其他综合收益		
（3）其他权益工具投资公允价值变动		
（4）企业自身信用风险公允价值变动		
……		
2．将重分类进损益的其他综合收益		
（1）权益法下可转损益的其他综合收益		
（2）其他债权投资公允价值变动		
（3）金融资产重分类计入其他综合收益的金额		
（4）其他债权投资信用减值准备		
（5）现金流量套期储备		
（6）外币财务报表折算差额		
……		
（二）归属于少数股东的其他综合收益的税后净额		
七、综合收益总额		
（一）归属于母公司所有者的综合收益总额		
（二）归属于少数股东的综合收益总额		
八、每股收益		
（一）基本每股收益		
（二）稀释每股收益		

注：标注"*"的项目为金融企业专用行项目。

从表 6-8 中可以看出，合并利润表综合考虑了企业集团中一般工商企业和金融企业（包括商业银行、保险公司和证券公司等）的财务状况列表的要求，在个别利润表的基础上，主要增加了三部分内容。第一，在"净利润"项目下增加了"按所有权归属分类"项目，其中又包含"归属于母公司股东的净利润"和"少数股东损益"两个项目，分别反映净利润中由母公司股东享有的份额和非全资子公司当期实现的净利润中属于少数股东权益的份额（不属于母公司享有的份额）。第二，在"其他综合收益的税后净额"项目下增加了"归属于少数股东的其他综合收益的税后净额"项目。第三，在"综合收益总额"项目下增加了"归属于母公司所有者的综合收益总额"和"归属于少数股东的综合收益总额"项目。

延伸阅读资料

合并利润表中属于金融企业项目的列示说明

（二）合并利润表一般分析

SHR 股份有限公司的合并利润表如表 6-9 所示。对合并利润表分析，我们主要从合并利润表的总体变动情况、一般项目和特殊项目三个方面进行分析。

表 6-9　　　　　　　　　　合并利润表

编制单位：SHR 股份有限公司　　　　　　20×9 年 12 月　　　　　　　　金额单位：千元

项　　目	本 期 金 额	上 期 金 额	变动额	变动率（%）
一、营业总收入	23 288 577	17 417 901	5 870 676	33.70
其中：营业收入	23 288 577	17 417 901	5 870 676	33.70
二、营业总成本	17 657 949	13 208 998	4 448 951	33.68
减：营业成本	2 912 944	2 334 568	578 376	24.77
税金及附加	216 342	236 778	−20 436	−8.63
销售费用	8 524 968	6 464 491	2 060 477	31.87

续表

项　目	本期金额	上期金额	变动额	变动率（%）
管理费用	2 241 180	1 626 323	614 857	37.81
研发费用	3 896 336	2 670 481	1 225 855	45.90
财务费用	-133 821	-123 643	-10 178	8.23
其中：利息费用				
利息收入	127 143	70 148	56 995	81.25
加：其他收益	189 713	163 044	26 669	16.36
投资收益（损失以"-"号填列）	309 271	247 938	61 333	24.74
净敞口套期收益（损失以"-"号填列）				
公允价值变动收益（损失以"-"号填列）	37 531			
信用减值损失（损失以"-"号填列）	-13 230			
资产减值损失（损失以"-"号填列）	-5 472	-25 344	19 872	-78.41
资产处置收益（损失以"-"号填列）	1 239	2 112	-873	-41.34
三、营业利润（亏损以"-"号填列）	6 149 680	4 596 653	1 553 027	33.79
加：营业外收入	808	422	386	91.47
减：营业外支出	94 726	97 996	-3 270	-3.34
其中：非流动资产处置损失				
四、利润总额（亏损总额以"-"号填列）	6 055 762	4 499 079	1 556 683	34.60
减：所得税费用	729 310	437 895	291 415	66.55
五、净利润（净亏损以"-"号填列）	5 326 452	4 061 184	1 265 268	31.16
归属于母公司股东的净利润	5 328 028	4 065 609	1 262 419	31.05
少数股东损益	-1 576	-4 425	2 849	-64.38
六、其他综合收益的税后净额	2 899	-9 870	12 769	-129.37
七、综合收益总额	5 329 351	4 051 314	1 278 037	31.55
归属于母公司所有者的综合收益总额	5 331 678	4 055 630	1 276 048	31.46
归属于少数股东的综合收益总额	-2 327	-4 316	1 989	-46.08
八、每股收益				
（一）基本每股收益	1.20	0.92	0.28	30.43
（二）稀释每股收益	1.20	0.91	0.29	31.87

1. 总体变动情况分析

从表6-9中可以看到，20×9年SHR合并利润表中的营业总收入约为232.89亿元，比上期增长了33.70%；营业总成本约为176.58亿元，比上期增长了33.68%；营业利润约为61.50亿元，比上期增长了33.79%；利润总额为60.56亿元，比上期增长了34.60%；净利润为53.26亿元，比上期增长了31.16%；毛利率为87.49%，核心利润率为24.18%，净利润率为22.87%。以上数据反映SHR的盈利能力较强。

我们通过比较SHR20×8年和20×9年合并利润表的主要项目的增减变动情况（见表6-10），分析SHR合并利润表主要项目变动的原因，借此可以评价整个集团盈利水平的变化情况。

表6-10　　　　　　　　　　　合并利润表主要项目变动分析　　　　　　　金额单位：千元

序　号	项　目	20×9年度	20×8年度	增减（%）	原因说明
1	税金及附加	216 342	236 778	-8.63%	本期流转税增加
2	资产减值损失	-5 472	-25 344	-78.41%	应收账款坏账会计估计变更
3	营业外收入	808	422	91.47%	政府补贴增加
4	所得税费用	729 310	437 895	66.55%	应交企业所得税增加

2. 一般项目分析

我们采用倍数分析法对合并利润表进行一般项目分析，主要是比较合并利润表与母公司利润表相对应的项目。

表 6-11 所示为 SHR 合并利润表与母公司利润表比较表。

表 6-11 　　　　　　　　　　　　SHR 合并利润表与母公司利润表比较　　　　　　　　　金额单位：千元

项　　目	20×9 年度		
	合　并　数	母 公 司 数	合　并　倍　数
一、营业总收入	23 288 577		
其中：营业收入	23 288 577	21 298 359	1.09
二、营业总成本	17 657 949		
减：营业成本	2 912 944	3 989 226	0.73
税金及附加	216 342	174 481	1.24
销售费用	8 524 968	7 847 543	1.09
管理费用	2 241 180	2 000 155	1.12
研发费用	3 896 336	2 493 085	1.56
财务费用	−133 821	−113 883	1.18
其中：利息费用			
利息收入	127 143	108 942	1.17
加：其他收益	189 713	54 301	3.49
投资收益（损失以"−"号填列）	309 271	236 487	1.31
净敞口套期收益（损失以"−"号填列）			
公允价值变动收益（损失以"−"号填列）	37 531	41 868	0.90
信用减值损失（损失以"−"号填列）	−13 230	−9 557	1.38
资产减值损失（损失以"−"号填列）	−5 472	−4 625	1.18
资产处置收益（损失以"−"号填列）	1 239	3 707	0.33
三、营业利润（亏损以"−"号填列）	6 149 680	5 229 933	1.18
加：营业外收入	808	503	1.61
减：营业外支出	94 726	91 987	1.03
其中：非流动资产处置损失			
四、利润总额（亏损总额以"−"号填列）	6 055 762	5 138 449	1.18
减：所得税费用	729 310	601 971	1.21
五、净利润（净亏损以"−"号填列）	5 326 452	4 536 478	1.17
归属于母公司股东的净利润	5 328 028		
少数股东权益	−1 576		
六、其他综合收益的税后净额	2 899		
七、综合收益总额	5 329 351	4 536 478	1.17
归属于母公司所有者的综合收益总额	5 331 678		
归属于少数股东的综合收益总额	−2 327		
八、每股收益			
（一）基本每股收益	1.20		
（二）稀释每股收益	1.20		

根据表 6-11，我们对 SHR 合并利润表一般项目分析如下。

（1）营业收入、成本项目的增减。20×9 年合并利润表与母公司个别利润表相比，营业收入的合并倍数为 1.09，营业成本的合并倍数为 0.73，说明 SHR 内部营业成本抵销项目较多，母子公司间的内部产品交易量较大。子公司对外销售获得的营业收入约 19.90 亿元，市场销售规模同上年比①，有些增加，说明有部分子公司经营状况较好。母公司的营业收入占合并财务报表收入的绝大部分，可见整个集团的对外销售活动集中在母公司（即上市公司本身）。

（2）期间费用项目的增减分析。合并利润表与母公司个别利润表相比，如果期间费用的增减变化很小，那么我们应该考虑母子公司之间是否存在固定资产的租赁业务，母子公司之间是否有广告代理，是否有业务委托等交易。SHR 销售费用的合并倍数为 1.09，管理费用的合并倍数为 1.12，财务费用的合并倍数为 1.18，这与营业收入的合并倍数是比较吻合的。

（3）投资收益项目的增减分析。当母公司与子公司、子公司相互之间持有对方长期股权投资时，产生的投资收益会相互抵销。此时，合并利润表中投资收益项目的数额一般会小于母公司利润表的数额。表 6-11 中 SHR 投资收益的合并倍数为 1.31，说明子公司有相对独立的对外投资收益，因不可收取子公司的现金收利较少。

（4）净利润项目的增减分析。如果合并利润表的净利润大于母公司个别利润表的净利润，则说明企业集团的盈利能力强于母公司的盈利能力；反之，则说明企业集团的盈利能力弱于母公司的盈利能力。SHR 净利润的合并倍数为 1.17，说明企业集团的业绩比母公司的业绩优良。

（5）毛利率的增减变动分析。综合来看，合并利润表的毛利率为 87.49%，显著高于母公司的营业毛利率 81.27%。这说明子公司的毛利率水平远远高于母公司毛利率水平，子公司的经营领域与母公司的有所不同。这种适当的多元化经营有助于企业分散经营风险，寻找新的利润增长点。但子公司多元化的程度并不高。

3. 特殊项目分析

特殊项目，主要是指合并利润表和母公司利润表相比，增加的一些特殊项目，主要有归属于母公司股东的净利润和少数股东权益。根据表 6-11，对 SHR 合并利润表的特殊项目分析如下。

（1）归属于母公司股东的净利润，主要反映净利润中由母公司所有者所享有的份额。SHR 合并利润表中归属于母公司所有者的净利润约为 53.28 亿元，而母公司反映的净利润约为 45.36 亿元，说明母公司在整个集团中所享有的净利润大于母公司自己创造的净利润，该集团内的子公司有较强的盈利创造能力。

（2）少数股东权益，反映了非全资子公司当期实现的净利润中属于少数股东权益的份额，即不属于母公司享有的份额。SHR 合并利润表中净利润中属于少数股东的权益约为-0.015 亿元，更好地反映了少数股东在利润中所占的份额。

三、合并现金流量表分析

进行合并现金流量表分析，应在了解合并现金流量表格式和内容的基础上，结合母公司现金流量表的分析方法，着重对合并现金流量表总体变动情况、一般项目和特殊项目进行分析。

（一）合并现金流量表的格式和内容

合并现金流量表的一般格式如表 6-12 所示。

从表 6-12 中发现，合并现金流量表的格式与个别现金流量表的格式基本相同，主要增加了反映金融企业行业特点和经营活动的现金流量项目。

延伸阅读资料

合并现金流量表中属于金融企业项目的列示说明

---

① 20×8 年，子公司对外销售获得的营业收入约 8.13 亿

表 6-12 　　　　　　　　　　　　合并现金流量表

会合 03 表

编制单位： 　　　　　　　　　　　___年___月　　　　　　　　　　　　　单位：元

项目	本期金额	上期金额
一、经营活动产生的现金流量		
销售商品、提供劳务收到的现金		
客户存款和同业存放款项净增加额*		
向中央银行借款净增加额*		
向其他金融机构拆入资金增加额*		
收到原保险合同保费取得的现金*		
收到再保业务现金净额*		
保户储金及投资款净增加额*		
收取利息、手续费及佣金的现金*		
拆入资金净增加额*		
回购业务资金净增加额*		
代理买卖证券收到的现金净额*		
收到的税费返还		
收到其他与经营活动有关的现金		
经营活动现金流入小计		
购买商品、接受劳务支付的现金		
客户贷款及垫款净增加额*		
存放中央银行和同业款项净增加额*		
支付原保险合同赔付款项的现金*		
拆出资金净增加额*		
支付利息、手续费及佣金的现金*		
支付保单红利的现金*		
支付给职工及为职工支付的现金		
支付的各项税费		
支付其他与经营活动有关的现金		
经营活动现金流出小计		
经营活动产生的现金流量净额		
二、投资活动产生的现金流量		
收回投资收到的现金		
取得投资收益收到的现金		
处置固定资产、无形资产和其他长期资产收回的现金净额		
处置子公司及其他营业单位收到的现金净额		
收到其他与投资活动有关的现金		
投资活动现金流入小计		
购建固定资产、无形资产和其他长期资产支付的现金		
投资支付的现金		
质押贷款净增加额*		
取得子公司及其他营业单位支付的现金净额		
支付其他与投资活动有关的现金		
投资活动现金流出小计		
投资活动产生的现金流量净额		
三、筹资活动产生的现金流量		
吸收投资收到的现金		
其中：子公司吸收少数股东投资收到的现金		

项目	本期金额	上期金额
取得借款收到的现金		
收到其他与筹资活动有关的现金		
筹资活动现金流入小计		
偿还债务支付的现金		
分配股利、利润或偿付利息支付的现金		
其中：子公司支付给少数股东的股利、利润		
支付其他与筹资活动有关的现金		
筹资活动现金流出小计		
筹资活动产生的现金流量净额		
四、汇率变动对现金及现金等价物的影响		
五、现金及现金等价物净增加额		
加：期初现金及现金等价物余额		
六、期末现金及现金等价物余额		

注：标注"*"的项目为金融企业专用行项目。

合并现金流量表与个别现金流量表相比，一个特殊的问题就是，在纳入合并范围的子公司为非全资子公司的情况下，涉及子公司与其少数股东之间的现金流入和流出的处理问题。子公司与少数股东之间发生的影响现金流入和现金流出的经济业务包括少数股东对子公司增加权益性投资，少数股东依法从子公司中抽回权益性投资，以及子公司向其少数股东支付现金股利或利润等。

（二）合并现金流量表一般分析

对合并现金流量表，我们主要就其总体变动情况、一般项目和特殊项目做简要分析。

SHR 股份有限公司合并现金流量表如表 6-13 所示。

表 6-13　　　　　　　　　　合并现金流量表

编制单位：SHR 股份有限公司　　　　20×9 年度　　　　金额单位：千元

项目	本期金额	上期金额
一、经营活动产生的现金流量		
销售商品、提供劳务收到的现金	23 279 843	17 157 209
收到的税费返还		
收到其他与经营活动有关的现金	326 554	262 251
经营活动现金流入小计	23 606 397	17 419 460
购买商品、接受劳务支付的现金	1 085 045	856 788
支付给职工及为职工支付的现金	3 930 570	2 678 071
支付的各项税费	2 428 240	2 837 174
支付其他与经营活动有关的现金	12 345 709	8 273 214
经营活动现金流出小计	19 789 564	14 645 247
经营活动产生的现金流量净额	3 816 833	2 774 213
二、投资活动产生的现金流量		
收回投资收到的现金	26 877 165	8 894 190
取得投资收益收到的现金	307 360	247 938
处置固定资产、无形资产和其他长期资产收回的现金净额	1 203	3 555
处置子公司及其他营业单位收到的现金净额	435	294
收到其他与投资活动有关的现金		3 856
投资活动现金流入小计	27 186 163	9 149 833
购建固定资产、无形资产和其他长期资产支付的现金	561 351	529 110

续表

项　目	本　期　金　额	上　期　金　额
投资支付的现金	28 569 819	11 472 082
取得子公司及其他营业单位支付的现金净额		
支付其他与投资活动有关的现金		
投资活动现金流出小计	29 131 170	12 001 192
投资活动产生的现金流量净额	−1 945 007	−2 851 359
三、筹资活动产生的现金流量		
吸收投资收到的现金	97 013	133 929
其中：子公司吸收少数股东投资收到的现金	97 013	14 288
取得借款收到的现金		
收到其他与筹资活动有关的现金		
筹资活动现金流入小计	97 013	133 929
偿还债务支付的现金		
分配股利、利润或偿付利息支付的现金	810 890	493 022
其中：子公司支付给少数股东的股利、利润	—	124 778
支付其他与筹资活动有关的现金	4 632	9 298
筹资活动现金流出小计	815 522	502 320
筹资活动产生的现金流量净额	−718 509	−368 391
四、汇率变动对现金及现金等价物的影响	12 307	53 784
五、现金及现金等价物净增加额	1 153 317	−445 537
加：期初现金及现金等价物余额	3 865 727	4 261 631
六、期末现金及现金等价物余额	5 019 044	3 816 094

1. 总体变动情况分析

从表6-13中可以看出，现金及现金等价物净增加额约为11.53亿元。其中，经营活动产生的现金流量净额约为38.17亿元，投资活动产生的现金流量净额约为−19.45亿元，筹资活动产生的现金流量净额约为−7.19亿元。经营活动产生的现金流量为正，投资活动产生的现金流量为负，筹资活动产生的现金流量为负，可以判断企业正处于高速增长期。这时产品销售快速增长，经营活动中大量货币资金回笼及时。同时为了增加市场份额，企业仍需要大量追加投资，而仅靠经营活动产生的现金流量净额可能无法满足所需追加的投资，必须筹集必要的外部资金作为补充。

有关SHR合并现金流量表重要项目变动情况分析如表6-14所示。

表6-14　　　　　　　　SHR合并现金流量表重要项目变动情况分析　　　　金额单位：千元

序号	项　目	20×9年度	20×8年度	增减（%）	原因说明
1	现金及现金等价物净增加额	1 153 317	−445 537	−358.86%	销售及时，货款回笼较及时
2	经营活动产生的现金流量净额	3 816 833	2 774 213	37.58%	主营业务收入快速增长
3	投资活动产生的现金流量净额	−1 945 007	−2 851 359	−31.79%	报告期购买的银行理财产品净增加额较上年同期减少
4	筹资活动产生的现金流量净额	−718 509	−368 391	95.04%	分配股利、利润或偿付利息支付的现金增多
5	支付给职工及为职工支付的现金	3 930 570	2 678 071	46.77%	员工工资增长
6	支付的各项税费	2 428 240	2 837 174	−14.41%	缴纳的相关税费减少

2. 一般项目分析

我们采用倍数分析法对SHR合并现金流量表进行一般项目分析，主要比较合并现金流量表与母公司现金流量表相对应的项目，如表6-15所示。

表 6-15　　　　　　　　SHR 合并现金流量表与母公司现金流量表比较　　　　　金额单位：千元

项　目	20×9 年度		
	合并数	母公司数	合并倍数
一、经营活动产生的现金流量			
销售商品、提供劳务收到的现金	23 279 843	19 890 643	1.17
收到的税费返还			
收到其他与经营活动有关的现金	326 554	133 564	2.44
经营活动现金流入小计	23 606 397	20 024 207	1.18
购买商品、接受劳务支付的现金	1 085 045	1 695 800	0.64
支付给职工及为职工支付的现金	3 930 570	2 553 844	1.54
支付的各项税费	2 428 240	2 002 629	1.21
支付其他与经营活动有关的现金	12 345 709	10 437 553	1.18
经营活动现金流出小计	19 789 564	16 689 826	1.19
经营活动产生的现金流量净额	3 816 833	3 334 381	1.14
二、投资活动产生的现金流量			
收回投资收到的现金	26 877 165	25 366 300	1.06
取得投资收益收到的现金	307 360	1 638 863	0.19
处置固定资产、无形资产和其他长期资产收回的现金净额	1 203	15 072	0.08
处置子公司及其他营业单位收到的现金净额	435	137 227	0.0032
收到其他与投资活动有关的现金			
投资活动现金流入小计	27 186 163	27 157 462	1.00
购建固定资产、无形资产和其他长期资产支付的现金	561 351	192 385	2.92
投资支付的现金	28 569 819	28 726 837	0.99
取得子公司及其他营业单位支付的现金净额			
支付其他与投资活动有关的现金			
投资活动现金流出小计	29 131 170	28 919 222	1.01
投资活动产生的现金流量净额	−1 945 007	−1 761 760	1.10
三、筹资活动产生的现金流量			
吸收投资收到的现金	97 013		
其中：子公司吸收少数股东投资收到的现金	97 013		
取得借款收到的现金			
收到其他与筹资活动有关的现金			
筹资活动现金流入小计	97 013		
偿还债务支付的现金			
分配股利、利润或偿付利息支付的现金	810 890	810 890	1.00
其中：子公司支付给少数股东的股利、利润			
支付其他与筹资活动有关的现金	4 632	4 632	1.00
筹资活动现金流出小计	815 522	815 522	1.00
筹资活动产生的现金流量净额	−718 509	−815 522	0.88
四、汇率变动对现金及现金等价物的影响	12 307	9 599	1.28
五、现金及现金等价物净增加额	1 153 317	766 698	1.50
加：期初现金及现金等价物余额	3 865 727	2 994 860	1.29
六、期末现金及现金等价物余额	5 019 044	3 761 558	1.33

根据表 6-15，结合 SHR 的情况，我们对 SHR 合并现金流量表一般项目分析如下。

（1）销售商品、提供劳务收到的现金的增减分析。销售商品、提供劳务收到的现金，反映了企业主营业务的收现能力。该项目的合并倍数越高，说明该企业母子公司间的交易越少，大部分为对外销售收现；反之，说明企业内部母子公司间交易频繁。该项目的合并倍数为 1.17，和合并利润表中营业收入的合并倍数（1.09）相呼应，反映了母子公司间的交易较多，母公司销售商品、提供劳务收到的现金占合并财务报表销售商品、提供劳务收到的现金的绝大部分，可见整个集团的对外销售收现活动集中在母公司（即上市公司本身）。

（2）购买商品、接受劳务支付的现金的增减分析。购买商品、接受劳务支付的现金，反映了企业主营业务的支付现金的能力。该项目的合并倍数越高，说明该企业母子公司间的交易越少，所需商品大部分从外部购买；反之，说明企业内部母子公司间交易频繁。该项目的合并倍数为 0.64，和合并利润表中营业成本的合并倍数（0.73）相呼应，反映了母子公司间存在一定规模的内部销售交易。

（3）投资活动产生的现金流量的增减分析。从报表信息来看，投资活动以现金流出为主。在流入量方面，合并现金流量表投资活动现金流入量的规模和结构与母公司自身的极为相似。SHR 投资活动产生的现金流入量主要是母公司产生的。

（4）购建固定资产、无形资产和其他长期资产支付的现金的增减分析。购建固定资产、无形资产和其他长期资产支付的现金反映了本期整个集团从外部购建固定资产、无形资产和其他长期资产支付的现金。该项目的合并倍数高，说明该企业集团的固定资产、无形资产和其他长期资产多为从集团外部购建；反之，说明该企业集团的固定资产、无形资产和其他长期资产多为集团内部相互购买。该项目的合并倍数为 2.92，说明该项目母子公司之间的抵销较少，上市公司年内固定资产、无形资产的主要投资方向集中在母公司。

（5）投资支付的现金的增减分析。20×9 年，企业集团投资支付的现金约为 285.70 亿元，母公司投资支付的现金约为 287.27 亿元，说明上市公司年内的主要投资三要是以控股投资方式实现的。

（6）筹资活动产生的现金流量净额的增减分析。由于合并现金流量表筹资活动产生的现金流量规模和结构与母公司自身的极为相似，所以对此问题的分析可参考前面的有关内容。SHR 筹资活动产生的现金流量主要是母公司产生的。

四、合并财务报表包含的企业财务状况质量信息

尽管大多数情况下，合并财务报表不能直接作为决策依据。但对于信息使用者，尤其是对于母公司的股东、管理层以及债权人来说，其仍具有一定的决策意义。因为子公司的资产是由母公司控制的，子公司的负债通常也是由母公司担保的，母公司的收益是在整个集团的资产、负债、收入、支出的规模下取得的，即合并报表扩展了母公司报表，使得子公司信息得到释放，向母公司的利益相关者提供了一定的增量信息。具体地说，合并财务报表所包含的企业财务状况质量信息包括以下几个方面。

（一）集团内母子公司的资源结构及其状况

通过比较合并财务报表和母公司报表的经营性资产和长期股权投资在规模、结构上的差异，可以大致了解整个集团的资源分布状况，并进一步分析判断企业的经营战略。如果母公司报表和合并财务报表中的经营性资产规模相差不大，这时候母公司的长期股权投资规模往往不会很大，可以认为集团中大部分的资源集中于母公司，集团采取的是以母公司经营为主体的经营战略；反之，一般认为集团中大部分的资源集中于子公司，集团采取的是以子公司经营为主体或者母子公司共同发展的经营战略。

（二）用于判断内部关联方交易的程度的信息

我们先区分内部关联方和外部关联方这两个概念。内部关联方，是指以上市公司为母公司所形

成的纳入合并财务报表编制范围的有关各方。外部关联方则是指母公司集团外部的关联企业。内部关联方交易在进行合并财务报表编制时均需剔除，不予反映。

内部关联方交易的发生，经常会伴随着财务报表中项目的"越合并越小"现象。受关联方交易影响的主要项目有债权债务类项目、存货、长期股权投资、投资收益、营业收入、营业支出等。

从表6-7中可知，母公司（上市公司）的其他应付款规模比合并财务报表的其他应付款规模小，说明母公司的主要债权人是纳入合并范围的子公司，该集团在资金运作上存在以子公司为平台，为母公司提供大部分经营资金的融资管理体制。再者，母公司的长期股权投资金额远比合并财务报表中的长期股权投资金额大，说明上市公司资金的主要投向是子公司，其长期股权投资以控制性投资为主，且大部分已纳入合并范围。

（三）揭示整个集团的资产管理质量的信息

这里的资产管理质量，是指企业经营性资产（主要包括货币资金、短期债权、存货、固定资产和无形资产等）的管理质量。剔除行业因素，通过母公司报表和合并财务报表中短期债权债务（应收、应付账款和预收、预付账款）规模的比较，可以在一定程度上了解母子公司在采购和销售环节所处市场类型（买方市场还是卖方市场），以及债权债务管理质量；通过对母公司报表和合并财务报表中存货规模、结构、周转率和毛利率的差异分析，可以了解母子公司产品的比较竞争优势以及相对管理质量；通过对母公司报表和合并财务报表中固定资产（原值）和存货的规模及结构变化进行分析，以及对固定资产（原值）和营业收入的规模及结构变化进行分析，可以了解母子公司的固定资产对营业收入的贡献度及其相对管理质量。

例如，在金融街控股股份有限公司20×9年年度报告中，其资产负债表、利润表部分资料如表6-16所示。

表6-16　　　　　　　　　　　　　部分报表资料　　　　　　　　　　　金额单位：千元

项　　目	20×9年12月31日	
	合　并　数	母公司数
存货	2 365 124	989 151
固定资产	2 501 293	522 442
营业收入	26 184 016	1 398 545
营业成本	15 669 976	492 311

从表6-16中可知，首先，子公司在整个集团内，整体拥有较多的存货和固定资产；其次，合并财务报表和母公司报表在固定资产周转速度方面的差异，反映子公司固定资产推动营业收入的能力远远强于母公司；最后，子公司整体在20×9年占用存货平均水平较高，但是子公司的毛利率低于母公司的毛利率。

（四）母子公司在基本盈利能力和费用管理效率方面的差异

通过比较母公司利润表和合并利润表的主要项目，首先了解母子公司基本盈利能力的差异。其中需要比较的主要项目有营业收入、营业成本、营业毛利及营业毛利率、核心利润、营业利润、净利润等。其次了解母子公司各项期间费用发生的相对效率，以及企业集团的筹资、营销等方面的管理模式等。

（五）整个企业集团的扩张战略及其实施后果

企业要实现快速扩张，可以通过兼并、收购、参股、扩股、租赁等途径来获得对更多资本的控制权，从而增强竞争实力，获得更大的资本增值。通过比较母公司报表和合并财务报表中的长期股权投资项目的差异、合并财务报表中少数股权的变化，以及母公司报表和合并财务报表中所反映的母子公司融资状况，可以大致了解集团的扩张战略。

五、合并财务报表分析的注意点

如前所述，合并财务报表不同于单一会计主体编制的母公司或子公司财务报表，它是反映多个会计主体构成的集团整体的一定时期经营情况和某个特定时点财务状况的报表。集团特征和集团经营环境的复杂性，决定了合并财务报表分析有别于母公司或子公司财务报表分析。因此，我们在进行合并财务报表分析时应当重点关注以下五个方面的问题。

（一）关注合并财务报表的编制方法和合并结果

在合并范围正确的前提下，合并结果正确性取决于合并财务报表的编制方法。对此，应注意下列四个问题。第一，合并前是否已将对子公司的长期股权投资调整为权益法。第二，合并财务报表有关项目之间的数据关系是否正确。第三，合并财务报表是将母子公司个别财务报表的数据加总后再抵销集团内部交易和事项编制而成的，因此，是否抵销完整、抵销方法是否正确，决定了合并后的结果，从而直接影响合并财务报表的质量。第四，关注纳入合并范围的子公司的全称、注册地、法定代表人、注册资本、母公司持股比例、经营范围等基本情况，分析母公司和子公司的营业收入、净利润、资产总额和净资产占上市公司整体的比重。如果企业的营业收入和利润主要来源于关联企业，就应当特别关注关联交易的定价政策，分析公司是否以不等价交换的方式与关联方发生交易并进行财务报表粉饰。如果母公司合并财务报表的利润总额（应剔除上市公司的利润总额）大大低于上市公司的利润总额，就可能意味着母公司通过关联交易将利润"包装注入"上市公司。

（二）关注报告期母公司增减子公司在合并财务报表中的反映

由于报告期可能增加或减少子公司或者由于控制性投资比例的变化，致使纳入合并财务报表的子公司数量发生增减变动，我们应当关注报告期母公司增减子公司在合并财务报表中的反映。

1. 母公司在报告期增加子公司

同一控制下企业合并增加的子公司，视同该子公司从设立起就被母公司控制。编制合并资产负债表时，应当调整合并资产负债表所有相关项目的期初数；在编制合并利润表时，应当将该子公司合并当期期初至报告期期末的收入、费用、利润纳入合并利润表；在编制合并现金流量表时，应当将该子公司合并当期期初至报告期期末的现金流量纳入合并现金流量表。

非同一控制下企业合并增加的子公司，应当从购买日开始编制合并财务报表，不调整合并资产负债表的期初数；在编制合并利润表时，应当将该子公司购买日至报告期期末的收入、费用、利润纳入合并利润表；在编制合并现金流量表时，应当将该子公司购买日至报告期期末的现金流量纳入合并现金流量表。

2. 母公司在报告期处置子公司

母公司在报告期内处置子公司，编制合并资产负债表时，不应当调整合并资产负债表的期初数，但应当将该子公司期初至处置日的收入、费用、利润纳入合并利润表，同时将该子公司期初至处置日的现金流量纳入合并现金流量表。

（三）关注合并财务报表的特殊信息含量

借助合并财务报表，我们可以分析、评价企业集团的经济实力和经营业绩、母子公司的资源结构及其状况、集团的资产管理质量、内部关联方交易的程度、相对盈利能力等，进而可以考查集团的经营战略、扩张战略及其实施效果，发现目前集团经营管理中存在的薄弱环节等特殊信息。

（四）关注合并财务报表的特殊项目

与个别财务报表相比，合并财务报表中新增了一些特殊项目。正确理解这些项目的内涵，是解读合并财务报表所必需的，对这些特殊项目的分析，是合并财务报表分析的重点内容。关于合并财务报表的特殊项目具体分析前面已经阐述，这里不赘述。

（五）合并财务报表条件下的财务比率运用

在合并财务报表条件下运用比率分析要特别谨慎，因为合并财务报表所反映的集团整体情况是不完备的，有关集团内部交易和事项的情况在编制合并财务报表时已做抵销。因此，运用合并财务报表数据进行比率分析应当慎重。这也就是本书在前面讲解财务报表分析时，分析举例尽量不采用合并财务报表数据的重要原因之一。合并财务报表条件下的财务比率运用应区分两种情况，即完全可以运用的财务比率和谨慎运用的财务比率。

在合并财务报表中，一些比率是完全可以用的。例如，净资产收益率、总资产报酬率、毛利率、核心利润率、销售利润率、管理费用率、经营活动产生的现金流量净额与核心利润的比率等，都可以直接用来反映整个集团的效益状况。

在合并财务报表条件下，某些比率不宜采用，如反映某项资产活力的比率——存货周转、固定资产周转率等。此外，流动比率、资产负债率等比率也已经失去了个别企业条件下的意义。

思考题

1. 合并财务报表与汇总报表、个别财务报表有何区别？
2. 会计准则对应纳入合并财务报表的合并范围有何要求？
3. 对合并财务报表分析为什么要慎用比率分析？
4. 阐述合并财务报表的特征。
5. 如何透过合并财务报表解读企业财务状况质量信息？
6. 对合并财务报表分析应重点关注哪些方面？

延伸阅读资料

本章拓展小案例

财务能力和综合分析 | 第七章

【教学目标】

通过本章的学习，学生可以了解企业财务能力的基本概念，财务综合分析的特点；熟悉企业财务能力的总体架构，企业业绩评价系统的构成要素、财务综合分析评价的基本内容；理解衡量企业相关财务能力的关键指标的内涵及具体计算方法；把握财务能力的比率分析、因素分析、比较分析和趋势分析等基本财务分析方法的结合使用技能；掌握结合企业基本面进行财务能力衡量、判断与分析的技巧，掌握平衡计分卡评价法和经济增加值评价法的理论与方法。

【引例】

拼多多成立于2015年4月，是由两家社交电商公司合并产生的。2018年7月26日，拼多多正式在纳斯达克挂牌上市，发行价为19美元/股，也就是说，仅用三年多时间拼多多就成长为国内仅次于淘宝和京东的第三大电商平台。上市之后，拼多多加之"双打活动"，提升品牌入驻标准。2018年10月，国美、当当、小米等品牌入驻拼多多平台，2019年9月7日中国商业联合会、中华全国商业信息中心发布2018年度中国零售百强名单，拼多多排名第三位。

从营运能力、偿债能力、盈利能力与成长能力四个方面来分析拼多多的财务绩效。企业各项指标在2016年至2019年间不断提升，整体营运能力表现良好，固定资产周转率非常高，2019年更是超过了8 000次，2019年毛利率也达到了78.97%，营业收入增长率、营业利润增长率与总资产增长率分别为129.74%、133.02%和76.13%，且后续还有增长空间。2019年拼多多、淘宝、京东、唯品会的活跃用户增长率分别为39.83%、11.79%、18.69%、13.11%。拼多多这样的高速增长确实给竞争对手带来了压力。

一个有着良好发展轨迹的企业，必定具有较高的财务能力；企业具有较好发展的财务能力，必然又会进一步促进企业的健康发展。因此，企业财务能力促进了企业发展，企业发展又促进了企业财务能力的进一步提升。没有好的财务能力，企业成长、发展无从谈起。

改写自：刘运国、徐瑞、张小才. 社交电商商业模式对企业绩效的影响研究——基于拼多多的案例[J]. 财会通讯，2021（3）：3-11

本书第二章至第六章重点讲述了哈佛分析框架中会计分析（即财务报表分析）的具体内容与方法。这样安排，是为了后面从管理者视角开展财务分析能建立在可靠的报表数据和良好的会计信息质量之上。本章，我们将进入哈佛分析框架中所述的财务分析部分的学习。本章基于会计分析所确认的财务报表数据，结合企业基本面分析（行业面和企业业务面）的各种信息，主要运用比率分析、因素分析等分析方法，围绕以企业的盈利能力、营运能力、偿债能力和发展能力等财务能力（或称财务效率）为核心内容的财务分析问题进行探讨。这种分析评价只是从四个不同的角度分析企业的财务活动，并不能全面综合地把握企业财务状况与经营绩效。因此，我们有必要基于财务能力分析，对企业财务活动进行综合分析，进而全面、客观地评价企业的经营业绩与财务状况。

第一节 | 盈利能力分析

企业是营利性组织。企业必须获利，才有其存在的价值。从财务角度看，获利就是使企业资产获得超过其投资的回报。盈利是企业的出发点和归宿，投资者、债权人和企业管理人员，都日益重视和关心企业的盈利能力。因此，对企业的盈利能力进行分析，成为管理者视角的财务能力分析的首要内容。

盈利能力是指企业获取利润的能力，也称为企业的资金或资本增值能力，通常表现为一定时期内企业收益数额的多少及其水平的高低。盈利能力也反映了企业在一定时期内赚取利润的能力，利润率越高，盈利能力就越强。经营者通过对盈利能力的分析，可以发现企业经营管理环节出现的问题。对企业盈利能力的分析，也就是对企业利润率的深层次分析。

盈利能力分析，主要包括资本经营盈利能力、资产经营盈利能力、商品经营盈利能力、上市公司盈利能力、盈利质量等内容的分析。常见的盈利能力指标及计算公式如表 7-1 所示。

表 7-1　　　　　　　　　　　　常见盈利能力指标及计算公式

常见盈利能力指标		计 算 公 式
资本经营盈利能力	净资产收益率	净利润÷平均净资产×100%
资产经营盈利能力	总资产报酬率	（息税前利润÷平均总资产）×100%
	经营资产报酬率	（狭义营业利润÷平均经营资产）×100%
	投资资产报酬率	（广义投资收益÷平均投资资产）×100%
商品经营盈利能力	收入利润率	
	营业毛利率	（营业毛利÷营业收入）×100%
	核心利润率	（核心利润÷营业收入）×100%
	息税前利润率	（息税前利润÷营业收入）×100%
	营业利润率	（营业利润÷营业收入）×100%
	销售（或营业）净利率	（净利润÷营业收入）×100%
	成本费用利润率	
	营业成本利润率	（营业利润÷营业成本）×100%
	营业费用利润率	（营业利润÷营业费用）×100%
	全部成本费用利润率	[利润总额÷（营业费用+营业外支出）]×100%
	全部成本费用净利润率	[净利润÷（营业费用+营业外支出）]×100%
上市公司盈利能力	每股收益	（净利润−优先股股息）÷发行在外的普通股加权平均股数
	普通股权益报酬率	[（净利润−优先股股息）÷普通股权益平均额]×100%
	股利支付率	（每股股利÷每股收益）×100%
	市盈率	每股市价÷每股收益
	市净率	每股市价÷每股净资产
盈利质量	销售获现比率	（销售商品、提供劳务收到的现金÷营业收入）×100%
		（销售商品、提供劳务收到的现金÷主营业务收入）×100%
	盈利现金比率	（经营活动现金流量净额÷净利润）×100%
	全部资产现金回收率	（经营活动现金流量净额÷平均总资产）×100%
	净资产现金回收率	（经营活动现金流量净额÷平均净资产）×100%

鉴于盈利能力部分财务指标在利润表分析、现金流量表分析以及所有者权益变动表分析中已做介绍，本节仅对重要的盈利能力财务比率做分析阐述。

一、资本经营盈利能力分析

资本经营盈利能力分析，主要是对净资产收益率进行分析与评价。而对净资产收益率进行分析，除了可利用资本经营盈利能力分析视角外，还可利用杜邦分析视角。

（一）资本经营盈利能力的内涵

资本经营是企业以资本为基础，通过优化配置来提高资本经营效率的经营活动。资本经营型企业的管理目标是资本保值与增值或追求资本盈利能力最大化，其活动领域包括资本流动、收购、重组、参股和控股等。在这些资本增值的领域，企业以一定的资本投入，可以取得尽可能多的资本收益。资本经营盈利能力，是指企业所有者通过投入资本经营取得利润的能力。

资本经营盈利能力的基本指标主要为净资产收益率，亦称股东权益报酬率，其计算公式为：

$$净资产收益率 = \frac{净利润}{平均净资产} \times 100\%$$

净资产收益率可以反映投资者投入企业的自有资本获取净收益的能力，是评价企业自有资本及其积累获取报酬水平的最具综合性与代表性的指标。该指标越高，表明企业自有资本获取收益的能力越强，运营效益越好。在上市公司业绩综合排序的诸多指标中，净资产收益率指标是居于首位的指标。将企业净资产收益率实际值与行业平均值、竞争对手实际值等进行比较分析，可以了解企业盈利能力在同行业中所处的地位及其与同类企业的差距。

（二）杜邦分析

净资产收益率的杜邦分析法，属于财务综合分析法，本应在第八章中讲解。但是，为便于读者对净资产收益率不同角度分解分析的掌握，故于此一并讲解。

1. 杜邦分析法的含义

杜邦分析法是利用各种财务比率指标之间的内在联系构建的一个综合指标体系，用以对企业财务状况和经济效益进行综合分析与评价的一种系统分析方法。它是由美国杜邦公司在 20 世纪 20 年代率先采用的一种财务分析方法，故称杜邦分析法或杜邦财务分析体系。它是一个以净资产收益率为核心指标，以资产净利率为主体，能够综合反映企业盈利能力、偿债能力和营运能力的较完整的财务指标分析体系。

2. 杜邦财务分析体系

杜邦财务分析体系实际上是由美国杜邦公司财务人员对净资产收益率指标进行独特解析得来的，该体系包含以下几种财务比率关系。

$$
\begin{aligned}
净资产收益率 &= \frac{净利润}{平均净资产} \\
&= \frac{净利润}{平均净资产} \times \frac{平均总资产}{平均总资产} \\
&= \frac{净利润}{平均总资产} \times \frac{平均总资产}{平均净资产} \\
&= 资产净利率 \times 权益乘数
\end{aligned}
\qquad (7\text{-}1)
$$

$$
\begin{aligned}
资产净利率 &= \frac{净利润}{平均总资产} \\
&= \frac{净利润}{平均总资产} \times \frac{营业收入}{营业收入} \\
&= \frac{净利润}{营业收入} \times \frac{营业收入}{平均总资产} \\
&= 销售净利率 \times 总资产周转率
\end{aligned}
\qquad (7\text{-}2)
$$

由式（7-1）和式（7-2）可得：

$$净资产收益率 = 销售净利率 \times 总资产周转率 \times 权益乘数$$

以 SHR 20×9 年合并财务报表数据为例，杜邦财务分析体系的主要内容如图 7-1 所示。

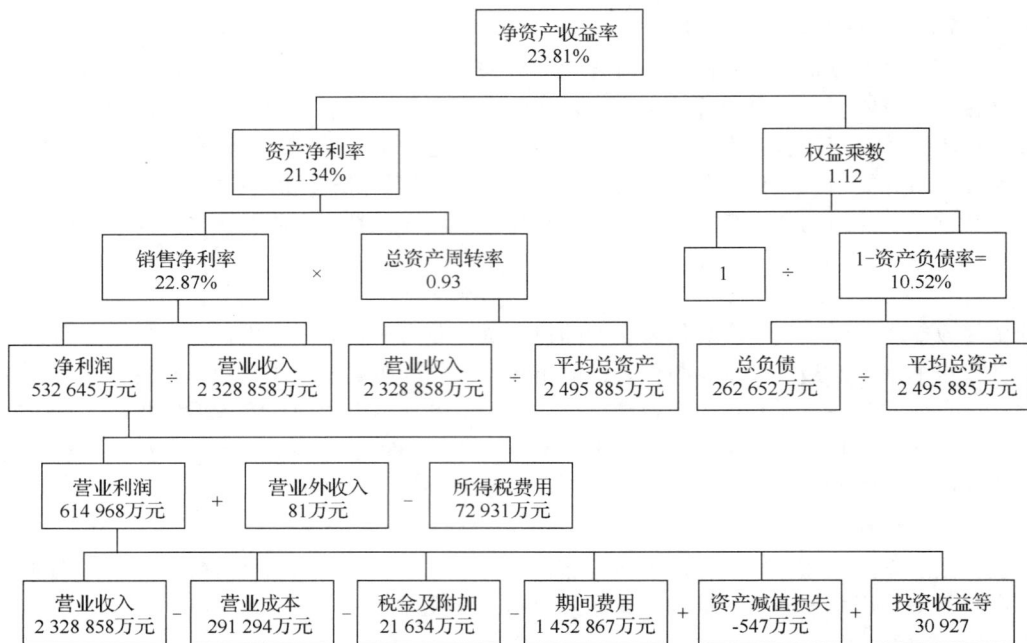

图 7-1　SHR 杜邦财务分析体系

从图 7-1 中，我们可以直观地看出以下几种主要指标之间的关系。

第一，净资产收益率是所有比率中综合性最强、最具有代表性的指标，是杜邦财务分析体系的核心。通过对净资产收益率指标的分解，可以确定各项指标彼此之间的相互依存关系，从而揭示企业的盈利能力以及使净资产收益率指标发生变化的具体原因。财务管理的目标就是实现股东财富的最大化，净资产收益率反映了股东投入资本的盈利能力以及企业筹资、投资等各项经营活动的效率。

第二，资产净利率是反映企业资产盈利能力的一项重要财务比率。它揭示了企业生产经营活动的效率，具有较强的综合性。企业的销售收入、成本费用、资本结构、资产管理效率等各种因素，都直接影响该指标。资产净利率是销售净利率与总资产周转率的乘积，因此我们必须从企业的销售活动状况与资产管理效率两方面进行分析。

第三，权益乘数，又称业主权益乘数，反映所有者权益与总资产的关系，是所有者权益比率（股东权益比率或所有者权益比率=股东权益或所有者权益÷总资产）的倒数。权益乘数=1÷（1-资产负债率）。可见权益乘数主要受资产负债率的影响。权益乘数大，说明企业有较高的负债程度，这样能给企业带来较大的杠杆利益，同时也会给企业带来较大的财务风险。因此在总资产需要量既定的前提下，企业应适度开展负债经营，合理使用全部资产，妥善安排资金结构，努力实现企业理财目标。

第四，销售净利率反映了企业净利润与营业收入之间的关系，销售净利率是提升企业盈利能力的关键。因此，企业必须一方面开拓市场，增加营业收入；另一方面加强成本费用控制，降低各种耗费，增加利润。财务分析人员或企业管理者应当根据企业的一系列内部报表和资料，对营业收入和成本费用两个方面进行更详细的分析。

第五，总资产周转率是反映企业运用资产实现销售收入能力的指标。企业可以通过分析影响企业总资产周转率的各项因素，发现企业资产管理方面存在的主要问题，以提高资产的利用效率。例如，可以通过销售收入分析企业使用资产的状况及其对资产各构成部分占用量是否合理，或通过考查应收账款周转率、存货周转率、固定资产周转率等有关资产组成部分的周转率，分析企业资产使用效率。

3. 杜邦财务分析体系的缺陷

尽管杜邦财务分析体系在实践中广泛运用，但仍存在一定的缺陷，主要体现在以下几个方面。

其一，财务分析指标的内在不配比。杜邦分析法中的重要指标——资产净利率，为净利润与平均总资产的比值。其中，总资产是全部资产提供者，包括股东、债权人等享有的权利，而净利润是专门属于股东的，使用这两者的比值不能准确反映企业的基础盈利能力。销售净利率是净利润与营业收入的比值。其中，营业收入带来的是营业利润，而这仅是净利润的一部分，净利润还包括公允价值变动收益、资产减值损失等。因此，销售净利率不能够准确地反映企业的销售盈利能力。

其二，忽视现金流信息。杜邦分析法主要采用了资产负债表和利润表的信息，但没有利用现金流量表的信息。因此，它不能有效地反映企业的现金流状况，仅从静态的角度分析企业的经营业绩，具有一定的局限性，很容易造成信息使用者的错误决策。

其三，短期性和时效性的特点。由于杜邦分析法主要采用的指标是短期财务结果，有可能导致企业管理层过度关心短期行为，而忽视企业的长远发展和长期价值创造。同样，由于财务指标主要反映过去，分析时对影响企业经营的新因素如无形资产等未能纳入分析体系，这也会导致企业忽视自身发展潜力和可持续发展。

因此，我们在实践中运用杜邦分析法有必要进行适当的改进。其中，包括改进杜邦财务分析体系，引入现金流量指标，让杜邦财务分析体系更加关注企业获取现金的能力；引进可持续增长率指标等，可以促使企业经营者不仅要追求净资产收益率，而且要重视与加强利润分配管理，使企业有持续增长的能力。

二、资产经营盈利能力分析

资产经营，是指企业经营者合理配置与使用资产，以一定的资产投入，取得尽可能多的收益的过程。资产经营盈利能力则是指企业运用全部资产产生利润的能力，其主要评价指标为总资产报酬率。总资产报酬率反映了企业全部资产的获利水平，具体计算公式为：

$$总资产报酬率=\frac{息税前利润}{平均总资产}\times100\%$$

（一）总资产报酬率因素分析

总资产报酬率的公式，可以进一步分解为：

$$
\begin{aligned}
总资产报酬率&=\frac{息税前利润}{平均总资产}\\
&=\frac{息税前利润}{平均总资产}\times\frac{营业收入}{营业收入}\\
&=\frac{营业收入}{平均总资产}\times\frac{息税前利润}{营业收入}\\
&=总资产周转率\times息税前利润率
\end{aligned}
$$

综上所述，影响总资产报酬率的因素有两个，即总资产周转率和息税前利润率。总资产周转率反映企业资产总额的周转速度，周转速度越快，表明企业全部资产的使用效率越高，因而资产的盈利能力也越强，总资产报酬率水平越高。息税前利润率是息税前利润与营业收入的比值，体现企业将营业收入转化为利润的能力。息税前利润率表明企业生产经营的盈利能力，该指标越高，表明企业盈利能力越强，从而总资产报酬率水平也就越高。

（二）总资产报酬率同业比较与趋势分析

在分解上述总资产报酬率的基础上，我们运用连环替代法或差额计算法可以分析总资产周转率和息税前利润率的变动对总资产报酬率的影响。

根据 SHR 20×5 年至 20×9 年合并资产负债表和合并利润表的有关数据，编制 SHR 总资产报酬率因素与趋势分析表，如表 7-2 所示。

表 7-2   总资产报酬率因素与趋势分析表   金额单位：千元

项　　目	20×5 年	20×6 年	20×7 年	20×8 年	20×9 年
营业收入	9 315 960	11 093 724	13 835 629	17 417 901	23 288 577
利润总额	2 561 970	3 013 184	3 759 188	4 499 079	6 055 762
息税前利润	2 561 970	3 013 184	3 759 188	4 499 079	6 055 762
平均总资产	10 291 780	12 913 379	16 184 721	20 200 307	24 918 126
总资产周转率（次）	0.905 2	0.859 1	0.854 9	0.862 3	0.934 6
息税前利润率%	27.50	27.16	27.17	25.83	26.00
总资产报酬率（%）	24.89	23.33	23.23	22.27	24.30

由表 7-2 可知，SHR 20×5 年至 20×9 年的总资产报酬率都在 22%以上，尤其是 20×9 年的总资产报酬率达到 24%以上，这是源于 20×9 年的息税前利润有较大幅度增加。

根据 20×9 年同业企业年度合并报表数据，编制企业总资产报酬率比较分析表，如表 7-3 所示。

表 7-3   20×9 年同行业企业总资产报酬率比较分析表

项　　目	营业收入（千元）	平均总资产（千元）	息税前利润（千元）	总资产报酬率（%）
SHR	23 288 577	24 958 852	6 055 762	24.26
海南海药	2 445 289	10 556 669	-123 190	-1.17
海正药业	11 071 784	21 659 605	507 094	2.34
四环生物	417 878	920 851	27 847	3.02

表 7-3 表明，SHR 在同行业中总资产报酬率较高，说明 SHR 盈利能力较强，全部资产使用效率较好，资产盈利能力较强。

三、商品经营盈利能力分析

商品经营是相对资产经营和资本经营而言的。商品经营盈利能力分析通过分析企业在生产经营过程中的收入、成本费用与利润之间的关系，来评价企业的盈利能力。这里我们主要进行以营业收入和成本费用为基础的商品经营盈利能力指标分析。

（一）以营业收入为基础的指标分析

在企业利润的形成中，营业利润是主要来源，而决定营业利润增长幅度的主要因素是核心利润的增长幅度，核心利润的增长幅度又主要取决于毛利的增长幅度，因为毛利反映了企业的初始盈利能力。由此可见，以营业收入为基础的盈利能力指标主要包括营业毛利率、核心利润率、息税前利润率、营业利润率、营业净利率等，如图 7-2 所示。

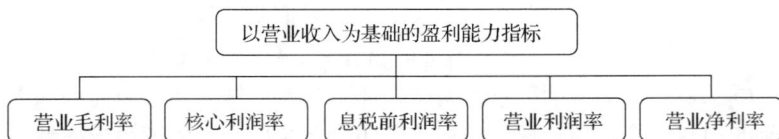
图 7-2   以营业收入为基础的盈利能力指标

（1）营业毛利率。营业毛利，简称毛利，即营业收入减去营业成本的差额，反映企业的初始盈利能力，是企业净利润的起点。营业毛利率反映的是每一元营业收入扣除营业成本后，有多少钱可以用于弥补各项期间费用和形成利润。营业毛利率是企业销售净利率的基础，没有足够营业毛利率的企业很可能陷入亏损状态。营业毛利率是企业产品经过市场竞争的结果，是一个比较可信的指标。营业毛利率的计算公式为：

$$营业毛利率 = \frac{营业毛利}{营业收入} \times 100\% = \frac{营业收入 - 营业成本}{营业收入} \times 100\%$$

根据第三章表 3-6 所示的 SHR 母公司利润表数据，计算营业毛利率，计算结果如表 7-4 所示。

从表 7-4 中可以看出，20×7 年至 20×9 年 SHR 母公司的营业毛利率在逐年平稳上升，尤其是 20×8 年，营业收入的上升幅度远远超过营业成本的上升幅度，其可能的原因是产品的竞争力较强，市场份额比较稳定。从该公司年报可知，该公司每年都有创新药上市，抗肿瘤药的市场份额占 1% 左右。

表 7-4   SHR 母公司营业毛利率计算表   金额单位：千元

项 目	20×5 年	20×6 年	20×7 年	20×8 年	20×9 年
营业收入	8 556 605	10 347 261	12 919 647	16 604 519	21 298 359
营业成本	1 947 487	2 275 861	3 147 050	3 264 674	3 989 226
营业毛利	6 609 118	8 071 400	9 772 597	13 339 845	17 309 133
营业毛利率（%）	77.24	78.01	75.64	80.34	81.27

为了正确评价 SHR 母公司的营业毛利率水平，我们选取了医药行业三家企业母公司与 SHR 母公司的 20×9 年度报告数据做比较分析，见表 7-5。

表 7-5   20×9 年行业内企业营业毛利率比较分析表   金额单位：千元

项 目	SHR 母公司	海南海药母公司	海正药业母公司	四环生物母公司
营业收入	21 298 359	177 454	3 409 374	856
营业成本	3 989 226	164 998	1 478 787	886
营业毛利	17 309 133	12 456	1 930 587	−30
营业毛利率（%）	81.27	7.02	56.63	−3.50

从表 7-5 中可以看出，四家企业的营业收入数额差异较大，这是企业规模不同形成的，不同规模的企业不能进行指标绝对数的简单比较。如果用营业毛利率做比较，SHR 母公司的营业毛利率最高，说明 SHR 母公司的产品附加值高，单位收入抵补各项支出的能力强，与同行相比，其在成本上存在竞争优势。20×9 年四环生物母公司的营业毛利率虽然仅为−3.38%，但根据其合并利润表计算的毛利率有 7.39%。

分析营业毛利率时，我们要注意以下四个方面。一要注意营业毛利率具有明显的行业特征，不同行业的营业毛利率往往悬殊较大。营业周期短、固定费用低的行业，其营业毛利率通常也低，如零售业；营业周期长、固定费用高的行业的营业毛利率通常会高一些，如制造业。因此，进行营业毛利率分析首先应该与行业平均水平对比。另外，还要对本企业的营业毛利率进行趋势分析，以正确评价本企业的盈利能力，并揭示企业在产品定价、营销或生产成本控制方面存在的问题。二要注意在同一行业内，企业经营模式不同，营业毛利率的差异也会很大。例如，同样是医药行业，医药制造业的营业毛利率高于医药商业的营业毛利率。但相同行业的企业，即使经营模式一样，其营业毛利率也存在较大差异。例如，莱美药业和 SHR 母公司都以生产销售抗肿瘤药物为主，其营业毛利率却存在很大差异。三要注意在同一企业中，不同产品的营业毛利率水平也不同。营业毛利率虽可以反映企业的总体毛利率水平，但是反映不出不同产品的盈利水平。如果上市公司披露了分部信息，则可以进一步分部门、分产品、分区域进行分析，以观察毛利率的变动情况。对于企业内部管理人员，其还可以利用销售量、单价、单位成本等资料，进一步深入分析不同产品的毛利率变动情况。四要注意有时候企业为了增加产品销量，会采取薄利多销的政策，这时营业毛利率可能会偏低。

（2）核心利润率。前已述及，在以自身经营为主的企业中，核心利润反映了企业的纯经营活动带来的利润，是衡量企业竞争力的重要指标之一。核心利润与营业收入的比值，就是核心利润率。核心利润率反映了企业经营活动的盈利能力。核心利润率的计算公式为：

$$核心利润率 = \frac{核心利润}{营业收入} \times 100\% = \frac{营业收入 - 营业成本 - 税金及附加 - 销售费用 - 管理费用 - 研发费用 - 财务费用}{营业收入} \times 100\%$$

根据第三章表 3-6 所示的 SHR 母公司利润表，计算核心利润率，计算结果如表 7-6 所示。

表7-6   SHR母公司核心利润率计算表   金额单位：千元

项　　目	20×5年	20×6年	20×7年	20×8年	20×9年
营业收入	8 556 605	10 347 261	12 919 647	16 604 519	21 298 359
核心利润	2 389 241	2 949 474	3 257 490	3 979 543	4 907 752
核心利润率（%）	27.92	28.50	25.21	23.97	23.04

从表7-6可以看出，20×7年至20×9年SHR母公司的核心利润率在逐年下降，而由第三章表3-10可知，在营业收入增长的同时，销售费用也在环比上升，在20×8年达到最高值。从第三章表3-6可知，20×9年又发生了研发费用，进一步导致了核心利润的下降。

为了正确评价SHR母公司的核心利润率，我们做了同业母公司20×9年核心利润率比较分析，如表7-7所示。

表7-7   20×9年行业内企业核心利润率比较分析表   金额单位：千元

项　　目	SHR母公司	海南海药母公司	海正药业母公司	四环生物母公司
营业收入	21 298 359	177 454	3 409 374	856
核心利润	4 907 752	-100 439	-444 096	-5 121
核心利润率（%）	23.04	-56.60	-13.03	-598.25

从表7-7中可以看出，比较四家企业的核心利润率，SHR母公司的核心利润率最高，盈利能力最强，这说明SHR母公司在抗肿瘤药生产销售行业占领先地位。四环生物母公司等公司的核心利润率为负数，应引起注意。

分析核心利润率时，要注意核心利润与投资收益的数量对比关系。从会计核算的过程来看，企业核心利润的形成主要与企业的经营活动有关，而投资收益则主要与企业的对外投资活动有关，两者在数量上没有什么直接关系。但是，我国有些上市公司往往在企业扭亏为盈或保持盈利势头的关键年份，出现了核心利润与投资收益在数量上的互补性变化，即在核心利润较高的年份，投资收益较低；而在核心利润较低的年份，投资收益较高。这可帮助企业扭亏为盈或继续保持盈利势头。

（3）息税前利润率。息税前利润率是息税前利润与营业收入的比值。息税前利润率的计算公式为：

$$息税前利润率 = \frac{息税前利润}{营业收入} \times 100\% = \frac{利润总额 + 利息支出}{营业收入} \times 100\%$$

由于利息费用在计算利润总额前扣除，所以资本结构会直接影响企业利润。例如，两家企业的盈利能力完全相同，其中一家企业负债多，利息费用多，利润就会比较低；另一家企业的负债少，利息费用少，利润就会比较高。这两家企业利润的差异是由资本结构不同造成的，而不是企业管理层主观努力的结果。计算息税前利润率，可以排除资本结构对企业盈利能力的影响，使分析结果更为客观。

（4）营业利润率。营业利润率是指企业的营业利润与营业收入的比率，它反映了企业每单位营业收入能带来多少营业利润，可用于衡量包括经营、投资和筹资活动在内的活动所形成的盈利能力。该指标越大，说明企业的盈利能力越强。营业利润率的计算公式为：

$$营业利润率 = \frac{营业利润}{营业收入} \times 100\%$$

其中：营业利润=营业收入-营业成本-税金及附加-销售费用-管理费用-研发费用-财务费用+其他收益+投资收益+净敞口套期收益+公允价值变动收益-信用减值损失-资产减值损失+资产处置收益。

根据第三章表3-6所示的SHR母公司利润表数据，计算SHR母公司的营业利润率，见表7-8。

延伸阅读资料

营业利润率和营业毛利率比较

表 7-8　　　　　　　　　　SHR 母公司营业利润率计算表　　　　　　　金额单位：千元

项　目	20×5 年	20×6 年	20×7 年	20×8 年	20×9 年
营业收入	8 556 605	10 347 261	12 919 647	16 604 519	21 298 359
营业利润	2 374 949	2 956 578	3 342 197	6 124 623	5 229 933
营业利润率（%）	27.76	28.57	25.87	36.89	24.56

从表 7-8 中可以看出，SHR 母公司营业利润率一直处于波动状态，20×8 年营业利润率最高，在 20×9 又呈下降趋势。

将 SHR 母公司连续五年的营业毛利率和营业利润率进行对比，如表 7-9 所示。

表 7-9　　　　　　　SHR 母公司营业毛利率和营业利润率对比表

项　目	20×5 年	20×6 年	20×7 年	20×8 年	20×9 年
营业毛利率（%）	77.24	78.01	75.64	80.34	81.27
营业利润率（%）	27.76	28.57	25.87	36.89	24.56
两者差异（%）	49.48	49.44	49.77	43.45	56.71

从表 7-9 中可以看出，自 20×5 年起，SHR 母公司营业毛利率和营业利润率之间的差额一直在上下波动。20×7 年至 20×9 年营业毛利率逐年上升，并一直处于较高水平，营业利润率却一直波动并处于较低水平，表明该企业对营业成本控制较好，但对期间费用控制得不理想。

有关营业利润率 20×9 年的同业比较分析如表 7-10 所示。

表 7-10　　　　　　20×9 年行业内企业营业利润率比较分析表　　　　　金额单位：千元

项　目	SHR 母公司	海南海药母公司	海正药业母公司	四环生物母公司
营业收入	21 298 359	177 454	3 409 374	856
营业利润	5 229 933	348 673	-1 088 75	-5 696
营业利润率（%）	24.56	196.49	-3.19	-665.42

从表 7-10 中可以看出，海南海药母公司的营业利润率最高，盈利能力最强。20×9 年海南海药母公司主要收入来源是投资收益，而 SHR 母公司的主要收入来源是营业收入，因此说明 SHR 母公司的产品附加值高，市场竞争力强，发展潜力大。

营业利润率分析在企业投资收益、公允价值变动收益占利润比重较大时，会失去意义。因为投资收益、公允价值变动收益与企业本期营业收入无关，特别是对于集团公司、控股公司、保险公司等投资收益比较高的企业来说，计算营业利润率几乎毫无实际指导意义。为解决这一问题，可以通过计算核心利润率来反映企业从事经营活动的绩效。

（5）营业净利率。营业净利率是指企业的净利润与营业收入的比率，它反映了企业每单位营业收入能带来多少净利润，反映企业营业收入扣除全部成本和费用后的最终盈利能力，是评价企业经营效益的主要指标之一。营业净利率的计算公式为：

$$营业净利率 = \frac{净利润}{营业收入} \times 100\%$$

根据第三章表 3-6 所示的 SHR 母公司利润表数据，计算营业净利率，其计算结果如表 7-11 所示。

表 7-11　　　　　　　　SHR 母公司营业净利率计算表　　　　　　　金额单位：千元

项　目	20×5 年	20×6 年	20×7 年	20×8 年	20×9 年
营业收入	8 556 605	10 347 261	12 919 647	16 604 519	21 298 359
净利润	2 056 006	2 553 035	2 866 693	5 607 021	4 536 478
营业净利率（%）	24.03	24.67	22.19	33.77	21.30

从表 7-11 中可以看出，20×5 年至 20×8 年 SHR 母公司的净利润在逐年上升，营业净利率在 20×8 年达到最高值 33.77%，然后大幅下滑。这意味着企业在促进销售的同时应当注意改进经营管理方法，以提高盈利水平。

SHR 母公司 20×9 年度的营业净利率与同业企业比较分析如表 7-12 所示。

表 7-12　　　　　　　　　20×9 年行业内企业营业净利率比较分析表　　　　　　　　金额单位：千元

项　目	SHR 母公司	海南海药母公司	海正药业母公司	四环生物母公司
营业收入	21 298 359	177 454	3 409 374	856
净利润	4 536 478	227 873	225 302	−6 126
营业净利率（%）	21.30	128.41	6.61	−715.65

根据表 7-12，我们发现四家企业的营业净利率差距较大，其中，海南海药母公司的营业净利率最高，盈利能力最强。SHR 母公司居于第二，这说明 SHR 母公司总的经营管理水平在行业中居于中间地位。

分析营业净利率时，要注意营业外收支对企业利润总额的影响。因为净利润的形成不仅受营业收入的影响，还受营业外收支等因素的影响。营业外收支是企业的非正常经营活动产生的，具有偶发性和不可持续性，所以在分析净利润变动时，要考虑营业外收支的影响程度，从而判断净利润的质量和可持续性。

延伸阅读资料

判断企业盈利能力的三个角度

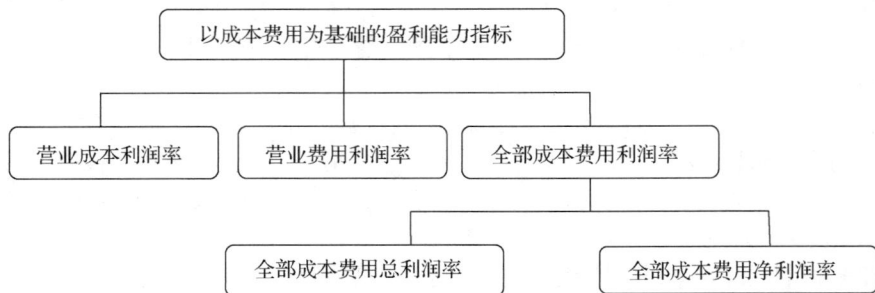

（二）以成本费用为基础的比率分析

没有投入就没有产出，企业的利润是收入与其相关产出配比的差额。创造利润的能力，主要取决于企业成本费用消耗的水平。成本利润率是指各类利润额与成本之间的比率，包括营业成本利润率、营业费用利润率、全部成本费用总利润率、全部成本费用净利润率。成本费用利润率从耗费角度披露企业的盈利能力，表示企业为取得利润而付出的代价。该指标越高，表明企业为取得利润所付出的代价越小，企业对成本费用控制得越好，企业的盈利能力越强。以成本费用为基础的盈利能力指标如图 7-3 所示。

图 7-3　以成本费用为基础的盈利能力指标

（1）营业成本利润率。营业成本利润率是指企业的营业利润与营业成本的比率。营业成本利润率的计算公式为：

$$营业成本利润率 = \frac{营业利润}{营业成本} \times 100\%$$

（2）营业费用利润率。营业费用利润率是指企业的营业利润与营业费用的比率。营业费用利润率的计算公式为：

$$营业费用利润率 = \frac{营业利润}{营业费用} \times 100\%$$

其中，营业费用=营业成本+税金及附加+期间费用+信用减值损失+资产减值损失。

（3）全部成本费用利润率。全部成本费用利润率又分为全部成本费用总利润率和全部成本费用净利润率。其计算公式分别为：

$$全部成本费用总利润率 = \frac{利润总额}{营业费用 + 营业外支出} \times 100\%$$

$$全部成本费用净利润率 = \frac{净利润}{营业费用 + 营业外支出} \times 100\%$$

以上各项指标反映了企业投入产出水平，即所得与所费的比率，体现了增加利润是以降低成本费用为基础的。这些指标值越高，表明单位消耗所创造的利润越多，劳动耗费的效益越高；反之，则说明单位消耗所创造的利润越少，劳动耗费的效益越低。

【想一想】

计算全部成本费用利润率该不该将所得税费用加进全部成本费用呢？

根据第三章表 3-6 所示的 SHR 母公司利润表数据，计算成本费用利润率，其结果如表 7-13 所示。

表 7-13　　　　　　　　　　　SHR 母公司成本费用利润率计算表　　　　　　　　　　单位：%

项　　目	20×5 年	20×6 年	20×7 年	20×8 年	20×9 年
营业成本利润率	121.95	129.91	106.20	187.60	131.10
营业费用利润率	39.35	39.98	34.59	48.51	31.91
全部成本费用总利润率	39.16	39.39	34.17	47.88	31.38
全部成本费用净利润率	33.96	34.33	29.74	44.50	27.70

从表 7-13 中可以看出，SHR 母公司的营业成本利润率在 20×8 年有显著提高，但其他各项成本费用利润率在 20×9 年均有不同幅度下降，说明企业利润增长速度慢于成本费用增长速度。

四、上市公司盈利能力分析

上市公司盈利能力分析除了对一般企业盈利能力的指标进行分析外，还可以对与企业股票、股票价格或市场价值相关的指标，如每股收益、普通股权益报酬率、市盈率、市净率等进行分析。

（一）每股收益的计算与分析

每股收益是上市公司衡量普通股盈利能力的最重要的指标之一，计算与分析每股收益非常重要。

1. 每股收益的内涵

每股收益，又称每股税后利润、每股盈余，是指本年净利润扣除优先股股息后的余额与发行在外的普通股加权平均股数的比值。该指标反映了每股普通股所能分摊的收益，是评价上市公司盈利能力的重要指标，也是投资者投资决策的重要依据。每股收益指标既可以用于企业之间的比较，以评价该企业的相对盈利能力；也可以用于企业不同时期的比较，以了解企业盈利能力的变化趋势；还可以用于盈利预测，以掌握该企业的发展潜力。

每股收益包括基本每股收益和稀释每股收益。基本每股收益仅考虑当期实际发行在外的普通股股数，而计算稀释每股收益主要是为了避免存在稀释性潜在普通股使每股收益虚增可能带来的信息误导，以提供更加可比、有用的盈利信息。

2. 基本每股收益的计算

基本每股收益，是归属于普通股股东的当期净利润与当期实际发行在外的普通股加权平均股数之间的比率。它的计算公式为：

$$基本每股收益 = \frac{净利润 - 优先股股息}{发行在外的普通股加权平均股数}$$

$$发行在外的普通股加权平均股数 = 期初发行在外的普通股股数 + 当期新发行的普通股股数$$

$$\times \frac{已发行时间}{报告期时间} - 当期回购的普通股股数 \times \frac{已回购时间}{报告期时间}$$

【例7-1】某上市公司20×7年度的有关资料如下。公司20×7年度实现净利润150 000元，支付累计优先股股息10 000元，20×6年12月31日发行在外的普通股为100 000股，20×7年6月30日新发行普通股30 000股，20×7年9月30日回购本公司普通股20 000股。要求：计算该公司的基本每股收益。

具体计算如下。

发行在外的普通股加权平均股数=100 000×12÷12+30 000×6÷12-20 000×3÷12

=100 000+15 000-5 000=110 000（股）

基本每股收益=（150 000-10 000）÷110 000=1.27（元/股）

3. 稀释每股收益的计算

稀释每股收益是以基本每股收益为基础，假设企业所有发行在外的稀释性潜在普通股均已转换为普通股，从而分别调整归属于普通股股东的当期净利润以及发行在外的普通股的加权平均股数计算而得的每股收益。

稀释性潜在普通股，是指假设当期转换为普通股会减少每股收益的潜在普通股，对亏损企业而言，则是会增加每股亏损金额的潜在普通股。目前，我国企业发行的潜在普通股主要有可转换公司债券、认股权证、股票期权等。稀释每股收益的计算公式为：

$$稀释每股收益 = \frac{调整后归属于普通股股东的净利润}{发行在外的普通股加权平均股数 + 假设稀释性潜在普通股转换为普通股而增加的普通股加权平均股数}$$

存在稀释性潜在普通股的，在计算稀释每股收益时，应分别调整归属于普通股股东的净利润（分子）和发行在外的普通股加权平均股数（分母）。

计算稀释每股收益时，应当根据以下两种事项对归属于普通股股东的净利润进行调整：一是当期已确认为费用的稀释性潜在普通股的利息；二是稀释性潜在普通股转换时将产生的收益或费用。上述调整应考虑相关的所得税影响。

计算稀释每股收益时，当期发行在外的普通股加权平均股数，应当为计算基本每股收益时普通股的加权平均股数与假设稀释性潜在普通股转换为已发行普通股而增加的普通股的加权平均股数之和。

【例7-2】假设L公司20×6年12月31日发行1 000千份认股权证，行权价格为3.5元，20×7年度公司实现净利润2 000千元，发行在外的普通股加权平均股数为5 000千股，普通股平均市场价格为4元，求稀释每股收益。

具体计算如下。

基本每股收益=2 000÷5 000=0.4（元/股）

调整增加的普通股股数=1 000-1 000×3.5÷4=125（千股）

稀释每股收益=2 000÷（5 000+125）=0.39（元/股）

【例7-3】某公司20×8年有关会计资料如下。公司20×8年度实现净利润90 000千元，发行在外的普通股加权平均股数为100 000千股，20×8年公司股票的全年平均市场价格是25元。公司于 20×8 年 3 月 31 日按面值出售金额为 80 000 千元、年利率关 6% 的可转换公司债券。每 100 元债券可于发行日后转换成 90 股普通股，公司所得税税率为 25%。计算该公司 20×8 年稀释每股收益。

具体计算如下。

基本每股收益=90 000÷100 000=0.9（元/股）

假设转换所增加的净利润=80 000×6%×（1−25%）×9÷12=2 700（千元）

假设转换所增加的普通股股数=80 000÷100×90×9÷12=54 000（千股）

稀释每股收益=（90 000+2 700）÷（100 000+54 000）=92 700÷154 000=0.6（元/股）

【提示】

本节只对每股收益和净资产收益率的计算做了简要的一般性讲解，关于我国上市公司定期报告中详细的实际计算与披露规定，读者需要阅读财政部发布的《企业会计准则第 34 号——每股收益》（2006 年），以及中国证券监督管理委员会发布的《公开发行证券的公司信息披露编报规则第 9 号——净资产收益率和每股收益的计算及披露》（2010 年修订）等相关内容。

（二）普通股权益报酬率的计算与分析

依据每股收益的基本公式，对每股收益指标做如下分解。

$$每股收益 = \frac{净利润-优先股股息}{发行在外的普通股加权平均股数}$$

$$= \frac{净利润-优先股股息}{发行在外的普通股加权平均股数} \times \frac{普通股权益平均额}{普通股权益平均额}$$

$$= \frac{普通股权益平均额}{发行在外的普通股加权平均股数} \times \frac{净利润-优先股股息}{普通股权益平均额}$$

$$= 每股账面价值 \times 普通股权益报酬率$$

由上式可知，每股收益主要取决于每股账面价值和普通股权益报酬率两个因素。每股账面价值，也称每股净资产，是指净利润减去优先股股息以后的余额与发行在外的普通股加权平均股数的比值，反映发行在外的每股普通股所代表的净资产。从每股账面价值与每股收益的关系看，在普通股权益报酬率一定时，每股账面价值越高，每股收益也越多。

普通股权益报酬率，是指净利润扣除应发放的优先股股息后的余额与普通股权益平均额的比率。

普通股权益报酬率是从普通股股东的角度反映企业的盈利能力。该指标越高，说明盈利能力越强，普通股股东可以获得的收益越多。普通股权益报酬率的变动，会使每股收益呈同向变动。

【例 7-4】 SHR 母公司 20×8 年度、20×9 年度有关资料如表 7-14 所示。

表 7-14　　　　　　　　　SHR 母公司 20×8 年度、20×9 年度有关资料　　　　　　金额单位：千元

项　目	20×8 年	20×9 年
净利润	5 607 019	4 536 478
优先股股息	0	0
普通股股利	368 244	810 889
普通股权益平均额	16 723 723	21 621 016.5
普通股权益报酬率（%）	33.53	20.98
发行在外的普通股加权平均股数（千股）	3 682 077.15	4 422 814.20
每股账面价值（元）	4.54	4.89

要求：根据以上资料，采用差额分析法分析各因素变动对每股收益的影响。

根据所给资料具体分析如下。

20×8 年度每股收益=5 607 019÷3 682 077.15=1.52（元/股）

20×9 年度每股收益=4 536 478÷4 422 814.20=1.03（元/股）

分析对象为 20×9 年比 20×8 年的每股收益降低 1.52-1.03=0.49（元/股）。

每股账面价值变动对每股收益的影响为：（4.89-4.54）×33.53%=0.12（元/股）。

普通股权益报酬率变动对每股收益的影响为：4.89×（20.98%-33.53%）=-0.61（元/股）。

由此可见，由于每股账面价值增加，SHR 母公司 20×9 年每股收益较 20×8 年每股收益增加了 0.12 元，又由于普通股权益报酬率降低，SHR 母公司 20×9 年每股收益较 20×8 年每股收益降低了 0.61 元，因此这两个因素使 SHR 母公司 20×9 年每股收益较 20×8 年每股收益降低了 0.49 元。

（三）市盈率的计算与分析

市盈率也称价格与收益比，是普通股每股市价相当于每股收益的倍数。它可用来判断企业股票与其他企业股票相比潜在的价值。其计算公式为：

$$市盈率 = \frac{每股市价}{每股收益}$$

这个指标反映投资者对每元净利润所愿意支付的价格，用来估计股票的投资风险和收益水平。它是市场对企业的共同期望指标，是市场对该股票的评价。市盈率越高，表明市场对企业的未来越看好。一些成长性较好的高科技企业股票的市盈率往往较高，而一些传统行业中企业股票的市盈率一般较低。

市盈率，也可能代表企业股票的投资风险。一般认为，过高的市盈率反映了股票市价与企业当前获利水平的严重背离，具有泡沫嫌疑，投资风险大，投资价值低。但是，从理论上讲，只要企业未来收益能够迅速增长，过高的市盈率不一定代表股价被高估。判断一家企业的市盈率和每股市价是否偏高，关键在于对企业未来获利变化趋势和幅度的预期。

运用市盈率指标时，还应注意以下问题：若企业业绩不佳，每股收益可能近似零或负数，市盈率可能变得很大或为负数，此时市盈率无分析意义；该指标不能用于不同行业企业之间的比较，因为资金对不同行业的青睐程度是不同的；影响市盈率的因素是多方面的，我们必须结合这一指标变动的内在原因及其趋势予以综合考虑。

【例 7-5】假设 SHR 母公司 20×8 年度、20×9 年度的每股股价分别为 28 元和 35 元，以【例 7-4】计算的每股收益为基础，采用因素分析法分析相关因素变动对市盈率的影响。

具体分析如下。

20×8 年的市盈率为 28÷1.52=18.42（倍）

20×9 年的市盈率为 35÷1.03=33.98（倍）

分析对象为 20×9 年比 20×8 年的市盈率高 33.98-18.42=15.56（倍）。

每股市价变动对市盈率的影响为：（35-28）÷1.52=4.61（倍）。

每股收益变动对市盈率的影响为：35÷1.03-35÷1.52=10.95（倍）。

由此可见，20×9 年由于每股市价的下降，市盈率上升了 4.61 倍；由于每股收益的降低，市盈率上升了 10.95 倍，两个因素的共同影响使市盈率上升了 15.56 倍。

（四）市净率的计算与分析

市净率是每股市价与每股净资产的比率。其计算公式为：

$$市净率 = \frac{每股市价}{每股净资产}$$

市净率反映投资者对上市公司每股净资产（账面价值）愿意支付的价格。一般来说，市净率越高，表明投资者对每股净资产愿意支付的价格越高，可能意味着企业未来获利前景越好，也可能意味着股价被高估，严重背离净资产的价值。

市净率的高低也有着双重含义，既能代表企业未来获利的多少，也可能代表企业股票投资风险的大小。市净率较低的股票，投资价值较高，反之，投资价值较低。投资者一般把市净率高的股票卖出，而买入市净率低的股票。因此，在判断某只股票的投资价值时，还要考虑当时的市场环境以及企业经营情况、资产质量和盈利能力等因素。

市盈率指标主要从股票的盈利性角度进行考虑，而市净率指标主要从股票的账面价值角度出发。但两者之间又存在相似之处，它们都不是简单地越高越好或越低越好的指标，都影响着投资者对某股票或某企业未来发展潜力的判断。市净率估值优点在于净资产比净利润更稳定，市盈率对微利或者亏损的企业而言并不适用，但是对微利或者亏损的企业仍然可以使用市净率进行评估，除非企业资不抵债。

【例 7-6】 以表 7-14 的资料和【例 7-5】的资料为基础，计算 SHR 母公司 20×8 年度、20×9 年度的市净率。

具体计算如下。

20×8 年的市净率为：28÷4.54=6.17（倍）。

20×9 年的市净率为：35÷4.89=7.16（倍）。

五、盈利质量指标分析

盈利质量反映了企业盈利的结构和稳定性。如果盈利能如实反映企业的业绩，则认为盈利的质量好；反之，则认为盈利的质量差。盈利能力强的企业，具有较好的盈利质量。因此，企业的盈利能力与盈利质量密切相关。

盈利质量分析涉及资产负债表、利润表和现金流量表。从资产负债表与现金流量表结合的角度分析盈利质量的主要财务指标有全部资产现金回收率、净资产现金回收率和每股经营现金流量等；从利润表与现金流量表结合的角度分析盈利质量的主要财务指标有销售获现比率和盈利现金比率等；从利润表与现金流量表、资产负债表结合的角度分析盈利质量的主要财务指标有净收益营运指数和现金营运指数。基于销售获现比率、盈利现金比率、全部资产现金回收率和净资产现金回收率等内容在第四章第三节中已做介绍，此处不赘述。

第二节 | 营运能力分析

企业营运能力是指企业基于外部市场环境的约束，通过内部生产资料和人力资源的配置组合而对实现企业目标所产生的作用。企业拥有或控制的各种生产资料表现为各项资产的占用。资产营运能力取决于资产的周转速度，即资产的产出额与资产占用额之间的比率。

在激烈的市场竞争中，合理使用稀缺的经济资源以创造更大价值，是理性经济个体和组织追求的终极目标。从产出角度而言，企业资产周转速度越快，资产使用的效率越高，创造的增值价值就越多；从投入角度来讲，企业营运能力越强，产出占用的资产越少，意味着节约了资源，大幅度降低了资源的使用成本。因此，在一定条件下，营运能力的提升，一方面意味着投入的减少，另一方面意味着产出的增加，能提升企业的盈利能力，为企业创造更多的价值。所以，卓越的资产营运能力，越来越成为企业的一项核心竞争力。

进行企业营运能力分析的主要目的在于评价企业资产的流动性和企业资产利用的效率，挖掘企业资产利用的潜力。

营运能力体现企业资源配置的效率。因此，通过对企业营运能力进行分析可以评价企业的资源配置效率和资产管理效率。企业营运能力分析，包括流动资产营运能力分析、固定资产营运能力分析和总资产营运能力分析三个方面的内容。常见的反映企业营运能力的指标及计算公式见表 7-15。

表 7-15　　　　　　　　　　常见营运能力指标及计算公式

类别	指 标 名 称	计 算 公 式
流动资产营运能力	流动资产周转率（次）	营业收入净额÷流动资产平均余额
	流动资产周转天数（天）	（流动资产平均余额×计算期天数）÷营业收入净额
	存货周转率（次）	营业成本÷存货平均余额
	存货周转天数（天）	（存货平均余额×计算期天数）÷营业成本
	应收账款周转率（次）	赊销收入净额÷应收账款平均余额
		营业收入净额÷应收账款平均余额
	应收账款周转天数（天）	（应收账款平均余额×计算期天数）÷赊销收入净额
		（应收账款平均余额×计算期天数）÷营业收入净额
	营业周期（天）	应收账款周转天数+存货周转天数
	现金周期（天）	营业周期–应付账款周转天数 注：应付账款周转率（次）=营业成本÷平均应付账款余额
固定资产营运能力	固定资产周转率（次）	（营业收入净额÷固定资产平均余额）×100%
	固定资产周转天数（天）	（固定资产平均余额×计算期天数）÷营业收入净额
总资产营运能力	总资产周转率（次）	营业收入净额÷总资产平均余额
	总资产周转天数（天）	（总资产平均余额×计算期天数）÷营业收入净额

由于在第二章中，我们对营运能力部分指标已做了讲解，本节将着重对常用的重要的营运能力指标做因素分析和趋势分析。

一、流动资产营运能力分析

从表 7-15 中可知，企业流动资产营运能力分析主要包括流动资产周转率（周转天数）、存货周转率（周转天数）、应收账款周转率（周转天数）等指标的分析。

（一）流动资产周转速度

流动资产周转速度，是指企业在一定时期（通常指一年）内营业收入净额与流动资产平均余额的比率（周转次数）或一定时期（通常指一年）内平均流动资产周转一次所需要的天数。它包括流动资产周转率（次数）和周转期（天数），是评价企业流动资产利用率的重要指标。反映流动资产周转速度的计算公式是：

$$流动资产周转率（次数）=\frac{营业收入净额}{流动资产平均余额}$$

$$流动资产周转期（天数）=\frac{计算期天数}{流动资产周转率}$$

其中，流动资产平均余额为期末流动资产和期初流动资产平均数。

一般情况下，流动资产周转速度越快，则周转次数越多，周转天数越短，表明企业流动资产管理效率越高，流动资产使用节约，有利于增强企业的盈利能力；而流动资产周转速度放慢，表明企业流动资产管理效率降低。在这种情况下，企业为维持原有生产经营规模，需要不断补充流动资金参加周转，从而造成资金浪费，降低企业的盈利能力。

根据第二章表 2-9 和第三章表 3-6 计算的 SHR 母公司流动资产周转速度如表 7-16 所示。

表 7-16　　　　　　　　　　SHR 母公司流动资产周转速度计算表

项　　目	20×5 年	20×6 年	20×7 年	20×8 年	20×9 年
营业收入（千元）	8 556 605	10 347 261	12 919 647	16 604 519	21 298 359
流动资产（千元）（期初数）	—	8 050 639	9 794 683	13 138 238	18 685 537
流动资产（千元）（期末数）	8 050 639	9 794 683	13 138 238	18 685 537	21 815 259
流动资产平均余额（千元）	—	8 922 661	11 466 461	15 911 888	20 250 398
流动资产周转率（次数）	—	1.16	1.13	1.04	1.05
流动资产周转期（天数）	—	310.44	319.51	344.98	342.29

从表 7-16 中可以看出，20×6 年至 20×8 年，SHR 母公司流动资产周转率整体呈下降趋势，流动资产周转天数整体呈上升趋势，说明企业流动资产管理效率持续降低。

（二）应收账款周转速度

应收账款周转速度，是指企业一定时期（通常指一年）内赊销收入净额或营业收入净额与应收账款平均余额的比值，即在一个年度内应收账款转变为现金的次数或平均每笔应收账款的回收天数。反映应收账款周转速度的计算公式是：

$$应收账款周转率（次数）=\frac{赊销收入净额或营业收入净额}{应收账款平均余额}$$

$$应收账款周转期（天数）=\frac{计算期天数}{应收账款周转率（次数）}$$

其中，应收账款平均余额为期末应收账款和期初应收账款平均数。

从理论上说，应收账款是赊销引起的，计算时应使用赊销收入净额，但赊销收入净额一般很难通过公开数据获取，所以，计算该指标时通常采用企业营业收入净额代替赊销收入净额。一般来说，应收账款周转率越高，周转天数越短，说明应收账款的收回越快。否则，企业的营运资金会过多地呆滞在应收账款上，影响正常的资金周转。

根据第二章表 2-9 和第三章表 3-6 计算的 SHR 母公司应收账款周转速度如表 7-17 所示。

表 7-17　　　　　　　　　　SHR 母公司应收账款周转速度计算表

项　　目	20×5 年	20×6 年	20×7 年	20×8 年	20×9 年
营业收入（千元）	8 556 605	10 347 261	12 919 647	16 604 519	21 298 359
应收账款（千元）（期初数）	—	2 067 779	2 175 474	3 395 683	3 613 677
应收账款（千元）（期末数）	2 067 779	2 175 474	3 395 683	3 613 677	4 223 954
应收账款平均余额（千元）	—	2 121 627	2 785 579	3 504 680	3 918 816
应收账款周转率（次数）	—	4.88	4.64	4.74	5.43
应收账款周期（天数）	—	74.84	78.70	77.04	67.16

从表 7-17 中可以看出，20×7 年至 20×9 年，SHR 母公司应收账款周转次数呈逐年上升趋势，应收账款周转天数则有下降的态势。20×7 年度应收账款周转次数不高的原因可能是 20×7 年 SHR 母公司应收账款金额上升幅度较大。

（三）存货周转速度

存货周转速度，是指企业一定时期（通常指一年）内营业成本除以存货平均余额的比值或一定时期（通常指一年）内平均存货周转一次所需经过的天数。反映存货周转速度的计算公式是：

$$存货周转率（次数）=\frac{营业成本}{存货平均余额}$$

$$存货周转期（天数）=\frac{计算期天数}{存货周转率}$$

其中，存货平均余额为期末存货和期初存货平均数。

一定时期内存货的周转速度，是反映企业供、产、销平衡效率的一种尺度。存货周转率（次数）越高，存货周转天数越短，表明存货占用水平越低，流动性越强，存货转化为现金或应收账款的速度就越快，从而企业的短期偿债能力及盈利能力越强。

根据第二章表 2-9 和第三章表 3-6 计算的 SHR 母公司存货周转速度如表 7-18 所示。

表 7-18   SHR 母公司存货周转速度计算表

项　　目	20×5 年	20×6 年	20×7 年	20×8 年	20×9 年
营业成本（千元）	1 947 487	2 275 861	3 147 050	3 264 674	3 989 226
存货（千元）（期初数）	—	413 098	504 955	544 596	941 581
存货（千元）（期末数）	413 098	504 955	544 596	941 581	1 478 971
存货平均余额（千元）	—	459 027	524 776	743 089	1 210 276
存货周转率（次数）	—	4.96	6.00	4.39	3.30
存货周转期（天数）	—	72.61	60.03	81.94	109.22

从表 7-18 中可以看出，SHR 母公司 20×9 年的存货周转波动较大，20×9 年存货周转率下降，周转天数大幅上升。结合流动比率和速动比率分析，20×9 年度存货周转速度下降的原因可能在于 20×9 年存货数量显著增加，具体原因需要结合企业的生产和销售情况做进一步分析。

二、固定资产营运能力分析

固定资产周转速度，反映企业固定资产营运能力和管理效率，包括固定资产周转率（次数）和固定资产周转期（天数）两个指标。反映固定资产周转速度的计算公式是：

$$固定资产周转率（次数）= \frac{营业收入净额}{固定资产平均余额}$$

$$固定资产周转期（天数）= \frac{计算期天数}{固定资产周转率（次数）}$$

其中，固定资产平均余额为期末固定资产和期初固定资产平均数。

固定资产周转率主要用于分析厂房、设备等固定资产的利用效率。一般来说，固定资产周转率（次数）越高，固定资产周转期（天数）越短，说明固定资产使用效率越高，企业盈利能力越强；固定资产周转率越低，固定资产周转天数越长，说明固定资产使用效率越低，企业盈利能力越弱。

根据第二章表 2-9 和第三章表 3-6 计算的 SHR 母公司固定资产周转速度如表 7-19 所示。

表 7-19   SHR 母公司固定资产周转速度计算表

项　　目	20×5 年	20×6 年	20×7 年	20×8 年	20×9 年
营业收入（千元）	8 556 605	10 347 261	12 919 647	16 604 519	21 298 359
固定资产（千元）（期初数）	—	964 929	1 013 282	1 087 956	1 198 495
固定资产（千元）（期末数）	964 929	1 013 282	1 087 956	1 198 495	1 595 515
固定资产平均余额（千元）	—	989 106	1 050 619	1 143 226	1 397 005
固定资产周转率（次数）	—	10.46	12.30	14.52	15.25
固定资产周转期（天数）	—	34.41	29.28	24.79	23.61

从表 7-19 中可以看出，自 20×6 年以来，SHR 母公司固定资产周转率（次数）逐年上升，固定资产周转期（天数）则逐年下降。20×6 年固定资产周转率（次数）较低，固定资产周转期（天数）较高。结合固定资产周转情况分析，20×6 年以后固定资产增加可能是固定资产周转速度提高的主要原因。

三、总资产营运能力分析

总资产营运能力分析即总资产周转速度的分析，包括对总资产周转率（次数）和总资产周转期（天数）两个指标的分析。反映总资产周转速度的计算公式是：

$$总资产周转率（次数）= \frac{营业收入净额}{总资产平均余额}$$

$$总资产周转期（天数）= \frac{计算期天数}{总资产周转率（次数）}$$

其中，总资产平均余额为期末总资产和期初总资产平均数。

总资产周转速度，是综合评价企业全部资产的经营质量和利用效率的重要指标。总资产周转率（次数）越高，总资产周转期（天数）越短，说明总资产周转越快，企业营运能力越强。

根据第二章表2-9和第三章表3-6计算的SHR母公司总资产周转速度如表7-20所示。

表7-20 　　　　　　　　　　SHR母公司总资产周转速度计算表

项　　　目	20×5年	20×6年	20×7年	20×8年	20×9年
营业收入（千元）	8 556 605	10 347 261	12 919 647	16 604 519	21 298 359
总资产（千元）（期初数）	—	10 274 380	12 394 858	15 912 126	22 331 326
总资产（千元）（期末数）	10 274 380	12 394 858	15 912 126	22 331 326	27 504 925
总资产平均余额（千元）	—	11 334 619	14 153 492	19 121 726	24 918 126
总资产周转率（次数）	—	0.91	0.91	0.87	0.85
总资产周转期（天数）	—	394.35	394.38	414.58	421.18

从表7-20中可以看出，总资产周转速度的发展较为稳定，这主要源于流动资产周转速度有下降趋势，而固定资产周转速度有上升趋势。

第三节 偿债能力分析

偿债能力，是指企业偿还各种债务的能力。企业的偿债能力关乎企业健康和财务安全，直接影响企业的生存与发展。偿债能力是企业经营者、投资人、债权人等都十分关心的重要问题。因此，无论对企业经营者，还是对企业的财务分析人员来说，时刻关注企业偿债能力，将企业的财务风险置于可承受的范围之内，是非常重要的。分析人员对企业偿债能力分析的目的在于，了解企业的财务状况、揭示企业所承担的财务风险程度、预测企业筹资前景，以及为企业进行各种理财活动提供重要参考。

延伸阅读资料

财务状况的界定

企业偿债能力如何，不仅是企业本身所关心的问题，也是各方利益相关者非常重视的问题。企业的负债按偿还期的长短，可以分为流动负债和非流动负债两大类。其中，反映企业偿付流动负债能力的是短期偿债能力，反映企业偿付非流动负债能力的是长期偿债能力。无论站在什么角度进行企业偿债能力分析，都会关注短期偿债能力和长期偿债能力两个方面的分析内容。

反映企业偿债能力的财务指标有很多，为了便于掌握，我们将涉及偿债能力的财务指标及计算公式归集在表7-21中，以供参阅和浏览。

表 7-21　　　　　　　　　　　常见偿债能力指标及计算公式

偿债能力	分类	财务指标	计算公式
短期偿债能力	静态	营运资本	流动资产−流动负债
		流动比率	流动资产÷流动负债
		速动比率	速动资产÷流动负债
		现金比率	货币资金÷流动负债 或（货币资金+交易性金融资产）÷流动负债
	动态	现金流量比率	经营活动现金流量净额÷平均流动负债
		近期支付能力系数	近期内能够用来支付的资金÷近期内需要支付的各种款项
		现金到期债务比率	经营活动现金流量净额÷本期到期的债务
长期偿债能力	资产规模角度	资产负债率	负债总额÷资产总额×100%
		产权比率	负债总额÷所有者权益总额×100%
		有形净值负债率	[负债总额÷（净资产−无形资产）]×100%
	盈利能力角度	销售利息比率	（利息费用÷营业收入）×100%
		利息保障倍数	息税前营业利润÷利息费用，或（营业利润+利息费用）÷利息费用，或（利润总额+利息费用）÷利息费用
		债务本息保障倍数	息税前营业利润÷[利息费用+年度还本额÷（1−所得税税率）]
		固定费用保障倍数	息税前营业利润÷[利息+租金+优先股股利÷（1−所得税税率）+偿债基金÷（1−所得税税率）]
	现金流量角度	到期债务本息偿付比率	（经营现金流量净额÷本期到期债务本息）×100%
		强制性现金支付比率	[现金流入总额÷（经营现金流出量+偿还到期本息付现）]×100%
		现金债务总额比率	（经营活动现金流量净额÷负债平均余额）×100%
		利息现金流量保障倍数	经营活动现金流量净额÷利息费用

　　由表 7-21 可知，短期偿债能力指标分为静态和动态两部分。长期偿债能力指标因为角度不同可分为三类指标，即资产规模角度反映的长期偿债能力指标、现金流量角度反映的长期偿债能力指标和盈利能力角度反映的长期偿债能力指标。本节仅就偿债能力分析中常用的重要指标以及重点问题进行讨论。

一、短期偿债能力分析

　　短期偿债能力一般也称支付能力，主要指通过流动资产的变现偿还到期的短期债务的能力。短期偿债能力影响企业的生产经营活动、财务状况，甚至盈利能力。若企业短期偿债能力不足，可能无法获得购货折扣或者赊购材料，这会影响职工工资的正常发放或按期加薪从而使企业人才流失。若短期偿债能力不强，企业也可能会因资金周转困难而影响正常的生产经营，降低企业的盈利能力，严重时会出现财务危机，甚至导致企业因不能按期偿债而面临"黑字破产"。可见，重视企业的短期偿债能力十分重要。分析和研究企业的短期偿债能力，必须重视分析影响企业短期偿债能力的内部因素和外部因素。归纳起来看，其内部因素主要有企业自身经营业绩、资产结构特别是流动资产结构、流动负债结构、融资能力、经营活动产生的现金流量水平、母子公司资金调拨情况和财务管理水平等；其外部因素主要有宏观经济形势、证券市场的发育与完善程度、银行的信贷政策等。

　　从表 7-21 中列示的短期偿债能力指标来看，常用指标主要有流动比率、速动比率和现金比率。

（一）流动比率

　　流动比率，是指流动资产和流动负债之比。流动比率表示企业每一元流动负债有多少流动资产作为偿还的保证，反映企业可在一年内变现的流动资产偿还流动负债的能力。流动比率的计算公式为：

$$流动比率 = \frac{流动资产}{流动负债}$$

流动比率越大，表明企业短期偿债能力越强，企业因无法偿还到期的流动负债而产生的财务风险就越小。一般认为，流动比率应达到 2 以上。

根据第二章表 2-9 所示的 SHR 母公司资产负债表，计算的流动比率如表 7-22 所示。

表 7-22　　　　　　　　　　　SHR 母公司流动比率计算表

项　　目	20×5 年年底	20×6 年年底	20×7 年年底	20×8 年年底	20×9 年年底
流动资产（千元）	8 050 639	9 794 683	13 138 238	18 685 537	21 815 259
流动负债（千元）	1 295 449	986 887	1 925 804	2 769 219	3 667 112
流动比率	6.21	9.92	6.82	6.75	5.95

从表 7-22 中可以看出，SHR 母公司 20×5 年年底至 20×9 年年底，流动比率远超过 2 的绝对标准值，说明短期偿债能力较好。20×5 年年底至 20×6 年年底的流动比率数值波动较大，且在 20×7 年年底又开始大幅下降。直观地看，SHR 母公司流动比率变动的直接原因是，企业流动资产稳定增加的同时，流动负债在 20×7 年年底大幅增加。

（二）速动比率

流动比率高的企业并不一定偿还短期债务的能力就很强。这是因为：第一，流动资产项目中的存货是变现速度非常慢的资产，且可能存在积压、滞销、残次、冷背等情况，致使其可变现价值常常远低于其账面价值；第二，流动资产项目中的预付款项等预付费用，因其只能减少企业未来时期的现金支出，所以其流动性实际很低。所以，仅以流动比率衡量企业的短期偿债能力，显然存在局限性。

速动比率是指速动资产与流动负债的比率，表示企业每一元流动负债有多少速动资产作为偿还的保证。速动比率用来衡量企业速动资产立即变现用于偿还流动负债的能力。速动比率的计算公式为：

$$速动比率 = \frac{速动资产}{流动负债}$$

公式中的速动资产是指流动资产中短期内可变现并用于偿付流动负债的那部分资产，等于流动资产减去存货、预付款项、一年内到期的非流动资产和其他流动资产后的余额，包括货币资金、交易性金融资产和各种应收款项等。如果预付款项、一年内到期的非流动资产和其他流动资产数据较小，为简化计算，速动资产也可直接用流动资产减去存货求得。存货在企业流动资产中是流动性最差的项目之一，其变现过程不仅要经过销货和收款两道手续，而且还会发生一些损失。因此，在分析中将存货从流动资产中减去，可以更好地反映一个企业偿还短期债务的能力。

速动比率是对流动比率的补充。速动比率能直接反映企业的短期偿债能力，比流动比率更加直观可信。如果流动比率较高，但流动资产的流动性却很差，则企业的短期偿债能力仍然不强。速动比率，一般认为不应低于 1。如果速动比率低于 1，一般认为企业偿债能力较弱。

根据第二章表 2-9 计算的速动比率如表 7-23 所示。

表 7-23　　　　　　　　　　　SHR 母公司速动比率计算表

项　　目	20×5 年年底	20×6 年年底	20×7 年年底	20×8 年年底	20×9 年年底
流动资产（千元）	8 050 639	9 794 683	13 138 238	18 685 537	21 815 259
预付款项（千元）	197 516	322 566	319 137	413 898	447 715
存货（千元）	413 098	504 955	544 596	941 581	1 478 971
速动资产（千元）	7 440 025	8 967 162	12 274 505	17 330 058	19 888 573
流动负债（千元）	1 295 449	986 887	1 925 804	2 769 219	3 667 112
速动比率	5.74	9.09	6.37	6.26	5.42

从表 7-23 中可以看出，SHR 母公司自 20×5 年年底至 20×9 年年底，速动比率远超过 1 的绝对标准值，说明 SHR 母公司短期偿债能力较强。结合表 7-22 的数据，我们发现 SHR 母公司速动比率的变化趋势与流动比率的变化趋势基本一致，短期偿债能力总体呈现下降趋势，其主要原因是 20×6 年年底流动资产中的存货、预付款项开始上升，存货增长与速动资产和流动负债增长不配比。当然，对存货、预付款项增长的分析，还需要结合企业的供、产、销等情况进行。总之，通过流动比率、速动比率判断企业短期偿债能力，需要综合考虑诸如流动资产结构、流动负债构成、企业竞争能力等多重因素。

（三）现金比率

现金比率是现金类资产与流动负债的比率，其能反映企业直接偿付流动负债的能力。现金类资产有两种表示方式：一是现金类资产=货币资金；二是现金类资产=货币资金+交易性金融资产。因此，现金比率的计算公式分别为：

$$现金比率 = \frac{货币资金}{流动负债} \qquad (7\text{-}3)$$

$$现金比率 = \frac{（货币资金+交易性金融资产）}{流动负债} \qquad (7\text{-}4)$$

现金比率反映企业在不依靠存货销售及应收款项的情况下，支付当前债务的能力。现金比率并非越高越好，现金比率过高，就意味着企业流动资产未能得到合理运用。需要注意，计算现金比率并不考虑现金收付的时间。一般认为现金比率不应低于 0.20，低于此水平可能表明企业在支付当前债务方面存在问题。

根据第二章表 2-9，运用现金比率公式（7-4）计算该公司的现金比率，如表 7-24 所示。

表 7-24　　　　　　　　　　SHR 母公司现金比率计算表

项　　目	20×5 年年底	20×6 年年底	20×7 年年底	20×8 年年底	20×9 年年底
货币资金（千元）	3 516 841	3 391 506	2 883 185	2 994 860	3 761 559
交易性金融资产（千元）	0	0	0	0	7 451 621
流动负债（千元）	1 295 449	986 887	1 925 804	2 769 219	3 667 112
现金比率	2.71	3.44	1.50	1.08	3.06

从表 7-24 中可以看出，SHR 母公司的现金比率在 20×6 年年底之前稳定增长，20×7 年年底大幅下降。其主要原因在于 20×7 年年底货币资金大幅下降，而流动负债大幅增长。20×8 年年底货币资金和流动负债都大幅增长，但流动负债的增长幅度大于货币资金的增长幅度，因此 20×8 年年底的现金比率继续下降。对企业现金比率的分析，还需要结合企业现金流量表进行，分析企业 20×7 年年底和 20×8 年年底货币资金波动的原因。

二、长期偿债能力分析

长期偿债能力是指企业偿还非流动负债的能力。影响长期偿债能力的因素主要有企业的盈利能力、投资效果、权益资金的增长和稳定程度，权益资金的实际价值，以及企业经营现金净流量获取能力等。如前所述（见表 7-21），反映长期偿债能力的财务指标有很多，我们重点分析资产负债率、产权比率和利息保障倍数三个财务比率，结合实例重点进行讲解。

（一）资产负债率

资产负债率，是指企业负债总额占企业资产总额的百分比。资产负债率指标反映了在企业的全部资产中由债权人提供的资产所占的比重，反映了债权人向企业提供信贷资金的风险程度，也反映了企业举债经营的能力。资产负债率的计算公式为：

$$资产负债率=\frac{负债总额}{资产总额}\times100\%$$

资产负债率能够揭示企业的全部资金构成。从投资人或股东的角度看，资产负债率较高可以带来财务杠杆和避税的效应，以及以较少的资本投入获得企业控制权的好处。从债权人的角度看，资产负债率越低，企业偿债风险越低，债权人本金利息越安全。从管理层的角度看，企业负债带来的风险和收益是借入资金需要考虑的重要因素。因此，企业管理层希望企业在总资产报酬率高于债务利息率的前提下适度负债。

根据第二章表 2-9 计算的 SHR 母公司的资产负债率如表 7-25 所示。

表 7-25　　　　　　　　　　　SHR 母公司资产负债率计算表

项　　目	20×5 年年底	20×6 年年底	20×7 年年底	20×8 年年底	20×9 年年底
资产总额（千元）	10 274 380	12 394 858	15 912 126	22 331 326	27 504 925
负债总额（千元）	1 380 206	1 076 829	1 964 927	2 831 078	3 763 139
资产负债率（%）	13.43	8.69	12.35	12.68	13.68

从表 7-25 中可以看出，虽然 SHR 母公司 20×6 年年底至 20×9 年年底的资产负债率持续增长，但均低于 15%，说明企业负债水平较低，偿债能力较强，具体原因还需要结合企业的行业特征做进一步分析。

根据表 7-25 可知，20×6 年至 20×9 年 SHR 母公司的资产负债率逐年平稳上升，且一直保持在较低的水平。从企业债权人的角度看，该公司偿债能力较强，财务风险较低，债权人权益能得到保障。但是，从所有者和经营者的角度讲，企业资产负债率太低，表明没有充分利用举债经营的财务杠杆效应，经营理念保守，因而难以取得更高的盈利。

为了更加正确地评价 SHR 母公司资产负债率，下面我们选取医药业的三家企业与 SHR 母公司做比较，如表 7-26 所示。

表 7-26　　　　　　　　　20×9 年年底行业内企业资产负债率比较分析表　　　　　　　金额单位：千元

项　　目	SHR 母公司	海南海药母公司	海王药业母公司	四环生物母公司
负债总额	3 763 139	5 052 025	5 342 811	283 074
资产总额	27 504 925	9 449 688	12 681 817	925 876
资产负债率（%）	13.68	53.46	50.02	30.57

从表 7-26 可以看出，在同行业企业中，SHR 母公司的资产负债率处于偏低水平，显著低于海南海药母公司、海正药业母公司和四环生物母公司的资产负债率。这说明 SHR 母公司的长期偿债能力在同行业企业中具有明显的优势。根据银河证券股份有限公司海王星系统提供的行业分析信息，生物制药行业资产负债率指标最近一期的行业平均值为 45.37%。可见，SHR 母公司资产负债率指标远低于近期行业平均值。说明从行业看 SHR 母公司负债规模较小，长期偿债压力较小，企业偿债能力较强。

延伸阅读资料

对资产负债率高低的看法

（二）产权比率

产权比率，是指负债总额与所有者权益总额的比率。产权比率表明由债权人提供的和由投资者提供的资金来源的相对关系。这一比率是衡量企业长期偿债能力的指标之一，是企业财务结构稳健与否的重要标志。产权比率的计算公式为：

$$产权比率=\frac{负债总额}{所有者权益总额}\times100\%$$

产权比率越高，说明企业偿还长期债务的能力越弱，债权人权益保障程度越低，承担的风险越大；产权比率越低，说明企业偿还长期债务的能力越强，债权人权益保障程度越高，承担的风险越小。

根据第二章表 2-9 计算的 SHR 母公司的产权比率如表 7-27 所示。

表 7-27　　　　　　　　　　　　　SHR 母公司产权比率计算表

项　目	20×5 年年底	20×6 年年底	20×7 年年底	20×8 年年底	20×9 年年底
股东权益总额（千元）	8 894 173	11 318 028	13 947 199	19 500 248	23 741 786
负债总额（千元）	1 380 206	1 076 829	1 964 927	2 831 078	3 763 139
产权比率（%）	15.52	9.51	14.09	14.52	15.85

从表 7-27 中可以看出，SHR 母公司 20×6 年年底至 20×9 年年底产权比率持续上升，且均低于 20%，其变化趋势与资产负债率的变化趋势一致，企业股东权益总额远远高于负债总额，企业负债水平较低，偿债的保障程度较高。

（三）利息保障倍数

利息保障倍数，又称已获利息保障倍数，是指企业生产经营所获得的息税前营业利润与利息费用的比率，反映企业经营收益相当于利息费用的倍数，主要用于衡量企业用其经营收益偿付借款利息的能力。如果企业的营业收入补偿生产经营中的耗费之后的余额不足以支付利息费用，企业的再生产就会受到影响。

这里的息税前营业利润由营业利润和利息费用两部分组成，利息保障倍数的计算公式为：

$$利息保障倍数 = \frac{息税前营业利润}{利息费用}$$

$$= \frac{营业利润 + 利息费用}{利息费用}$$

公式中的利息费用，不仅包括计入本期财务费用的利息，还包括计入存货、固定资产等资产成本的资本化利息。公式中的分子之所以包括利息费用，是因为利息已经从营业收入中予以扣除，营业利润是扣除了利息之后的余额。

利息保障倍数反映了企业用经营收益支付利息的能力。该比率越高，说明企业偿付利息的能力越强，债权人借贷本金的收回越有保障。事实上，企业只要能够及时足额偿还利息，保持良好的付息记录，就可以通过借新债偿还旧债的方式偿还债务本金，如此企业就没有偿还债务本金的压力。

第四节　发展能力分析

企业发展能力，亦称企业增长能力，通常是指企业未来生产经营活动的发展趋势和发展潜能。从形成来看，企业发展能力主要是通过自身的生产经营活动，不断扩大积累而形成的，主要依托于不断增加的资金投入、不断增长的营业收入和不断创造的利润等。从结果来看，一个发展能力强的企业，应该是资产规模不断增加、股东财富持续增长的企业。

衡量企业发展能力的核心是企业价值增长，而影响企业价值增长的因素，既有来自企业外部的（如市场竞争能力），也有来自企业内部的（如销售收入、资产规模、净资产规模、资产使用效率、净收益和股利分配等）。

企业发展能力应当是企业竞争能力、经营发展能力、财务发展能力和可持续增长率的综合表现。企业发展能力分析的目的在于衡量和评价企业的发展潜力，为企业调整战略目标提供信息，以及为投资人和债权人进行投资决策提供信息。因此，企业发展能力分析应当包括企业竞争力分析、经营发展能力分析、财务发展能力分析和企业可持续增长能力分析四个方面内容。有关企业发展能力分析的常用财务指标及其计算公式如表 7-28 所示。

表 7-28 　　　　　　　衡量企业发展能力的常见指标及其计算公式

类型	指标名称	计算公式
竞争力	市场占有率	某时期某市场范围内企业某种产品销售量÷市场上同种产品销售量×100%
	市场覆盖率	企业某种产品行销的地区数÷同种产品行销地区总数×100%
	市场开拓能力	营销网点数量、广告费用占经营收入比例等
经营发展能力	经营性资产增长率	本期经营性资产增长额÷期初经营性资产总额×100%
	营业收入增长率	（本年营业收入总额-上年营业收入总额）÷上年营业收入总额×100%
	核心利润增长率	本年核心利润增长额÷上年核心利润总额×100%
财务发展能力	总资产增长率	本期总资产增长额÷期初总资产×100%
	营业利润增长率	营业利润增长额÷上年营业利润总额×100%
	利润总额增长率	利润总额增长额÷上年利润总额×100%
	净利润增长率	（本年净利润总额-上年净利润总额）上年净利润总额×100%
	资本积累率	（本年所有者权益总额-上年所有者权益总额）÷上年所有者权益总额×100%
	股利增长率	本期每股股利增长额÷上期每股股利×100%
可持续增长能力	可持续增长率（希金斯）	净资产收益率×留存收益率
		或销售净利率×总资产周转率×期末总资产期初权益乘数×留存收益率
	可持续增长率（范霍恩，静态）	（销售净利率×总资产周转率×留存收益率×权益乘数）÷（1-销售净利率×总资产周转率×留存收益率×权益乘数）

一、企业竞争力分析

　　企业竞争力是指在竞争性的市场中，一个企业所具有的能够比其他企业更有效地向市场提供产品和服务，并获得盈利和自身发展的综合素质。这里所谓的"更有效地"，是指以更低的价格或者令消费者更满意的质量进行持续的生产和销售。而"自身发展"，是指企业能够实现经济上长期的良性循环，具有持续的良好业绩，从而成为长久生存和不断壮大的强势企业。企业竞争能力分析，包括市场竞争力分析、人力资源竞争力分析、资产竞争力分析、组织竞争力分析和财务竞争力分析等。进行这五个方面的竞争力分析，必须做到定量与定性分析、表内信息与表外信息分析、财务与非财务分析等分析方式的相互结合。但无论采用什么方式进行分析，最终都要落实到财务竞争力分析上来。

（一）市场竞争力分析

　　企业竞争能力的最直接的外部表现和最直接的评价方式就是该企业的市场竞争力。因为竞争力的外在表现就是与竞争对手竞争的能力优势，而与竞争对手的竞争正好体现在市场上的竞争和较量上。市场竞争力分析包括市场占有率分析、市场覆盖率分析和市场开拓能力分析。

　　市场占有率是反映企业市场占有情况的一个基本指标。它是指在某时期、某市场范围内，企业某种产品的销售量占市场上同种产品销售量的比重。利用市场占有率这个指标来说明企业的竞争能力，必须与竞争对手进行对比分析，一般是将本企业的市场占有率与主要竞争对手进行对比分析。一方面，我们要通过对比分析看到本企业的差距和优势；另一方面，我们还要进一步寻找形成差距和优势的原因。影响市场占有率的因素有很多，主要有市场需求状况、竞争对手的实力和本企业产品的竞争能力、生产规模等。

　　市场覆盖率是反映企业市场占有情况的又一主要指标。市场覆盖率是指本企业某种产品行销的地区数占同种产品行销地区总数的比率。影响企业市场覆盖率的主要因素有不同地区的需求结构、经济发展水平、风俗习惯、竞争对手的实力、本企业产品的竞争能力以及地区经济封锁等。通过计算和对比分析市场覆盖率，我们可以考查企业产品现在行销的地区、研究可能行销的地区、解释产品行销不广的原因。这有利于企业扩大竞争区域范围，开拓产品的新市场，提升企业的竞争力。

　　市场开拓能力是指企业开拓和扩展市场的能力，它体现企业的产品营销能力，也是企业潜在的竞争力。企业目前的竞争力水平是否能够保持取决于市场开拓能力的强弱，这是企业销售的可持续指标。从营销的角度来看，市场开拓能力主要的影响因素包括营销网点的数量、广告费用占经营收入的比例、售后服务情况、反应速度、营销队伍的素质、企业形象、产品的替代品、产品成本优势、价格定位优势等。企业市场开拓能力涉及企业未来竞争，比企业现有竞争力更加重要。

（二）人力资源竞争力分析

人力资源，是指企业人才创新能力、领导人员的素质以及对人力资源的开发培训投入。人力资源竞争分析包括人力资源的技术创新、人力资源开发和培训投入，以及领导团队的素质等方面的分析。技术创新主要评价企业的技术创新度。影响技术创新的主要因素包括研发投入量占经营收入的比例、新产品产值率、产品开发周期、产品商业化周期、产品和技术领先当时科技水平的程度、同系列产品更新换代速度等。人力资源开发和培训投入分析主要说明企业对人力资源的投资，衡量的次级指标主要有培训投入量占营业收入或营业总费用的比例、培训时间、培训机制等。至于领导团队的素质分析，涉及的主要指标包括企业家精神、干部人员中高学历人才的比重、干部人员中有高级职称人员的比例等。

（三）资产竞争力分析

资产是企业运转的物质基础，包括固定资产和无形资产。资产竞争力分析，我们既要评价资产的规模，也要衡量其质量水平。资产竞争力分析主要包括资产规模分析和资产质量分析。资产规模反映企业所拥有的可供支配的资源，它是企业竞争的基础，没有一定资产规模的企业想在竞争激烈的市场上谋求较大的市场份额肯定是很困难的。但只有规模是远远不够的，还要考虑资产的质量，如设备水平、资产收益率、不良资产比率等。资产质量分析包括对资产整体质量、结构质量和个体质量三个方面的分析。资产规模与质量分析内容在本书第二章第三节中已有讨论，这里不赘述。

（四）组织竞争力分析

组织资源也是企业竞争力的重要部分。只有依靠强大的组织力量，企业的人、财、物方能形成竞争优势。组织竞争力分析，主要应从战略、管理机制、信息系统和企业治理等几个方面来进行。

（五）财务竞争力分析

财务竞争力分析是根据企业的四大财务报表和财务报表附注来评价企业竞争优势的过程，主要体现在资产运营能力、盈利能力和获取现金流量的能力上。

二、经营发展能力分析

经营发展能力分析包括经营性资产增长率分析、营业收入增长率分析、核心利润增长率分析等。

（一）经营性资产增长率分析

从会计的角度看，所谓经营性资产，主要指企业以自身经营盈利为目的而持有，且实际也具有盈利能力的资产。经营性资产增长率的计算公式为：

$$经营性资产增长率 = \frac{本期经营性资产增长额}{期初经营性资产总额} \times 100\%$$

其中，本期经营性资产增长额=期末经营性资产总额-期初经营性资产总额。

对于经营主导型的企业来说，经营性资产增长率为正数，说明企业本期的经营性资产规模扩大，该指标数值越高，说明企业经营性资产规模扩大的速度越快。

在对经营性资产增长率进行分析时，我们应当注意以下两点。第一，必须把资产规模扩张的量与质结合在一起分析企业的持续发展能力。只有当企业的销售和利润都得到增长并且核心利润增长速度超过企业经营性资产规模的扩张速度时，这种资产规模的扩张才是有效益的。第二，必须对企业经营性资产规模扩张的资金来源进行分析。一般来说，企业经营性资产增加的资金来源主要有举债、追加投资和自身经营盈利积累三个方面。过度地依赖于举债会加剧企业的财务风险，因此，从企业自身良好发展的角度来看，企业资产或经营性资产的增加应该主要取决于企业盈利的增加。

（二）营业收入增长率分析

营业收入增长率的计算公式为：

$$营业收入增长率 = \frac{本年营业收入总额 - 上年营业收入总额}{上年营业收入总额} \times 100\%$$

该指标反映了企业当年的营业收入增长情况，是衡量企业经营状况和市场占有率的重要标志。只有不断增加主营业务收入，企业才能保证持续稳定的发展。该指标值越高，说明企业主营业务增长速度越快，市场前景越好。营业收入增长率若小于 0，则说明企业所处的市场萎缩，营业收入较前一年下降。这很有可能说明企业的产品进入衰退期，或者销售过程或售后服务出现问题，企业需要进一步进行调查，以防止营业收入持续下降。

根据产品生命周期理论，我们借助某种产品的营业收入增长率指标，可分析产品所处的生命周期阶段。对一个具有良好发展前景的企业来说，较为理想的产品结构是"成熟一代、生产一代、储备一代、开发一代"。

【例 7-7】根据 SHR 母公司 20×5 年至 20×9 年营业收入增长率指标（见表 7-29）分析其销售情况。

表 7-29 　　　　　　　　SHR 母公司营业收入增长率指标计算表 　　　　　　金额单位：千元

项　　目	20×5 年	20×6 年	20×7 年	20×8 年	20×9 年
营业收入	8 556 605	10 347 261	12 919 647	16 604 519	21 298 359
本年营业收入增加额	—	1 790 656	2 572 386	3 684 871	4 693 840
营业收入增长率（%）	—	20.93	24.86	28.52	28.27
总资产增长率（%）	—	20.64	28.38	40.34	23.17

从表 7-29 中可以得出以下结论。第一，SHR 母公司 20×5 年至 20×9 年的营业收入呈现逐年上升的趋势。这说明该公司营业收入逐步增加，公司的销售规模不断扩大，发展前景比较乐观。第二，该公司 20×9 年总资产增长率为 23.17%，对比同年的营业收入增长率指标，从 20×7 年开始营业收入增长率低于当年的总资产增长率，这说明该公司资产利用率逐步下降，资产带来的效益逐步减少。

（三）核心利润增长率分析

在企业存在自身经营活动（产品生产、销售以及劳务提供等）的条件下，核心利润反映了企业从事经营活动的绩效，是企业经营资产的综合盈利能力的体现，也是衡量企业竞争力的重要指标之一。因此，核心利润增长率必然成为反映企业经营发展能力的重要指标。其计算公式为：

$$核心利润增长率 = \frac{本年核心利润增长额}{上年核心利润总额} \times 100\%$$

其中，本年核心利润增长额=本年核心利润总额-上年核心利润总额。

核心利润增长率越高，说明企业经营发展能力越强；反之，则表明企业经营发展能力越弱。

三、财务发展能力分析

衡量企业财务发展能力的指标主要有总资产增长率、净利润增长率、资本积累率、资本保值增值率和股利增长率。

（一）总资产增长率

总资产增长率反映企业全部资源的增长率。总资产增长率高，说明企业发展能力强。但是总资产增长率是受约束的，如果该比率数值过高，则表明企业可能步入了增长陷阱。其计算公式为：

$$总资产增长率 = \frac{本期总资产增长额}{期初总资产} \times 100\%$$

其中，本期总资产增长额=期末总资产-期初总资产。

【例 7-8】根据 SHR 母公司 20×5 年至 20×9 年资产增长率情况（见表 7-30）分析其资产状况。

表 7-30　　　　　　　　　　SHR 母公司资产增长率指标计算表　　　　　　金额单位：千元

项　目	20×5 年年底	20×6 年年底	20×7 年年底	20×8 年年底	20×9 年年底
资产总额	10 274 379	12 394 857	15 912 126	22 331 326	27 504 925
资产增加额	—	2 120 478	3 517 269	6 419 200	5 173 599
股东权益	8 894 173	11 318 028	13 947 199	19 500 248	23 741 786
股东权益增加额	—	2 423 855	2 629 171	5 553 049	4 241 538
股东权益增加额占资产增加额的比重（%）	—	114.3	74.75	86.51	81.98
总资产增长率（%）	—	20.64	28.38	40.34	23.17

根据表 7-30 中的数据，可以得出以下结论。第一，20×5 年年底以来资产总规模快速扩大，说明企业规模在不断扩大。第二，20×6 年年底至 20×9 年年底股东权益增加额在资产增加额中占比很高，分别为 114.3%、74.75%、86.51%和 81.98%。这说明资产的增加绝大部分来自权益的增加而不是负债的增加，说明企业自身发展比较良好。有关经营资产与投资资产规模变动、结构变动及效率分析，要结合资产负债表、利润表、现金流量表的整体分析中的水平分析、结构分析、趋势分析和相关比率分析来综合进行。

（二）净利润增长率

净利润增长率是企业发展能力的基本表现，是本年净利润总额扣除上年净利润总额后与上年净利润总额之比，计算公式为：

$$净利润增长率 = \frac{本年净利润总额-上年净利润总额}{上年净利润总额} \times 100\%$$

净利润增长率越高，说明企业发展能力越强；反之，则表明企业发展能力越弱。

（三）资本积累率

资本积累率也称所有者权益增长率，反映企业当年资本的积累情况，也反映投资人投入资本的保全性和增值情况，更是企业扩大再生产的源泉，进而反映企业的发展潜力。其计算公式为：

$$资本积累率 = \frac{本年所有者权益总额-上年所有者权益总额}{上年所有者权益总额} \times 100\%$$

资本积累率大于 0，说明企业积累的资本增多。资本积累率越高，说明企业资本积累得越多，所有者权益增值越多，企业应付风险、持续增长的能力越强。资本积累率小于 0，说明企业积累的资本减少，所有者权益受到损害。资本积累率越低，说明企业资本积累得越少，所有者权益增值越少，企业应付风险、持续增长的能力越弱。根据 SHR 母公司 20×8 年年报中所有者权益数据计算可知：20×8 年资本积累率=（19 500 248-13 947 199）÷13 947 199×100%=39.81%。

（四）股利增长率

留存收益反映了企业资本积累的本质，是衡量企业发展能力的重要指标。但企业留存收益的规模，取决于企业的股利政策。现金股利的支付水平与留存收益呈反向变动。因此，实务中也常常使用股利增长率衡量企业的发展能力水平。其计算公式为：

$$股利增长率 = \frac{本期每股股利增长额}{上期每股股利} \times 100\%$$

第五节 | 财务综合分析与业绩评价

进行财务综合分析与业绩评价，首先必须了解和解决好与此相关的若干基本问题。我们为什么要进行财务综合分析，财务综合分析有哪些基本方法，企业业绩评价系统由哪些要素构成，我们进行综合分析与业绩评价所为何故，其基本内容主要有哪些等。对于上述这些与财务综合分析和业绩评价相关的基本问题，本节将做详细解答与说明。

一、综合分析评价的特点

单项分析的局限性，成就了综合分析的特点，这就回答了为什么要进行财务综合分析和业绩评价。那么，单项分析具有什么局限性，综合分析具有哪些特点，综合分析有哪些不同的方法？

（一）单项分析评价的局限性

财务能力分析从盈利能力、营运能力、偿债能力、发展能力等方面对企业的筹资活动、投资活动和经营活动状况进行深入、细致的分析，以判断企业的财务状况和经营业绩。这对投资者、债权人、企业经营者、企业经营的上下游各方、政府以及其他利益相关者了解企业的财务状况和经营成果非常有益。但需要指出的是，前述的财务能力分析通常是从某一特定的角度，就企业某方面的财务活动所做的单项分析评价。单项分析评价虽然能够反映企业某方面的财务状况，但是难以据此分析得出有关企业总体的财务状况和财务绩效的综合结论。为了弥补单项分析评价的局限性，我们有必要在财务能力单项分析评价的基础上，将有关指标按其内在联系结合起来进行综合分析评价。

（二）综合分析评价的特点

所谓财务综合分析评价，就是将各项财务指标作为一个整体，系统、全面、综合地对企业财务状况和经营情况进行剖析、解释和评价，说明企业的整体财务状况和效益，这是财务分析的最终目的。显然，要达到这样的分析目的，只进行孤立指标的测算，或者将一些孤立的财务指标进行简单的堆砌，是不能够得出正确、合理的结论的，甚至有可能会得出错误的结论。因此，只有将企业的偿债能力、营运能力、盈利能力以及发展能力等各项指标按其内在联系有机地结合起来，相互配合使用，才能对企业的财务状况做出系统的综合分析评价。

与单项分析评价相比，综合分析评价有利于利益相关各方从整体上把握企业的财务状况。它具有以下四个特点：通过归纳总结，在分析的基础上从总体上把握企业的财务状况；具有高度的抽象性和概括性，着重从整体上概括财务状况的本质特征；侧重于企业的整体发展趋势；区分主要指标和辅助指标，在着重分析主要指标的基础上，再对辅助指标进行分析。

二、企业业绩评价系统

业绩评价，是指在综合分析的基础上，运用业绩评价方法对企业财务状况和经营成果所做的综合结论。业绩评价以财务分析为前提，财务分析以业绩评价为结论，财务分析离开业绩评价毫无意义。单项财务能力分析及评价的结论往往具有片面性，只有在综合分析的基础上进行业绩评价，才能从整体上相互联系地全面评价企业的财务状况及经营成果。因此，在进行财务综合分析之后，还要对企业进行业绩评价。

企业业绩评价，就是按照企业目标设计相应的评价指标体系，根据特定的评价标准，采用特定的评价方法，对企业一定经营期间的经营业绩做出客观、公正和准确的综合判断。

对企业进行业绩评价，需要熟悉企业的业绩评价系统。企业业绩评价系统，通常由评价主体、评价目标、评价客体、业绩评价指标、评价标准、评价方法和评价报告七个要素构成。

（1）评价主体。企业业绩评价系统的主体是指对评价客体进行评价的人或部门。一般情况下，最为典型的评价主体是企业权益资本的投入者——股东。但从理论上来说，每一位利益相关者，都会出于某种目的对企业的业绩进行评价。如企业投资者希望对企业管理层的管理能力、企业价值、发展前景等进行综合评价；债权人希望对企业的偿债能力、资产的流动性状况进行分析；供应商为决定是否建立长期合作关系，需要分析企业的长期盈利能力和偿债能力；政府为履行职能，需要了解企业的纳税、遵守法规以及职工收入和就业情况；中介机构如注册会计师事务所为了减少审计风险，需要评估企业的盈利性和破产风险，分析财务数据的异常变动。各个利益相关者关注的重点不同，目标不同，因此在评价指标的设计上也会有所不同。

（2）评价目标。业绩评价的目标是根据评价主体的需要而确立的。企业业绩评价的目标要服从于企业的目标。因此，企业业绩评价的目标就是要确保计划得到实施，同时纠正存在的偏差，不断地提高企业的管理水平。

（3）评价客体。评价客体，是指业绩评价的对象。一般来讲，业绩评价的客体是企业，但与不同的评价主体相对应，也会有不同的评价客体，其可以是企业、某个部门、项目、经营管理者或者责任中心。

（4）业绩评价指标。企业业绩评价必须依赖一些指标，也就是通常所说的关键性成功因素。能够计量这些关键性成功因素的指标，就是关键性业绩指标。简单地说，业绩评价指标可以分为财务指标和非财务指标两大类。长期以来，人们都是以财务指标为主要指标的。后来人们对财务指标进行了调整和补充，形成了价值指标和非财务指标。常见的业绩评价指标如图7-4所示。

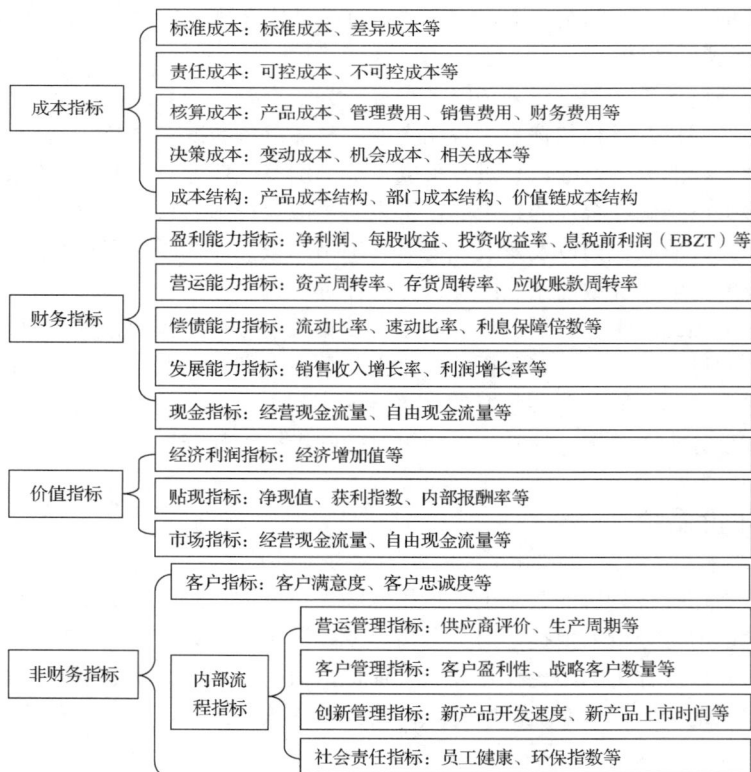

图7-4 业绩评价指标

（5）评价标准。评价标准即评价的参照物，就是对评价对象业绩进行评判的依据。评价标准具有相对性，选择的评价标准不同，得出的评价结论也会有所不同，而选择什么评价标准则取决于评价目标。一般来说，企业业绩评价常用的标准为年度预算标准、行业标准、国内先进标准、国际同类标准、竞争对手标准等。

（6）评价方法。在对企业的绩效进行评价时，必须遵循一定的评价方法才能得到客观、公正的评价结果。评价方法，是企业进行业绩评价时所采用的具体手段。目前评价方法有很多，如主成分分析法、模糊评价法等。

（7）评价报告。评价报告是企业经营业绩评价的综合性评述文件，具有一定的格式和编写要求。评价报告的内容一般应该包括评价主体、评价客体的基本情况、执行机构、数据来源、评价方法和指标体系、评价标准、评价结果、评价责任、评价过程中发现的问题及改进建议等。

延伸阅读资料

企业业绩评价演进

企业业绩评价体系包括的七个因素，共同组成了一个完整的系统。这七个因素之间有着紧密的关系：评价主体和评价客体构成了业绩评价系统的基础；评价目标是业绩评价系统的中枢；业绩评价指标、评价标准和评价方法则构成了业绩评价系统的核心。

三、综合分析评价方法

进行综合分析评价可以明确企业财务活动与经营活动的相互关系，找出制约企业发展的瓶颈，为以后的改进提供方向；可以明确企业未来的经营水平、位置及发展方向；可以为企业的利益相关者进行投资决策提供参考；可以为完善企业财务管理和经营管理提供依据。常见的综合分析评价方法主要有杠杆分析法、杜邦分析法、沃尔评分法、平衡计分卡评价法、经济增加值评价法等。杠杆分析法属于财务管理课程中融资决策的重要内容，有关内容在财务管理课程的融资决策中学习。杜邦分析法已在本章盈利能力分析中详细介绍，沃尔评分法的具体内容可通过扫描二维码阅读，这里不赘述。为此，我们详细介绍平衡计分卡评价法和经济增加值评价法。

（一）平衡计分卡的内涵与特点

平衡计分卡，源自哈佛大学教授罗伯特·卡普兰（Robert Kaplan）与诺朗诺顿研究院的执行院长戴维·诺顿（David Norton）于 1990 年所从事的"未来组织绩效衡量方法"绩效评价体系。如今，平衡计分卡已经得到了世界上许多企业的成功运用并获得了巨大的成功。据美国文艺复兴（Renaissance 或音译为耐森）科技公司的调查，世界 1 000 强企业中有 60% 已经使用或者正在打算使用平衡计分卡，世界最大的 300 家银行中约有 60% 正在使用平衡计分卡。

延伸阅读资料

沃尔评分法

1. 平衡计分卡的内涵

平衡计分卡也称综合计分卡，是一种以信息为基础、系统考虑企业业绩驱动因素、多维度平衡评价的一种战略业绩评价系统。同时，它又是一种将企业战略目标与企业业绩驱动因素相结合，动态实施企业战略的战略管理系统。它从财务、客户、内部业务流程、学习与成长四个各有侧重又相互影响的方面入手，分析完成企业使命的关键成功因素以及评价这些关键成功因素的项目，根据企业生命周期不同阶段的实际情况和采取的战略，为每一方面设计适当的评价指标，赋予不同的权重，并不断检查审核这一过程，形成一套完整的业绩评价指标体系，来展示目标、战略和企业经营活动的关系，实现短期利益和长期利益、局部利益和整体利益的均衡，以促使企业完成目标。

平衡计分卡，是综合考虑了财务因素与非财务因素的业绩评价系统。与其他方法相比，它更强调非财务指标的重要性。平衡计分卡的四个因素并不是简单组合在一起的，而是与企业战略和整体评价手段相联系的。其中，财务是最终目标，客户是关键，内部业务流程是基础，学习与成长是核心。平衡计分卡四个方面与企业愿景和战略表述为综合业绩评价指标的基本框架，用图 7-5 表示如下。

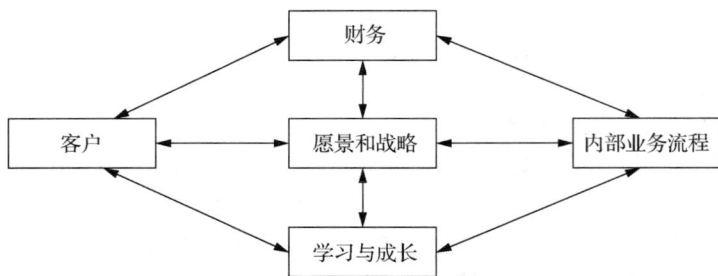

图 7-5　平衡计分卡与企业愿景和战略表述

2. 平衡计分卡的特点

平衡计分卡代表了国际上前沿的管理思想，其突出的特点是：集综合测评、管理控制与交流功能于一体。

（1）综合测评。平衡计分卡通过使用大量的超前和滞后指标，评价企业是否向其战略目标的方向前进。特别是对超前指标的运用，可对可能引起的财务状况恶化的当前活动做出提示。

（2）管理控制。平衡计分卡把企业测评与企业战略联系起来，清楚地将企业目标展示给管理者，使管理者注意对未来产生影响的活动，增强有利于企业成功的因素对财务结果的推动作用。平衡计分卡是把战略而不是控制置于中心地位。因此可以这样说，平衡计分卡是一个战略管理系统，而并非单纯的企业绩效评价系统。

（3）交流。平衡计分卡，可使员工明白他们的表现会如何影响企业的成功，也可使管理者了解影响企业进步的日常因素，从而帮助企业作为一个整体从管理集团到一线员工对外界变化做出更快的响应。面对当前变化迅速的市场，这一点尤为重要。其实，平衡计分卡就是一个复杂的企业模型，它帮助企业了解促使其成功的真正原因。此外，平衡计分卡四个方面的因果联系还说明了部门之间应如何协作，共同努力实现企业的目标，而不是仅实现某一部门的目标。平衡计分卡把企业看成一个有机联系的整体。每个员工都能找到自己的位置，了解自身工作是怎样影响财务指标的，不仅便于策略的传达，而且会使员工有认同感和成就感，增强其积极性和主动性。平衡计分卡由于包括许多非财务指标，不仅提升了信息的及时性和客观性，同时还能反映财务指标变动的深层次原因。因此，平衡计分卡更注重对未来利润的推动而不是对过去利润的统计，使人们在财务综合分析时，看到的不仅仅是数字，而更多考虑的是数字背后的策略。

（二）平衡计分卡的基本内容

平衡计分卡包括财务、客户、内部业务流程、学习与成长四个方面。下面我们将对构成平衡计分卡的四个方面分别进行详述。

1. 财务方面

平衡计分卡强调以财务为核心，要求在业绩评价过程中，从股东以及出资人的角度出发，树立企业只有满足股东以及出资人的要求，才能取得立足与发展所需要的资本的理念。企业是以盈利为目的的，企业所有的改善都应当是通向财务目标的途径。因此，平衡计分卡将财务目标作为所有目标评价的焦点。一套好的平衡计分卡应该反映企业战略的全貌，从财务目标开始，然后将它们同其他方面（包括客户、内部业务流程、学习与成长）和一系列的行动相联系，最终实现长期经营目标。常用的财务指标主要有营业利润、投资报酬率、经济增加值、营业收入增长率与营业活动现金流量等。同时需要指出的是，企业应该在不同的生命周期阶段采用适宜的评价指标。

（1）企业创业阶段。

企业处于创业阶段时，由于必须投入大量的人、财、物进行生产设施、基础设施和营销网络的建设，同时还需要进行新产品的开发和改进，此时企业的投资报酬率和现金流量一般为负数。在企业创业阶段，如何以有限的经济资源占据市场上的有利地位通常是最重要的关键因素。因此，在该阶段，营业收入增长率和营业活动现金流量是需要重点关注的财务指标。

（2）企业成长阶段。

企业进入成长阶段，其财务业绩评价目标侧重于销售收入和市场份额，同时也应该考虑企业的盈利率与资金管理效率，以求得收入与报酬率之间的平衡。

（3）企业成熟阶段。

企业步入成熟阶段，一般不再进行大规模的投资建设。企业大多采用与盈利能力有关的财务指标，如经营收入、毛利、应收账款、净利润、投资报酬率和经济附加值等，并考虑使用可更好地反映股东价值创造的指标。在这一阶段企业应重视净利润、投资报酬率和现金净流量等三个指标。

（4）企业衰退阶段。

企业进入衰退阶段，通常需要维持现有设备的生产能力，很少进行项目投资。此时投资收益率和经济增加值等长期业绩指标以及各种非财务指标已经变得不太重要，而现金流量变得更为重要。企业应该寻求有利于提升企业盈利能力的投资项目，以提高资产报酬率和现金流量。

2. 客户方面

在买方市场下，如何吸引客户、让客户满意，对企业的生存和发展具有十分重要的意义。企业能否从客户角度出发去改进生产经营方式，是企业能否成功的关键。在新的环境下，企业应该树立以客户为核心的思想。客户至上涉及三个方面，即产品与服务、客户关系和企业形象与声誉。在计量企业的业绩时，应充分体现"客户造就企业"的思路。

（1）市场份额与客户忠诚度。

市场份额又称市场占有率，能反映企业在市场上的竞争力，包括数量和质量两个方面。市场份额数量就是企业在市场中所占份额的大小，反映企业市场份额的广度。市场份额数量一般有两类表示方法，一类是企业销售占总体市场销售的百分比，另一类是企业销售占竞争者销售的百分比。计量市场份额质量的标准，主要有客户满意度和客户忠诚度。

市场份额是从生产者的角度考虑的，市场份额反映的只是过去，而不能反映企业在未来的发展趋势。企业可能通过价格折扣等促销手段获得较高的市场份额，但这是暂时的，它并不意味着企业未来的可持续发展。而客户忠诚度能反映客户对企业的认知和忠诚程度，对企业市场份额的保持具有长远的可持续性。

（2）客户满意度与赢得新客户。

客户忠诚度指标是结果指标，而客户满意度是这些结果指标中最关键的。只有当客户购买企业的产品并从中获得满意感时，客户才可能再次购买企业的产品。客户满意度，是企业保持并扩大其竞争优势的重要因素。企业对客户的满意度需要进行综合考查，可结合市场份额的变化趋势、产品质量问题的投诉情况、售后跟踪调查统计结果等信息进行判断。

赢得新客户对企业也非常重要。企业在寻求业务扩大的过程中，通常想增加其目标范围内的客户。赢得新客户既可以用新客户的数量来计算，也可以通过在目标范围内对新客户的总销售额来计算。

（3）源于客户的盈利能力。

源于客户的盈利能力分析，关注的是客户在企业盈利能力方面的差异。源于客户的盈利能力指标，可以揭示某些对企业来说不能获利的目标客户。赢得新客户可能无利可取，如为赢得新客户可能进行大量的促销活动，而促销经费需要从销售产品与服务的利润中扣除。盈利能力的生命周期，就成为决定保留还是放弃目前不能够获利客户的基础。因此，企业必须仔细地选择有能力满足其需求并能从中获利的那些客户。一旦选定了目标客户，企业就必须对经营活动进行调整和创新，提供给目标客户其所期望的产品和服务，并力求提高效率。

（4）满足客户期望。

一旦企业确定目标客户后，企业的管理人员就必须确定引起客户购买企业产品和服务的因素。这些因素连同上述客户核心评价指标，共同促进企业战略的成功。这些因素一般有时间、质量和价格。企业应该明确如何达到时间、质量和价格的目标，然后将这些目标转化为具体的计量指标。

3．内部业务流程方面

企业在传统的业务流程上采用以产定销的方式，它所注重的是改善已有的流程。在现在的流程中则采用以销定产的方式，常常要创造新的流程。它遵循着"调研和寻找市场—产品研发—营运过程—销售与售后服务"的轨迹进行。平衡计分卡中衡量业务流程的指标，正是建立在这种再造的流程之上的。

（1）研发创新过程。产品技术创新的评价指标主要有新产品收入比率、退出新产品的能力、生产程序的适应性、专利产品在销售额中所占的比例、新产品产出比例、研发费用回收期、新产品的开发时间等。

（2）营运过程。营运过程的业绩评价指标主要包括时间指标、质量指标和成本指标。营运的时间指标主要包括营运周期、制造周期效率和准时交货率等指标。营运过程的质量指标可以分为财务指标和非财务指标。

（3）售后服务过程。售后服务过程包括保证书、修理退货和换货、支付手段管理。一些企业对售后服务过程有明确的政策，如汽车销售的售后服务等。售后服务质量评价指标主要有售后服务响应时间、产品返修率、客户抱怨/投诉次数等。

4．学习与成长方面

从根本上来说，企业未来成长性的关键因素是创新和超越。企业要想获得创新优势，就必须依靠学习与成长，构建学习型企业。而学习和创新作为企业的无形资产，不能独立存在，而只能存在于员工的思想当中。如何培养企业中员工的学习与创新能力以及如何将员工的学习和创新能力转化为企业的创新能力，是企业在学习与成长方面需要关注的重点。

（1）员工的满意度。

员工作为企业利益相关者的组成部分，其满意度对企业的发展至关重要。由于员工大部分从事一线生产工作，他们能够提出改善企业内部业务流程和业绩的建议。同时，他们也是与外部客户接触最多的。企业计量员工满意度的典型方法，是进行年度调查或者滚动调查。调查项目通常包括决策的参与程度、工作的认可程度、获取与工作相关信息的充分程度、创造性运用的鼓励程度，以及职能部门对其工作的支持程度等。

（2）员工保持率。

在现代化生产方式下，员工是企业从事生产的要素之一，而且是企业收益的重要创造者。企业对人力资本的投资是一种长期的投资行为。因此，员工的辞职反映了企业人力资本的损失，尤其是那些长期在企业工作，掌握企业经营过程的员工更是如此。员工的稳定性，可以通过人事变动的百分比来计量。

（3）员工的生产率。

员工的生产率，是评价员工技术、信心、创新、内部业务流程改进和客户满意度效果的一个综合指标。员工更有效地从事生产、销售和服务工作，其生产率就会提高。

综上所述，平衡计分卡将企业业绩评价分为财务、客户、内部业务流程以及学习与成长四个方面，而这些方面都旨在实现企业的战略目标，使企业有关各方的利益较好地整合起来。平衡计分卡能将企业的使命和战略转化为有形的目标和计量指标，对企业业绩进行综合评价。

（三）经济增加值计算原理

经济增加值（EVA）是建立在经济利润基础上的。经济利润不同于会计利润，它不但要将所有运营费用计入成本，还要将所有的资本成本计入成本。这里的资本成本不仅包括显性的债务成本，还包括所有人投入资本的机会成本。因此，经济增加值的核心理念就是资本成本。

经济增加值的核心理念反映了股东价值最大化的西方企业经营哲学和财务目标。任何性质的长期资金都有它的资本成本，因此在计算某个投资项目时，必须将资本成本考虑在内。资本成本的价值理念体现在投资、融资、经营等活动的评价标准上。只有当投资项目的预期报酬率超过资本成本时，企业才应该进行投资；只有当投资收益率高于资本成本时，业务单元经营才有经济价值。经济增加值是企业根据预期收益风险的变化，动态调整资本结构的依据。

因此，经济增加值可以作为资本市场评价企业是否为股东创造价值、资本是否能保值增值的指标。

1. 经济增加值的计算方法

美国学者詹姆斯.L.格兰特认为，根据会计的观点，经济增加值被定义为企业的税后净营业利润与企业资本成本的差额，用公式可以表示为：

经济增加值=税后净营业利润−资本成本
=税后净营业利润−资本占用×加权平均资本成本

根据上述计算公式可知，经济增加值取决于三个基本变量，即税后净营业利润、资本占用和加权平均资本成本。税后净营业利润用来衡量企业的盈利状况，资本占用是企业投入的有息债务资本和股权资本之和，加权平均资本成本反映企业各种资本的资本成本的加权平均数。税后净营业利润和资本占用需要根据企业财务报表计算得出。

（1）税后净营业利润是根据资产负债表调整得到的。税后净营业利润包括利息和其他与资本有关的偿付。这与财务报表中的利润是不同的。

（2）资本占用为企业筹集资金的总额，但不包括短期免息负债，如应付账款、应付工资、应付税费等，即资本占用等于股东投入的股本总额、所有计息负债（包括计息的长期负债和短期负债）和其他长期负债之和。

（3）加权平均资本成本等于企业资本中各个组成部分的以市场价值为权重的加权平均值。资本构成通常包括债务资本和股权资本。加权平均资本成本的计算公式如下。

加权平均资本成本=股权资本市场价值所占比例×股权资本成本
+债务资本市场价值所占比例×债务资本成本×(1−所得税税率)

经济增加值是指扣除所有资本成本（包括债务成本和股权成本）之后的剩余利润，它是所有资本成本被扣除之后的剩余收益。只有当企业收益高于加权平均资本成本时，企业价值才能增加。从股东的视角看，企业只有在资本收益超过投入全部资本的成本时才能为股东带来价值增加。

经济增加值的影响因素分解如图7-6所示。

依据图7-6可知，提高企业经济增加值从而增加企业价值的途径主要有四个。第一，增加利润，只要项目的投资预期收益率大于资本成本，就接受该项目；从减少价值的项目中撤出资金，当减少的投资成本大于减少的回报时，经济增加值就会增加。第二，通过提高资金使用效率，加快资金周转速度，使沉淀的资金在现存营运活动中得到充分的利用。第三，尽可能修理资产而不是更新资产，在保证现有资产可用性并且不影响企业正常生产经营和技术创新的前提下节约资本。第四，重视内部融资，在一定程度上可以起到降低资本成本的作用。

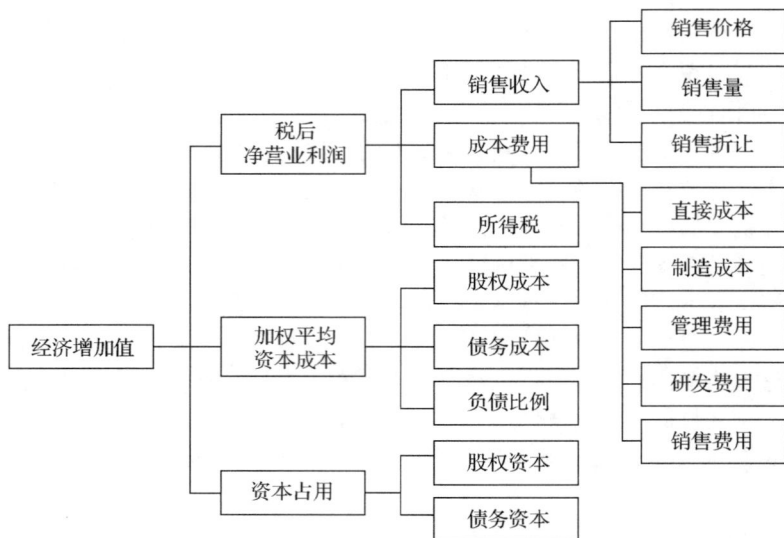

图 7-6 经济增加值的影响因素

2. 税后净营业利润

税后净营业利润等于税后净利润加上利息支出部分（如果税后净利润计算中已经扣除少数股东权益，应加回），也就是企业的销售收入减去利息支出以外的全部经营成本和费用（包括所得税）后的净值。

税后净营业利润是在不考虑资本结构的情况下企业税后所获得的利润，也就是全部资本的税后投资收益，反映了企业资产总体的盈利能力。

税后净营业利润与利润表中的净利润是有差异的，但是可以将净利润通过一定的方法调整为税后净营业利润。两者之间的对应关系如图 7-7 所示。

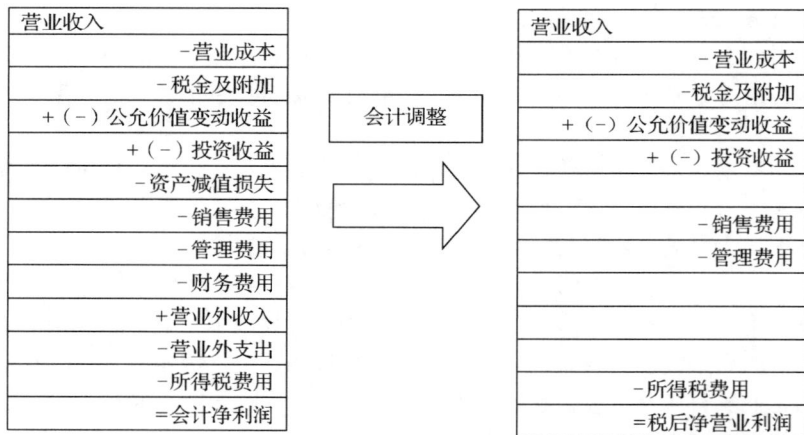

图 7-7 会计净利润与税后净营业利润的对应关系

3. 资本占用

资本占用是指投资者投入企业经营的全部资金的账面价值，包括债务资本和股权资本。其中，债务资本是指债权人向企业提供的资金，包括长、短期贷款等，但不包括不产生利息的商业信用负债，如应付账款、应付票据、其他应付款等。股权资本不仅包括普通股资本，还包括少数股东权益资本。因此，资本占用就是企业全部资产减去商业信用负债后的余额。同样地，可以将企业总资产调整为资本占用额。两者的对应关系如图 7-8 所示。

货币资金
应收账款净额
存货净额
……
流动资产总计
长期投资
固定资产
-固定资产减值准备
+在建工程
固定资产总计
无形资产及其他资产
资产总计

货币资金
应收账款净额
存货净额
……
流动资产总计
-无息流动负债
=净营运资产
长期投资
固定资产
固定资产余额总计
无形资产及其他资产
-累计税后营业外收支
资本占用总额

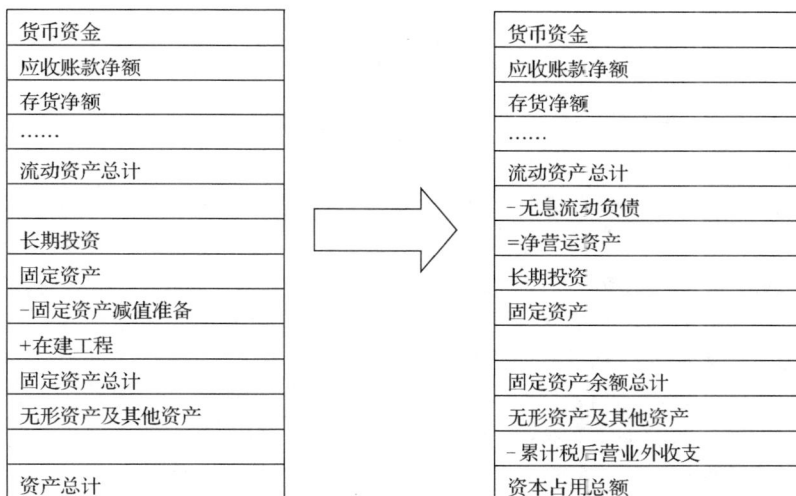

图 7-8　资产负债表中总资产和资本占用额之间的对应关系

从图 7-8 可以看出，将资产负债表中的总资产调整为资本占用额，主要涉及以下几个项目的调整。

（1）无息流动负债——不占用资本，应予以扣除。

企业的总资产主要来源于两个方面：负债和所有者权益。短期负债中又分为需要支付利息的短期负债和不需要支付利息的短期负债两个部分。例如，短期借款、短期债券等属于需要支付利息的部分，而应付账款、应付职工薪酬和不需要付息的应付票据等则属于不需要支付利息的部分。由于无息负债不占用资本，在计算资本占用额时，应将无息负债扣除。也就是说，需要支付利息的负债属于资本占用额的组成部分，而不需要支付利息的负债则需要扣除。

（2）在建工程——在未完工前不得反映，不应作为资本占用部分。

在建工程是对企业未来持续发展的投入，并不能为企业当期带来经济效益。如果将在建工程计入资本占用，由于在建工程涉及的资金数额较大，会使资本成本有较大的提高，相应地对经济增加值的影响也较大，这样对经营者的业绩考核将不科学，也将使经营者由于顾虑在建工程的资金占用影响当期业绩考核而对企业未来发展能力的投资产生顾虑，不利于企业的长远发展。因此，在建工程不应作为资本占用额的组成部分。

（3）减值准备——非企业实际发生的损失，不予扣除。

坏账准备、存货跌价准备、长期股权投资减值准备和固定资产减值准备等资产减值准备是从会计谨慎性的原则出发计提的，不是企业实际已经发生的损失。因此，在计算资本占用额时，应该将前期计提的各项减值准备加回，作为资本占用额的组成部分。

（4）非经常性收支——属于对股东资本的占用。

营业外收支和政府补助等属于企业偶然的收支项目，与企业经常的收支项目相比，具有一定的不确定性。但是，这些营业外的收支项目所占用的资金可以被看作对企业正常项目资金占用的机会成本。也就是说，如果这些资金不用于营业外的收支，则将被应用于经常性项目中去。因此，在计算资本占用时需要将非经常性净支出的税后数额加到资本占用中去，如果为非经常性净收入则应该从资本占用中扣除。

4. 资本成本

资本成本是指企业在使用资本的过程中所要支付的代价，通常包括资金使用费用和筹资费用两部分内容。资本成本在 EVA 体系中占有举足轻重的地位。有关资本成本的计算方法，可在财务管理课程中学习，这里不赘述。

思考题

1．企业财务能力分析包括哪些内容？

2．影响净资产收益率的因素有哪些，为什么说净资产收益率是反映企业盈利能力的核心指标？

3．为什么总资产报酬率的分子为息税前利润？

4．什么是基本每股收益，什么是稀释每股收益，分别如何计算？

5．市盈率指标和市净率指标各有何作用？

6．固定资产周转率总是越高越好吗，固定资产周转率低说明什么问题？

7．影响总资产周转率的因素有哪些，总资产营运能力与各类资产营运能力之间的关系如何？

8．利息保障倍数如何计算？它是名副其实的偿债能力指标吗，为什么？

9．盈利现金比率如何计算？该比率达到 1 是否意味着企业没有坏账损失，为什么？

10．财务能力分析有什么局限性？

11．什么是平衡计分卡评价法，该方法包括哪几个方面，每个方面通过何种指标进行衡量？

12．什么是经济增加值评价法，如何实现经济增加值评价法和平衡计分卡评价法的融合？

延伸阅读资料

本章拓展小案例

财务前景分析 | 第八章

【教学目标】

通过本章的学习，学生可以了解财务危机的概念、财务预警的概念及前景预测分析的基本内容；理解财务分析视角的风险分析内容、企业发生财务危机的原因、财务危机管理与财务预警管理的关系；熟悉前景预测分析的基本步骤；把握前景预测分析的基本方法和要点。

【引例】

苏宁电器于1990年创立，总部设在南京，是一家集传统家用电器、消费电子、百货、日用品、图书、虚拟产品为一体的智慧零售服务商。2011年苏宁电器凭借自身物流、金融和数字技术体系，形成线上线下发展闭环，成为中国领先的O2O零售商。2013年苏宁电器更名为苏宁云商，首次提出"门店+电商+线下服务零售商""一体、两翼、三云、四端"的战略模式，力求打造多元化销售场景，推动产业链融合发展，此举也正式让苏宁踏上了收购、并购的道路，并于2018年更名为苏宁易购股份有限公司。

当电子商务与实体零售白热化对峙的时候，苏宁易购想要尝试不断探索自己的互联网零售模式。但苏宁易购在转型阶段采取的多元化发展并购战略，并未带来自身利润的提升，此阶段苏宁易购的扣非净利润一直处于负值，想要通过多元化扭亏为盈的幻想破灭。更加致命的是，为了粉饰利润，苏宁易购不断采用变卖自身资产的方式维持表面繁荣，此操作手法进一步拖垮了苏宁易购线下实体的主营业务，在原本造血已出现问题的情况下，加剧了企业造血能力的恶化。2017年前后苏宁易购清空阿里股票套现140多亿元，使得2016年至2019年公司净利润依然可以维持盈利状态，然而，这一平衡状态在2020年却出现了变化，公司已没有多余资产和产业可供出售，"拆了东墙补西墙"的策略无法继续奏效，公司净利润出现亏损的局面，由此苏宁易购的债务危机正式爆发。

资料来源：根据苏宁易购公司和互联网公开披露的相关信息资料整理编写。

任何企业利益相关者的决策都是面向未来的，而财务分析的目标在于从财务分析人员的专业视角为企业利益相关者决策提供支持。对于在动态、不确定性环境下从事业务活动的企业而言，风险或危机紧紧相随，无时无处不在。那么，如何有效识别和管控风险与危机，特别是如何识别和管控财务风险和财务危机，并能对企业的财务危机做出预警分析，应成为财务分析的必要内容。本章将介绍财务危机预警分析和企业前景预测分析。

第一节

财务危机预警分析

财务危机一般是指企业丧失偿还到期债务能力而引致的危机，它是金融、财务领域中的重要研究课题。在过去的30年中，财务危机严重影响着企业、信用机构、股票市场、投资者，甚至整个国家。特别是亚洲金融危机所表现出来的国际银行系统的脆弱性，使财务危机研究成为金融风险评估中的一个重要组成部分，适用于所有不同经济发展水平的国家。相对于发达国家而言，新兴发展国家更容易遇到这种危机，故在新兴发展国家，尤其是中国，加强企业财务危机问题研究有着非常重要的现实意义。本节我们将在阐述财务危机、财务预警的基本概念，以及财务危机管理与财务预警管理关系的基础上，概述财务预警分析的目的与内容以及财务预警分析方法。

一、企业财务危机

何谓财务危机，其表现形式和产生的原因是什么呢？

（一）财务危机的概念

财务危机，国内又常译为"财务困境"。关于财务危机，国内外学界目前尚无统一的定义。根据对有关文献资料的研究，我们认为，财务危机是指企业经营管理不善造成连年亏损、投融资决策失误、货款回收不力或其他突发财务事件等，致使企业出现资金链中断进而影响企业生存的重大不利局面。

延伸阅读资料

确定财务危机的
两种方法

（二）财务危机的表现形式

研究表明，财务危机至少有四种表现形式：从企业的经营情况看，表现为产销严重脱节，企业销售额和销售利润明显下降，多项绩效评价指标严重恶化；从企业的资产结构看，表现为应收账款大幅增长，产品库存迅速增加；从企业的偿债能力看，表现为丧失偿还到期债务的能力，流动资产不足以偿还流动负债，总资产低于总负债；从企业现金流量看，表现为缺乏偿还即将到期债务的现金流，现金总流入小于现金总流出。

（三）企业发生财务危机的原因

对于财务危机产生的原因，我们可以从企业经济业务中的财务风险和企业财务管理流程中的风险两个主要方面进行分析。

1. 企业经济业务中的财务风险

在经典的财务管理研究中，企业经济业务中的财务风险可分为四类，即筹资风险、投资风险、汇率风险和其他风险。

（1）筹资风险。筹资风险主要和资本结构、财务杠杆相关。在现代企业的融资决策中，资本结构问题是一个核心问题，这一问题影响企业的成败。与资本结构密切相关的是财务杠杆问题。如果企业的财务杠杆率过高，借入资金过多，则一旦投资利润率下降，利息负担过重，就会威胁企业的财务安全性以及企业本身的安全性。这种由于财务杠杆而给企业带来的风险通常被称为筹资风险。筹资风险严重时可能会引起债权人诉讼从而导致企业破产，故筹资风险应当成为财务预警系统的重要监控内容。

（2）投资风险。在企业经营管理过程中，企业制定的投资决策的最终效果具有不确定的一面，包括投资利润率下降、投资回收期加长、投资不能完全收回或者完全收不回等可能性。企业投资通常有证券投资、投资于其他企业和新建扩建项目投资等多种。证券投资受到国家政治经济形势、金融政策、证券市场的整体走势等的影响，是风险性很强的投资项目。而投资于其他企业和新建扩建项目，则要受到诸如原材料供应、市场开拓、工艺改进、新产品试制等各方面的制约。任何一方面出了问题，都会对投资效益产生影响，形成投资风险。这三类投资分别有不同的风险特性，因此也需要区别对待地建立相应的风险监测、预测和应对系统。

（3）汇率风险。在国际投资和国际贸易活动中，汇率风险是指由于汇率的变动而蒙受损失和将丧失预期收益的可能性。自从 20 世纪 70 年代初期布雷顿森林国际货币体系崩溃后，固定汇率制度为浮动汇率制度所代替，大幅度的国际汇率波动为国际资金活动带来了机会及潜在的风险。例如，对跨国公司和跨国经营企业而言，在投资经营过程中如果东道国货币发生贬值，其在东道国的资产和实际收益价值就会降低，从而造成损失。对于汇率风险也应当建立相应的预警系统，否则企业将暴露在巨大的外汇风险之下。

（4）其他风险。企业在生产经营过程中，除了上面三个方面的财务风险以外，还有可能发生诸如企业经营亏损风险、财产跌价损失风险、企业员工人身风险、收益分配风险、企业诉讼风险和财政税收政策等带来的其他风险。

2．企业财务管理流程中的风险

除了上述经典财务管理研究的具体领域中可能存在的财务风险以外，企业的财务管理流程中也可能蕴藏着巨大的潜在风险，如果不能及时发现和纠正，最终也会导致财务危机的爆发。具体而言，有以下四个方面的风险。

（1）财务信息不能满足管理要求。财务信息是财务预测、决策和控制的基础，如果没有流畅、及时、准确的财务信息系统，或者这个信息系统所产生的信息不能够清晰地表达一定的经济含义或者不适用于特定的管理目标，那么即使企业的投资、筹资、生产经营等都未处于危险状态，企业的经济活动仍然存在随时失控的重大风险。

（2）缺乏财务预测。合理而科学的财务预测，能够帮助企业最大限度地对经营状况进行事前的管理和及时的控制。相反，如果企业对将来的重大不确定形势完全没有认识和准备，那么，即使企业经营的发展已经偏离了正常的轨道也不易察觉，一旦突发事件出现就将导致不可收拾的结果。

（3）财务决策缺乏科学性和合理性。无论是投资决策、筹资决策还是日常经营管理决策，都应当建立在充分的决策依据、科学的决策方法和合理的决策标准之上。无论哪种决策都不仅影响企业当前的盈利能力和持续发展的潜力，而且将对利益相关者产生直接的利益影响。因此在决策过程中排除人为因素的干扰，力保决策依据科学合理的程序进行，也是风险防范的重要措施之一。

（4）财务控制不力。财务控制直接关系企业的现金流、价值流的流向。如果在财务控制上存在漏洞，那么企业的经济利益将有可能流向企业外部，这对企业而言是一个非常重大的风险。财务控制不力，还可能会使企业的各项决策和计划无法得到贯彻和执行，不得不中途停止或者面对失败的结果。

通过上述对企业财务危机形成原因，即财务风险成因的分析，我们认为要监控企业财务风险，就必须对财务危机进行预警。而对企业财务危机进行预警，必先构建财务危机预警系统。财务危机预警系统的构建，应当是横向针对投资、筹资、日常经营领域的具体业务中存在的风险，纵向针对在财务管理的信息反映、预测、决策和控制的整个流程中存在的风险。也就是说，财务危机预警系统应当是一个立体的系统，这样才能够对企业的财务风险进行全面的监测和控制。

二、企业财务预警

何谓财务预警，有效的企业财务预警系统具有哪些功能，建立企业财务预警系统需要遵守哪些原则？

（一）财务预警的概念

财务预警，即财务危机预警，是指通过对企业日常财务运行情况进行连续有效的监测，防范企业财务恶化给债权人和投资者造成损失的过程。财务危机预警灵敏度越高，就越能尽早地防范、发现和解决问题，避免财务危机的发生。

（二）有效的企业财务预警系统的功能

有效的企业财务预警系统应具备下列三项功能。第一，预知财务危机的征兆。当可能危害企业财务状况的关键因素出现时，财务预警系统能预先发出警告，提醒企业管理者、投资者、债权人和其他利益相关者早做准备或采取对策以减小财务损失。第二，预防财务危机发生或阻止其进一步扩大。当财务危机征兆出现时，有效的财务预警系统不仅能预知并预告，还能及时寻找导致企业财务状况进一步恶化的原因，使企业管理者、投资者、债权人和其他利益相关者不仅知其然，还知其所以然，制定有效措施，阻止财务状况进一步恶化，避免严重的财务危机真正发生。第三，避免类似的财务危机再次发生。有效的财务预警系统不仅能及时避免潜在的财务危机，而且能通过系统详细地记录此前财务危机发生缘由、解决措施、处理结果，并及时提出建议，弥补企业现有财务管理及经营中的缺陷，完善财务预警系统，从根本上消除隐患。

（三）建立企业财务预警系统的原则

为了提高企业财务预警管理的效率和效果，在建立财务预警系统过程中必须坚持如下原则：实用性原则，即所建立的预警系统必须真正起到预警的作用；系统性原则，即必须从客户角度出发，把企业作为一个有机整体来考虑；重要性原则，即应抓住企业财务管理的主要矛盾和矛盾的主要方面，应注重成本效益的要求，预警指标不宜过多；前馈性原则，即在建立财务预警系统过程中，不要仅仅依赖于财务信息，而应把更多的精力放在过程管理中，起到防微杜渐的作用；前瞻性原则，即必须坚持发展的眼光，所建立的预警系统要具有一定的前瞻性、动态性和适应性；客观量化原则，即在指标处理过程中，应尽量减少迭代层次，因为中间过程层次越多，指标越容易失真，同时还应该注意数据挖掘和最优停止点的问题，指标数据的挖掘和利用宜适可而止。

三、财务危机管理与财务预警管理的关系

财务危机管理是企业为了预防、摆脱、转化危机而采取的一系列维护企业生产经营正常运行，使企业脱离逆境，避免或减少财产损失，将危机转化为转机的一种积极主动的企业管理行为。财务危机管理的研究主题是企业在遭遇内外部财务危机时应采取的应对对策，并探讨财务危机形势下的变革管理，侧重于研究企业财务危机发生后应如何摆脱的策略。

企业财务预警管理专门解释企业经营活动中的逆境现象：企业逆境、管理波动、管理失误的本质特征、成因机理和发生规律，研究如何构建企业管理系统的防错、纠错机制和扭转逆境的管理系统内容。它将企业内的各种逆境现象作为一个相对独立的活动过程来考察，在分析逆境与危机现象形成机理与内在特征的基础上，提出早期预报与预控的原理及方法，建立用于监测、评价、预报逆境现象与危机现象的预警指标体系，并设计出企业财务管理、营销管理、组织管理、决策事务管理、技术管理等具体预警模式和方法。

延伸阅读资料

财务预警与企业危机管理的关联关系

四、财务预警分析的目的与内容

财务预警分析的目的主要有四个：为企业预警，使企业及时应对财务危机，避免破产；为投资人和债权人预警，使其做出正确的投资决策；为政府机构服务，使其做出合理的优化资源配置的决策；为企业客户预警，使其做出恰当的购买和销售决策。

我国2007年起施行的《企业财务通则》第六十三条规定，企业应当建立财务预警机制，自行确定财务危机警戒标准，重点监测经营性净现金流量与到期债务、企业资产与负债的适配性，及时沟通企业有关财务危机预警的信息，提出解决财务危机的措施和方案。根据该通则，我们可将财务预警分析的内容概括为以下两个方面。第一，发现财务危机的征兆，建立财务预警机制。财务管理人员可以通过企业的财务结构是否恶化、财务经营信誉是否降低、自由现金流量是否充足、经营主业销售收入是否明显下降等征兆来识别财务危机，同时通过建立单变量和多变量财务预警模型来判断财务危机的存在及其严重程度。第二，发现财务危机的内外部诱因，提出财务危机的应对措施。财务管理人员在识别财务危机之后，应进一步分析企业财务危机的内外部诱因，并在此基础上提出财务危机的应对措施。财务危机的内部诱因可能包括负债过度、资产周转速度缓慢、扩张速度过快等。

外部诱因可能包括经济不景气、行业恶性竞争大、关联方倒闭、对外提供信用担保等。财务危机的应对措施可能包括拓展融资渠道、处置闲置资产、盘活存量资产、保持合理的现金流量、建立财务监控体系等。

五、财务预警分析方法

财务预警分析方法包括定性和定量两种分析方法。财务预警定性分析方法主要有财务风险分析调查法、财务危机四阶段分析法和管理评分法三种。财务预警定量分析方法主要有统计模型定量分析方法和财务指标矩阵定量分析方法两大类。

（一）财务风险分析调查法

财务风险分析调查法，是由专业人员、咨询公司和管理专家对企业内外部环境进行分析，辨别企业是否存在财务危机发生的诱因，找出财务危机发生的征兆，以此预测财务危机发生的可能性的方法。财务风险分析调查法主要从六个方面对企业的财务风险进行分析，这六个方面分别是：企业管理层的问题（如高管人员有舞弊或其他违反法律法规的不良记录）、外围关系层面的问题（如银企关系异常）、组织层面的问题（如组织结构过于复杂）、与审计机构交往的问题（如拒绝或故意阻挠正常审计工作的开展）、财务的问题（如财务状况或财务指标、经营绩效发生重大变化或异常）、会计的问题（如部分会计凭证有涂改或伪造的痕迹）。

财务风险分析调查法提出的分析问题和内容非常多样，具有一定的普遍意义；但作为定性分析的方法，由于缺乏量化手段，其分析的科学性和准确性受到影响。

（二）财务危机四阶段分析法

财务危机四阶段分析法根据企业财务危机的形成过程，把财务危机分为财务危机潜伏期、财务危机发生期、财务危机恶化期和财务危机实现期（见表8-1），不同的阶段，有不同的危机症状。财务危机四阶段分析法就是通过分析危机症状、判断企业危机所处的阶段，然后采取有效措施，帮助企业摆脱财务困境，恢复财务正常工作。

表8-1　　　　　　　　　　　　　　财务危机四阶段分析法

财务危机潜伏期	财务危机发生期	财务危机恶化期	财务危机实现期
盲目进行扩张	自有资本不足	经营者无心关注业务，专心于财务周转	负债超过资产，丧失偿债能力
销售额下降	过分依赖外部资金，利息负担过重	账款拖欠，资金周转困难	宣布倒闭清盘
销售额提高，但利润下降	财务预警失灵	债务到期，违约不支付	经营者外逃
外部环境发生重大变化	拖延偿付		
企业流动性差	利润下降或亏损加剧		
经营信誉持续降低	领导独断专行		
经营秩序混乱			
管理出现乱象			
疏于风险管理			

（三）管理评分法

管理评分法也称A计分法，是一种对财务危机定性因素通过赋值量化，然后进行综合评分的方法。这种方法首先把企业的风险因素分为经营缺点因素、经营错误因素和破产征兆因素三类，然后进一步分解为17个风险小项，对每一项都给出标准分值（见表8-2）。在评分时，对每一项风险或者打零分，或者打满分，但不允许打中间分。所打的分数反映企业管理不善的程度，分数越高，企业的处境越差。在理想状态下，这些项目的评分均应该为零。

表 8-2　　　　　　　　　　管理评分法风险因素与评分标准

类别	风 险 小 项	标准分值
经营缺点因素	总经理独断专行	8
	总经理兼董事长（两职合一）	4
	在办公会上总经理说了算，办公会流于形式	2
	决策层人员失衡，缺乏敢于发言、敢于承担责任的人	2
	财务主管能力弱，资金管理混乱	2
	没有财务预算或不按预算进行控制	3
	企业管理制度陈旧或缺乏制度，不能及时更新	1
	没有现金周转计划或有计划但从未及时调整及执行	3
	没有成本控制系统，负责人对企业实际经营成本一知半解	3
	企业应变能力弱，产品过时，设备陈旧，经营战略模糊不清	15
合计		43
经营错误因素	欠债太多	15
	企业过度发展	15
	过度依赖大项目	15
合计		45
破产征兆因素	财务报表上显示不佳的信号	4
	总经理操纵会计账目，以掩盖企业业绩下滑的实际情况	4
	非财务反映：工作冻结、士气低落、人员外流	3
	晚期迹象：债权人扬言要诉讼	1
合计		12
总计		100

　　管理评分法的评价标准是：如果总分小于 18 分，表明企业处于安全状态；如果总分为 25～35 分，表明企业正面临失败的风险；如果总分超过 35 分，则说明企业已处于严重的危机之中。而 18～25 分是企业管理的"黑色区域"，处于这个区域中的企业必须高度警惕，迅速采取有效措施，尽快使企业进入安全状态。

　　管理评分法的理论基础是，企业管理不善的种种表现，要比企业财务出现问题更早发生。通过对企业管理状况的深入调查和细致评价，可以对财务危机起到有效的预警作用。定性问题的定量化也使评价更为客观、易懂。

　　（四）统计模型定量分析方法

　　1. 奥特曼的 Z 计分模型

　　为了改进传统研究中的缺陷，获得对企业财务危机更好的预警模型，研究人员从 20 世纪 60 年代起发展了多种新的模型和方法，预测的精度和效率由此得到了极大的提高。其中，多变量分析是基础思想方法。最为经典的多变量预警模型为奥特曼（Altman）模型，此后又有其他研究人员完善了这一方法。奥特曼运用多变量的判别分析技术，在样本选取上按照美国破产法第十章提出的破产申请作为企业财务失败的定义。奥特曼随机抽取了 1946 年至 1965 年 33 家制造业的破产公司作为样本，并且按其行业类别及规模分层抽取了 33 家正常公司作为配对样本，把 22 个有可能预示公司发生问题的财务比率变量分为流动性、盈利能力、财务杠杆、偿债能力和周转能力五大指标。然后，奥特曼利用多变量技术在每一类财务指标中选取一个最具有区别预测能力的指标放入模型中。

　　选取这五个变量的步骤如下。首先，观察各种可供选择的函数的统计意义，包括决定每个独立变量的相对贡献；其次，评估相关变量之间的相互关系；接着，观察各变量预测的准确度；最后，专家进行分析判断。根据这样的步骤，最终奥特曼选出了五个变量组成了 Z 计分模型，即：

$$Z=0.012 X_1+0.014 X_2+0.033 X_3+0.006 X_4+0.999 X_5$$

其中，X_1=营运资本÷总资产。该比率是公司的营运资本相对于总资产关系的一种衡量。营运资本是公司流动资产与流动负债之差。一般来说，对于经历长期经营损失的公司，其营运资产相对于总资产将有所缩减。这是公司是否将面临停止运营状况的最好指示器之一。

X_2=留存收益÷总资产。该比率反映企业累计盈利能力。留存收益是公司在整个生命期内投资的收益和损失总量。因为可以通过公司的资产重组或股利调整等手段，对留存收益进行人为操纵，所以应对这个会计科目重新做出适当的调整。该比率还需要考虑公司已存在时间或称公司的年龄因素。例如，一家成立时间不长的公司因为其未能来得及累积利润，因此 X_2 的值很小是合理的。

X_3=息税前利润÷总资产。该比率可以衡量除去税收或其他杠杆因素外，公司资产的盈利能力。因为公司的最终生存取决于其资产的盈利能力，所以该比率分析对公司破产研究尤其有效。

X_4=权益市场价值÷总债务的账面价值。此处，用综合所有股份（优先股和普通股）的市场价值来衡量权益，负债则包括流动负债和长期负债。权益市场价值与总债务的账面价值之比能够说明在公司债务超过资产，无力偿清债务而破产前，公司的资产价值（权益市场价值加债务）只能下降多少。例如，公司的权益市场价值为 1 000 元，债务为 500 元，则公司在无力偿还债务之前，资产价值只能下降 2/3 [也就是 1 000+500=1 500（元），资产的 2/3 为 1 000 元]。然而，若该公司权益市场价值为 250 元，则公司资产价值只能下降 1/3 [亦即 250+500=750（元），资产的 1/3 为 250 元]，它将陷入无力偿还债务的境地。该比率分析中所考虑的市场价值因素是其他破产研究中所没有的。自1968 年该模型建立之后，奥特曼建议在公司的全部负债中加入资本租赁，包括经营租赁和融资租赁两种。

X_5=销售收入÷总资产。该比率是一种能够反映公司资产营运能力的财务比率，可以衡量公司在竞争环境中的管理能力。依据单变量的统计显著性检验，模型中不应该出现该比率，但是由于该比率与其他变量的关系独特，该比率对模型的整体区分能力位居第二。

特别要注意的是，Z 计分模型中，前四个变量必须用百分比数值，如留存收益÷总资产=0.1=10%，在代入模型时的数据应是 10；最后一个变量则采用非百分比数值，如销售收入÷总资产=150%时，代入模型时的数据则是 1.5。

为避免上述麻烦，后来人们包括奥特曼本人逐渐采用了如下的统一形式[①]。

$$Z=1.2 X_1+1.4 X_2+3.3 X_3+0.6 X_4+1.0 X_5$$

奥特曼该项研究的结论认为，Z 值的分布可以区分为 A、B、C 三个区域。其中：A 区为 Z 小于1.81 的区域，该区域是破产区；B 区为 Z 大于 1.81 小于 2.99 的区域，该区域为灰色区域；C 区为 Z大于 2.99 的区域，该区域为非破产区。

2. 奥特曼的 ZETA 模型

为了便于为非上市公司评分，1977 年奥特曼等人又对原始的 Z 计分模型进行扩展，建立了第二代模型——ZETA 模型。这个模型选取了 1962 年至 1975 年的 53 家破产企业和 58 家配对的正常公司，样本公司平均资产规模在 1 亿美元左右，而且包括了一定数量的零售类企业，因而 ZETA 模型的适用性有所提高。

此次研究利用 27 个初始财务比率进行区别分析，最后模型选取了下列七个解释变量。

X_1——资产报酬率，采用息税前利润与总资产之比衡量。在以前的多变量研究中，该变量在评估公司业绩方面相当有效。

X_2——盈余的稳定性，采用对 X_1 在 5～10 年估计值的标准误差指标作为这个变量的度量值。收入的变动会影响公司风险。

---

① 需要说明的是，也有采用"$Z=1.2 X_1+1.4 X_2+3.3 X_3+0.6 X_4+0.999 X_5$"这样的形式的。

X_3——债务保障，可以用人们所常用的利息保障倍数（覆盖率），即息税前利润与总利息偿付之比来度量，这是固定收益证券分析者和债券评级机构所采用的主要变量之一。

X_4——累计盈余，可以用公司"留存收益÷总资产"来度量。该比率对 Z 计分模型尤其有效，它需要考虑的因素有：公司年龄、公司股利政策以及不同时期的获利记录。不管是单变量法还是多变量法，该比率都是非常重要的。在非上市公司的该比率计算中，分子部分用公司净资产的账面价值代替权益市场价值，因为非上市公司没有市场价值指标。

X_5——流动性，可以用人们所熟悉的流动比率衡量。

X_6——资本化率，可以用普通股权益与总资本之比衡量。在分子和分母中，普通股权益可以用公司五年的股票平均市场值衡量，而不是账面值。五年平均市场值可以排除可能出现的严重、暂时性的市场波动，同时（同上述的 X_2）模型中纳入了趋势的成分。

X_7——规模，可以用公司总资产的对数形式来度量。该变量可以根据财务报告的变动进行相应的调整。

实证研究表明，ZETA 模型的分类正确率高于原始的 Z 计分模型，特别是在公司破产前较长时间的预测准确率较高，其中灰色区域为-1.45～＋0.87，Z 值大于 0.87 的为非破产组，Z 值小于-1.45 的为破产组。

第二节 企业前景预测分析

一、前景预测分析的作用

要搞清楚前景预测分析的作用，首先需要明白和理解什么是前景预测分析。

（一）前景预测分析的含义

预测是人们认识世界的重要途径。前景预测分析，是预测分析人员根据企业过去一段时期财务活动的历史资料，依据现实条件并考虑企业的发展趋势，运用定量和定性分析法及预测分析人员的主观判断，对企业未来一定时期的财务状况、经营成果和现金流量所进行的分析、测算或估计。由于未来的财务活动存在很多的不确定性，所以以前景预测分析是一种特殊的财务分析。它需要预测分析人员在分析过去、把握现在的基础上，运用预测分析人员所掌握的财务活动发展一般规律，对未来的财务活动进行较为准确的预测分析。

（二）前景预测分析的作用

"凡事预则立，不预则废"。现代企业面临的客观经济环境变化多端，经济效益的高低、财务状况的优劣又关系着企业的兴衰成败。因此，作为企业经营预测重要组成部分的前景预测分析，其作用尤为突出。

一般来说，企业前景预测分析的作用表现在以下四个方面。第一，前景预测分析有助于企业改善投资决策。根据销售前景估计的融资需求不一定总能得到满足，因此就需要根据预期的融资能力协调营业收入预期增长率对资产投资的需求，使投资决策建立在可行的基础上。此外，以营业收入为核心的前景预测是预计投资项目预期现金流量的基础，对投资项目的评价具有重要影响。第二，前景预测分析有助于增强企业的应变能力。预测和计划是超前思考的过程，其结果并不仅仅是一个融资需求数字，还包括对未来各种可能前景的认识和思考。前景预测分析展示了企业各种战略决策的未来财务成果和前景，将提升企业对不确定事件的反应能力，从而减少不利事件出现带来的损失，增加有利机会带来的收益。第三，前景预测分析是企业经营活动顺利进行的基础。企业根据行业发展前景、国家宏观政策和产品市场需求状况等，对其经营目标进行预测。前景预测通过预计财务报表将主要经营目标转换成财务收入、利润、资产效益等指标，并与企业预算等管理过程相衔接。第四，前景预测分析是企业进行价值评估的基础。由于企业的价值是该企业未来现金流量的现值总和，而企业未来的现金流量是通过对该企业的利润表、资产负债表和现金流量表的全面预测得到的，然后通过一定的计价方法转化为企业的价值，所以前景预测分析是企业未来价值评估的首要环节，其结果代表了企业未来的发展前景。

二、前景预测分析的种类与内容

（一）前景预测分析的种类

按照分类标准的不同，企业前景预测分析可划分为不同的种类。

（1）按前景预测分析的性质，前景预测分析可分为定性前景预测分析和定量前景预测分析。前者（定性前景预测分析）是对企业财务活动的某些特性、趋势、水平的预测分析，通过与中、长期预测相结合，为中、长期财务决策和总体规划服务。后者（定量前景预测分析）是对企业财务活动的未来规模、增减数量的预测。由于财务活动的阶段性、财务要素的计量性和财务决策、预算的定量化要求，企业必须进行定量前景预测分析，提供具体的数据资料。定量前景预测分析一般与短期预测相结合，为短期财务决策和日常经营管理服务。定性前景预测分析和定量前景预测分析相互依存。

延伸阅读资料

定性预测分析和定量预测分析相互依存

（2）按预测分析对象的不同，前景预测分析可分为投资预测分析、成本预测分析、销售收入预测分析、利润预测分析和财务状况综合预测分析等。其一，投资预测分析，主要是预测分析企业的投资环境、投资项目的投资额、现金流量及风险条件下的投资收益；其二，成本预测分析，主要是预测功能与成本的最优结合方案、企业的目标成本及各相关因素对变动成本的影响等；其三，销售收入预测分析，主要是预测企业新老产品的销售数量和销售收入、企业的定价策略和价格水平，以及产品售价的变动趋势；其四，利润预测分析，主要是预测分析企业的目标利润、企业利润水平的变动趋势、利润分配的结果及其对有关各方经济利益的影响；其五，财务状况综合预测分析，主要是在预计资产负债表和预计利润表的基础上，预测企业的偿债能力、营运能力和盈利能力，分析各项有关指标，预测分析企业营运资金的需要量和期末的实有额，预测分析企业货币资金的收支情况及筹资和投资的可能性，提出平衡资金的对策。

（3）按前景预测分析时间的长短，前景预测分析可分为短期前景预测分析、中期前景预测分析和长期前景预测分析。第一，短期前景预测分析，一般是指预测期在一年以内的前景预测分析。短期前景预测分析有年度、季度、月度之分。其中，年度前景预测分析是重点，主要为年度财务决策和财务预算服务。由于短期前景预测分析有直接指导现实财务活动的作用，所以要讲求实效性，注意定量化，提升预测分析结果的准确性，减小预测分析误差。第二，中期前景预测分析，一般是指预测期为一年至五年的前景预测分析。开展中期前景预测分析，应与长期前景预测分析和短期前景预测分析相衔接，为前者提供补充，为后者提供指导。中期前景预测分析中不确定因素比较多，包括社会需求量的变化、物质资源和生产条件的变化等，因此，进行中期前景预测分析时我们要有比较完善的前景预测分析方法，有时还要采用多种预测方法。第三，长期前景预测分析，一般是指预测期在五年以上的前景预测分析，常用预测期为五年和十年。进行长期前景预测分析要以国家制定的社会经济发展战略规划和五年计划为指导，并尽可能在时期上一致。由于预测期很长，许多不确定因素一时难以预料，预测结果很难十分精确，所以适宜进行定性预测，主要确定未来财务活动的特性、趋势和水平，不宜过分强调具体数量。进行初步的长期前景预测分析之后，我们还需要根据新的信息资料进行补充、修改和完善。

（4）按前景预测分析的动静态势，前景预测分析可分为动态前景预测分析和静态前景预测分析。所谓动态前景预测分析，是指利用前后若干时期的时间序列资料进行的前景预测分析。这里所讲的动态是指根据各个不同时期的有关因素，预测其后续时期变动的结果，而不是利用同一时期变动结果的有关因素得出另一预测值。进行动态前景预测分析，要注意有关因素的可比性，保持预测值的连续性。而静态前景预测分析，则是指利用同一时期有关因素的相互关系资料进行的前景预测分析。这里所讲的静态是相对而言的，它与动态前景预测分析的区别主要在于，它根据同一时期相关因素资料获得预测值，而不直接利用其他不同时期的资料。

（5）按前景预测分析值的多少，前景预测分析可分为单项前景预测分析和多项前景预测分析。单项前景预测分析，是指为取得财务活动的某一预测值，或者为取得以某一项预测值为主的若干预测值而进行的预测。当然，单项前景预测分析并不代表涉及的因素单一，其预测结果也可能是多种因素综合作用的结果。单项前景预测分析经常用于长期前景预测分析、定性前景预测分析。其特点是预测值单一，预测过程比较简单，预测结果比较明晰，在就某些重大经济行为进行决策时经常用到。多项前景预测分析，是指为取得财务活动的一组预测值而进行的预测。多项前景预测分析往往用于短期前景预测分析、定量前景预测分析。其特点是预测值较多，预测结果较为复杂，一组预测值之间往往有互补关系或因果关系。

（二）前景预测分析的内容

企业前景预测分析主要包括财务报表预测和财务预警分析两部分内容。其中，财务报表预测，主要包括利润表预测、资产负债表预测、现金流量表预测。

利润表预测通常是进行全面预测的起点，是对企业未来年份经营成果的估计。利润表预测值，是通过对收入项目和费用项目进行预测而得到的。其中，收入项目预测即分析人员从营销经理处得到销售预测的资料，并把它作为基本变量来预测商品的成本、费用等项目。在进行销售预测时，分析人员应注意评估企业的战略地位，考虑行业特点及企业的竞争优势，这样有助于评价企业的增长能力，提升销售预测的准确性。进行费用项目预测时，要注意不同的费用有不同的驱动因素，所以对费用预测应采用适当的方法，分项预测。

资产负债表预测是对企业未来年份的资产、负债和所有者权益的预测。因为不同的资产负债表项目有不同的驱动因素，所以对资产负债表的预测通常是对表中各项目的预测。资产中的营运资金项目和固定资产项目在资产周转率不变的情况下将随销售的增加而增加，负债中的应付账款项目及所有者权益中的保留盈余项目也会随销售的增加而增加。这些项目可采用销售百分比来预测，与销售不直接相关的项目则通过其他方法来预测。资产负债表预测可以反映企业未来资产的占用情况、融通资金和权益的变化情况，有助于分析人员分析企业的变现能力、偿债能力及财务状况的发展趋势。

现金流量表预测是进行企业价值评估的关键，它的预测依赖于利润表和资产负债表的预测。分析人员可通过对预测的利润表中的净利润进行非现金项目的调整得出经营活动的现金流量水平，再根据企业未来的资本支出计划和财务计划确定投资活动和筹资活动的现金流量水平。现金流量表预测提供企业未来的现金和现金等价物流入和流出的信息，它可以使分析人员了解和评价企业未来获取现金和现金等价物的能力。

三、前景预测分析的步骤

每个预测都有最初的基准尺度或者出发点。在分析人员完成战略分析、会计分析和具体的财务分析之后，作为结果的预测值可能与初始的出发点大相径庭。不过，设定出发点的目的仅仅是使具体的分析有一个基点，有助于我们了解某些关键财务数据的变化。

📖【小看板】

通常，前景预测分析以上一年的业绩作为基准，或以根据近几年业绩趋势进行适当调整后的业绩作为预测的基准，有时也以前几年的平均业绩作为预测的基准。

预测关键会计数据合理的出发点可以以销售行为、收益行为、投资收益行为和利润率行为的事实为根据，这些事实对验证整个预测的合理性可能也有帮助。企业前景预测分析主要有以下四个步骤。

（一）确定预测目标

确定预测目标是做好前景预测分析的首要前提，它是制定预测工作计划、确定资料来源、选择预测方法和组织预测人力的重要依据。只有目标明确了，才能顺利地开展预测工作，做到有的放矢。例如，分析人员以企业的成本作为预测目标，目标确定后，才能开始组织与目标成本预测有关的各种工作，取得成本的有关资料和分析影响成本变化的各种因素，最终完成成本预测的任务。

（二）搜集整理资料

预测目标确定后，就应着手搜集相关资料。搜集的资料是否真实、可信和全面，对预测的准确性起着决定性的作用。前景预测分析所需要的信息资料，既包括纵向资料，如连续多年的营业收入指标，也包括某一时期对同一预测对象有影响的各种因素的横向资料，如价格竞争和成本变化对销售收入的影响。在搜集资料的过程中，分析人员应注意整理分析、鉴别真伪，这样才能保证预测工作的顺利进行和预测结果的准确性。

（三）选择预测方法

前景预测分析的方法有很多，每种预测方法都有其特定的用途。采用的预测方法不同，其预测结果也会不一致。所以，我们应根据预测目标、内容和所掌握的资料，选择恰当的预测方法，有时还可以把几种预测方法结合起来运用。对于那些因缺乏定量资料无法展开定量分析的预测目标，则应结合以往的经验加以预测分析。

（四）综合预测分析

前景预测分析的方法选定后，我们就可以根据所整理的数据资料进行综合预测分析。综合预测分析，是以企业的内外环境分析、会计分析和财务分析为基础，对企业的利润表、资产负债表和现金流量表展开的全面预测，预测结果可以用图表或文字形式来表达。

四、企业前景预测分析

企业进行前景预测分析应当采用定性与定量相结合的办法。我们对企业前景的定性预测分析，应当主要从未来宏观环境、行业景气度、企业战略、未来收益与现金流量趋势四个方面来把握。

第一，未来宏观环境分析。基于当前的发展情况，我们应对未来一段时期内对企业盈利十分重要的经营环境因素，包括国内外经济、金融形势，经济周期的阶段性判断，宏观调控政策的变化等进行概要分析。对于可预见将来存在重大正面或负面宏观影响因素的企业，即使目前运营较差或良好，也可能只是暂时的现象。在宏观环境因素的影响下，企业的盈利趋势可能会向反方向发展。

第二，行业景气度分析。行业景气度分析，主要是对国家产业政策调整、行业发展规划、行业周期、行业市场结构、区域产业政策、行业成长性等进行判断。若一个行业的发展潜力和发展态势良好，企业相对更容易取得成功，也就更容易取得不断增长的销售、利润和资产规模，从而加速发展或稳步扩张。相反，夕阳行业中的企业，除非是行业内的龙头企业，否则其盈利能力可能无法保证债务偿还。

第三，企业战略分析。企业战略分析要结合企业发展战略、竞争优劣势、价值驱动因素和企业内在资源的分析，形成对企业销售规模、毛利率、成本费用结构、盈利长期趋势等的基本判断。同时，将企业当前的销售收入、成本、利润、资产规模等与行业平均水平或主要竞争对手相比较，了解其行业地位的变化，及其未来市场份额的可能变化，对企业的未来发展做出一个比较乐观或悲观的预期定位。

第四，未来收益与现金流量趋势分析。在对上述三个方面进行预测分析的基础上，我们可进一步形成对企业在产业链上控制力的基本判断，依据企业产供销的形势，参照当前企业的收益和现金流量水平，形成企业未来收益的大小和稳定性以及未来现金流量的基本预计，从而对其作为偿还企业已有短期和长期债务的基础是否安全稳定做出定性判断，并对企业的再融资或额外举债的潜力或支撑能力、企业整体财务状况、盈利能力、发展能力等做出大体的判断。

五、企业前景的定量预测分析

企业前景的定量预测分析，是在上述财务基本预测分析方法的基础上，重点关注企业利润、资产负债、现金流量的预测要点，最后考虑企业前景预测分析中的情景分析问题与敏感性分析问题的一种预测分析方法。

（一）定量预测分析的基本方法

定量预测分析的基本方法，主要有销售百分比法、平滑指数法、线性回归分析法、固定比例计算法、财务预算法和计算机预测法等。考虑到读者对销售百分比法、平滑指数法、线性回归分析法、固定比例计算法等有关内容已经有了了解，本书只介绍财务预算法和计算机预测法。

1. 财务预算法

财务预算法，是指运用编制财务预算的技术手段来预测未来财务报表数值的方法。财务预算是对企业未来现金流量的详尽描述，是企业全面预算的一部分，它与其他预算是联系在一起的。通过财务预算，我们可以确定企业在一定时期内的现金需求数量及筹措方式，为合理管理现金和调度资本、保证资本的正常流转提供参考依据。财务预算法具体的操作程序如下。

（1）分析经营环境。财务预算法要求分析人员在进行财务报表预测之前，首先应对企业所处的内外环境做出认真的、综合的研究与分析。通过环境分析，结合企业的生产能力拟订企业的预算总方案。

（2）拟订预算总方案。预算总方案是指企业未来的经营方针、各项政策及企业的总目标和分目标。例如，为销售部门制定的销售目标，具体包括预算期产品的销售数量、销售价格、销售费用、销售地区、销售战略和战术等。拟订预算总方案可使企业各部门编制预算有依据和标准。

（3）编制具体预算。编制具体预算即组织各部门按照具体的目标要求，编制本部门的预算草案，包括销售预算、生产预算等。

① 销售预算是整个预算编制的起点，其他预算的编制都要以销售预算作为起点。销售预算的主要内容有销量、单价和销售额。销量是根据市场预测或销货合同并结合企业生产能力确定的，单价是通过价格决策确定的，销售额是两者的乘积，在销售预算中计算得出。

② 生产预算是在销售预算的基础上编制的，其主要内容有销售量、期初和期末存货、生产量等。一般而言，企业的生产和销售并不同步。因此，需要设置一定的存货以保证生产经营的正常进行。存货数量通常是按下期销售量的一定百分比确定的。

③ 直接材料预算，是以生产预算和原材料存货水平为基础编制的，其主要内容有直接材料的单位产品用量、生产需用量、期初和期末存量等。预计生产量来自生产预算，单位产品材料用量来自

标准成本资料或消耗定额资料，生产需用量是上述两项的乘积。期初和期末的材料存量是根据当前情况和长期销售预测估计的。各季度期末材料存量根据下季度生产量的一定百分比确定。各季度期初材料存量是上季度的期末材料存量。预计各季度采购量=（生产需用量+期末存量）−期初存量。

④ 直接人工预算也是以生产预算为基础编制的。其主要内容有预计生产量、单位产品人工工时、人工总工时、每小时人工成本和人工总成本。预计生产量来自生产预算。单位产品人工工时和每小时人工成本数据来自标准成本材料。人工总工时和人工总成本是在直接人工预算中计算出来的。由于人工工资都需要用现金支付，不需另外预计现金支出，所以可直接参加现金预算。

⑤ 制造费用预算通常分为变动制造费用预算和固定制造费用预算两部分。变动制造费用预算以生产预算为基础编制。如果有完善的标准成本资料，用单位产品的标准成本与产量相乘，即可得到相应的预算金额；如果没有标准成本资料，就需要逐项预计计划产量需要的各项制造费用。固定制造费用，需要逐项进行预计，通常与本期产量无关，而按每季度实际需要的支付额预计。

⑥ 产品成本预算是生产预算、直接材料预算、直接人工预算、制造费用预算的汇总。其主要内容是产品的单位成本和总成本。单位产品成本的有关数据，来自直接材料预算、直接人工预算和制造费用预算。生产量、期末存货量来自生产预算，销售量来自销售预算。

⑦ 销售费用预算是指为了实现销售预算所需支付的费用预算。它以销售预算为基础，分析销售额、营业利润和销售费用的关系，力求实现销售费用的有效使用。在编制销售费用预算时，要对过去的销售费用进行分析，考察过去销售费用支出的必要性和效果。销售费用预算应该和销售预算相配合。

⑧ 管理费用预算，在编制时要分析企业的业务成绩和一般经济状况，充分考察每种费用是否必要，提高费用效率。管理费用多属于固定成本，所以一般以过去实际开支为基础，按预算期的可预见变化来调整。

⑨ 现金预算包括现金流入预算和现金流出预算。现金流入主要是销售取得的现金收入。现金流出包括预算期的各项现金支出，如直接材料、直接人工、制造费用、销售及管理费用，有关数据来自各相关预算，此外，还包括所得税费用、购置设备、股利分配等现金支出，有关数据来自另外编制的专门预算。预算现金净流量是预算期现金流入与预算期现金流出的差额。现金净流量为正数，说明收大于支，经营现金有多余；现金净流量为负数，说明收小于支，经营现金不足。

（4）编制预测财务报表。在上述经营预算的基础上，编制预算期的利润表、资产负债表和现金流量表。

2. 计算机预测法

使用计算机进行财务预测，可以随时更新数据，快速生成预计的财务报表，从而支持财务决策。企业使用计算机进行财务预测，要注意根据本企业经营活动的特点，选择适当的软件模型。例如，企业的经济业务比较简单，可选择简单的电子表软件，如 Excel 电子表格。电子表软件的预测与手工操作差别很小，但当预测期较长或临时改变某一变量时，计算机就要比手工快得多。比较复杂的业务可以采用交互财务预测模型，它比电子表软件的功能更强大，可以通过人机对话进行反向操作。例如，通过该模型可以根据设定的目标利润预测应实现的销售量，反过来可根据既定的销售量预测可以达到的利润。最复杂的预测方法是使用综合数据库财务计划系统，使用该系统需建立企业的历史资料库和模型库，然后选择适当的模型预测各项财务数据。

（二）利润表预测

利润是企业综合的财务经济效益指标，是企业在一定时期内总收入抵减总支出的净额。企业的经营活动在某种意义上都是围绕实现最大利润而展开的，因此利润表的预测是企业财务预测分析的关键，是进行全面预测的起点。

利润表预测是指通过对利润表内各项目的未来发生额进行预计测算，估算企业未来某一会计期间收入、成本费用、利润等项目的金额的过程。开展利润表预测依据的数据资料，主要有销售预测、成本预测、费用预测、税收政策及收入与费用的历史资料等。进行利润表预测的方法主要有销售百分比法、财务预算法和计算机预测法。

（三）资产负债表预测

资产负债表是反映企业在某一特定日期资产、负债、所有者权益及其相互关系的报表。资产负债表向人们揭示了企业拥有或控制的，能用货币表现的经济资源（资产）的总规模及具体的分布形态。但是分析人员仅了解某一时点的资产负债表是不够的，其不仅要把握企业财务状况的发展趋势，还要对资产负债表进行预测分析。

资产负债表预测通过对资产负债表内各项目的未来发生额进行预计测算，估算资产、负债、所有者权益项目在未来某一会计时点的金额。进行资产负债表预测所需的资料主要有业务预算、投资计划、筹资计划、预测利润表、股利分配政策等。预测方法主要采用销售百分比法、财务预算法和线性回归法。

（四）现金流量表预测

现金流量表预测是指通过对现金流量表内各项目发生额的预计测算，估算未来某一期间经营活动、投资活动、筹资活动产生现金净流量的状况和金额。财务分析的核心目的之一是判断未来期间企业是否有足够的现金流量用于偿还债务和企业发展，而进行现金流量表预测能够达到此目的。我们这里讨论现金流量表预测主要将重点放在关注现金来源的可靠性、现金流量预测的框架模型、现金流量预测的起点和假设等方面。

1. 关注现金来源的可靠性

众所周知，企业的现金来源有多种，这从现金流量表及其附表中可以清晰地看出，包括销售、税费减少、销售成本与费用的减少、资产使用效率的提高、应付款项的延付、投资回收及投资收益、固定资产处置、吸收股本投资、取得借款等。虽然上述任何来源的现金都可用于投资或经营项目和偿还债务等，但并非所有现金来源都是百分百可靠的。我们必须注意企业现金来源应具备四个方面的特征。一是可预测性。企业不能指望那些或有现金来源用于偿还债务或投入生产等，任何需要现金支持的企业管理决策必须基于对现金来源的可靠预期，那些未来取得的可能性不大的现金来源是不能完全作为支持企业管理决策的现金来源的。也就是说，在投资项目计算期、项目运营管理期以及债务偿还期内，可动用的现金应在时间和金额上都必须是能够合理预测的。二是可持续性。现金流量应具有可持续性，一次性的现金流量，尽管从其他方面看有其价值，但若作为偿还债务的来源或持续经营项目的来源，其质量远不如那些持续或反复发生的现金流量的质量。例如，从银行信贷的角度看，银行不能指望那些不能反复生成的现金来还贷，任何信贷决策必须基于偿还贷款的现金的可持续性。三是安全边际。不同的现金来源对项目经营和投资的安全性具有不同的边际保护影响，那些能够提高对企业项目运作保护的现金流量的质量，比那些侵蚀保护边际的现金流量质量更高，因为前者有助于降低企业风险。四是管理水平。不同来源的现金可以反映企业不同的管理水平。那些由良好的企业治理机制和内部管理产生的现金流量质量更高，因为其证明了企业创造价值和利润的管理能力。

用于企业还款的唯一可靠的、可持续的、有边际保护作用并反映良好的管理能力的潜在未来现金来源，就是销售收入。当然企业要维持经营并创造销售收入，必须支付相应的成本费用，而且成本费用控制越有效，利润就越高。因此，在评估和预测企业的综合财务能力时，来自核心利润的现金流量是企业唯一可靠的现金流量。

2. 现金流量预测的框架模型

企业即使创造了营业利润和相应的现金流，也并不都能够用于还贷。因为企业为创造这些利润还将发生现金支付需求，如支持销售增长的额外营运资金和固定资产投资，以及既有债务的清偿和支付，甚至必要的股利支付等。只有对企业的预期现金流收入和支出加以比较，我们才能估计企业是否有以及有多少现金可用于新增项目或偿还新增债务。估算新增项目或偿还新增债务的现金流量预测框架模型结构如图 8-1 所示。

```
净利润
+/-    非经常性损益项目，将净利润调整成为正常化的营业净利润
+      折旧与摊销费用
-      营运资金的增加
-      资本性支出
-      股利
-      当期应支付的现有长期债务
=      可用于新增项目或偿还新增债务的现金流量
```

图 8-1   估算新增项目或偿还新增债务的现金流量预测框架模型结构

从图 8-1 中可知，第一，将企业账面上的历史净利润调整为正常化的营业净利润。我们应将任何非经常性发生的或非重复发生的收入或费用对企业净利润的影响都排除，以显示企业在正常状态下实现的净利润水平，从而预测未来的现金流量。具体的做法是在净利润基础上，减去非经常性收益，而加回非经常性成本，从而得出正常化营业净利润，也就是扣除非经常性损益后的净利润。第二，加回折旧与摊销费用，目的是把净利润调整到接近企业所收到的现金值。第三，在预测中，通常我们并不把短期债务的偿付义务纳入对现金的即时需求之中，因为我们预期短期债务会随时去除。所以在上述模型中，短期债务既不作为现金来源，也不作为现金使用。第四，在现有的长期债务中，除了银行的长期借款外，还可能有对租赁公司的融资租赁租金。特别要注意，部分企业以经营租赁方式开展的实质为融资租赁的业务，实质上也构成企业的长期债务。第五，模型所显示的可用于新增项目或清偿新增长期债务的现金流量水平，都是企业在正常经营情况下的现金流量。这些正常现金流量不仅要清偿新增债务，还要用来满足营运资金的增长、资本性支出和股利支付的需求，这些支出都是在持续意义上增长、竞争和取得成功所必需的。因此，也只有在这些支出的需求得到满足的情况下，上述模型才可以估算用来偿还新增债务的现金流量。

3. 现金流量预测的起点和假设

预计未来期间的某一项目（如销售收入等）的特定数额将成为怎样一种状态，必须依据一个初始的判断基准。一般认为存在三个起点，即最近一年的财务数据、考虑近期趋势进行调整后的最近一年的财务数据、过去几年的平均财务数据等。显然，企业现金流量预测的起点是基于企业的历史财务数据的。如果我们对企业的未来缺少具体信息，我们就只能假设企业的销售和收益维持在现有水平，再根据最近几年的总体发展趋势对数据进行适当调整。但通常分析人员对企业的未来并非一无所知，特别在完成对企业的战略分析、会计调整和指标分析之后，对企业的未来已有所感知。所以，调整后的财务数据相比单纯用最近一年或最近几年的平均数据更适合做预测的起点。

由于设定起点是为了支撑具体的预测分析，我们还有必要对某些关键财务数据在所有企业中的通常表现进行适当了解，即了解各种财务数据一般是如何变化的以及究竟是什么因素导致其偏离了平均水平，这样做可以避免预测从起点就开始跑偏。

延伸阅读资料

现金流量预测中最重要的假设条件

（五）情景分析和敏感性分析

与企业现金流量预测相伴随的技术要求还包括两个关键要素：一是要对企业的未来现金流量预测一个合理的可能范围，该范围将由不同的情景来表达；二是要检验企业的未来现金流量相对关键变量的敏感性。这两项要求，通过情景分析和敏感性分析来进行。

由于未来是不确定的，预测模型对未来现金流量的预测是建立在一系列假设基础上的。而这些假设在预测期内无论如何谨慎或合理给出，也未必符合未来的实际状况。因此，人们不可能确切地

对未来可能影响企业的经济和商业因素加以预测，但情景分析和敏感性分析能够为财务分析人员提供一个可能较好的分析框架，用以评价企业在未来各种可能条件下的现金收付能力。

1. 情景分析

情景分析通过考虑各种可能发生的结果及影响，帮助决策者做出更明智的选择。对财务分析人员而言，情景分析的意义不在于准确地预测现金流量的未来状态，而是对在不同的趋势条件下可能出现的不同现金流量状态进行考察、分析和比较，从而对企业的获现能力、偿债能力做出更科学的预测，并对可能出现的最坏情景做出提前应对。

在对企业可用于偿还新增债务的现金流量进行预测时，我们应围绕影响未来现金流量的关键要素，如销售收入、利润率、资产使用效率等，制定合理的假设条件范围，并生成不同的结果。多数情况下，有必要制定三种不同的情景。第一种，基础情景，即最有可能出现的情景。对财务分析人员而言，基础情景的假设应是偏听偏信的审慎估计。第二种，最坏情景，即关键影响因素导致出现最坏结果时的情景。需要注意的是，所谓的最坏，相关假设也应当是现实的，是财务分析人员认为在正常经营和商业环境下可能发生的最坏情形。这与人们熟悉的压力测试是不同的，因为压力测试是在极不可能发生的事件发生时，评估小概率事件对企业可能产生的影响。第三种，最好情景，即关键影响因素在现实中的、最好的假设条件成为事实时的情形。对财务分析人员而言，需要注意的是，最好情景下的现金流量不一定是最充沛的现金流量。有些情况下，企业的销售增长率很高，反而会消耗企业的经营现金流量，可能导致用于清偿长期债务的现金流量减少。

📖【小看板】

在实际工作中，从最坏到基础，再到最好，不同情景的假设范围虽然没有现成的标准，并且对它的确定需要财务分析人员的知识和经验的艺术构造，但可参考的一个原则是借鉴会计上对或有事项发生可能性的说明。

2. 敏感性分析

与情景分析的多因素变化同时检验不同，敏感性分析是一种单因素分析，也就是对单一假设条件的变化所产生的影响进行的分析。其意义在于从众多不确定性因素中找出对企业未来现金流量有重要影响的敏感性因素，并分析、测算其对企业偿债能力、获现能力的影响程度，进而判断企业可承受的财务风险能力。具体来看，财务分析人员进行敏感性分析可达到以下三个目的。一是确定某一假设条件发生变化，会对企业现金流量产生多大影响，从而找出最为关键的假设条件，该条件背后的支持要素代表了更大的风险来源。二是弄清楚某一假设条件发生多大程度的变化时，才会使得企业有足够的现金流量来满足投资项目所需或拟新增债务的还款义务。三是针对特定的、小概率事件对企业还款能力等的影响做压力测试。

思考题

1. 财务分析视角的风险分析包含哪些内容？
2. 财务危机与财务预警之间是什么关系？
3. 财务预警分析的目的是什么？
4. 财务预警分析的内容有哪些？
5. 前景预测分析的步骤有哪些？
6. 什么是情景分析？

延伸阅读资料

本章拓展小案例

财务大数据分析综述 | 第九章

【教学目标】

通过本章的学习，学生可以了解大数据背景下的财务分析，了解财务决策面临的智能化挑战、智能化时代柔性财务决策的含义、智能化财务决策团队的构建；熟悉传统财务分析可能面临的困境，了解财务分析大数据时代的发展趋势；理解智能化时代财务决策的新思维、智能化财务决策相关的概念和智能化财务决策的发展方向。

【引例】

2017年5月，作为国际四大会计事务所之一的德勤推出了财务机器人——小勤人，标志着会计工作已逐渐进入了人工智能时代。"小勤人"可以帮助企业共享财务中心在节省人力和时间的情况下更高效地完成任务，例如某餐饮集团，以前200家门店的盘点数据必须在每个月的1号完成录入、过账和差异分摊，最快的成本会计完成一家门店操作也需要40分钟，但自从引入"小勤人"之后，5分钟就可以完成一家门店的转账，15分钟后被标识这家门店已完成盘点，并在工作日结束时会发出邮件告知任务结束，附件包含所有生成的凭证，这一举措大大节省了餐饮集团财务共享中心的人力和时间。通过实施"小勤人"自动化，缩短了财务处理周期，实现了门店的统一管理，提高了整体财务服务水平。

资料来源：根据对德勤财务机器人报道的相关信息资料编写。

第一节 大数据时代对财务分析的冲击

通过前面传统财务分析方法的系统学习，读者可初步掌握财务分析的基本知识。然而，现有的财务比率分析方法在很大程度上，仅能对企业的表内信息进行粗略分析，而无法获取企业表外信息的具体内容，更无法综合分析企业战略层面的信息，不能解决审视和评价企业管理的问题，因而很难在管理者做特定决策时提供有用的信息。目前随着大数据时代的来临，财务分析应用已经不再局限于财务报表分析，更高的管理要求也使得财务分析范围在不断扩大，逐步由传统财务分析向经营分析转型。伴随着这种发展趋势，专业从事财务分析的管理会计这个新岗位，也越来越多地出现在企业组织架构中。

一、传统财务分析方法的不足

现有的财务比率分析方法在很大程度上不能解决审视和评价企业管理的问题，因而很难在管理者做特定决策时提供有用的信息。要解决这个问题，就要求分析者从更高维度去审视企业的财务状况，从企业战略、经营资产管理与竞争力、效益和质量、企业价值、成本决定机制、财务状况质量、风险、前景等多个方面综合分析，这进一步要求财务人员全面掌握企业的财务大数据，并将财务大数据转化成决策有用的信息。

（一）对财务分析的重视程度不够

经济组织财务分析结果的提供者和使用者均没有足够重视财务分析。组织内的财务分析结果提供者通常是财务人员，财务人员往往认为财务分析是额外工作，重视程度不足；组织外的财务分析结果提供者对组织的熟悉程度又不够深，多种因素导致财务分析质量不尽如人意，或者对使用者需求针对性不强。组织的决策者通常不重视财务分析中对经营管理状况的描述，并未将其作为发展战略制定的决策依据，进而形成财务分析不受重视的恶性循环局面。

（二）财务分析依据的信息有缺陷

及时准确的海量基础业务数据决定了财务分析的质量，但传统财务分析主要依据按会计准则进行加工处理的财务数据而衍生的财务指标，没有结合政策、行业及业务数据、内部管理等重要信息，指标计算的技术手段和自动化程度均处于较低水平，不仅耗时，而且容易失真，无法从根本上保证财务分析报告的时效性和准确性，难以满足高质量财务分析支撑企业战略决策的要求。

（三）财务分析的技术手段需要改进

传统财务分析主要依赖办公自动化软件，手段相对落后，难以支撑时效性强的高质量财务分析要求。以按会计准则要求生成的财务数据为基础，叠加财务核算人员的主观思维后产生的财务指标相对于业务数据不可避免地产生失真现象，而传统财务分析的技术手段又无法实现以企业经济业务数据为基础，按企业经营管理需求进行财务分析，大数据、人工智能等新技术手段将是未来财务分析的必备工具。

（四）财务分析的辅助决策效果欠缺

传统财务分析主要以财务人员按会计准则规范核算产生的财务数据和报表数据为主要分析对象，旨在通过对财务指标进行深入分析找出问题根源，并提出决策建议。由于财务数据源于业务数据，而传统财务分析没有将财务数据与业务数据建立关联，即有效的业财融合，所以无法找出问题产生的根源，也就无法从业务视角分析财务指标失衡的内在因素，最终导致辅助决策作用不明显。

二、大数据时代背景下的财务分析

大数据时代的到来，对财务信息的数据量需求呈指数级增长，传统的手工会计方式已经无法满足现阶段财务分析工作的需要，这对从事财务分析工作的财务人员提出了更高的要求。作为企业的财务人员，分析大数据对财务工作的影响，必须与时俱进、应对挑战。本部分以大数据为时代背景，对财务分析工作所面临的挑战和机遇进行深入分析，并对其发展的前景进行展望。

（一）数据信息的采集和整理成本高

大数据时代，信息来源很广泛，搜集的途径也很多，对于各项信息的采集、分类、整理、提取将会占用企业一定的精力，因此，在应用初期必然会产生一定的成本。根据资料分析可见，受调查者普遍认为大型企业对大数据的应用最广泛，因为对种类繁多的数据信息的处理需要相当高的筛选成本，信息数据量越大，信息种类越繁杂，筛选的成本就越高。相比之下，让中小型企业来承担这些成本就会显得困难。另外，信息如果不经过筛选就应用，可能会造成严重的失误，建立信息价值甄别机制是关键，虽然信息的甄别会增加企业的成本，但从长远角度看，会发挥信息的价值，在一定程度上降低企业的财务风险，帮助企业把握商机。

（二）数据信息的安全性存在隐患

大数据时代，企业对信息数据需求数量的增加，使得信息的安全问题堪忧。大数据依托互联网，这势必对数据信息的安全性造成了威胁，使得信息管理的难度逐渐增加。另一个角度，企业之间的关系还是以竞争为主，所以如果财务分析获取的数据来源处于安全系数低的状态，那么极有可能引发企业商业机密泄露，或者数据被篡改等恶意竞争行为的发生，因信息失误造成的损失，程度严重的会直接导致企业破产。因此，大数据时代财务分析数据的安全性防护措施的建立和加强迫在眉睫。

（三）财务数据与信息技术融合的人才严重缺乏

大数据时代的财务分析工作是借助大数据信息系统得以完成的，由于大数据知识具有复杂性，财务人员从海量的数据资源中搜集并筛选与自己的分析对象和分析目的相关性较强的资料信息，需要具备原始数据采集能力、原始数据分析能力、原始数据清洗能力、数据挖掘建模分析能力等，只有这样才能有效利用大数据为企业服务，从繁杂的信息中找到适合高层管理者做出决策的数据。随着信息数据处理难度的增加，对高端技术人才的需求也就更大。现阶段，因为企业从事大数据分析的财务人员专业融合能力不强，所以财务数据的分析质量不高。

（四）财务分析的未来趋势

随着信息技术的发展及应用的深入，大数据、人工智能等新技术为财务分析的发展提供了必要的基础条件，财务分析在新技术的推动下，在分析依据、方法手段和作用等方面都呈现出新的发展趋势。大数据也就是巨量数据集合，通俗地说就是将所有数据都汇集在一起，用新处理方式进行信息整合，给管理者一份更具有决策力、更多样化、更容易被接受的信息资产。对于管理者或者决策者来说，信息的整合是至关重要的。

趋势一是**业财一体化**。以往财务核算是在经济活动发生后，以货币化度量的方式记录经济活动，有明显的滞后性。如上市公司的财务报表通常要到次年 4 月才开始公布，无法及时反映该企业当下的真实运营情况，但现实中业务和财务是同步发生的，而大数据技术可以通过实时财务报表从根本上解决财务分析滞后的问题，变静态分析为动态分析。这就要求我们在做财务分析前，要分析该企业的经济业务，如判断上市公司是否安全、财务指标是否安全、经营状况是否安全，还要关注该企业的战略、行业、产品或服务是否符合行业发展趋势。企业真正的风险通常不是财务风险，而是其他风险导致产生财务问题。

趋势二是**财务分析大数据化**。传统财务分析是以企业经济活动按现行会计准则进行加工处理产生的财务数据或财务报表数据为基础进行的。而在大数据时代，通过大数据技术和互联网，我们可以整合经济组织内外环境的大数据进行系统全面的财务分析，财务分析的数据不仅包括企业自有数据，还包括国内国际经济环境、行业政策以及同行的经济数据信息。财务分析数据的真实有效是确保财务分析结果真实有效的基础，包括行业数据的大数据从某种意义上可以验证企业数据的真实性，检验企业将业务数据加工成财务数据的过程中是否出现错误，揭露企业的舞弊造假行为。同时还可以将企业的财务分析结果进行横向对比，这样，财务分析才有可能对经济组织进行系统全面的分析，形成适合利益相关者需要的财务分析结果。

趋势三是**财务分析智能化**。实现智能化之后，各种指标、与同行业企业的差距、与竞争对手的差距等标准化的重复指标计算，都会交由智能化软件完成，财务人员只需有效解读各种数据分析的结果。财务人员应想方设法提高企业内外部大数据的利用率，让大数据为企业风险防控和实施战略目标做出贡献。针对会计信息使用者的不同需求和财务分析的优势，制定动态的、个性化的财务分析模型，提升会计信息的及时性，从而使管理决策更为有效。在数字化时代，财务分析应该站在新时代的角度看发展，只有业务与财务一体化，大数据分析与智能化分析连在一起，财务分析才可能有广阔的发展前景。财务分析智能化有利于丰富会计的管理职能、有利于优化会计资源配置，但也对财务人员提出了更高的职业要求。

趋势四是**财务分析可视化**。数据可视化作为大数据技术在财务分析中应用的重要手段，对信息使用者具有重要意义。数据可视化是关于数据视觉表现形式的科学技术研究。通俗来讲，就是将庞大的数据转化为简单易懂的图表，令使用者更加方便地使用，减少在大脑中的数据转换，减轻数据使用者的负担令即使看不懂报表的人，看到可视化图形也可能略懂一二。数据可视化不局限于折线图、条形图等，为了更加直观清晰地表达数据，还会有雷达图、气泡图、漏斗图等，只要可以将数据完整地表达出来，图形的形状并不重要。甚至还会有多维空间的数据可视化模型，为的就是将庞大的数据简单化。数据可视化可以基本分为三类表现形式：科学可视化、信息可视化、数据可视化分析。不同的行业、岗位可以用不同的表现形式，如科学可视化比较适用于建筑业类需要几何结构数据的行业，信息可视化适用于财务岗位的数据分析，其他类型可以尝试数据可视化分析，没有特定的界限，可以将抽象的数据形象化、具体化就是数据可视化的目标。

（五）大数据时代财务分析工作面临的机遇

1. 企业财务预测能力显著提高

大数据的应用会使企业的财务预测能力显著提高，因为将财务数据与非财务数据同时分析，结构化数据与非结构化数据同时处理，宏观数据与微观数据并行提取，可使数据之间的关联性增强，提高财务分析的效率，增加财务分析的深度。对于财务分析人员，积极寻求非财务数据与财务数据间的联动关系，建立相关模型，有助于合理评价财务信息，制定适合企业发展的财务战略。对于营销、投资等新产品市场反应效果的判断，除可对简单的营业收入、利润增长率等数据进行统计外，还可以对网络中用户的点评、网友的转发与评价、产品关键词搜索量等非结构化数据进行统计，实现既能够及时了解新产品的市场反馈，又能对进一步的研发和改良提供参考。借助大数据技术，将微观经济数据转换成宏观预测结果，企业可以及时指导生产，把握市场走向，提高软实力。

2. 企业财务分析与决策的效率提高

传统的财务分析工作中对几个简单的财务指标或者数据模块进行分析的分析形式已经不能满足日新月异的市场环境。大数据时代，财务分析能够突破数据信息样本分析的局限，实现数据信息的总体分析，利用数据分析工具构建多种模型，提高数据分析和决策的效率。例如，企业的财务人员利用动态的大数据对企业的行业市场情况进行周密的调查和分析，以及利用财务数据的相关模型对比确定企业的生产规模、产品定位、财务管理计划等，就能够有效提高企业的财务分析与预测的效率，缩短分析周期，发挥财务分析工作者的价值。

3. 财务数据分析的实时效果显著加强

与传统财务数据分析相比，大数据不仅能够网罗所有信息，而且能够满足财务决策的实效性需求，使财务分析报告由原来的静态变为动态。依托大数据系统平台将获取的动态数据进行归类和整理，提取出产品市场或营销战略所需要的数据，可实现企业自动监控的行为，减小人为因素对财务真实性造成的影响。例如，农夫山泉引入大数据后，同等数据量的计算速度从过去的 24 小时缩短到了 0.67 秒，终端信息几乎完全掌握在企业手中，准确预测销售从而平衡生产。农夫山泉提升了企业对终端零售情况的掌握准确度，缓解了预测和实际销售的时差问题，实现了 30%～40%的年增长率，在饮用水领域的市场份额中占据第一位。

大数据对现代财务分析工作产生巨大的影响，因此财务人员要凭借大数据应用技术为企业提供决策，就面临着重新定位的问题。大数据对财会行业而言意味着机遇和挑战：会计师和财会专业人士为了迎接新的财务变革的到来，必然会积极学习和运用大数据技术，提升收集和分析信息数据的能力，将所具备的财务理论知识、实践技能在大数据建模的基础上施展出来，打开新的职业道路。

第二节

财务大数据分析

大数据技术泛指大数据处理的应用技术，涵盖大数据处理平台和指数体系等大数据应用技术。随着经济社会和信息技术的发展，几乎各行各业均已进入大数据时代，大数据技术为经济业务分析和行业健康发展提供新思维，数的分析应用已经快速渗透到国民经济发展的各个领域，有效地促进了经济社会的发展。大数据财务分析是大数据技术与财务分析的有机结合，是业财融合的具体表现，是企业防控风险和科学决策的基础，代表了财务分析的发展趋势，是大数据技术的典型应用之一。

一、大数据技术与财务分析

传统财务分析以财务核算数据和报表信息及相关资料为主要分析对象；而大数据财务分析则增加了经济环境及政策数据、企业基础信息和涵盖企业全部经营活动的业务数据，分析数据既包括结构化数据和非结构化数据，又包括静态财务数据和动态业务数据。

随着互联网、大数据、人工智能等信息技术的普及，大数据财务分析可以较低成本，更加快捷、准确、全面地获取企业经营相关内外部经济信息，不再局限于企业内部静态的财务报表及相关财务核算数据。大数据财务分析呈现出如下特征。

（1）指标分析量越来越大。企业内部静态的财务指标是财务人员依据会计准则对基础经营数据加工而成的，加工过程中不可避免地会产生数据失真现象。分析依据的数据越基础、越全面，越会产生高质量的财务分析。传统财务分析的人工处理方式，根本不可能在短时间内准确地完成海量数据的处理工作；大数据财务分析通过信息技术和人工智能对扁平化的海量数据进行优化处理，指标分析量越来越大。

（2）非财务指标比重越来越大。大数据财务分析将包括政策导向、市场变化、行业趋势等在内的外部指标，以及涵盖企业人才储备、产品研发、管理革新、市场反馈等内部指标的基础支撑范围，这些内外部非财务指标和业务指标是有力地支撑高质量财务分析的基础。在人工处理的方式下获取这些指标难度很大，而大数据、人工智能技术则提供了完美解决这一问题的有效方法，并且实现了对非量化指标的比较和分析，将非量化指标也变成财务分析的依据，这是传统财务分析根本无法想象的。

（3）业务与财务交互趋势越来越明显。传统财务分析依据的主要是静态财务数据指标，是在整理业务数据的基础上产生的，但与业务数据的交互查询几乎无法实现。大数据财务分析运用信息技术通过建模的方式，将内外部数据与企业动态和静态业务数据融合处理，直接生成高质量的财务分析结果，建立指标与动态业务数据间的交互查询关系，这种充分体现时效性和交互性的高质量财务分析结果，是企业科学决策和风险控制的重要依据，也是财务分析的发展趋势。

（4）智能化、精细化要求越来越高。大数据财务分析运用智能化的数据处理技术对海量的基础数据进行收集整理，并按照确定的逻辑进行对比、计算和分析，构建智能化的财务分析模型体系。财务分析人员把繁重的数据处理工作交给系统，充分利用人工智能技术的优势，根据不同财务分析结果，提供多视域、交互式的个性化财务分析报告。指导企业实践是财务分析的重要目的，对经济业务的指导性越强，对财务分析的精细化要求就越高。财务分析的精细化要求主要表现在两个方面：一是分析数据来源精细化，确保业务数据更准确具体，这是保证财务分析质量的基础；二是财务分析报告中指导意见的精细化，要求按业务领域、业务流程深入分析，针对性提供指导意见。

二、数据思维框架

数据思维框架（Data Awareness Framework，DAF）是在大数据时代，充分利用企业长期积累的数据来指导决策、管理、生产、经营活动的一整套体系，以真实数据为基础并且贯穿全过程，包括决策思维、人才思维、数据价值链思维、工具思维四个方面。

（1）决策思维是以对客观业务数据进行数据加工、分析、挖掘及可视化呈现为基础进行决策的思维，以数据提示企业运营的状态及规律，解决企业经营中的痛点难点问题，改善企业的管理模式。数据对管理模式改善有局部分析、整体分析和预测分析三个层次。

报表数据是从不同业务视角展示的局部数据，数据仓库商业智能汇集不同业务来源的整体数据，数据挖掘则是对现有数据进行前瞻性的预测分析。

（2）人才思维是指企业按战略发展目标需求，根据工作内容和性质确定业务型、应用型和技术型三种类型的数据人才。三类人才的主要知识结构和技能结构包括大数据思维、大数据工具、IT 通识、专业知识、沟通能力等。业务型数据人才熟悉各种经济业务流程，具有丰富的业务实践经验，能针对不同业务场景提出业务需求；应用型数据人才是业务型和技术型数据人才沟通的纽带，具有将业务需求准确地转换为技术需求的能力，并能将大数据技术处理的数据成果转换为具有实践指导作用的分析结果，指导业务实践；技术型数据人才具有根据技术需求准确实现特定功能和技术目标的数据成果能力。

（3）数据价值链思维是指根据决策数据分析结果确定具体业务发展目标的思维，主要包括提出业务需求、框定业务数据、开发数据流程以解决业务问题。

（4）工具思维是指技术型数据人才准确选择实现技术目标的大数据工具的思维。大数据工具很多，不同的工具适用人员、场景和应用成本不同，故实际工作中需根据人才技术能力、业务应用场景和平台使用资金成本确定大数据工具。

三、业财融合的数据分析思维

财务数据来源于业务数据，财务数据按既定规则可以衍生指标数据，支持企业经营决策。业务数据、财务数据和决策数据有密切的逻辑关系，业财融合的数据分析思维是进行大数据财务分析必备的数据分析思维，主要包括对比思维、细分思维、转化思维和分类思维四种类型。

对比思维主要有横向和纵向两个角度。纵向对比通常是在时间维度上进行对比，即趋势分析；横向对比是与有竞争关系的同类进行对比，即截面分析。

细分思维是把一个大的财务指标分解成更多细小的量化指标，从而更全面、准确地描述指标的构成元素。

转化思维是指业务步骤间存在的转化关系会产生指标间的转化关系。

分类思维是对依托于财务业务的数据按不同属性进行归类，从而探寻其共性与差异性。

四、可视化设计

人类大脑处理繁杂信息的能力是有限的，简明扼要的图表设计可以帮助大脑释放一部分处理噪声的空间，将更多精力集中在对决策有用的信息中去。爱德华·塔夫特（Edward Tufte）提出了数据墨水比（Data-ink Ratio），可以通俗理解成用来传达信息的核心内容占所有内容的比重。因此，设计目标应该是在合理范围内最大化数据墨水比，即突出传达信息部分，去除那些干扰的噪声。可视化设计往往没有绝对优劣，数据墨水比的把握也是根据不同的场景衡量取舍的，过于精确会浪费不必要的阅读精力，过于粗糙又可能回答不了用户的问题，要做到张弛有度、表达精准。

总之，理想的数据可视化项目对设计者提出了较高的要求，综合数据洞察力、图表设计能力和技术工具应用能力为一身。数据洞察力是可视化报告的核心，如果缺少数据洞察力，就不能很好地回答前面提出的业务需求，报告就只是份缺少商业价值的躯壳；可视化报告中，最吸引用户注意的、用来引领用户深入理解数据的是呈现在报告中的图表，图表设计的优劣直接影响用户理解速度的快慢，从而影响报告使用感；无论是数据洞察力还是图表设计能力都建立在技术工具可实现的基础上，如果缺少技术工具应用能力，再独到的业务见解、再精美的图表设计都只是空中楼阁。

第三节 财务决策智能化

在"大智移云物区（大数据、人工智能、移动互联网、云计算、物联网、区块链）"的智能化时代背景下，企业财务决策面临的环境日益复杂多变，对传统财务决策提出了新的挑战。同时，智能化时代也改变了财务决策的思维方式。这些变化推动着传统财务决策逐步转向智能财务决策。

一、智能化时代对财务决策的影响

智能化时代已经来临，并逐步进入财务人员的视野。当前，财务领域正在经历一场大数据时代下的财务变革。大数据、人工智能、移动互联网、云计算、物联网技术正在以前所未有的速度改变整个社会的商业环境，为企业的经营管理带来了数据洪流，同时为企业的财务决策提供了新的思路。企业利用大数据等技术从海量数据中挖掘出有效的信息，并进行科学的分析、预测，能有效地规避风险，做出精准的财务决策。这也让财务人员展开了对财务智能决策的深入思考：智能化时代给企业的财务决策带来了哪些影响呢？

（一）提供公允价值支撑，提高会计信息质量

企业的投资、预算管理等管理活动都离不开公允价值。一般而言，企业的交易性金融资产与投资性房地产的交易都需通过公允价值来核算，因此公允价值的确定对企业的财务决策尤为重要。通常，公允价值主要通过市值法和未来现金流量折现法来确定。未来现金流量折现法更为严谨，适用范围更广。但在实际操作中，对于未来现金流量的具体数值的预测，以及折现率的确定，在很大程度上取决于财务人员的主观判断，不确定性较大，即使出现再微小的偏差，也会对公允价值的确定产生较大的影响。

基于云会计平台，企业可借助大数据技术来获取较为准确的公允价值信息。因为云会计平台的数据来源广泛，涵盖了税务、审计、工商、银行等多个与企业的经营活动密切相关的机构，企业利用移动互联网、物联网等技术，通过云会计平台进行整合，可实现对这些处于不同区域的分布式数据进行采集和预处理，为现金流量的预测、终值以及折现率的确定提供准确可靠的信息支撑。大数据、云会计为公允价值的确定提供了新的技术支持，让企业能够实时掌握市场情报，使得公允价值的确定更加准确。

（二）集成财务与非财务信息，提高财务决策效果

科学合理的财务决策不仅要依靠财务信息，非财务信息对财务决策也同样重要。但不同于财务信息，非财务信息渠道来源广泛、形式多样化，不仅包含结构化数据，还包含数据表单、传感数据、视频、音频、文本等多种非结构化数据，数据的处理难度相对较大。

而大数据具备处理海量数据的能力，能够高速处理多样化的数据资产，它打破了业务以及部门之间的界限，能够对企业内外部的结构化以及非结构化数据进行处理。通过纳入非结构化数据，实现了财务信息与非财务信息的高度融合，避免了单独依靠财务信息进行决策的不可控风险。同时，通过对有效数据的挖掘，可以发现数据间的相关关系，或发觉潜在的风险特征，并根据风险线索进行预警，有助于提升财务人员的风险识别能力，提高财务决策的质量。

（三）多渠道获取数据，实现精准成本核算

成本核算是对企业生产过程中发生的成本和费用所进行的会计核算，它是成本管理的基础环节，

也是进行成本分析与成本控制的信息基础，对企业的经营决策具有重大影响。而在大数据时代，通过运用大数据、云计算、移动互联网等技术，企业可从多种渠道获取所需的成本信息，并根据获取的成本信息为企业改进生产工艺流程、优化生产用量标准提供有效的决策支撑。

相比于传统成本核算的方法下采用人工对大量数据进行筛选、处理，大数据的便捷性使得财务信息的提取更加智能化，充分挖掘潜在信息辅助决策，大大提高了成本核算的效率以及质量，使得成本的核算更为精准。同时运用大数据的数据挖掘技术对成本进行多方位的分析，如分析企业产品成本的构成因素、区别不同产品对利润的贡献程度等，能帮助企业更好地认清自我定位，充分了解市场与行业的竞争态势，从而做出科学有效的成本控制决策。

（四）及时响应市场变化，实现预算动态管理

预算管理通常以历史数据为基础，结合企业、对手、行业三个维度对企业的未来进行预测，以便对资源进行合理的配置。但是市场环境是多变的，在传统模式下，根据大量静态的结构化数据以及管理者的主观判断进行预算编制往往不具有前瞻性，难以预测复杂多变的市场环境，故预算常常不能依照计划得到有效执行。

大数据技术恰好能够弥补抽样调查的局限性，使得样本数据范围扩大到非结构化数据，抽样结果更为准确、真实。借助大数据不仅能根据历史数据预测未来，而且可以通过构建预测模型根据新闻热点、自媒体信息等进行预测。对市场变化的实时监控，有助于企业全面掌握用户信息，同时能对产品情况进行及时的反馈，企业面对市场变化能够迅速做出调整，实现预算的动态管理，有助于资源的合理配置。

二、智能化时代财务决策的新思维

智能化时代的到来，改变的不只是财务决策的工具、技术，更重要的是改变了财务决策的思维，只有改变思维才能从根本上推动财务决策的变革。智能化时代财务决策的思维的改变主要体现为以下三个方面。

（一）样本等于总体

智能化时代，财务决策所依据的样本范围更大，这意味着样本数据不再只是一部分数据，而是总体数据。在小数据时代，受限于数据采集和数据处理能力，往往采取随机采样的方法，用最小的数据获得最多的信息。随机采样取得了巨大的成果，让处理大量数据变得简单，同时也减少了精力和资金的投入。但是随机采样调查的结果存在容易出现偏差、不适合考察子类项目、不具备延展性等缺陷。随着大数据、云计算、物联网等技术的出现，海量数据的采集和处理不再是难题。大数据强调更多的数据，不再是随机样本数据，而是总体数据。在技术条件允许的情况下，应更多地用总体数据去替代随机样本数据，因为直接用总体数据分析的结果显然是优于用样本推断的。

（二）接受数据的纷繁复杂

这一变化是指接受数据的混杂性，允许数据的不精确。在小数据时代，往往更注重数据的精确性，因为在数据收集有限的情况下，微小的偏差可能会对调查结果产生巨大的影响。因此人们将减小误差、保证质量作为抽样的主要目标。而在智能化和大数据时代，人们可以掌握的数据越来越多，类型也越来越多样化，人们不再一味追求数据的精确性，提高了数据的容错率。因为精确性是针对结构化数据而言的，而在所有的数据中精确的结构化数据所占的比例较小，大多数为非结构化数据。这意味着如果无法接纳混杂的非结构化数据，那么大数据的"更大"优势也就不复存在，数据的准确性难以保障。

（三）更加关注相关关系

智能化时代，决策更多地关注数据的相关关系，而不是因果关系。在传统观念下，人们总是倾

向于探究数据间的因果关系，但在很多时候寻求数据间的相关关系就已经足够。这并不是说因果关系对数据的分析无用，只是它是一种特殊的相关关系，一般很难得到。虽然在小数据时代，相关关系就已开始应用，可由于计算机的运算能力有限，研究仅限于线性关系，事实表明还存在更复杂的非线性关系。而在大数据背景下，相关关系能得到更好的应用，它提供新的研究视角，能够更清楚、快捷地分析事物间的关联。虽然相关关系仍旧无法取代因果关系的作用辅助决策，但是它也能指导因果关系起作用。

三、智能财务决策与大数据财务决策

（一）智能财务决策的概念

智能财务决策是"大智移云物区"等新一代信息技术在财务决策支持系统中的应用，它以财务管理相关理论方法为基础，以现代化信息技术为手段，通过采集大量的财务及业务数据，对有用的信息进行整理加工，最后形成数据仓库，并运用数据挖掘技术、数据模型和数据处理技术，对企业的内外部环境因素进行多维度的财务分析，向管理者提供及时、准确、客观的财务数据信息，为管理者制定科学的市场策略、做出正确的决策提供信息支撑。

（二）大数据财务决策的概念

大数据财务决策是指以利用互联网技术和新媒体平台为基础，对企业内部的财务数据进行定期、定时、定量的分析和整理，同时对现存的财务问题进行汇总和统计，对企业的重要财务问题通过数据资料和相关证据流程进行解析，以这种方式帮助企业收集问题、整理问题并进行决策的方法。

（三）大数据财务决策的理解误区

财务决策是企业日常经营管理中极为重要的一部分。而随着大数据、云会计、物联网等技术的兴起，大数据背景下的财务决策逐渐成为会计领域的研究热点，因此越来越多的学者倾向于用"大数据财务决策"概念来取代智能财务决策的概念，从概念上来看，两者并无明显的差别，但大数据财务决策这个说法是不准确的，存在根本的逻辑悖论。

大数据财务决策一方面运用了大数据的思维，扩大了样本数据的采集范围，在决策时不再只考虑财务数据，将样本数据从结构化数据扩大到非结构化数据，增强了数据的可信度，提高了财务决策的效率。另一方面，大数据财务决策优化了决策工具，通过运用大数据、云会计平台，不仅可以实现分布式数据的采集与预处理，同时借助物联网、移动互联网等技术可实现对财务以及非财务信息的实时采集，可有效减少信息的失真，大大提高了财务决策的质量。因此，从思维、技术层面来看，将智能化时代背景下的财务决策定义为大数据财务决策并无不妥之处。

但是，从样本容量来看，大数据财务决策依托的是总体数据而不是样本数据，但实际上在目前的应用中尚未达到全数据这种程度。尽管目前的大数据财务决策不只是依靠财务数据来帮助决策，但是其可利用的数据仍旧十分有限，仅是在企业财务数据的基础上增加了与企业销售产品以及外部环境相关的数据，因此从严格意义上说，这算不上符合大数据的基本特点，因此采用"财务智能决策"的说法更为严谨。

四、智能化时代的柔性财务决策

随着财务决策进入高级阶段，财务决策需要具备更高的灵活性以及创新性以满足财务管理工作的不同需求。而传统的刚性财务决策已经无法满足智能时代财务决策的需求，财务决策需要更多的柔性。

所谓刚性管理，是一种以工作为中心，强调规章制度的管理模式。刚性管理中最具代表性的理论则是泰勒的科学管理理论。这一理论将人看作"经济人""机器的附件"，它强调组织权威与专业分工。泰勒认为由于组织内部各要素之间联系非常复杂，通常是多维度、多层次的，所以在管理实践中，组织应注重以严格的管理制度为主。在现实的管理工作中很多地方都体现了刚性管理的思想，如组织中严格的等级制度、信息系统中缺乏变通的架构与执行方式等。刚性管理自有其存在的价值，不能一味地否定它，只是需要思考如何把控刚性的度，避免过刚而折，当刚性达到一定限度时，需要适时引入柔性，达到刚柔并济的效果。

柔性管理是相对于刚性管理提出的。柔性管理是一种以人为本的人性化管理模式，不再将人看作"经济人"，而是看作"社会人"。这种观念的转变，把泰勒将人视作"机器的附件"的思想开始转向关注人的主观能动性。柔性管理的思想主张采用非强制的方式，在员工心中能够产生一种潜在信服力，并以此来约束员工的行为。其与刚性管理最大的差别是：柔性管理有明显的内在驱动性，它依赖于员工内心激发的主动性，而不是权力和影响力。

从本质上来说，柔性管理是一种对稳定和变化同时进行管理的新战略，它以思维方式从线性到非线性的转变为前提，强调管理跳跃与变化、速度与反应、灵活与弹性；它注重平等和尊重、创造和自觉，主动和远见，它依据信息共享、虚拟整合、竞争性合作、差异性互补等实现知识由隐到显的转换，为企业创造与获取竞争优势。

柔性财务决策是柔性管理思想在财务决策的具体应用，包括以下两个部分的内容。

（一）构建柔性的财务信息系统

对于财务决策来说，打破财务信息系统的刚性束缚，构建柔性的财务信息系统尤为重要。随着信息技术的迅速发展，财务决策对信息系统的要求也越来越高，很多企业往往还没弄清楚市场的需求，技术就已更新，因此企业的财务信息系统建设始终处于不断打补丁的过程。这种情况下建设的财务信息系统缺乏规划性，更谈不上柔性。其导致的主要问题就是信息系统难以根据业务需求的改变做出相应的调整，甚至无人明白后台复杂的业务逻辑，无法清晰地评估新需求所带来的影响，导致系统无法改动。

构建柔性的财务信息系统需要从以下两个方面共同努力。首先，改变被动的建设观念。企业需要在系统建设前充分调研以了解业务需求，同时多参考市场成熟产品，必要时可请专业人士进行系统的设计，由被动地打补丁转为先规划、后建设。其次，财务信息系统设计中需充分考虑业务多样化的需求，避免因为业务的扩展导致系统推倒重来。而对那些已经带上刚性枷锁的企业来说，上述两点想要改变已十分困难。因此，对财务信息系统进行全面的改造也许是由刚到柔最好的选择。企业可选择在经营业绩较好、资金投入充足的情况下，结合新技术的发展趋势，对系统进行全面的改造，以构建柔性的财务信息系统。

（二）应用柔性的财务战略管控思想

柔性管理财务战略管控思想在财务决策中的应用主要体现在绩效目标管理和全面预算管理两个方面。

首先是绩效目标管理，传统的绩效目标管理带有较强的刚性色彩。通常目标制定之后，往往很长一段时间都不进行调整，且目标的制定以盈利为中心，仅关注自身的发展。这种目标管理方式，导致向财务决策提供的信息具有滞后性，缺乏行业可比性，难以对财务决策做出有效支撑。而柔性的绩效目标管理，通常结合竞争对手和市场多个角度来设定差异化的目标。另外，目标设定之后并不是一成不变的，而是处于不断的动态调整中的，市场竞争环境的变化以及重大事件的发生都将推动目标的及时调整。这种目标管理具有较强的战略敏感性，能够为财务决策提供更及时、准确的信息。

其次是全面预算管理。传统的全面预算管理通常以年度为周期，有的企业甚至只是简单地将全年预算平均分摊到各月中，预算编制完成后，较少做调整，导致预算严重偏离实际。在柔性管理模式下，预算编制将充分考虑企业不同时期的特征进行差异化的资源配置，并结合业务实际，向作业预算的方向进一步发展。柔性管理下的预算信息更为科学、合理，有助于管理者做出正确的决策。

五、智能化财务决策团队

高级阶段的财务决策的外延扩展除了顺应柔性管理思想的财务战略管控和财务信息系统外，就是财务组织的演化，产生了智能化财务决策团队。

（一）智能化财务决策团队的概念

智能化财务决策团队是以智能化理念、人工智能理论、大数据等技术以及创新思维为理论基础，推动财务组织中其他职能使用智能化工具进行经营决策分析，或者利用人工智能取代人工进行数据的采集、处理与分析的企业财务组织内部的新兴团队。

（二）智能化财务决策团队的构建

智能化财务决策团队中的人员需要具备以下三点特质。第一，对于智能化财务决策团队来说，创新是首要的要求，只有这样才能够洞察智能化时代财务决策创新的机会。第二，财务决策人员需要具有复合的知识体系。这要求团队人员不仅能够从全局对财务决策的工作模式和业务流程有深入的思考，而且需要充分了解智能技术的适用场景，懂得如何将财务决策与智能技术相结合。第三，无论是让人接受新的技术工具，还是让人工智能取代人工，改变人们的固有思维习惯往往需要有强大的魄力与推动力。因此这就要求智能化财务决策团队人员胆大心细，敢于挑战权威，善于与人协调沟通，这样才能获得各利益方的认可，更好地推进财务决策智能化的变革。

智能化财务决策团队的核心职责主要有以下四点。第一，负责智能技术的战略性研究，能够及时跟踪智能技术的发展动态，深入探索财务决策结合新兴智能化技术的可行场景，并制定详细的实施方案。第二，能够有效地对接技术部门，明确智能化技术应月的业务需求，推进并跟踪技术部门实现智能化财务决策的需求。第三，积极落实已实现的智能化技术工具在财务决策工作中的应用，提升业务团队的工作效能。第四，积极推动人工智能技术替代财务决策流程中的人工作业，提升财务决策流程的自动化处理能力。

智能化财务决策团队的组织结构需要具有高度的柔性，而构建柔性的组织架构，团队中需要有一个负责人和多个智能化项目经理。团队负责人需要负责把握团队的整体方向和人员的管理，对项目起到辅导和监督的作用。而项目负责人主要负责团队内的资源调配以及项目管理，智能化项目经理可以成为项目负责人或者其他项目的成员，但团队应当遵循项目经理负责制。同时鉴于智能化财务决策团队需要与多方面进行沟通协调，因此团队可直接向CFO或财务总经理汇报工作，赋予团队在资源调配、项目参与方考核等方面的自主权，以便于更好地推动变革的实施。

六、智能财务决策的应用场景

近年来随着"智能财务决策"的概念越来越热，研究它的人也越来越多，那么是不是国内企业都已实现了真正的智能财务决策呢？国内智能财务决策应用的真实水平又是如何呢？

事实上，国内并不是每一家企业都有条件做人工智能财务，尤其是智能财务决策的。国内大多数的企业尚谈不上智能财务决策，因为这些企业仍处于互联网和移动互联网的时代。只有部分企业在人工智能的前置技术环节上有所实践和应用，而这些企业的主要应用场景集中在经营分析、全面预算和管理会计等方面，但这些应用场景和后面要谈到的智能财务决策还是有所差距的。

从未来的发展趋势来判断，智能财务必将逐步优化整个财务流程。财务决策将与大数据、云计算、机器学习、区块链等技术进行协调、融合，财务决策将更智能化、个性化、场景化。

（一）大数据在财务决策中的应用场景

大数据在财务决策中的应用场景主要体现为依靠大数据提升经营决策分析的支撑能力。经营决策的重心在于对设定的考核目标与实际业绩之间进行对比分析，以便帮助企业进一步提高业绩。传统的经营决策面临数据量不足、主要依靠结构化数据、关注因果关系等问题，而大数据技术能够有效地提升经营决策的支撑能力。在大数据模式下，可将整个社会商业环境都转化为企业进行分析的基础。大数据可以帮助企业更好地认清自身状况，更加客观地看清行业的竞争态势。基于此，企业财务目标的设定将会更加客观、合理。而且与传统财务模式相比，大数据不仅是对因果关系的挖掘，而是找到传统思维无法解读到的相关关系动因，能够更加有效地帮助业务部门做出科学、合理的财务决策。

（二）财务决策应用云计算的智能场景

在财务云时代，将财务系统构建于基础设施即服务（Infrastructure as a Service，IaaS）模式之下，可以以较低的成本实现基础结构的构建，能够以"轻"信息技术的方式来建设财务信息系统。企业不必构建自身独立的财务信息系统，无须投入大量的资金来升级自己的服务器和机房，也不需要安排大量的技术人员来进行系统的维护与升级，而是可以选择直接租赁部署在软件即服务（Software as a Service，SaaS）云上的第三方云服务产品。云平台带来的优势是显而易见的，可以大幅减少企业的财务信息化开支，缓解企业的财务压力。通过使用软件供应商在云端上提供的财务服务，能够实现不同企业差异化的需求。同时借助云平台还可以与审计机构、证监会、税务机构等第三方机构实现信息内实时交互，能够更加便捷地为企业的财务经营决策提供信息支撑。

（三）财务决策应用机器学习的智能场景

德勤机器人的横空出世，在财务领域引来一阵热议。在不久的未来，重复性高的基础会计工作将由财务机器人取代。越来越多的企业希望借助智能化时代带来的机遇，实现财务向智能化转型的大转折。在经过大量的实践之后，一种新的创新思维——人机协同智能化被提出。它是指借助光学字符识别（Optical Character Recognition，OCR）、网关、规则引擎、风险分级引擎所构建的人机协同智能共享技术，主要表现为数据采集、共享派工、共享作业的人机协同。首先，基于机器学习的OCR技术，可以实现原始凭证的数字化，大大提高了数据采集的效率；其次，针对已采集的数据，利用计算机对其进行自动风险分级，再根据风险等级将任务分派给不同的人工作业，当积累了一定的经验后，可对规则进行学习优化，可提升风险分级的精确度；最后，业务人员基于经验可对规则引擎设定大量业务规则，取代人工作业自动审核，对出现异常审核结果的任务则转为人工处理，加快人机协同向高度自动化的过渡。运用机器学习可以提高数据采集以及处理的效率，同时提升对风险的识别精度，提高财务决策的准确度。

（四）财务决策应用区块链的智能场景

区块链（Blockchain），本质上是一个去中心化的数据库，是一串使用密码学方法相关联产生的数据块，每一个数据块中包含了一批次比特币网络交易的信息，用于验证其信息的有效性（防伪）和生成下一个区块。区块链拥有去中心化、点对点网络、分布式等特征。这些特征有助于帮助企业解决涉及多方信任的问题。一方面，运用区块链技术可以建立有效的风险防范机制。运用智能合约以及分布式账簿，自动对企业整个供应链上产生的财务信息进行分析，若察觉异常则会及时报告，可以加强事前和事中的监督，有效地防范和控制潜在的风险。另一方面，在财务决策的过程中，经常面临业财数据不一致的挑战，这使得财务决策的过程变得更为艰难，因此业财数据的融合对财务决策尤为重要。业财融合的基础在于实现业务信息向财务信息的转换，而使用区块链技术可以有效地解决业财数据不一致的问题。在业务系统和财务系统之间构建一套分布式账簿，将业务数据自行记录、传输至会计引擎，转化为会计分录记账的模式，转变为业务和财务双方平行记账的模式。业务和财务都保留业务账和财务账，从根本上实现业财融合，为财务决策提供了坚实的数据基础。

第四节 | 智能财务决策

一、智能财务决策的基本概念

智能财务决策是指在动态和多维信息采集的基础上，通过对复杂问题自主识别、判断、推理并做出前瞻性和实时性决策的过程，其具备自优化和自适应的能力。智能财务决策能在问题识别、数据采集、模型构建、智能分析和反馈控制等决策步骤中提供全新的技术和方法支持，提升财务人员发现问题、分析问题、解决问题的能力。智能财务决策的流程如下。

第一步：将现实世界的数字通过数字化转为可以被理解的信息，然后借助于数据清洗、数据转换、数据挖掘、数据分析和数据可视化等数据处理技术，以及分布式存储和计算技术，通过建模、仿真等技术手段，洞察隐藏在数据中的知识。

第二步：在知识库、专家系统、语义网络等知识表示方法的基础上，采用知识图谱能贴切地描述现实世界业务的特点，对业务中的关键要素以及它们之间的关系进行描述，实现将技术化的数据转变为业务知识。

第三步：在以上业务知识基础上为决策人员提供一系列的探索、分析和交互工具，最终使得决策人员可以真正掌握数据、理解数据和应用数据。决策数据数字化转为知识的过程如图 9-1 所示。

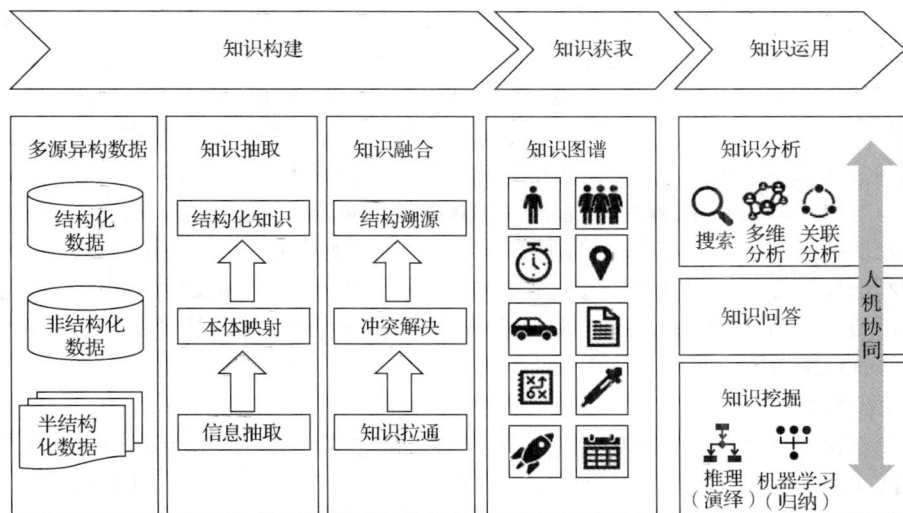

图 9-1　决策数据数字化转为知识的过程

以工程投资决策为例，通过智能财务决策，可以将存在于整个工程各个阶段内部和外部的各类结构化、半结构化和非结构化海量数据进行采集、清洗和转化，完成知识的抽取、融合的构建过程，进一步在知识图谱的指引下完成知识的获取，并通过人机协同，将发现的知识运用到工程投资决策的全过程中，以满足工程投资智能决策的目标，做到宏观、微观均可测、可控。

智能财务决策本质上仍然是财务决策，其主要特征表现为数据化、场景化、互联化和智能化。数据化为智能财务决策提供所需的各类数据，体现了数据导向，是基础条件；场景化为智能财务决策提供了特定情境，体现了问题导向，是实现路径；互联化为智能财务决策提供了跨界共享，体现了风险导向，是技术保障；智能化为智能财务决策提供了技术支撑，体现了结果导向，是目标方向。

二、智能财务决策的方法体系

智能财务决策方法是应用人工智能（Artificial Intelligence，AI）相关理论方法，融合传统的决策数学模型和方法而产生的具有智能化推理和求解的决策方法，其典型特征是能够在不确定、不完备、模糊的信息环境下，通过应用符号推理、定性推理等方法，对复杂决策问题进行建模推理和求解。在智能财务决策过程中，新的决策范式、决策方法和知识发现方法得到了广泛的应用。

下面主要从全景式管理、数据驱动、模型驱动和场景驱动四个方面对智能财务决策的决策范式进行说明。

（一）全景式管理

全景式管理，是把散片状管理的方式和思想系统地结合在一起，针对管理学界复杂且派系混杂的现象，从全局的角度去审视整个工程的全貌，全面地剖析企业问题，而不是从单一角度、片状式地看待问题。在智能财务决策中，整个全景式采集、检测财务数据和执行动作形成一个完整的良性循环，通过大数据、人工智能和神经网络等先进计算技术，进行数据综合分析并及时发现问题。全景式财务管理针对某一具体事件，可以按照该事件的发生时间、所在位置、内在规律，以及与该事件直连或邻近的其他事件、与该事件的发生存在访问关系的关联事件分析，提供快捷、准确、一致的财务分析结果。全景式管理并不单单强调需要整体，而是强调在整体基础上每个具体组成的精细化。精细化需要全景式的指引才能获得有意义的数据。

（二）数据驱动

智能财务决策中的数据驱动是指在企业研发、计划、组织、生产、协调、销售、服务和创新等业务运营决策中均使用数字化方法进行，并且能够反馈至企业战略的规划和决策层面，使企业实现整体的决策智能。数据驱动强调以时间序列访问和操纵企业的内部财务数据和外部财务数据，主要是通过对全量数据的统计分析，在数据中通过关联分析、异常挖掘等寻找相关性，从数据中直接发现数据之间的关系来指导决策。数据是实现智能决策的基础，通过对支出、盈利等财务、业务数据的及时洞察，可以帮助企业对当前财务管理中的各类复杂问题不仅能够知其然，也能知其所以然；通过数据对企业财务进行深刻洞察，驱动更高效、更准确地进行财务决策；通过数据拓展认知边界，为人工智能和深度学习等智能算法提供数据基础，使得企业财务决策能够持续进化；通过数据引领实践应用，用数据以简单易懂的方式去解读每一个财务决策场景。数据驱动的智能财务决策正成为企业财务资源优化配置的利器。

（三）模型驱动

模型驱动是指通过对深层机制和原理的理解来预测外在行为的方法。模型驱动的智能财务决策强调对模型的访问和操纵，例如，统计模型、优化模型或仿真模型。简单的计算和分析工具为使用模型进行决策提供基本的功能。一般来说，模型的建立需要通过实证试验和数据的反复验证，因此已经成为知识的模型，其所阐述的变量与变量之间的关系是能够经得住检验的。

使用模型驱动的财务决策方法会综合运用金融模型、仿真模型、优化模型或者多规格模型提供决策支持并利用决策者提供的财务数据和财务参数辅助决策者对某种财务状况进行分析和决策，总地来说，模型驱动主要靠大量模型的综合运用来支持决策。

（四）场景驱动

场景驱动作为智能财务决策发展到第三阶段的主要驱动力，为智能财务决策提供新的思路，这一阶段的智能财务决策把技术和场景充分结合起来，不仅可以针对不同用户提供个性化服务，而且可在不同的场景下执行不同的决策，最终实现给予决策支持的目标。

　　基于场景驱动的智能财务决策设计能够在深度挖掘用户痛点的基础上保证智能财务决策的价值。在智能财务决策过程中，要充分挖掘特定场景，通过财务数据分析、财务信息化为企业财务管理者提供更好的财务决策依据，节约财务决策成本。除此之外，场景驱动对财务数据收集的维度和质量的要求更高，并且可实时根据不同的场景，制定不同的财务决策方案，推动事件向良好的态势发展，帮助决策者更敏锐地洞悉事件根本，做出更精准、更智慧的决策。

三、智能财务决策的知识发现

　　下面主要从数据挖掘、机器学习、粗糙集理论和知识图谱四个方面对智能财务决策的知识发现（Knowledge Discovery in Database，KDD）进行说明。

　　（一）数据挖掘

　　数据挖掘（Data Mining，DM）是从大量的、有噪声的、模糊的、随机的实际应用数据中，提取隐含在其中人们事先不知道的但又是潜在有用的信息和知识的过程。数据挖掘作为一类深层次的数据分析方法，是一种新型的财务信息处理技术，其主要特点是对财务数据库中的大量财务数据进行抽取、转换、分析和其他模型化处理，从中提取辅助财务决策的关键性信息。数据挖掘技术以序列导向和多维为特征，以询问为中心，对财务数据进行图解，以解决企业的财务决策问题，提升财务信息的利用能力。数据挖掘还可以在浩瀚的信息流中分辨析取、整理、挖掘对财务决策有用的信息，有利于解决财务信息的噪声问题。数据挖掘能够利用现有的数据获取新的有用信息，支持查询、存储的信息化，使得信息的析取具有较强的自我学习功能，满足财务信息智能决策的需求。

　　（二）机器学习

　　机器学习（Machine Learning，ML）是统计学、人工智能和计算机科学的交叉领域，也被称为预测分析或统计学习，是一类算法的总称，通过对大量历史数据和决策过程中积累的经验进行分析处理以获取对决策有用的知识。常用的机器学习算法有支持向量机（Support Vector Machine，SVM）、决策树（Decision Tree，DT）、遗传算法（Genetic Algorithm，GA）和K近邻（K-Nearest Neighbors，KNN）等。机器学习算法能够捕获已知财务数据中未知的、潜在的概率分布等重要特征，通过对财务数据进行自动学习，提取复杂模式来做出智能决策。利用机器学习算法，企业能对运行的财务数据和经济宏观数据进行实时自动采集监控、挖掘和分析，为财务决策进行事前预测、事中控制和事后分析提供依据。

　　（三）粗糙集理论

　　粗糙集理论（Rough Set Theory，RST）是一种描述模糊性和不确定性的数学工具，能有效分析和处理不精确、不一致、不完整的信息与知识，并从中发现隐含的知识，解释潜在的规律。在智能财务决策中，粗糙集理论是基于有关企业现实的大量财务数据信息，以对观察和测量所得数据进行分类的能力为基础，从中发现财务推理知识的某些特点、过程和对象等。粗糙集理论为智能财务决策提供了丰富的处理不完备性、不确定性和模糊性信息与知识的方法和工具，可支持财务决策过程中的多个步骤，如财务数据预处理、财务数据规约、关联规则生成和财务数据依赖发现等。粗糙集理论不仅为智能财务决策提供了新的科学逻辑和研究方法，也为智能财务信息处理提供了有效的处理技术。

　　（四）知识图谱

　　知识图谱（Knowledge Graph，KG）是以结构化的形式描述客观世界中的概念、实体及其关系，将互联网的信息表达成更接近人类认知世界的形式，提供一种更好地组织、管理和理解互联网海量信息的能力。在智能财务决策中，通过建立财务知识体系、抽取财务信息、融合财务知识体系和实例来构建知识图谱。构建好的知识图谱会融合多个财务数据源，从多个维度维护关联人员和财务项目的信息，通过语义连接可以帮助理解财务数据，对财务数据进行分析处理，避免了数据不全与数据孤岛，通过一定规则的逻辑推理，获得对财务数据的洞察并提供财务决策支持。同时，知识图谱改变了目前现有的财务信息检索方式，一方面，知识图谱通过推理实现财务概念检索；另一方面，知识图谱以图形化方式向用户展示经过分类整理的结构化知识。

四、智能财务决策的决策方法

下面主要从不确定决策、证据理论、模糊理论和群体决策四个方面对智能财务决策的决策方法进行说明。

（一）不确定决策

不确定决策是指当决策者能掌握可能出现的状态，但不能估计各种自然状态出现的概率，在没有任何借鉴，或者不做任何调查和分析的时候所做出的决策。对于不确定决策，决策者所采用的决策准则具有很大程度的主观随意性。由于影响企业财务决策的因素包括社会文化因素、政治法律因素、经济环境因素、人力资源因素等，这些因素大多具有很强的不确定性，不确定决策也十分适用于财务决策。在不确定决策中，各种决策方法的出发点是不同的，且直接受到决策者主观意愿的影响，因此使用不确定决策方法的智能财务决策中，不同决策原则所指向的财务决策目标也是不同的。对于这种不确定的财务决策，要求企业决策者在实施过程中，要根据事物发展情况，及时地加以修正和调整。

（二）证据理论

证据理论也称为 Dempster/Shafer 证据理论（简称 D-S 证据理论），是基于人们对客观世界的认识，根据人们掌握的证据和知识，对不确定性事件给出不确定性度量的一种理论。在证据理论中，证据指的是人们分析命题，求其基本可信时，所依据的事物的属性与客观环境（实证据），包括人们的经验知识和对该问题所进行的观察和研究。证据理论提供了利用证据对财务管理环境中不确定的问题进行财务决策的基本理论和方法，能够有效地解决财务信息当中属性值不完全、属性权重信息不完全以及效用函数未知的不完全信息问题。在智能财务决策当中，证据理论不需要任何先决信息和条件概率，能够将"不确定""未知"等认知上的重要概念引入财务模型。证据理论通过给整个鉴别框架分配基本概率值，反映了即使缺少足够的财务可用信息也可以进行相应的财务决策。

（三）模糊理论

模糊理论是指用到了模糊集合的基本概念或连续隶属度函数的理论，可分为模糊数学、模糊系统和模糊决策三个分支。在实际的财务问题当中，由于财务环境具有模糊性，方案集合中蕴藏的财务目标很难用精确数字确切描述，因此可供选择的财务方案集合往往是一个模糊集合，将模糊理论方法引入智能财务决策的目的就是要把论域中的财务对象按优劣进行排序，或者按照某种方法从论域中选择一个令人满意的财务方案。使用模糊理论和其他智能算法的智能财务决策会给财务转型带来更多的技术支持和思维更新。

（四）群体决策

群体决策是为充分发挥集体智慧，由多人共同参与决策分析并指定决策的整体过程。群体决策通过集中不同领域专家的智慧，能应付日益复杂的决策问题。通过广泛参与，专家可以对决策问题提出建设性意见，有利于在决策方案得以贯彻实施之前，发现其中存在的问题，提升决策的针对性。在智能财务决策中，决策群体成员可以采用不同算法。不同算法在选择处理的财务信息、要处理财务问题的类型和处理财务问题的思路上有很大的差异，利用不同算法的不同计算优势，可以提升财务决策时考虑问题的全面性，提升决策的科学性，形成更多的可行性方案。多种算法为决策群体成员避免了单一算法的片面性和局限性，能够更好地保证财务决策结果的合理性和正确性，使得决策更容易执行。

思考题

1．财务大数据分析的未来会怎样发展？

2．查找国内外文献，总结数据挖掘、机器学习在财务分析的应用案例和常用方法有哪些，经常出现在哪些分析场景中？

3．要设计理想的智能财务可视化报告，设计者需要具备哪些能力？

4．智能财务可视化分析与传统财务分析相比，具有何特点？

第十章 | Python 在财务大数据中的应用

【教学目标】

通过本章的学习，学生可以了解Python在财务大数据分析中的优势；熟悉Python在财务大数据当中应用的相关细节；熟悉Python在数据爬取、数据加工、数据挖掘、数据可视化中的应用方法。

【引例】

"十四五"规划明确提出要加快数字化发展，建设数字中国。淮北矿业集团始建于1958年，1998年改制为淮北矿业（集团）有限责任公司（以下简称"淮北矿业"），同年由原直属煤炭部转为安徽省直属企业，现已发展成为以煤电、化工、现代服务为主导产业的大型能源化工集团。随着淮北矿业业务链条不断延长，业务范围不断扩大，业务层级不断增加，财务核算业务量显著增加，传统的公司财务系统越来越难以为公司高质量发展提供有价值的增量信息。其后淮北矿业与容诚会计师事务所、浪潮集团公司三方通力协作，经过多次研讨磋商，反复修改完善，完成了数据规则的梳理、校验，实现了规则与计算机语言转换、数据存储和技术切换。2019年8月，财务管理大数据平台正式挂牌成立，于2019年12月投入使用。财务管理大数据平台将财务部门打造成全域数据汇集的中心，为企业风险管理、经营预测、战略决策提供服务。从2020年起，受益于财务管理大数据精准监控，淮北矿业业绩仍有韧性，总营收规模平稳增加，经营业绩持续向好。

改写自：武艳、潘飞、雷喻捷等.大数据助推财务管理转型与创新——以淮北矿业股份有限公司为例[J]. 中国管理会计，2021（4）：52-66

第一节 | Python 在财务分析中的应用

Python 是一种比较受欢迎的编程语言，在 2019 年，这种编程语言的用户使用率达到了使用编程语言用户的 9.9%，直到 2020 年依旧在持续增长，到 2021 年已经超过 10.5%的用户使用这种编程语言。这些数据都表示，Python 在当今的世界程序员群体当中受到了广泛欢迎，且用户群比较稳定。

Python 是一种具备动态语义、面向对象的解释型高级编程语言。它的高级内建数据结构与动态类型及动态绑定相结合，使其在快速应用开发上极具吸引力，也适合作为脚本或黏合剂语言，将现有组件连接起来。Python 简单、易学的语法强调可读性，因此可以降低程序维护成本。Python 支持模块和软件包，鼓励模块化和代码重用。Python 解释程序和大量标准库可以以源代码或者二进制的形式免费取得，它们可用于所有主要平台，并且可以随意分发。

一、Python用于财务分析中的优势

在财务分析环境中使用 Python 主要有两个任务：①同业分析，批量计算、比较，也就是将同业

财务指标显示或者导出；②选股，如筛选近三年净资产收益率大于 15%的公司、最近一期净资产收益率大于 15%的所有公司等。而要完成以上两个任务需要进行两步操作：第一步，数据采集；第二步，财务指标的比较与分析。

Python 具有可读性较高、可移植性较高和合作程度高的特点，在财务数据挖掘和数据分析中作用明显，具体体现在以下几方面。

（一）数据挖掘灵活度高

Python 属于开源语言，可以提供更为丰富的应用程序接口（Application Programming Interface，API）和工具，也可以在其他的语言工具，如 C 语言和 C++等应用的基础上进行编写和扩充模块，同时兼容第三方数据库，因此 Python 在数据挖掘的时候展现更高的灵活性，可以广泛应用于财务数据的采集。

（二）数据分析高效快捷

在一般的财务分析案例中，Excel 是较为常用的使用工具，Excel 嵌套了很多模块和函数，如数据透视表、VLOOKUP 函数、SUMIF 函数等，可以对财务报表、余额表以及一些业务数据进行处理和分析。在数据量较少且不复杂的情况下，使用 Excel 进行简单的逻辑运算完全可行。但是当数据量庞大，需要更为复杂的计算分析时，如多个表格的快速切换、聚合、分组、进行数据建模等，Excel 则不能进行高效处理，这时使用 Python 的 Pandas 库进行更高阶的数据处理，优势明显，效果突出。

（三）数据分析可视化展现

一般来说，将财务分析结果以数字报告或者表格的形式展现，不能直观地展示数据的变化，使用图表展示更能使人抓住信息本质。而 Python 具有的图表可视化功能可以满足这一需求，形象生动地展现数据内核，为公司管理决策提供依据。目前市面上已存在一些可视化软件，如 Power BI 和 Tableau 等商业智能分析软件，但它们的功能存在一些受限的场景，而 Python 在可视化方面具有功能强大的库，如 PyEcharts 和 Matplotlib 等，可以灵活地满足各和特殊处理需求。

（四）为企业业务与财务的融合提供支撑

随着企业的发展，传统的核算会计已经不能满足企业的经营发展，越来越多的企业要求实行业务与财务的融合，全方面地分析企业的各个生产经营环节，结合具体发展情况优化策略，提升企业经营价值，强化风险预警。因此，企业在进行数据分析的时候，需要将业务数据和财务数据结合在一起进行综合分析，找出业务数据和财务数据变动的主要影响因素，最终找到业务发展的薄弱点，从而进行改善。业务和财务数据较为繁杂，内存较大。传统的 Excel 已经不能满足分析需求，这就要求数据处理分析人员采用更高阶的 Python 进行数据的清洗、挖掘和分析，为企业经营决策提供依据。

二、用于财务分析的Python操作流程

（一）财务数据的采集

网络爬虫要解决的问题主要有三个：①爬什么；②到哪里去爬；③如何进行数据清洗、储存。具体来说可分为获取所有股票代码、寻找合适的财务数据接口、数据的清洗及保存以及编写 Python 程序下载数据。当然如果需要其他类型的数据，可能还需使用其他 Python 的爬虫方法加以实现。

（二）数据分析方式选择

采用预测模型进行数据分析，是比较常见的数据分析方式。预测模型是一种使用数学语言以及公式描述事物数量关系的模型。适合不同数据的预测模型种类比较多，常见的有灰色预测模型、回

归模型等。预测模型的优势就是，比单一预测的准确率更高，最终保障结果可信程度提升。

（三）数据分析过程

在数据采集工作完成以及数据分析方式确定之后，即可使用 python 进行财务大数据分析，本章第二节详细展示了借助 Tushare 数据平台数据进行市值分析、盈利能力&营运能力&偿债能力分析、同行业对比分析以及估值模块分析这一系列分析过程。其中，这一整套数据分析过程可以细分为以下六个部分。

1. 四种包导入

使用 Python 展开工作的第一步就是导入四种包，即 NumPy、Pandas、Matplotlib、Scikit-learn。其中 NumPy 指的是通过 Python 科学地展开计算，属于一种基础包，其中包含强大的 N 维数组对象 Array，且拥有比较成熟的函数库，能够存储工作中产生的大型矩阵，即进行矩阵数据类型和矢量处理工作等。

Pandas 是 Python 中的一个数据分析包，能够在 NumPy 的基础上配合应用。Pandas 包含大量的数据模型，这也是促使 Python 分析数据更加便捷的有效方式。

Matplotlib 是在数据处理之后能够利用条形图和直方图相互配合，使测试数据观察更加直观。简单讲就是 Matplotlib 能够促使数据分析结果更加直观地展现出来。

Scikit-learn 是使用 Python 编写的，且可以和 NumPy 配合展开高性能线性代数以及数组的运算。不仅如此，它还能和大部分 Python 库结合展开工作，机动性比较强。

2. 使用 Pandas 读取数据

在系统中导入需要使用的库函数之后，技术人员就能够顺利读取从 CSMAR 摘录的 csv 格式数据，这是为后续数据分析工作落实准备工作的主要方式之一。同时需要应用的就是 Pandas 数据包，这种数据包在工作中的作用是能够将 csv 格式文件当中的数据读出来。

3. 数据转换

数据转换是指将数据从一种形式或结构转化为另一种形式或结构的过程。它在现代信息技术和数据处理领域中起着至关重要的作用。数据转换既可以是简单的格式转换，也可以是复杂的数据整合、清洗和计算，如数据格式转换、数据维度转换、数据形态转换等。这些形式的数据转换操作都可以借助 pandas 数据包轻松实现。

4. 划分训练集以及测试集

在工作落实的过程中，需要将数据前 40% 作为训练集、后 60% 作为测试集使用。训练神经网络等数据分析模型的参数使用，同时还能辅助建立模型。对于训练已经完成的神经网络，测试集也能够对数据分析模型的性能测试集进行客观性较强的评价，工作人员最终根据实际情况选择相应的模型性能。在这项工作当中，需要使用 Scikit-learn 提供的数据分片函数。

5. 循环多元回归模型

从本质上分析，多元回归模型当中实际上含有多个回归变量，属于回归模型的一种，若能够对每条应用于测试的数据都通过多元回归模型进行回归分析工作，并得出训练结果，则能够准确地计算并掌握变量对营业收入产生的影响，后续只需要有针对性地进行优化。

6. 对比预测数据与实际数据的差异

在预测结果得出之后，分析人员可利用 Matplotlib 当中具备的数据可视化功能进行可视化分析。使用这种数据包能更加清晰地展示预测数据和实际数据之间的差异，方便分析人员对比分析和深入研究，最终就能够计算出比较准确的模型误差值。

综上所述，将 Python 与财务大数据结合是一种比较有效的工作方式，能够通过切实的方案，有效提升企业战略管理工作的落实效益，实现经济效益最大化，同时也能够不断提升企业在市场竞争当中的地位，使企业获得稳定发展。

三、Python基础架构

对于 Python 新手来说，Python 的部署似乎很简单，有丰富的可选安装库和程序包，安装也很容易，其实不然。

首先，需要做出选择。Python 有许多不同类型，如 CPython、Jython、IronPython 和 PyPy。Python 也有多个版本，如 Python2.7 和 3.x。

其次，在决定了使用哪一版本之后，部署也有困难，原因如下。

（1）解释程序（标准 CPython 安装）只带有所谓的标准库（例如，包含了典型的数学函数）。

（2）可选的 Python 软件包必须单独安装，它们有数百种之多。

（3）由于依赖性和操作系统的特定需求，自行编译/构建这些非标准包可能很困难，需要随时注意依赖性和版本一致性（也就是维护工作），这乏味且费时。

（4）某些包的更新升级可能需要重新编译许多其他的软件包。

（5）更新或者替换一个包，可能在其他（许多）地方造成麻烦。

幸运的是，我们可以求助工具和策略。本部分将介绍有助于 Python 部署的技术。

关于 Python 各版本之间的技术问题超出了本章的范畴，感兴趣的读者可以在百度自行查询，本章仅介绍 Anaconda 的安装。

（一）Anaconda 安装

Anaconda 指的是一个开源的 Python 发行版本，其包含了 conda、Python 等 180 多个科学包及其依赖项。因为包含了大量的科学包，Anaconda 的下载文件比较大（约 531 MB），如果只需要某些包，或者需要节省带宽或存储空间，也可以使用 Miniconda 这个较小的发行版（仅包含 conda 和 Python）。

（二）conda 基本操作

conda 可用于高效地处理 Python 软件包的安装、更新和删除。conda 的主要功能如下。

（1）安装 Python x.x 版本。

输入代码：

```
conda install python=X.X
```

（2）更新 Python。

输入代码：

```
conda update python
```

（3）安装软件包。

输入代码：

```
conda install $PACKAGE_NAME
```

（4）更新软件包。

输入代码：

```
conda update $PACKAGE_NAME
```

（5）删除软件包。

输入代码：

```
conda remove $PACKAGE_NAME
```

（6）更新 conda。

输入代码：

```
conda update conda
```

（7）搜索软件包。

输入代码：

```
conda search $SEARCH_TERM
```

（8）列出已安装软件包。

输入代码：

```
conda list
```

安装过程结束后，除了标准库之外，一些重要的财务分析库也已经可用，具体包括以下内容。

（1）Ipython：改进的交互式 python shell。

（2）Jupyter Notebook：基于网页的用于交互计算的应用程序。其可被应用于全过程计算：开发、文档编写、运行代码和展示结果。

（3）Matplotlib：Python 标准绘图库。

（4）NumPy：用于高效处理数组。

（5）Pandas：用于管理表格数据，例如金融时间序列数据。

（6）PyTables：PythonHDF5 库封装器。

（7）Scikit-learn：机器学习和相关任务所用的软件包。

（8）Scipy：一组科学类和函数（以依赖的形式安装）。

上述 Python 标准库为数据分析，特别是财务大数据分析提供了一个基本工具集。

下面举例说明如何使用 Jupyter Notebook 和 NumPy 提取一组伪随机数。

在 Jupyter Notebook 代码运行界面输入以下代码。

```
In [1]:
import numpy as np
In [2]:
np.random.seed(100)
In [3]:
np.random.standard_mormal((5, 4))
```

代码运行结果如下。

```
Out[3]:
array([ [-1.74976547, 0.3426804, 1.1530358, -0.25243604] ,
        [0.98132079, 0.51421884, 0.22117967, -1.07004333] ,
        [-0.18949583,0.25500144, -0.45802699,0.43516349],
        [-0.58359505,0.81684707,0.67272081, -0.10441114],
        [-0.53128038,1.02973269, -0.43813562, -1.11831825]])
```

第二节

Python 财务数据爬取

一、获取所有股票代码

想要爬取所有上市公司财务数据，我们首先需要取得所有上市公司的股票代码。Python 中已经有了多种获取财务大数据的解决方法。本节使用一个提供免费财经数据的网站——Tushare 财经库，从该网站数据接口可获得所有股票代码、沪深 300 成分股等相关数据（具体详情可自行根据需要查看该网站平台介绍）。

（一）Tushare 接口安装

参照 anaconda 平台安装第三方包的方法，可在 Jupyter Notebook 中输入如下代码。

```
In [1]:
!pip install tushare
```

tushare 第三方库的安装显示如图 10-1 所示。

```
In [1]:  ▶| !pip install tushare
ackages (from requests->tushare) (1.25.11)
Requirement already satisfied: certifi>=2017.4.17 in c:\pythonly\anaconda3\lib\site-packages (from request
s->tushare) (2020.6.20)
Requirement already satisfied: idna<3,>=2.5 in c:\pythonly\anaconda3\lib\site-packages (from requests->tus
hare) (2.10)
Requirement already satisfied: six in c:\pythonly\anaconda3\lib\site-packages (from websocket-client==0.5
7.0->tushare) (1.15.0)
Requirement already satisfied: beautifulsoup4 in c:\pythonly\anaconda3\lib\site-packages (from bs4->tushar
e) (4.9.3)
Requirement already satisfied: pytz>=2017.2 in c:\pythonly\anaconda3\lib\site-packages (from pandas->tusha
re) (2020.1)
Requirement already satisfied: numpy>=1.15.4 in c:\pythonly\anaconda3\lib\site-packages (from pandas->tush
are) (1.19.2)
Requirement already satisfied: python-dateutil>=2.7.3 in c:\pythonly\anaconda3\lib\site-packages (from pan
das->tushare) (2.8.1)
Requirement already satisfied: soupsieve>1.2; python_version >= "3.0" in c:\pythonly\anaconda3\lib\site-pa
ckages (from beautifulsoup4->bs4->tushare) (2.0.1)
Installing collected packages: websocket-client, bs4, simplejson, tushare
Successfully installed bs4-0.0.2 simplejson-3.19.2 tushare-1.4.6 websocket-client-0.57.0
```

图 10-1　tushare 第三方库的安装显示

操作完成后即可成功安装 Tushare 财经库。

想要检查 tushare 是否安装成功，可新建一个 Jupyter Notebook，输入如下代码。

```
In [2]:
import tushare as ts
In [3]:
ts.__version__
```

输入后按"Shift+Enter"组合键运行，tushare 安装显示如图 10-2 所示。

```
In [2]:  ▶| import tushare as ts

In [3]:  ▶| ts.__version__
Out[3]:  '1.2.82'
```

图 10-2　tushare 安装显示

图 10-2 的结果显示第三方安装包为 1.2.82 版。

（二）获取股票列表

在 Jupyter Notebook 中输入如下代码。

```
In [4]:
ts.__version__
ts.set_token('*********************')
pro = ts.pro_api()
pro
```

代码输入显示如图 10-3 所示。

```
In [4]:  ▶| ts.__version__
            ts.set_token('*********************')
            pro = ts.pro_api()
            pro
Out[4]:  <tushare.pro.client.DataApi at 0x13f69376b50>
```

图 10-3　代码输入显示

前三行代码的作用有 2 点。①设置 token，完成调取 tushare 数据凭证的设置（注：需提前设置 tushare pro 的 token 凭证码，如果没有请登录 tushare 财经库网站注册申请；第二行括号里面的 "*********************"为用户自己的 token 凭证码，而 token 凭证码的获取需要先注册用户）；②通过 tushare 财经库获取所有股票列表以及基本信息，并返回一些股票基本信息，如区域、行业、总资产这些数据，返回结果是一个 pandas.DataFrame 表格。（注：因本章篇幅有限，pandas.DataFrame 相关知识可以自行查询）

（三）调取所需数据

在 Jypter Notebook 中输入如下代码。

```
#查询当前所有正常上市交易的股票列表
data = pro.stock_basic(exchange='', list_status='L', fields='ts_code,symbol,
name,area,industry,list_date')
print(data.head())
```

查询股票列表代码如图 10-4 所示。

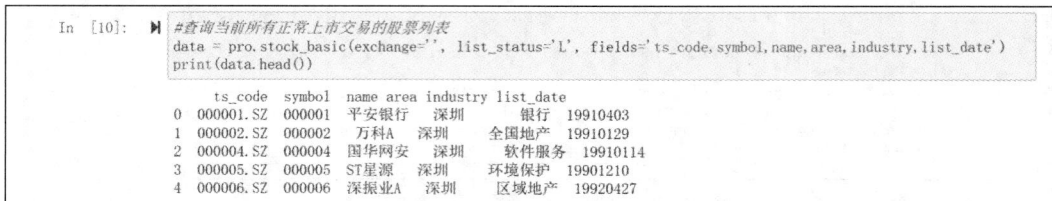

图 10-4 查询股票列表代码

图 10-4 中，代码返回值有五个字段，如果仅需提取其中部分数据，可使用 pandas.DataFrame 表格的 loc 方法，如可仅提取数据集的股票名称、区域、行业三个字段信息。输入如下代码。

```
stock_data=data.loc[:,['name','industry','area']]
# ix[行条件，列条件]，这里表示截取所有行，name,industry,area 字段，返回一个 DATAFRAME
stock_data
```

数据集信息显示如图 10-5 所示。

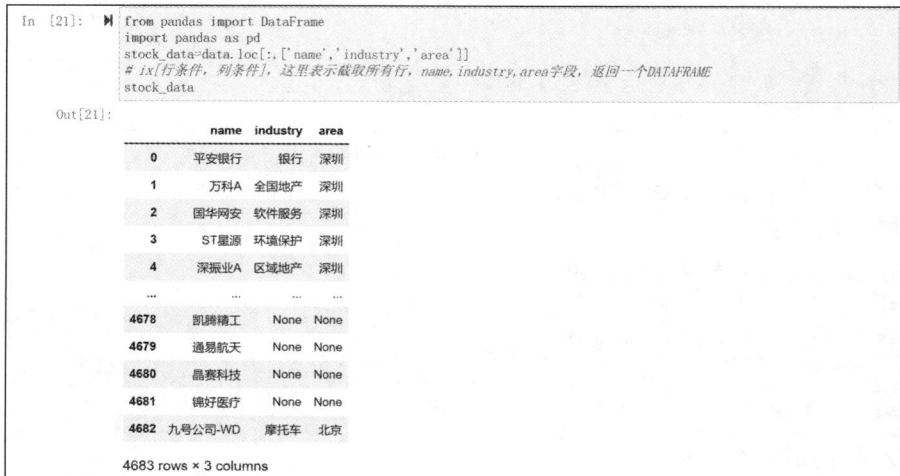

图 10-5 数据集信息显示

当读者对新股不敏感时，可以将数据保存为 csv/xls 格式文件以方便以后多次使用（注意：将股票列表从文件中读出来后，股票代码前的"0"会被自动处理掉，在做循环下载数据时要将"0"加上去）。

二、寻找合适的财务数据接口

由于 Python 能够直接处理的文件格式为 xml、csv、json、xls，较优策略为：尽量查找能够提供此类格式的文本的数据接口。例如 Python 的文本分析，数据清洗最为便捷的即为 csv 格式的文本。

csv 格式文本的内容紧凑，可以排除无用字节的干扰。但当所取得的数据并非自己所需的格式时，需要将数据转换为自己需要的内容（为了说明数据清洗及转换过程，这里专门选择了一个 xls 格式的财务接口）。

（一）查找数据接口

很多财经网站都提供下载财务报表的接口，由于我们已经拿到了所有股票列表，将股票代码依次传入下载接口，就可以获得所有股票财务数据。我们先来查找可用的财务数据接口，具体操作如下。

（1）打开任意财经网站股票专栏。

（2）输入任意股票代码，比如“600660”，进入股票详情页。

（3）查找诸如“财务报表”“财务数据”“财务分析”之类的字样，进入细分栏目。

（4）在细分栏目找到“下载”或者“导出”之类的功能按钮。右击链接，选择复制链接地址。（如果“下载数据”处是一个按钮而不是链接，可使用 Chrome 先把数据下载下来，然后按“Ctrl+J”组合键查看下载历史，即可看到下载地址；若仍无法获取链接，可能就要使用 Wireshark、Fiddler、Charles 等抓包工具。）

（5）分析链接地址，查看导入股票代码所在位置。

（二）构造 Python 程序爬取数据

在获取接口地址后，即可通过程序下载数据。

输入如下代码。

```
import requests
stock_code = '600660'
bs_url='https://data.eastmoney.com/stockdata/{co}.html'.
format(co=stock_code)
ct = requests.get(bs_url).text
ct
```

Python 程序爬取信息显示如图 10-6 所示。

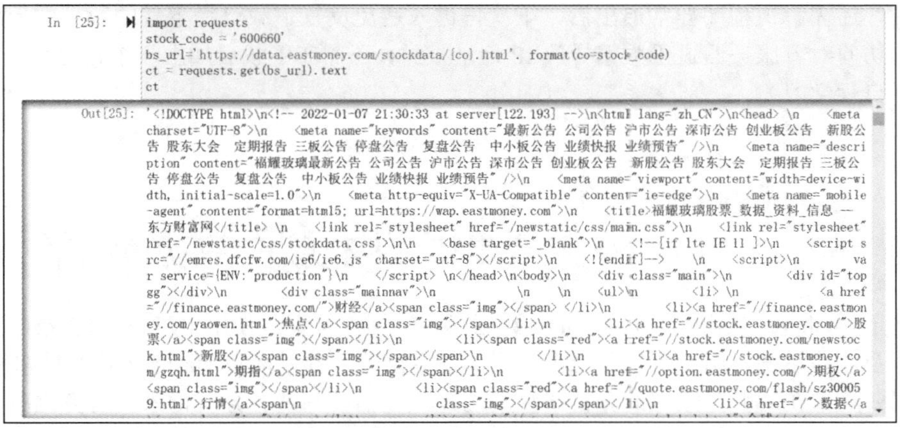

```
In [25]:  import requests
          stock_code = '600660'
          bs_url='https://data.eastmoney.com/stockdata/{co}.html'.format(co=stock_code)
          ct = requests.get(bs_url).text
          ct

Out[25]:  '<!DOCTYPE html>\n<!-- 2022-01-07 21:30:33 at server[122.193] -->\n<html lang="zh_CN">\n<head> \n    <meta
          charset="UTF-8">\n    <meta name="keywords" content="最新公告 公司公告 沪市公告 深市公告 创业板公告  新股公
          告 股东大会  定期报告 三板公告 停盘公告  复盘公告  中小板公告 业绩快报 业绩预告" />\n    <meta name="descri
          ption" content="福耀玻璃最新公告 公司公告 沪市公告 深市公告 创业板公告  新股公告 股东大会  定期报告 三板公
          告 停盘公告  复盘公告  中小板公告 业绩快报 业绩预告" />\n    <meta name="viewport" content="width=device-wi
          dth, initial-scale=1.0">\n    <meta http-equiv="X-UA-Compatible" content="ie=edge">\n    <meta name="mobile
          -agent" content="format=html5; url=https://wap.eastmoney.com">\n    <title>福耀玻璃股票_数据_资料_信息 —
          东方财富网</title> \n    <link rel="stylesheet" href="/newstatic/css/main.css">\n    <link rel="stylesheet"
          href="/newstatic/css/stockdata.css">\n\n    <base target="_blank">\n    <!--[if lte IE 11 ]>\n    <script s
          rc="//emres.dfcfw.com/ie6/ie6.js" charset="utf-8"></script>\n    <![endif]-->    \n    <script>\n        va
          r service={ENV:"production"}\n    </script> \n</head>\n<body>\n    <div class="main">\n        <div id="top
          gg"></div>\n        <div class="mainnav">\n            \n    \n    <ul>\n        <li> \n            <a href
          ="//finance.eastmoney.com/">财经</a><span class="img"></span> </li>\n        <li><a href="//finance.eastmon
          ey.com/yaowen.html">焦点</a><span class="img"></span></li>\n        <li><a href="//stock.eastmoney.com/">股
          票</a><span class="img"></span></li>\n        <li><span class="red"><a href="//stock.eastmoney.com/newstoc
          k.html">新股</a><span class="img"></span></span>\n            </li>\n        <li><a href="//stock.eastmoney.co
          m/gzqh.html">期指</a><span class="img"></span></li>\n        <li><a href="//option.eastmoney.com/">期权</a>
          <span class="img"></span></li>\n        <li><span class="red"><a href="//quote.eastmoney.com/flash/sz30005
          9.html">行情</a><span\n                    class="img"></span></span></li>\n        <li><a href="/">数据</a
```

图 10-6　Python 程序爬取信息显示

输出的是一堆类似乱码的东西（其实这些不是乱码，是 xml 格式的网页内容）。

三、数据的清洗及保存

（一）数据清洗

获取的数据结构太过复杂，我们还需要将其进行清洗及转换。

数据清洗（Data Cleaning）是对数据进行重新审查和校验的过程，目的在于删除重复信息、纠正存在的错误，并提供数据一致性，包括检查数据一致性、处理无效值和缺失值等。

（二）数据保存

财务报表是有效期比较长的数据，通常为了避免每次使用时反复下载，可以将数据存储到本地。存储方式一般有文件方式或数据库方式。由于数据量不大，直接存为 csv 格式文件。不过为了方便取用，文件命名方式有一个小技巧——命名为报表类型-股票代码.csv，以便于读取。

四、编写Python程序下载数据

输入如下代码即可下载所需数据。

```
#!/usr/bin/py
# filename=RPDownloader.py
from modules.Utils import e2csv
from modules.Fi import tcode
import pandas as Pd
import requests as ro
# 下载资产负债表
def downloadBSRP(stocklist):
    num = 0
    for c in stocklist:
        bs_url='https://data.eastmoney.com/stockdata/{co}.html'. format(co= tcode(c))
        ct = ro.get(bs_url).text
        to_file='bs{co}.csv'.format(co=tcode(c))
        open(to_file,'w').write(e2csv(ct))
        num = num + 1
    return num
```

函数返回值为成功下载报表数目。（这里并没有做容错处理，如果下载量比较大，则需要做容错处理。另外，还需解决程序异常退出后，下次再进入避免反复下载已经下载的数据的问题。此外，为了避免因访问对方服务器过于频繁导致 IP 地址被封，还需在下载后加上一个延迟命令，这部分内容留由读者自行学习）

第三节
Python 财务大数据分析

本节基于 Tushare 数据库，在 Tushare 数据库的数据支持下，使用 Python 语言搭建一个财务分析框架，以及评估系统，用于研究各上市公司的基本情况，并以网页 Dashboard 的形态做展示。

本节主要集中在对财务数据的分析，涉及的知识包括杜邦财务分析体系、财务比率、现金流折现模型、回归分析，以及基本的 Accounting Sense。该分析系统用到的计算机知识如下。

（1）科学计算必不可少的 Panda & Numpy 库。

（2）Python 制作网页以及画图工具库 PyEcharts。

（3）在计算 β 系数时，使用到的回归分析，使用了机器学习库 Scikit-learn。

在此，本书对上述知识不做展开描述，毕竟任何一个知识点，都是一个系列文章的内容。本部分仅针对基本面分析一下重要的数据源获取。

一、基本信息展示区域

案例基本信息显示如图 10-7 所示。

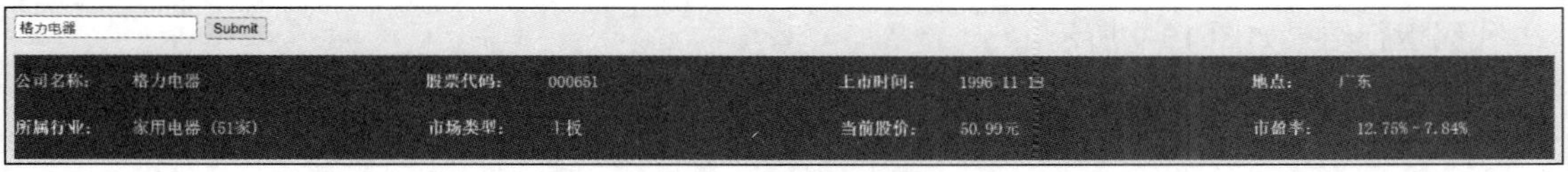

图 10-7　案例基本信息显示

公司基本信息展示区域中所包含的信息来源于 Tushare 提供的股票基本信息接口。

输入如下代码获取当前正常上市交易的股票列表。

```
import tushare as ts
ts.set_token('用户认证码')
pro = ts.pro_api()
#查询当前所有正常上市交易的股票列表
data = pro.stock_basic(exchange='', list_status='L', fields='ts_code,symbol,
name,area,industry,list_date')
```

代码运行结果如图 10-7 所示。

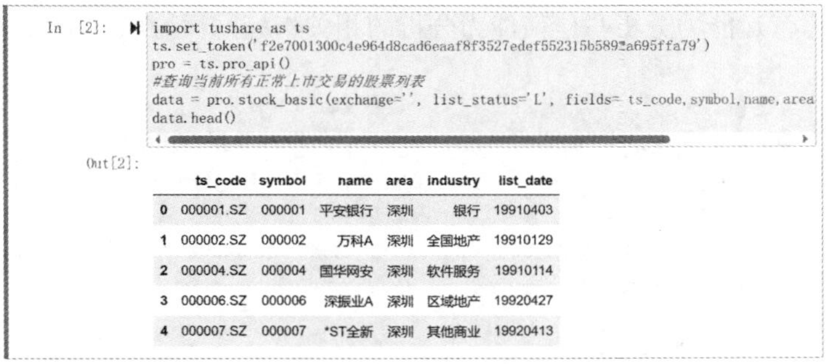

```
In [2]: import tushare as ts
        ts.set_token('f2e7001300c4e964d8cad6eaaf8f3527edef552315b589■a695ffa79')
        pro = ts.pro_api()
        #查询当前所有正常上市交易的股票列表
        data = pro.stock_basic(exchange='', list_status='L', fields='ts_code,symbol,name,area
        data.head()
Out[2]:
```

	ts_code	symbol	name	area	industry	list_date
0	000001.SZ	000001	平安银行	深圳	银行	19910403
1	000002.SZ	000002	万科A	深圳	全国地产	19910129
2	000004.SZ	000004	国华网安	深圳	软件服务	19910114
3	000006.SZ	000006	深振业A	深圳	区域地产	19920427
4	000007.SZ	000007	*ST全新	深圳	其他商业	19920413

图 10-7　当前正常上市交易的股票列表显示

二、市值分析

这里的市值模块从如下接口调取。

```
pro = ts.pro_api()
df1 = pro.daily_basic(ts_code='', trade_date='20230726', fields='ts_code,trade_
date,turnover_rate,volume_ratio,pe,pb')
df1.head()
```

代码运行结果如图 10-8 所示。

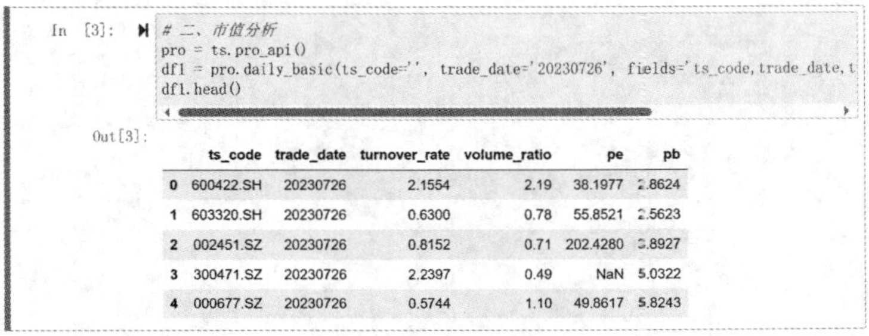

```
In [3]: # 二、市值分析
        pro = ts.pro_api()
        df1 = pro.daily_basic(ts_code='', trade_date='20230726', fields='ts_code,trade_date,t
        df1.head()
Out[3]:
```

	ts_code	trade_date	turnover_rate	volume_ratio	pe	pb
0	600422.SH	20230726	2.1554	2.19	38.1977	2.8624
1	603320.SH	20230726	0.6300	0.78	55.8521	2.5623
2	002451.SZ	20230726	0.8152	0.71	202.4280	3.8927
3	300471.SZ	20230726	2.2397	0.49	NaN	5.0322
4	000677.SZ	20230726	0.5744	1.10	49.8617	5.8243

图 10-8　市值显示

股东信息调取接口如下。

```
pro = ts.pro_api()
df2 = pro.top10_holders(ts_code='600000.SH', start_date='20230101', end_date=
'20171231')
df2.head()
```

代码运行结果如图 10-9 所示。

```
In [4]:  pro = ts.pro_api()
         df2 = pro.top10_holders(ts_code='600000.SH', start_date='20230101', end_date='20231231')
         df2.head()
Out[4]:
```

	ts_code	ann_date	end_date	holder_name	hold_amount	hold_ratio	hold_float_ratio	hold_change	holder_type
0	600000.SH	20240430	20231231	上海国际集团有限公司	6.331323e+09	21.5702	21.5702	0.0	一般企业
1	600000.SH	20240430	20231231	中国移动通信集团广东有限公司	5.334893e+09	18.1755	18.1755	0.0	一般企业
2	600000.SH	20240430	20231231	富德生命人寿保险股份有限公司-传统	2.779437e+09	9.4693	9.4693	0.0	保险投资组合
3	600000.SH	20240430	20231231	富德生命人寿保险股份有限公司-资本金	1.763232e+09	6.0072	6.0072	0.0	金融机构—保险公司
4	600000.SH	20240430	20231231	上海上国投资产管理有限公司	1.395571e+09	4.7546	4.7546	0.0	投资公司

图 10-9　股东信息显示

三、盈利能力分析、营运能力分析与偿债能力分析

盈利能力分析、营运能力分析与偿债能力分析的相关指标同样可以从 Tushare 库中获取。

代码如下。

```
pro = ts.pro_api()
df3 = pro.income(ts_code='600000.SH', start_date='20230101', end_date=
'20230730', fields='ts_code,ann_date,f_ann_date,end_date,report_type,comp_type,
basic_eps,diluted_eps')
df3.head()
```

代码运行结果如图 10-10 所示。

```
In [6]:  pro = ts.pro_api()

         df3 = pro.income(ts_code='600000.SH', start_date='20230101', end_date='20230730', fields='ts_code,ann_date,f_a
         df3.head()
Out[6]:
```

	ts_code	ann_date	f_ann_date	end_date	report_type	comp_type	basic_eps	diluted_eps
0	600000.SH	20230429	20230429	20230331	1	2	0.51	0.47
1	600000.SH	20230429	20230429	20230331	1	2	0.51	0.47
2	600000.SH	20230419	20230419	20221231	1	2	1.56	1.44
3	600000.SH	20230419	20230419	20221231	1	2	1.56	1.44

图 10-10　相关指标显示

财务数据量较大，处理起来稍显复杂，包括对 Null 值的处理，对重复数据进行 drop_duplicate 数据的清洗工作，因此对 Pandas 在使用上会有所要求。

盈利能力分析显示如图 10-11 所示。

• 盈利模块

时间	稀释收益/股	收入	利息收入	手续费佣金收入	成本	利息支出	手续费佣金支出	销售费用	管理费用	财务费用	资产损失	净利润
202103	0.58	3,318,940.82	32,718.61	3.57	2,508,259.72	3,299.07	16.98	260,745.62	83,850.49	-69,346.15	-4,631.97	345,257.59
202012	3.71	16,819,920.44	229,597.27	223.86	12,422,903.37	30,444.81	51.63	1,304,324.18	360,378.28	-193,750.47	-46,627.03	2,227,924.22
201912	4.11	19,815,302.75	235,147.2	383.41	14,349,937.26	11,058.0	60.34	1,830,981.22	379,564.56	-242,664.34	-84,289.33	2,482,724.36
201812	4.36	19,812,317.71	189,928.78	153.29	13,823,416.77	4,534.19	65.77	1,889,957.8	436,585.01	-94,820.14	26,167.42	2,637,902.98
201712	3.72	14,828,645.0	173,180.65	129.51	9,956,291.28	19,589.09	48.96	1,666,026.85	607,114.37	43,128.47	26,378.7	2,250,859.9
201612	2.56	10,830,256.53	180,958.17	95.49	7,288,564.12	9,331.75	33.35	1,647,726.6	548,895.56	-484,554.66	-99.16	1,552,463.49

时间	收增率(%)	利增率(%)	毛利率(%)	销费率(%)	管费率(%)	净利率(%)
202103	-	-	24.43	7.86	2.53	10.4
202012	-15.12	-10.26	26.14	7.75	2.14	13.25
201912	0.02	-5.88	27.58	9.24	1.92	12.53
201812	33.61	17.2	30.23	9.54	2.2	13.31
201712	36.92	44.99	32.86	11.24	4.09	15.18
201612			32.7	15.21	5.07	14.33

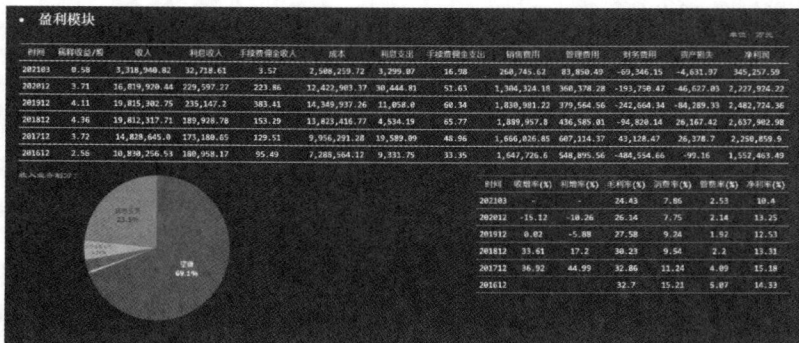

图 10-11　盈利能力分析显示

这里的数据主要就是公司披露的财务报表中的数字，Tushare 也给出了接口可以直接调用。

四、同行业对比

本模块数据同样来自 Tushare 的财务数据接口，核心点就在于对 sort 方法的使用（排序）。但由于缺少直接的同行业竞争对手信息，本模块所述同行业属于广义上的同行业。同行业对比分析显示如图 10-12 所示。

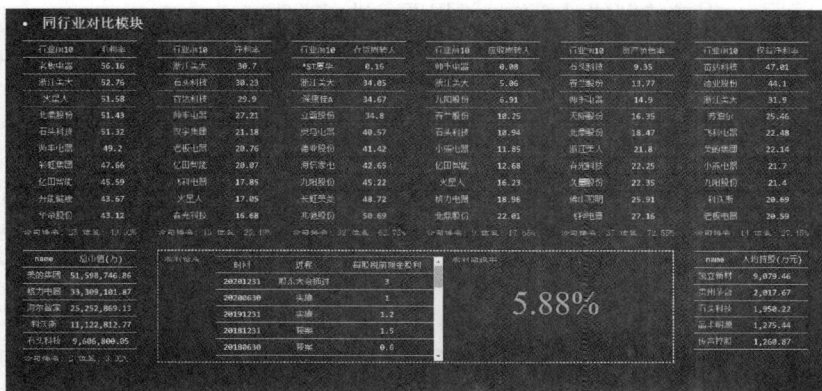

图 10-12　同行业对比分析

五、估值模块

该模块较为复杂，涉及对 β 系数的计算，以及现金流的计算，但回归到数据源，依然是 Tushare 的财务数据接口以及市场交易价格接口。值得注意的是，因为难以获得财务费用中利息支出部分，利息对计算债务成本和企业自由现金流量特别重要。

此外，因为上市公司财报披露的财务费用信息中糅杂了利息收入、利息支出、手续费等干扰因素，难以分类剔除，所以在使用时需通过 Python 数据清洗程序，从现金流量表中的"支付利息、手续费及佣金的现金"入手，加以剔除。估值模块具体如图 10-13 所示。

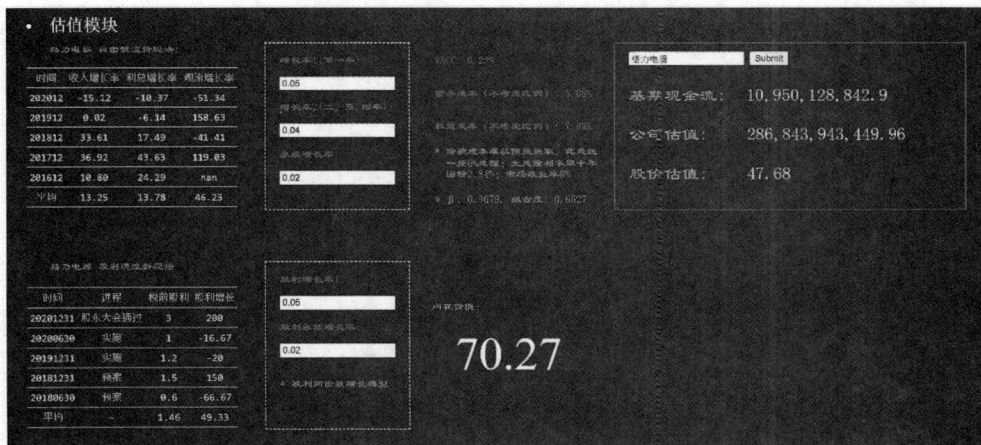

图 10-13　估值模块分析

总之，Python 在数据分析中有许多非常优秀的库，再配合 Tushare 数据库这一免费数据库平台，大大提升了财务大数据分析进程的便利性。

第四节 | Python 财务大数据可视化分析

在日常工作和生活中，我们经常会有对海量数据进行分析的需求，希望能够分析这些数据并且使用图表进行展示。本节为 Python 财务大数据分析基础课程，将重点介绍使用 Matplotlib 制作基本图表的方法，此外，也对较特别的财务分析常用图表进行说明。

一、库介绍

（一）Matplotlib

Matplotlib 是 Python 的一个 2D 绘图库，它以各种硬拷贝格式和跨平台的交互式环境生成出版质量级别的图形。通过 Matplotlib，开发者可以仅利用几行代码，便生成绘图，如直方图、功率谱、条形图、错误图、散点图等。

（二）Tushare

Tushare 是一个免费、开源的 Python 财经数据接口包，主要实现对股票等金融数据从数据采集、清洗加工到存储的过程，能够为金融分析人员提供快速、整洁和多样的便于分析的数据，为他们在数据获取方面极大地减轻工作量，使他们更加专注于策略和模型的研究与实现。

二、平面2D图表

首先介绍使用 Python 进行 2D 图表绘制。

（一）画 GDP 柱状图

（1）将数据保存到 list 数据结构中。代码如下。

```
list_year = []
for x in range(2006,2018):
    list_year.append(x)
list_year
```

生成 GDP 年份列表如图 10-14 所示。

```
In [1]:   ▶| list_year = []
             for x in range(2006,2018):
                 list_year.append(x)
             list_year

Out[1]: [2006, 2007, 2008, 2009, 2010, 2011, 2012, 2013, 2014, 2015, 2016, 2017]
```

图 10-14 生成 GDP 年份列表

（2）构造 GDP 数据列表。代码如下。

```
list_gdp = [219438.50, 270232.30, 319515.50, 349081.40, 413030.30, 489300.60,
540367.40, 595244.40, 643974.00, 689052.10, 744127.20, 827122.00]
```

（3）使用 Matplotlib 画图。代码如下。

```
import matplotlib.pyplot as plt
# 画柱状图
plt.bar(list_year, list_gdp)
# 标识标题及坐标轴信息
plt.title('gdp amount from 2006 to 2017')
```

```
plt.xlabel('year')
plt.ylabel('gdp amount')
plt.show()
```

Python2D 图表绘制显示如图 10-15 所示。

```
In [16]: ▶ import matplotlib.pyplot as plt
            # 画柱状图
            plt.bar(list_year, list_gdp)

            # 标识标题及坐标轴信息
            plt.title('gdp amount from 2006 to 2017')
            plt.xlabel('year')
            plt.ylabel('gdp amount')

            plt.show()
```

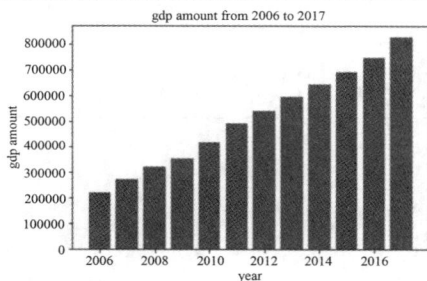

图 10-15　Python2D 图表绘制显示

（二）画上证指数折线图

（1）从 Tushare 获取上市公司数据。代码如下。

```
from pandas import DataFrame, Series
import tushare as ts
import matplotlib.pyplot as plt
import datetime
ts.set_token('**************')
pro = ts.pro_api()
df = pro.index_daily(ts_code='399300.SZ')
#或者按日期取
data = pro.index_daily(ts_code='399300.SZ', start_date='20180101', end_date='20181010').sort_index()
data.head()
```

基于 Tushare 获取上市公司数据显示如图 10-16 所示。

	ts_code	trade_date	close	open	high	low	pre_close	change	pct_chg	vol	amount
0	399300.SZ	20181010	3281.5978	3295.4288	3315.7310	3256.5815	3288.6906	-7.0928	-0.2157	64492828.0	79166808.5
1	399300.SZ	20181009	3288.6906	3290.1705	3309.7978	3276.1322	3290.8988	-2.2082	-0.0671	66723274.0	78372941.3
2	399300.SZ	20181008	3290.8988	3361.5594	3364.4641	3285.2530	3438.8649	-147.9661	-4.3028	97888989.0	114164218.3
3	399300.SZ	20180928	3438.8649	3409.9598	3444.9884	3404.6973	3403.5902	35.2747	1.0364	84377756.0	94880274.5
4	399300.SZ	20180927	3403.5902	3415.9532	3423.7100	3394.7320	3417.2413	-13.6511	-0.3995	69765241.0	87573300.8

图 10-16　基于 Tushare 获取上市公司数据显示

（2）查看数据变量列表并设置索引。代码如下。

```
data.columns
# 注意：必须使用一个新的对象来接受添加索引后的数据框
newdt = data.set_index('trade_date', drop = False)
newdt.index
```

Python 数据清洗操作显示如图 10-17 所示。

图 10-17　Python 数据清洗操作显示

（3）作图。代码如下。

```
# date['close']
# datetime 数据格式的转换
list_tradedate = newdt.index.tolist()
# list_tradeday
list_tradedate1 = []
for date in list_tradedate:
    dt_tradedate = datetime.datetime.strptime( str(date), '%Y%m%d')
    list_tradedate1.append(dt_tradedate)
list_closeprice = newdt['close'].tolist() # list_closeprice
# 先确认画框大小，再作图
plt.figure(figsize=(12,8))
# 画折线图
plt.plot(list_tradedate1, list_closeprice)
plt.title('Shanghai stock exchange index')
plt.xlabel('trade date')
plt.ylabel('close price')
plt.show()
```

股票收盘价走势图显示如图 10-18 所示。

图 10-18　股票收盘价走势图显示

三、PyEcharts模块作图

（一）PyEcharts 简介

PyEcharts 是一个用于生成 Echarts 图表的类库。Echarts 是百度开源的一个数据可视化 JS 库。用 Echarts 生成的图，可视化效果非常棒，为了与 Python 进行对接，可在 Python 中直接使用数据生成图。PyEcharts 可以展示动态图，并且展示数据方便，鼠标指针悬停在图上，即可显示数值、标签等。

（二）模块安装

下载离线安装。（推荐）

```
pip install pyecharts-0.1.9.4-py2.py3-none-any.whl
```

或者可采用 pip install 或 conda install 的方式在线安装，具体可自行查询 Python 如何安装第三方包。

（三）图表示例

（1）绘制基础柱形图。

方法1 基础方法。

在 Jupyter Notebook 输入以下代码。

```
# -*- coding: utf-8 -*-
from pyecharts.charts import Bar
'''
柱形图
'''
bar = Bar()
bar.add_xaxis(["衬衫", "羊毛衫", "雪纺衫", "裤子", "高跟鞋", "袜子"])
bar.add_yaxis("商家 A", [5, 20, 36, 10, 75, 90])
# render 会生成本地 HTML 文件，默认会在当前目录生成 render.html 文件
# 也可以传入路径参数，如 bar.render("mycharts.html")
bar.render()
```

生成 Html 文件（render.html）。

PyEcharts 柱形图如图 10-19 所示。

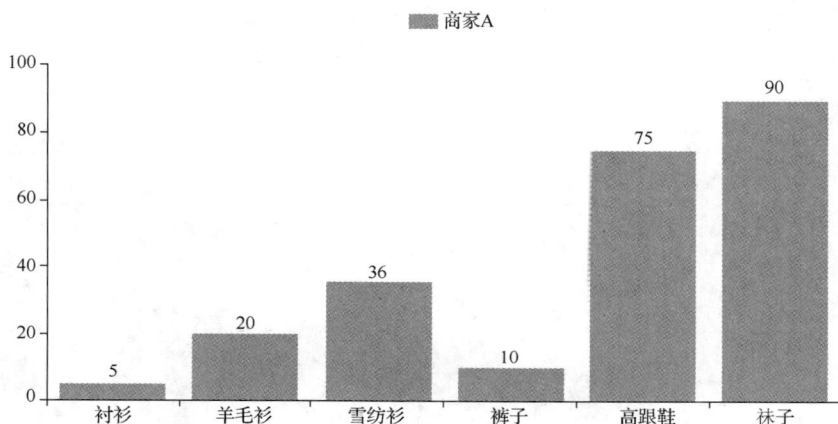

图 10-19　PyEcharts 柱形图（一）

方法2 链式调用法

PyEcharts 所有方法均支持链式调用。具体代码如下。

```
from pyecharts.charts import Bar

bar = (
    Bar()
    .add_xaxis(["衬衫", "羊毛衫", "雪纺衫", "裤子", "高跟鞋", "袜子"])
    .add_yaxis("商家A", [5, 20, 36, 10, 75, 90])
)
bar.render()
```

（2）使用 PyEcharts Options 配置项

在 PyEcharts 中，一切皆可 Options。本书以添加的副标题 Options 为例进行说明。

代码如下。

```
from pyecharts.charts import Bar
from pyecharts import options as opts

# V1 版本开始支持链式调用
# 你所看到的格式其实是 `black` 格式化以后的效果
# 可以执行 `pip install black` 下载使用
bar = (
    Bar()
    .add_xaxis(["衬衫", "羊毛衫", "雪纺衫", "裤子", "高跟鞋", "袜子"])
    .add_yaxis("商家A", [5, 20, 36, 10, 75, 90])
    .set_global_opts(title_opts=opts.TitleOpts(title="主标题", subtitle="副标题"))
    # 或者直接使用字典参数
    # .set_global_opts(title_opts={"text": "主标题", "subtext": "副标题"})
)
bar.render()

# 不习惯链式调用的开发者依旧可以单独调用方法
bar = Bar()
bar.add_xaxis(["衬衫", "羊毛衫", "雪纺衫", "裤子", "高跟鞋", "袜子"])
bar.add_yaxis("商家A", [5, 20, 36, 10, 75, 90])
bar.set_global_opts(title_opts=opts.TitleOpts(title="主标题", subtitle="副标题"))
bar.render()
```

添加主副标题的 PyEcharts 柱形图如图 10-20 所示。

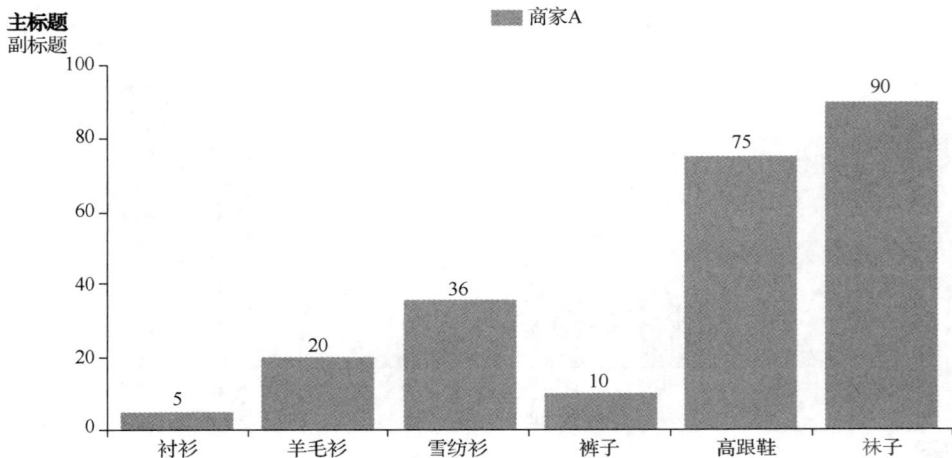

图 10-20　PyEcharts 柱形图（二）

当然有关 PyEcharts 进行财务分析可视化的基本图标还有其他很多选项，读者可以配置自己喜欢的样式。本节作为 Python 财务大数据分析的导读部分，就不再一一列举。仪表盘、地图、动态图等大数据可视化技术都可以通过对 PyEcharts 的熟练使用加以实现，感兴趣的读者可以自行阅读和学习。

思考题

1. Python 财务大数据分析的应用范围以及相应的技术难点有哪些？
2. 如何提升财务大数据分析能力？
3. 目前 Python 在财务大数据分析中还有哪些痛点问题？
4. 如何打造一款自己喜欢的财务大数据可视化系统工具？

参 考 文 献

[1] 陈少华，陈菡，李盈璇．财务报告分析．北京：经济科学出版社，2015．

[2] 帕门特．关键绩效指标——KPI 的开发、实施和应用．2 版．王世权，秦锐，张丹，等译．北京：机械工业出版社，2012．

[3] 郭永清．透视公司财报数字——看故事读财报．大连：大连出版社，2011．

[4] 贾旭东．现代企业战略管理——思想、方法与实务．北京：清华大学出版社，2018．

[5] 帕利普，伯纳德，希利．经营分析与评价——有效利用财务报表．2 版．李延钰，等译．大连：东北财经大学出版社，2006．

[6] 佩因曼．财务报表分析与证券定价．2 版．刘力，陆正飞，译．北京：中国财政经济出版社，2005．

[7] 宋军．财务报表分析．上海：复旦大学出版社，2012．

[8] 科普兰，科勒，默林．价值评估——公司价值的衡量与管理．3 版．郝绍伦，谢关平，译．北京：电子工业出版社，2002．

[9] 唐现杰，徐鹿．财务分析．上海：格致出版社，上海人民出版社，2011．

[10] 唐四薪，赵辉煌，唐琼．大数据分析实用教程——基于 Python 实现．北京：机械工业出版社，2022．

[11] 王宏利，张耀杰，王彦博．智慧财务发展现状分析．财务管理研究，2021(10):101-104．

[12] 王宏利，张耀杰，王彦博．智慧财务系统对企业运营模式的影响研究．财务管理研究，2021 (09):156-160．

[13] 韦德洪，陈势婷．论智慧财务管理的内涵、外延、特点与应用．会计研究，2022(05):40-48．

[14] 魏素艳．企业财务分析．北京：清华大学出版社，2011．

[15] 杨和茂．财务报表分析．成都：西南财经大学出版社，2012．

[16] 杨克泉．财务分析学．上海：立信会计出版社，2011．

[17] 杨良．立足数字财务新阶段，贯彻智慧财务新理念，构建"业财资税"深度融合之财务新格局．管理会计研究，2021,4(05):1．

[18] 袁天荣．企业财务分析．北京：机械工业出版社，2010．

[19] 张敏，付建华，周钢战．智能财务基础．北京：中国人民大学出版社，2021．

[20] 张先治，陈友邦．财务分析．7 版．大连：东北财经大学出版社，2014．

[21] 张新民，钱爱民．财务报表分析．5 版．北京：中国人民大学出版社，2019．

[22] 张新民．从报表看企业——数字背后的秘密．3 版．北京：中国人民大学出版社，2017．

[23] 张金昌，张英，董娜．智能财务报表分析．北京：机械工业出版社，2021．

[24] 张川．企业财务报告分析．北京：清华大学出版社，北京交通大学出版社，2012．

[25] 曾蔚，游达明．企业财务报表分析与价值评估．北京：清华大学出版社，2011．

[26] Mulford and Comiskey.The Financial Numbers Game: Detecting Creative Accounting Practices. New York:John Wiley&Sons, 2002．

[27] Healy, Wahlen. A Review of the Earnings Management Literature and Its Implications for Standard Setting. Accounting Horizons, December 1999.